Lateinamerika im internationalen System

D1692645

Fokus Lateinamerika

Herausgegeben für das
Institut für Iberoamerika-Kunde
von

Klaus Bodemer

Band 1

Klaus Bodemer
Susanne Gratius (Hrsg.)

Lateinamerika
im internationalen System

Zwischen Regionalismus
und Globalisierung

Leske + Budrich, Opladen 2003

Gedruckt auf säurefreiem und alterungsbeständigem Papier.

Die Deutsche Bibliothek – CIP-Einheitsaufnahme
Ein Titeldatensatz für die Publikation ist bei der Deutschen Bibliothek erhältlich

ISBN 3-8100-4025-8

© 2003 Leske + Budrich, Opladen

Druck: DruckPartner Rübelmann, Hemsbach
Printed in Germany

Inhalt

III. Die Herausforderungen der Globalisierung

Gerhard Drekonja-Kornat

Der Wandel des lateinamerikanischen Verständnisses von Außenpolitik

Ist das Glas halbvoll? Ist es halbleer? Hat Lateinamerika die Krise der „verlorenen Dekade" der 80er Jahre verkraftet? Hat es während der 90er Jahre genug Substanz und Solidität angesetzt, um im neuen Jahrhundert, teilweise wieder über Masse und Macht verfügend, auch im internationalen System agieren zu können? „La región puede mirar el inicio de un nuevo siglo con un prudente optimismo", urteilte der Chilene Alberto Van Klaveren (1997: 23), einer der begabtesten Analytiker auf dem Subkontinent (und heute der erfolgreiche Botschafter Chiles bei der Europäischen Union in Brüssel). In einer US-Publikation zum Thema machen die Editoren ein „window of opportunity" aus (Tulchin/Espach: 2001). Lateinamerikas politisch-wirtschaftliche Eliten, ideologisch geläutert und, obschon gesellschaftlich dieselben von früher, forsch auf Neoliberalismus eingestellt, stimmten solchen Aussagen freudig zu. Die Jahrestagungen der Interamerikanischen Entwicklungsbank pflegten in Optimismus zu schwelgen. Doch halt: Hat man die Statistiken, und seien es auch nur die der jeweiligen *Informes Preliminares* der CEPAL (1999/2000/2001), die zur Jahrhundertwende eigentlich Bestürzung hätten hervorrufen müssen, verdrängt? Denn allein die Aussagen über den Stand der Devisenschuld, inzwischen auf US$ 750 Mrd. geklettert, sollten verunsichern. Ironisch sei in Erinnerung gerufen, dass Lateinamerikas Schuldenkrise 1982 mit einem Außenstand in Höhe von US$ 280 Mrd. einsetzte. Damals fürchteten die internationalen Finanzinstitutionen um ihre Veranlagungen. In den darauf folgenden Jahren wurde gestreckt, entzerrt oder in langfristige Bonds umgewandelt, was die Banken mit ihrem erfolgreichem „Schuldenmanagement" absicherte, aber die Schuld stetig steigerte. US$ 750 Mrd. weisen ins Absurde. Ende 2002 werden es bereits US$ 800 Mrd. sein. Dass partout das einst reiche Argentinien im Dezember 2001 mit seiner Zahlungsunfähigkeit die nächste Runde der Schuldenkrise einläutete, ist ein böses Omen und entwertet die anfangs zitierten vorsichtigen Optimisten.

Was in den CEPAL-Informes an Diagnose noch bestürzender ausfällt: Chile, obschon nach wie vor Lateinamerikas „weißer Rabe", fiel als Konjunkturlokomotive aus. Der südamerikanische Musterstaat, gewöhnt an jährliche Wachstumsraten um 7%, musste 1999 ein Minus von 1,5% verbuchen (Castro Escudero 2000). Inzwischen ist man in Santiago froh, wenn 3% im Plus gehalten werden können. Die zwei neuen Vorzugsschüler, die 1999/2000 gehandelt wurden, nämlich Costa Rica und die Dominikanische Republik, drängen sich nicht unbedingt als Modell auf, denn sie funktionieren ob der unchristlichen Mischung von Devisentourismus (Prostitution und Kindesmissbrauch eingeschlossen) sowie industrieller Montagebetriebe in Freizonen, an deren entwicklungspolitischer Dynamik gezweifelt werden darf. Immerhin strahlt Costa Rica heller als die Dominikanische Republik; vor allem auch deswegen, weil US-Intel unweit der Hauptstadt San José eine Halbleiterfertigung eingerichtet hat, was die Herstellung von Mikroprozessoren auf costaricanischem Boden intensiviert und tatsächlich einen Lernprozess einleitet.

Sowohl die Autoren der CEPAL-Berichte als auch, mit zeitlichem Abstand, die Vertreter der Interamerikanischen Entwicklungsbank, zündeten ein Feuerwerk an Argumenten, um weiszumachen, dass 1999/2000 lediglich ein statistischer Ausrutscher gewesen sei. Die Erholung stünde vor der Tür, argumentierte man vor dem New Yorker 11. September. Ähnliches hat vor 15 Jahren Gonzalo Martner (1986) als Herausgeber des Reports *América Latina hacia el 2000* zusammen mit den großen alten Männern des etatistisch-cepalinischen Denkens prophezeit; damals noch mit der Option auf „transición al socialismo". Inzwischen gehört der Staatssozialismus Osteuropas längst der Geschichte an. Auch der lateinamerikanische Staatskapitalismus cepalinischer Prägung kollabierte während der ersten Phase der Schuldenkrise. Schwer auszumachen bleibt allerdings das angeblich dynamische Profil eines auf neoliberal getrimmten Lateinamerika, das für das neue Jahrhundert das Glas zumindest halbvoll machen soll.

Machen wir uns nichts vor: Lateinamerika im neuen Millennium klebt harzig an grausamen Basisdaten: Zumindest ein Drittel der Bevölkerung muss sich durch den mühseligen Alltag des „informellen Sektors" plagen; Ekuador, dessen indianische Bevölkerung dem modernen Staat den Gehorsam aufkündigt, muss Turbulenzen bewältigen; Argentinien liegt am Boden; Mittelamerika erleidet laufend Naturkatastrophen; Kolumbien blutet aus; Mexiko funktioniert, weil es unter Vermüllung seiner nationalrevolutionären Tradition inbrünstig die Vereinigten Staaten – bis vor kurzem der imperialistische „Gottseibeiuns" – umarmt; Kuba liefert eine surreale Charade zwischen Raffkapital und Pseudosozialismus; und die relativ konsolidierten englischsprachigen Karibikstaaten wie Barbados oder Trinidad & Tobago, mit guten Daten beim *Human Development Index*, liefern dem restlichen Lateinamerika wenig Erfahrungswert. Alles in allem kommt bei den jüngsten Statistiken Brasilien, trotz gelegentlichen Schlingerns des Staatsschiffes, gar nicht so schlecht weg. Für einen gesamtkontinentalen Durchbruch in unmittelbarer Zukunft mag das dennoch nicht reichen, zumal keine brauchbare wirtschaftstheoretische Alternative zum Neoliberalismus winkt. Deswegen blühen heute in Lateinamerika diffuse politische Bewegungen und neue Parteiführer, deren hemdsärmelige Politik konventionelle Inhalte sprengt und möglicherweise die

Phase des kompromisslosen neoliberalen Umbaus beendet. Deutlichstes Beispiel dafür ist Venezuela, wo der ehemalige Putschoberst Hugo Chávez als Staatspräsident unter Akklamation des verarmten Volkes (und des Lumpenproletariats) die formaldemokratische Parteienaristokratie zugunsten einer bolivarianisch ausgerichteten *democracia protagónica* zertrümmert.

Vielleicht lassen sich die CEPAL-Statistiken auch so interpretieren: Lateinamerika als Ganzheit existiert nicht mehr. Zur Debatte stehen Einzelstaaten oder Regionalgruppierungen, je nachdem, ob sie Gewinner oder Verlierer im Anpassungsprozess sind. Die Politik des neoliberalen Umbaus beginnt zu stottern. Die Zeit der marktorientierten Chefökonomen läuft aus. Es rücken neue – auch populistische – Politikerpersönlichkeiten nach, die wieder einen stärkeren Staat und Lenkungsmechanismen zugunsten von Sozialpolitik wollen. Einer von ihnen, Hugo Chávez, könnte sogar das Fürchten lehren. Denn er legt den Finger auf die analytische Wunde: Während Lateinamerika im abgelaufenen Jahrzehnt wachstumsmäßig kumulativ auf der Stelle trat, kauften Auslandsinvestoren – mit spanischen und nordamerikanischen Akteuren in der Avantgarde – bei Privatisierungen günstig das staatliche „Familiensilber" auf, ernteten Investmentfonds mit lateinamerikanischen Aktienkäufen mittlere Vermögen, verbuchten Börsenmakler Gewinnrekorde (die freilich 2002 teilweise wieder verpufften). Wenn aber fast nur internationale Investoren, denen Lateinamerikas von allen etatistischen Lastern geläutertes Großbürgertum freudig zuarbeitet, gewinnen, während beträchtliche Teile der lateinamerikanischen Bevölkerung im Laufe dieses Globalisierungsmarsches verlieren, werden die nachrückenden Politiker (siehe Hugo Chávez) den wachsenden Zorn des Subkontinents politisch – auch außenpolitisch? – ertragreich bündeln können.

Gerade in Lateinamerika scheinen die makroökonomisch in abstrakter Form teilweise erfolgreichen neoliberalen Reformen der letzten 15 Jahre nicht unbedingt ins Schwarze zu treffen.

„Der Prozess der De-Industrialisierung „unrentabler" Strukturen wird durch diese Reformen nicht gestoppt, sondern im Gegenteil forciert. Rentabilität kann nicht hergestellt werden, weil Rentabilität fehlt: Die Katze der Reformlogik beisst sich selber in den Schwanz, und es zeigt sich, dass der Weltmarkt einfach keine Verwendung für den größten Teil der Menschheit hat" (Kurz 1994: 307).

Auch nicht für die lateinamerikanischen Massen. Dieser fürchterliche Widerspruch zerstört die schöne Logik konventioneller Außenpolitik. Geostrategische Höhenflüge, die den lateinamerikanischen Staaten Masse und Macht vermehren, Souveränität bekräftigen und patriotischen Glanz einbringen sollen, ergeben im neuen Jahrhundert keinen Sinn mehr.

Was aber soll dann eine zukünftige lateinamerikanische Außenpolitik leisten? – Historisch war der Subkontinent von einem geopolitischen Gespenst geplagt. Da während der Kolonialphase weder im hispanoamerikanischen Reich noch im lusitanischen Brasilien die internen Verwaltungsgrenzen präzise gezogen waren oder klare Trennlinien vorlagen, gab es nach der Un-abhängigkeit, trotz der Doktrin des *uti possidetis* (Grundlagen der neuen Staatsgrenzen sollten die administrativen Teilungen der spanischen Kolonial-verwaltung von 1810 sein), nicht endende Grenzdebatten, die zwischendurch in klassische Ressourcen- und Territorialkriege ausarteten. Die nach dem Ersten Weltkrieg aus Europa enthusiastisch übernommene Geopolitik wurde in diesem Zusammenhang für eigene Bedürfnisse adaptiert, mit historischen Grenzdebatten kombiniert, für regionale Hegemoniewettbewerbe instrumentali-siert und nach dem Zweiten Weltkrieg mit den Belangen einer modernisierungs-erpichten Sicherheitspolitik (*política de seguridad nacional*) kombiniert.

Wesentliche Konfliktkerne dieser lateinamerikanischen Diplomatie, wel-che das Glück hatte, zwei Weltkriege unbeschadet zu überdauern und im Falle Mittelamerikas in den 1980ern nur kurzfristig in eine „heiße" Phase des Kalten Kriegs hineinschlitterte, sind inzwischen gelöst. Sogar beim zähen Grenzstreit zwischen Ekuador und Peru. Bahnbrechend war in den 1980ern die historische Versöhnung zwischen Brasilien und Argentinien, deren Geo-strategen dekadenlang um die Führungsposition gestritten hatten (wobei ima-ginäre Kraftlinien immer das „Herzland" Bolivien durchschnitten oder auf den Südatlantik zielten). Somit geht es in der strategischen Debatte heute erfreulicherweise um *zonas de paz*, um Friedenszonen auf dem Subkontinent, um vertrauensbildende Maßnahmen zwischen den Militärs, um gemeinsame Manöver etc. In Costa Rica werkt eine Friedensuniversität. Unter der Koordi-nation von Carlos Contreras funktioniert in Santiago de Chile eine verdienst-volle *Comisión Sudamericana de Paz, Seguridad y Democracia*. Dass mit dem Einstellen der militärischen Atomprogramme in Argentinien und Brasi-lien Lateinamerika nunmehr tatsächlich eine atomwaffenfreie Zone abgibt, bekräftigt diesen Trend. Eifersüchtigen Geheimhaltungen zum Trotz konnte eine Forschungsinstitution in Santiago de Chile (FLACSO 1996) einen Do-kumentationsband über die zahlenmäßigen Bestände der lateinamerikanischen Streitkräfte veröffentlichen. Chiles Zivilisten im Verteidigungsministerium, heute geleitet von einer Frau, Michelle Bachelet, gingen im Herbst 1997 noch einen Schritt weiter und publizierten, als Pfadfinder einer Transparenz su-chenden „política de defensa explícita", ein mit Hochglanzfotos teuer ge-schmücktes Weißbuch, das fast alle Daten und Bestände der chilenischen Streitkräfte, ausgenommen „das absolut Notwendige", vorlegt (Ministerio de Defensa Nacional 1997).

Solche vertrauensbildenden Maßnahmen auf dem lateinamerikanischen Subkontinent beinhalten auch eine außenpolitische Logik, denn ohne intrazo-nale Konflikte und geopolitischen Wettbewerb steigt automatisch die Hand-lungskapazität nach außen. Trotzdem ist das geopolitische Gespenst strategi-scher Eifersüchteleien nicht ganz gebannt. Als Beispiel sei hier verwiesen auf die Konstellation Mitte 1997 in Südamerika, als alte Rivalitäten und neue Ambitionen eine unvermutete Sicherheitsdebatte provozierten: Da die USA erwogen, an Chiles Luftwaffe zwei Dutzend *high-performance* Jets zu liefern (inzwischen in die Tat umgesetzt), während parallel Peru MIG-29-Kampfflugzeuge einkaufte, musste ein inzwischen eng mit den USA kooperierendes Argentinien mit der verbalen Auszeichnung eines „Non-NATO-Ally" besänftigt werden, was wiederum zur Folge hatte, dass Brasilien einmal mehr Anspruch auf einen ständigen Sitz im UN-Sicherheitsrat anmeldete.

„The sudden flurry of public accusations, all within only a few days, has exposed a level of strategic mistrust which was previously believed to have been largely superseded by the dramatic progress toward economic integration in Latin America" (IRELA 1997: 1).

Zieht man außerdem in Betracht, dass entlang der gemeinsamen Grenze zwischen Chile und Bolivien (historische Streithähne aus der Zeit des „Pazifikkriegs" 1879, in dem Bolivien seinen Zugang zum Pazifik verlor, ein Thema, das immer wieder diplomatisch aufflammt) eine halbe Million Landminen im Wüstensand liegen, kann sich ein europäischer Beobachter des Eindrucks nicht erwehren, dass die geopolitischen Gespenster in Lateinamerika doch immer wieder Wirklichkeit prägen. Im Januar 2000 zum Beispiel beschoss im Pazifik ein nikaraguanisches Marineboot honduranische Fischer wegen einer Missstimmung bei der endgültigen Definition der Seerechtsgrenze in der Karibik: In diesem Fall schlichtete prompt die Organisation Amerikanischer Staaten. Im Jahr 2002 flackerte der Disput zwischen Kolumbien und Nikaragua um den San-Andrés-Archipel erneut auf. Möglicherweise würde Lateinamerika, analog zu Europa, die Gründung einer Art OSZE, als ziviler Exorzismus für die eigenen geopolitischen Obsessionen gut tun – nicht zuletzt wegen der offenen Wunde Kolumbien, dessen interner Krieg längst regionale Ausfransungen zeigt.

Zudem liegen die eigentlichen Sicherheitsprobleme des Subkontinents heute ganz woanders: Zum Beispiel in den Städten, deren apokalyptisches Chaos, gekoppelt mit einer anarchischen Kriminalität, den Alltag der Bürger zum Albtraum macht. Sogar *Newsweek* (20. April 1998) zeigte sich darob besorgt und lancierte eine Titelgeschichte zum Thema: „Latin America's biggest problem is common crime – murder, robbery, kidnapping". Zum Beispiel in den ökologischen Verwüstungen auf dem Subkontinent – die nach José Lutzemberger, Brasiliens Alternativ-Nobelpreisträger, unter anderem auch mit dem Hass vieler Lateinamerikaner auf Natur zusammenhängen. Zum Beispiel in der würgenden Armut in fast allen lateinamerikanischen Gesellschaften, die der Vision einer friedlichen und eigenverantwortlichen Zivilgesellschaft entgegensteht. Eine lateinamerikanische Sicherheitspolitik der Zukunft müsste das Militärische hinter sich lassen und an solchen Problemen ansetzen, um die neue außenpolitische Handlungsqualität für das internationale System glaubhaft zu machen. Wie Homi Bhabha (2000) empfiehlt: Das Geopolitische muss dem „Geokulturellen" weichen! Auch die deutschsprachige Debatte (Kurtenbach/Bodemer/Nolte 2000) hat die Weiterentwicklung vom Konflikt zur Kooperation wahrgenommen.

Wenn also intrazonale Konflikte, die konventionelle Diplomatie verlangen, heute zugunsten ansatzweiser Friedenszonen ausdünnen, müssen in den Fachministerien alternative Inhalte, Ziele und Visionen erarbeitet werden. Regionale Zusammenarbeit steigt dabei wie ein Phönix aus der Asche. Neu ist die Idee „Integration" ja nicht. Seit Simón Bolivar wird von einer anzustrebenden „nación de naciones" geredet und geträumt. Davon leitete sich der *bolivarismo* ab, die Maxime, ohne Nordamerika die Einheit Lateinamerikas zu bauen. Ihm war vorerst nicht allzu viel Erfolg beschieden. Denn diese Idee musste mit der robusteren Praxis konkurrieren, unter Führung der Vereinigten Staaten einen nach außen abschirmenden „Panamerikanismus" zu schaffen. In der Tat war der zweiten Variante wesentlich mehr Erfolg beschieden. Mit der Organisation Amerikanischer Staaten (OAS) und dem Interamerikanischen Militärpakt TIAR (*Tratado Interamericano de Asistencia Recíproca*, bekannter als Rio-Pakt) wurde unmittelbar nach dem Zweiten Weltkrieg dafür sogar eine institutionelle – bis heute gültige – Basis betoniert.

Lateinamerikas *bolivarismo* zeugte während vieler Dekaden faszinierende intellektuelle Texte, versagte jedoch in der Wirklichkeit. Immerhin kam es 1948/51 zur Gründung der autonomen UN-Wirtschaftskommission für Lateinamerika CEPAL (*Comisión Económica para América Latina*), die geographisch so weit weg von Washington wie nur möglich in Santiago de Chile angesiedelt wurde. Hier konnte eine begabte Generation von Ökonomen und Planern unter Raúl Prebisch auf der Basis der Formel der importsubstituierenden Industrialisierung immerhin eine authentische lateinamerikanische Entwicklungsdoktrin, die im Gegensatz zur liberalen Orthodoxie mit ihrer Freihandelsorientierung stand, ausformulieren. Integration sollte in der cepalinischen Praxis eine wichtige Rolle spielen, als Vorschlag für eine Kooperation zwischen den damals noch weitgehend voneinander abgeschotteten lateinamerikanischen Nationalökonomien, die aus Angst vor dem Weltmarkt hinter hohen Zollmauern produzierten.

Mehr als Freihandelszonen wurden vorerst nicht erreicht. Ein ehrgeizigerer Vorschlag, der Andenpakt, 1969 gegründet und auf eine gemeinsame Industrie- und Investitionspolitik zielend, blieb bald in politischen Sackgassen stecken. Infolge der Schuldenkrise der 80er Jahre verschliss sich die nach außen abschottende cepalinische Doktrin, womit auch die bisherige „Integration nach innen" verblasste.

Formaliter war freilich keine der praktizierenden Freihandelszonen beendet worden. Im Laufe der 80er Jahre, als Lateinamerika nach dem Absturz in das erste Devisenloch wieder Boden unter den Füßen suchte, setzte eine große Reform bestehender Integrationen ein. Überlappungen nahm man dabei widerspruchslos in Kauf. Komplementärabkommen zwischen den einzelnen Integrationen wurden zur Norm. Entscheidend war, dass gemäß dem neoliberalen Umbau in den meisten lateinamerikanischen Gesellschaften nunmehr eine „offene Integration" (*integración abierta* oder *regionalismo abierto*) propagiert wurde. Auf diese Weise funktionieren heute im lateinamerikanischen Raum eineinhalb Dutzend Integrationen, welche die Staaten und Gesellschaften des Subkontinents immer dichter miteinander vernetzen, wobei die Ebene der simplen Freihandelszone zunehmend zugunsten harmonisierter makroökonomischer Politiken (allerdings ohne Freizügigkeit für Arbeitskräfte) zurücktritt. Außerdem wird diese zeitgenössische Integrationspraxis mit der Forderung auf nachhaltige Entwicklung und Demokratie kombiniert (Tirado Mejia 1997).

Einen qualitativen Integrationssprung schafften die Staaten des südamerikanischen „Cono Sur" (Brasilien, Argentinien, Uruguay und Paraguay, heute auch schon mit Assoziierungen von Chile und Bolivien; andere Anrainer verhandeln noch darüber), die 1991 den Gemeinsamen Markt des Südens (MERCOSUR) begründeten. Mit einer erstaunlichen – wenn auch häufig von Querelen beeinträchtigten – Dynamisierung des intrazonalen Handels (heute, 2002, wegen Argentiniens Existenzkrise erneut diffus) konnten immerhin Elemente des alten bolivarianischen Traums in Wirklichkeit umgesetzt werden.

Aus analytischer Perspektive noch wichtiger ist das Ausreifen des Prinzips einer konzertierten Außenpolitik (*política exterior asociada*), was ein Novum für Lateinamerika darstellt. Ausgangspunkt dafür war der Versuch einer lokalen Konfliktregelung in Mittelamerika, der 1983 begonnenen Contadora-Gruppe (Mexiko, Kolumbien, Panama, Venezuela), was tatsächlich gegen das Misstrauen der USA zu den Friedensvereinbarungen von Esquipulas (1987) führte. Aus Contadora entwickelte sich in wirtschaftspolitischer Hinsicht auch noch die Kooperation der Dreiergruppe (*Grupo de los Tres* – Mexiko, Kolumbien, Venezuela). Im Bereich der außenpolitischen Konzertation gebar Contadora die Rio-Gruppe (*Grupo de Rio*), in der seit 1986 vorerst 14 (inzwischen über Regionalvertretungen alle) lateinamerikanische Staaten über Treffen ihrer Außenminister gemeinsame Plattformen abstimmten und auch Statements extrazonaler Natur (z.B. als Rüge wegen des Eingreifens von NATO-Kampfflugzeugen im Kosovo) formulierten.

Ausgerechnet Mexiko, das dabei sein nationalrevolutionäres Erbe ausschied, trennte sich in den 90er Jahren teilweise vom bolivarianischen Weg, um auf eine zeitgeistige Variante des Panamerikanismus einzuschwenken. Zu verweisen ist hier auf die Nordamerikanische Freihandelszone NAFTA, welche Mexiko seit dem 1. Januar 1994 mit den Vereinigten Staaten und Kanada verbindet. „Die Bilanz ist äußerst positiv", urteilte Mexikos scheidender Präsident Ernesto Zedillo in einem Gespräch mit der *Neuen Zürcher Zeitung* (27.1.2000: 5): „Nafta hat die strukturellen Änderungen in Mexikos Wirtschaft wesentlich beschleunigt, unsere Öffnung gefördert und maßgebend zur Schaffung von Arbeitsplätzen beigetragen". Mexikos interne Schuldner, drangsaliert von rachitischen (reprivatisierten) Banken, sehen das freilich anders (Osterhaus 1999). Von den Zapatistas in Chiapas wollen wir hier gar nicht reden. Auch bedingt Mexikos Umarmung der Vereinigten Staaten das

Abstoßen früherer Dritte-Welt-Solidaritäten – was dem neuen Präsidenten Vicente Fox (2000-2006) von der bisher oppositionellen PAN-Partei nur willkommen sein kann.

Lateinamerikas Revitalisierung der regionalen Integration stellte neu die Frage nach der Art der Relation mit den Vereinigten Staaten, Kernthema lateinamerikanischer Außenbeziehungen spätestens seit 1898 mit dem Hinausdrängen Spaniens aus der Karibik. Die Asymmetrie des Verhältnisses war und ist offenkundig. Ebenso die Bemühungen, die Asymmetrie abzuschwächen. Am erfolgreichsten gelang dies in den 60er und 70er Jahren, als die tonangebenden Mittelmächte auf dem Subkontinent (Mexiko, Venezuela, Brasilien, Argentinien und insbesondere auch das Chile der damals erfrischend jungen *Democracia Cristiana*) ihren außenpolitischen Manövrierraum zu erproben und ihre Handlungsmacht einzusetzen begannen. Ende der 70er Jahre führte dies zu den besten Momenten der „relativen Autonomie" – was eine Verdünnung der Interaktion mit den USA bedeutete, bei gleichzeitiger kommerzieller und diplomatischer Diversifizierung der Beziehung mit West- und Osteuropa, Sowjetunion, Japan und dem afrikanisch-asiatischen Teil der Dritten Welt (Drekonja-Kornat/Tokatlian 1983). Als ironische Fußnote sei vermerkt, dass diese „relative Autonomie" am besten partout im Bereich der Militärtechnologie gelang, wo Anfang der 80er Jahre Lateinamerika das Waffenangebot der USA (die Hochtechnologien zurückhielten) verschmähte, um alternativ in Westeuropa und Israel einzukaufen, oder, im Falle Brasiliens, eine (inzwischen längst wieder liquidierte) Militärproduktion hochzuzüchten.

Allein, 1982 explodierte die erste (zeitgenössische) Schuldenkrise Lateinamerikas, was die „relative Autonomie" zur Makulatur machte. Neoliberale Auflagen ließen die etatistische CEPAL-Doktrin endgültig in Sackgassen enden. Mit der Implosion der Sowjetunion ging die lateinamerikanische Logik der Diversifizierung verloren. Jäh hörte der Kalte Krieg auf und ließ die USA unumstritten als Sieger auf der Walstatt. Vor allem gegenüber Lateinamerika kam nunmehr eine modernisierte Hegemonie-Rolle der USA wieder sichtbar zum Tragen. Deswegen blieb Lateinamerika nichts anderes übrig, als seinen früheren revolutionsnahen, Dritte-Welt-freundlichen *nacionalismo económico* zu archivieren und unter Anleitung der Vereinigten Staaten, flankiert von den internationalen Finanzleitstellen, den neoliberalen Umbau anzupacken.

Präsident Menems Argentinien zog daraus die äußerste Konsequenz, trat 1991 aus der Gruppe der Blockfreien aus und ging mit den USA, unter Verzicht auf eigene Außenpolitik, eine *relación carnal* ein. Damit schied der Post-Peronismus seine eigenen nationalistischen Inhalte aus. Den theoretischen Überbau dafür lieferte der Analytiker Carlos Escudé (1997) mit seiner schonungslosen Diagnose der „Pathologie des lateinamerikanischen Nationalismus", welcher außenpolitisch, da zumeist in Konfrontation mit den USA, nur Kosten und Risiken, aber kaum Gewinne eingebracht habe. So war es nur konsequent, dass Argentinien während der 90er Jahre sich extern als Junior-Partner der USA bei UN-Missionen – z.B. mit rund 1000 Soldaten zur Friedenssicherung in Ex-Jugoslawien – betätigte.

Unbehagen erzeugt an der modernisierten Hegemonie-Position der Vereinigten Staaten vis-à-vis Lateinamerika, dass die US-Außenpolitik offensichtlich nicht ohne „Feind" leben kann. So rückte die „Droge" in diese Rolle nach – um ab dem Jahr 2001 wegen 9/11 in New York vom „Narco-Terrorismus" abgelöst zu werden. Nun ließen sich über eine Kulturgeschichte von Drogen lebhafte Debatten führen, und in der Tat muss jede Gesellschaft über den Umgang mit bewusstseinserweiternden Substanzen mit Geboten und Verboten selbst urteilen. Indes, als führendes Drogen-Konsumentenland müssten die USA, wollten sie konsequent sein, innerhalb des eigenen Territoriums fundamentalistisch agieren. Diesen Preis will kein Politiker im Norden zahlen. So wurde Lateinamerika – wo Coca-Blätter von Indianerkulturen seit Jahrhunderten rituell gebraucht werden – stellvertretend als Schlachtfeld im „Krieg" gegen die Drogen ausgemacht, wobei Gesellschaften, die in dieser Frage nachlässig oder als Dissidenten auftreten, als „Schurkenstaaten" enden (Internationale Politik 1999). Siehe diesbezüglich das Schicksal von Panama unter General Noriega (1989) oder das Kolumbiens, wo Präsident Ernesto Samper (1994-98) Einreiseverbot in die USA aufgebrummt bekam und dem Land 1996 und 1997 das Zertifikat des braven Verhaltens im Drogenkampf (*decertification*) vorenthalten wurde (Tokatlian 2000). Dass in Washington vom *rogue state* auf *state of concern* heruntergestuft wurde, was in der Folge zur „Achse des Bösen" mutierte, hilft nicht wirklich weiter.

Es ist vor allem die Drogenfrage, welche die Reste der „relativen Autonomie" beseitigt und die Souveränität lateinamerikanischer Staaten zum Gespött macht. Denn uber die Maßnahmen zur Bekämpfung der „Droge" gewinnen die Vereinigten Staaten das in den 70er Jahren stark angeschlagene Monopol im Bereich der militärischen Kontrolle zurück. Agenten der DEA-Antidrogenbehörde oder auch US-Soldaten treten heute zwischen Mexiko und Bolivien im Kleinkrieg gegen die „Narco-Guerilla" oder den „Narco-Terrorismus" offen auf. Kolumbien, inzwischen ein von Entlaubungsmitteln aussprühenden Flugzeugen vergiftetes Schlachtfeld, wird mit Finanzhilfe aus Washington in Milliardenhöhe überschüttet, um lokale Guerilla-Armeen standhalten zu können.

Widersprüche auf dem Subkontinent spielten dem Hegemon USA zusätzlich in die Hände. So verlor der Erdölexporteur und OPEC-Mitbegründer Venezuela, in den besten Momenten der „relativen Autonomie" in den späten 70er Jahren üppig mit Devisen für außenpolitische Initiativen ausgestattet, infolge des internen gesellschaftlichen Verschleißes fast alles an Handlungsqualität. Erst Präsident Hugo Chávez, der im September 2000 mit einem OPEC-Gipfel in Caracas eine starke Front der Erdölexporteure wiederherstellen konnte, setzt erneut auf eine konfrontative Dritte-Welt-Achse (Venezuela-

Kuba-Libyen-Irak). Mexiko hingegen ließ seine Dritte-Welt-Orientierung fahren und umarmt frenetisch die USA als NAFTA-Partner. Ob damit die Förderquoten der OPEC-Länder unterlaufen werden können, muss sich erst zeigen. Somit standen den USA die Zeichen in jeder Hinsicht günstig für das Skizzieren einer neuen Lateinamerika-Politik. Bereits Präsident Bush hatte 1990 seine Initiative „Enterprise for the Americas" als Vorschlag der Schaffung einer Freihandelszone von Alaska bis Feuerland vorgelegt. Bald darauf folgte NAFTA. US-Präsident Clinton variierte das Thema im Dezember 1994 in Miami mit dem „Gipfel der Amerikas". Demnach soll bis zum Jahr 2005 eine gesamtamerikanische Freihandelszone (*Free Trade Area of the Americas*) entstehen. Dem folgten periodische Treffen der amerikanischen Handels- und Finanzminister, während weiterführende Gipfeltreffen Details des „Washington Consensus" (für alle Liberalismus, Marktöffnung, Formaldemokratie etc.) präzisierten. Die periodisch abgehaltenen Ibero-Amerika-Gipfel (Lateinamerika zusammen mit Spanien und Portugal) können dem nichts Gleichwertiges entgegensetzen.

Während der zwei Jahrzehnte der Theoriedebatte über die Möglichkeit einer *autonomía relativa* maßen die Lateinamerikaner den Grad ihrer Abhängigkeit von den USA gerne mit dem Begriff der *vulnerabilidad*: Verwundbarkeit würde abnehmen, wenn es gelänge, Lateinamerikas diplomatische und vor allem handelspolitische Beziehungen geographisch zu diversifizieren. Trotz Verschwindens der Sowjetunion, trotz des Verschleißes an Dritte-Welt-Optionen gilt die These im Kern noch immer. Chile hat das exemplarisch vorexerziert: Rund ein Drittel der Exporte, zunehmend mehrwertig, fließt nach den Amerikas, ein Drittel nach Europa, ein Drittel nach Asien. Dies wäre der für alle anzustrebende Idealwert für die kommenden Jahre. Europa, mit der Europäischen Union im Zentrum, kommt dabei besondere Aufmerksamkeit zu. Denn Lateinamerikas politisch-wirtschaftliche Eliten, obschon nach dem Zweiten Weltkrieg enthusiastisch die Marilyn-Monroe-Doktrin (Wagnleitner 2000) adoptierend, lassen ihr Herz bevorzugt „europäisch" schlagen. Deswegen stieg die Europäische Union zum Wunschpartner für eine strategische, den Atlantik überspannende Diagonale „Lateinamerika-Europa" auf. Vorerst, in den 60er und 70er Jahren, war es freilich nur zum *diálogo entre sordos* gekommen. Brüssel als Schaltstelle der europäischen Einigung wollte vor allem nicht auf das lateinamerikanische Drängen nach einer präferentiellen Partnerschaft (zum Ausbalancieren des übermächtigen US-Einflusses) eingehen. Stattdessen boten Brüssels Eurokraten im Rahmen einer globalen Dritte-Welt-Politik Lateinamerika lediglich Nischen an: Entwicklungshilfe (in- und außerhalb von Lomé), Finanzhilfe, Integrationshilfe, Flüchtlingshilfe, Lebensmittelhilfe, Ökologie-Unterstützung für nachhaltige Entwicklung und so fort. Strategische Vorstöße von Einzelmitgliedern der europäischen Einigung, zum Beispiel 1981 Frankreichs diplomatische Anerkennung der salvadorianischen Guerilla, blieben folgenlos.

Erst die seit 1983 wirksame „assoziative Diplomatie" der Contadora-Gruppe, als Versuch einer eigenständigen Lösung der ideologisch aufgeheizten Mittelamerika-Krise, ließ Brüssel erstmals strategisch reagieren. Daraus entstand zögernd der „San José-Prozess", welcher die Mitglieder der heutigen Europäischen Union zu einem erfolgreichen Friedensvermittler in Mittelamerika aufwertete und die traditionelle europäische Hilfe deutlicher auf zentrale Elemente wie Unterstützung für Demokratie, Menschenrechte und Ökologie zuschnitt. Mit dem Eintritt Spaniens und Portugals in die europäische Einigung hat sich Brüssels Sensibilität gegenüber Lateinamerika merklich erhöht. Aber immer noch dominierte vorerst der Bereich der karitativen Hilfe: Zwischen 60% und 70% aller Hilfsleistungen, die nach Lateinamerika fließen, entstammen – über öffentliche, private oder NGO-Kooperationen – dem EU-Raum. Hingegen lahmt die Handelsrelation: Zwar steigen Exporte und Importe in absoluten Zahlen; zwar stellt die Europäische Union hinter den USA Lateinamerikas zweitwichtigsten Handelspartner; doch in Prozenten stockt das Volumen in der Export-Import-Relation.

Erst die weitreichenden Veränderungen im internationalen System (die der Europäischen Union ein entschlosseneres Profil abverlangen) sowie die qualitative Aufwertung Lateinamerikas während der 90er Jahre öffneten den europäischen Schwerhörigen die Ohren. In einem Grundlagenpapier betreffend die Beziehung der Europäischen Union zu Lateinamerika und zur Karibik vom 31. Oktober 1994, bekräftigt vom Europäischen Rat in Essen Anfang Dezember 1994, skizzierte Brüssel die Konturen einer strategischen biregionalen Partnerschaft, wie Lateinamerika sie immer gewünscht hatte: Verstärkte Handelsbeziehungen natürlich, aber auch Interaktion jenseits von Handel, als politische Partnerschaft biregionaler Natur, die beiden Seiten Nutzen und verstärkte Handlungsqualität bringen soll, bei überall praktizierter Rechtsstaatlichkeit, Demokratie, Freiheit, Toleranz, Beachtung der Menschenrechte, nachhaltiger Entwicklung und Ökologieverträglichkeit (was die vieldiskutierten „europäischen Werte" ergibt).

Im Mittelpunkt steht dabei seit den 90er Jahren der schon zuvor erprobte „institutionelle Dialog" zwischen der Europäischen Union einerseits und den regionalen Gruppierungen in Lateinamerika andererseits. Partnerschaften gibt es insbesondere im Rahmen des San José-Prozesses (für Mittelamerika), mit den europäischen und lateinamerikanischen Parlamenten und vor allem mit der Rio-Gruppe, heute die Essenz des bilateralen Dialogs (Frohmann 1997). Kooperationsabkommen besonderer Art mit Mexiko (2000) und Chile (2002) komplettieren dieses Beziehungsnetz diagonal über den Atlantik. Nur Fidel Castros Cuba bleibt außerhalb dieses Geflechts – da Havanna im Frühjahr 2000 aus Protest gegen Brüssels Demokratieklauseln zornig seine angestrebte Teilnehmerschaft am Lomé-Abkommen zurücklegte (Drekonja 2000). Zum Höhepunkt bisheriger Bemühungen mutierte die „Cimeira", das Gipfeltreffen von 48 Staats- und Regierungschefs der beiden Regionen Ende Juni 1999 in

Rio de Janeiro. Dieses Mammutereignis umriss das Entwicklungspotential der „strategischen Allianz" zwischen Europa und Lateinamerika in allen Bereichen, politisch, wirtschaftlich, kulturell, ökologisch (Grabendorff 1999). Damit kann sich Europa tentativ auch des Vorwurfs entledigen, nicht mehr als „a substitute welfare agency for the poor in such countries" (Pearce 1999: 66) zu sein, ohne in Lateinamerika die Spielregeln der unbarmherzigen Globalisierungsmaschine beeinflussen oder die Vereinigten Staaten in ihrer zeitgeistigen Hegemonie-Rolle herausfordern zu wollen. „Rio II" folgte plangemäß im Mai 2002 in Madrid, leider mit wesentlich weniger Enthusiasmus als seinerzeit in Rio.

Was also tun im neuen Jahrhundert im Bereich der lateinamerikanischen Außenpolitik?

Zum Ersten sollte einsichtig sein, dass konventionelle, geopolitisch eingefärbte Machtpolitik obsolet geworden ist. Es winken keine Gloriolen mehr, weder intrazonal noch außerhalb, im internationalen System, welches sowieso zur atomisierten Anarchie (Kaplan 1999) tendiert, ein Zustand, der ironischerweise am wenigsten das amerikanische System, trotz seiner Asymmetrie zwischen Norden und Süden, trifft. Auch das Pochen auf absolute Souveränität, für Lateinamerika – und insbesondere für Mexiko – ein sensibles Thema, macht in einer Welt, in der überstaatliche und transnationale Kräfte den klassischen Nationalstaat (zumindest an der Peripherie) erodieren, keinen starken Sinn mehr. Sogar Mexiko mit seiner Souveränitätsverpflichtung in der eigenen Verfassung akzeptierte im Abkommen mit der Europäischen Union *cláusulas condicionantes* zugunsten von Menschenrechten und Demokratie. Keine lateinamerikanische Außenpolitik kann sich auf ein *Great Game*, eine allzu aufdringliche Schaukelpolitik zwischen Europa und Nordamerika, einlassen, um eigene Gewinne einzufahren. Inwieweit ein zukünftiges Andocken der Lateinamerikaner am Euro den Machtfluss des US-Dollar einfassen wird, geht als Entscheidung vorerst eher nur die Zentralbanken und Wirtschaftsministerien des Subkontinents an, wird aber in einigen Jahren die vielleicht aufregendste Entscheidung der lateinamerikanischen Außenpolitik sein. Zukünftigen Sinn ergeben für lateinamerikanische Außenministerien vor allem alternative Inhalte und Ziele: Ein Agieren, das mithilft, nachhaltige Entwicklung zu fördern, mit *gobernabilidad*, Armutsbekämpfung, Bereitstellen interner Sicherheit für die eigenen Bürger (was diametral zur *política de seguridad nacional* früherer Militärregierungen steht); intrazonale Friedenspolitik; Vorantreiben der nach außen offenen Integration; Entwerfen kreativer Kulturpolitiken und so fort.

Zum Zweiten: In den stärksten Momenten der damals „neuen" Außenpolitik Lateinamerikas in den 1970ern unter dem Leitmotiv der „relativen Autonomie" ließ sich das Fernziel, zur „Mittelklasse der Dritten Welt" aufzusteigen (Orrego 1979), ausmachen. Heute redet vernünftigerweise niemand mehr davon. Alternativ konturiert sich das Vorhaben, Eingang in den Eliteclub OECD zu finden. Mexiko – mit vielen Vorschusslorbeeren – hat es bereits 1995 geschafft. Andere werden folgen. Da dieses Ziel nicht nur ehrgeizig, sondern auch vernünftig ist und ohne besondere Kosten und Risiken angestrebt werden kann, passt es auch in die allgemeine Situation auf dem Subkontinent.

Zum Dritten: Nicht nur der „Washington Consensus", sondern auch die außenpolitische Erwartung der Europäischen Union mit ihrem Akzent auf den „europäischen Werten" verlangen von den lateinamerikanischen Ländern Beachtung der Menschenrechte, Toleranz und das Befolgen eines Minimums an Formaldemokratie (mit international zu beobachtenden fairen Wahlgängen). Folgt daraus automatisch die Evolution einer „demokratischen Außenpolitik"? Jeanne A. K. Hey (1997) versuchte dafür eine zukunftsweisende Theorie lateinamerikanischer Außenpolitik abzuleiten. Barrios (1999), als Beiträger zur politikwissenschaftlichen Debatte an der Universität Heidelberg, wo das Thema der Demokratiekonsolidierung Südamerikas eine wichtige Rolle spielt, probierte es empirisch. Eigentlich stimmen beide überein. Was zu tun ist – ein Abrücken von der „Konflikthypothese" früherer Militärregime; intrazonale Zusammenarbeit; Abstand zur Dritten Welt; Verdichtung der Beziehung auf qualitativ höherem Niveau mit Nordamerika und Europa. Das alles ist nicht aufregend neu, sorgt aber dafür, dass Lateinamerikas Konsolidierung im neuen Millennium ungestört von außenpolitischen Variablen weitergehen könnte.

Zum Vierten: Dass auf Kuba im Rahmen dieses Themas nicht mehr eigens eingegangen werden muss – die „große Außenpolitik eines kleinen Landes", in den späten Siebzigern in Afrika an einem faszinierenden Höhepunkt, verglühte wie die Revolution – gehört ebenfalls zu den Wegmarkierungen zukünftiger lateinamerikanischer Außenpolitik, die darob einen relativ friktionsarmen Raum für operative Entscheidungen vorfindet.

Zum Fünften: Auch im neuen Jahrhundert bleibt für Lateinamerikas Außenministerien die Art und Intensität der Beziehung zu den Vereinigten Staaten ausschlaggebend. Mit dem Sieger aus dem Kalten Krieg, dessen medientechnologisch-wissenschaftlich-militärische Kapazität an einem Höhepunkt zu stehen scheint, muss man sich wohl oder übel arrangieren. Da es keine Sowjetunion und auch keine geschlossene Dritte Welt mehr gibt, kommt eine „sezessionistische Autonomie" (Puig 1980), das versuchsweise Aufkündigen des Interamerikanischen Systems, auf keinen Fall mehr in Frage. Venezuela unter Hugo Chávez wird einen Testfall abgeben, inwieweit Washington eine „bolivarianische Dissidenz" zu tolerieren bereit sein wird. Anderseits lässt sich die Mutmaßung vertreten, dass Argentiniens Regierungen nach Menem eine *relación carnal*, die intime Nähe zu den Vereinigten Staaten während der 90er, nach dem Jahr 2000 nicht beibehalten werden. Escudés (1992) *realismo periférico* wird jedoch als außenpolitische Chiffre weiterleben, die Lateinamerikas Fachministerien die Kosten und Risiken eines antiimperialistischen Nationalismus mit seinen verführerischen Metastasen vor Augen hält. Inwieweit die (legale und illegale) Latino-Migration nach Norden in den kommenden Jahrzehnten die Textur der Vereinigten Staaten verändern wird, weniger weißhäutig, protestantisch und englischsprachig, dafür stärker mit Farbtupfern, katholisch und spanischsprachig, wird zu beobachten sein.

Bleibt sechstens die Frage nach den zukünftigen Staats-Akteuren (die immer noch über dem internationalen NGO-Geflecht, das Lateinamerika mitprägt, stehen) auf dem Kontinent: Mexiko als NAFTA-Intimpartner der Vereinigten Staaten kann mit diversifizierten Diplomatie- und Handelsbeziehungen sowie auf der Basis eines Sondervertrags mit den Europäischen Gemeinschaften das Gewicht der USA austarieren, mehr aber nicht. Chile, vorerst noch ohne NAFTA-Andockung, aber ebenso wie Mexiko vernetzt mit der Europäischen Union, mag etwas ehrgeizigere Manövrierräume sondieren. Mittelamerika und die Karibik müssen sich mit dem Status von Zuschauern begnügen. Venezuela, Kolumbien, Ekuador, Peru und Bolivien, die übriggebliebenen Mitglieder der Andengruppe, haben mit anarchischen Fliehkräften zu tun. In der Tat scheint der andinisch-amazonische Raum, mit Kolumbien als Kern, für die Vereinigten Staaten zu einem drogenvergifteten „Heart of Darkness" abzusteigen. Der „Plan Colombia" dürfte für die nächsten ein, zwei Jahre alles nur noch schlimmer machen – wenngleich der neue kolumbianische Präsident Álvaro Uribe (2002-2008) uns alle mit Alternativen überraschen könnte.

Realistische Handlungskapazitäten hingegen bleiben den Mittelmächten im Cono Sur beziehungsweise dessen Regionalintegration MERCOSUR. Für akkordierte außenpolitische Statements wird die „assoziative Diplomatie" der Rio-Gruppe richtungsweisend sein. Allein wird wohl nur ein nationaler Akteur Akzente setzen können: Brasiliens Itamaraty. Das hat auch schon Fred Parkinson (1968: 423), Doyen der Debatte, gewusst: „The key to all Latin American foreign policies is provided by Brasil".

Allerdings öffnet dieser Schlüssel keine Tür zu einer extravaganten Performanz. Vielmehr ergibt sich 34 Jahre später, „dass das vorrangige Ziel brasilianischer Außenpolitik darin besteht, die Bedingungen der internationalen Einbindung Brasiliens mit Blick auf die Konsolidierung makroökonomischer Stabilität und die Wiederaufnahme eines Wegs nachhaltiger Entwicklung verbunden mit sozialem Ausgleich zu verbessern" (Thompson-Flores Netto 1995: 91). Darüber hinaus mag Brasilien gelegentlich – wie zum Beispiel bei außenpolitischen Treffen aller Südamerikaner mit der Rolle eines *primus inter pares* kokettieren, doch angesichts von Risikoentscheidungen (zusammen mit der EU Schlichtungsversuche im kolumbianischen Bürgerkrieg?) passt man lieber (Oppenheimer 2002).

Nicht mehr und nicht weniger als solch bescheidene Ziele schreibt sich Lateinamerika in außenpolitischer Hinsicht zu. Daran ist nichts Extravagantes. Der Aufwand dafür ist vertretbar. Und das Ziel sollte lohnen. Allein schon deswegen, weil damit die „Realismusfalle" (Czempiel 1998) Lateinamerika erspart bleiben sollte. Oder anders gesagt: Bei dieser Thematik tritt die EU nicht notwendigerweise als Herausforderer der USA auf; aber dennoch wächst die Rivalität (Merkur 2000: 753). Wie viel außenpolitisches Kapital Lateinamerika daraus schlagen kann, wird mitentscheiden, ob das Glas doch einigermaßen vollrinnen kann.

Die Folgen des 11. September 2001 in New York – hat Robert D. Kaplan (1999) doch Recht? – binden Lateinamerika wohl noch intimer an die westlichen Industriegesellschaften. Denn der Subkontinent will nicht fundamentalistisch sein. „America India und das Abendland" des Quechua-Indianers Fausto Reinaga (1980) erzeugte keine apokalyptischen Vibrationen. Auch wenn es Textstellen wie diese gibt:

„Für America India ist Christus das ´Goldene Kalb`. Seine Vertreter sind Syphilis und Krebs und dieses ganze Wolfspack [...] Da kommt die ´blonde Bestie` aus dem Abendland mit dem Kreuz Christi – und lügt und raubt und mordet. Christus ist ein Mörder. Eine Religion, die Menschenblut trinkt und Menschenfleisch frisst. Das Christentum ist die objektive Verkörperung, die sichtbare Verwirklichung der Büchse der Pandora: eine Höhle, aus der alle Übel der Welt hervorquellen" (Reinaga 1980: 52).

Perus „Sendero Luminoso", der Lima, urbanes Babylon der Weißen, dem Erdboden gleichmachen wollte, verglühte wie ein Meteor. Lateinamerika schreckt nicht davor zurück, „Hybridkultur" (Garcia Canclini 1995) zu sein und in der Postmoderne an der Seite der Vereinigten Staaten und Europas zu stehen. Das verleiht Lateinamerikas Außenpolitik im 21. Jahrhundert das Charakteristikum des Machbaren und Überschaubaren.

Literaturverzeichnis

Barrios, Harald (1999): Die Außenpolitik junger Demokratien in Südamerika. Argentinien, Brasilien, Chile und Uruguay. Opladen: Leske und Budrich.
Bhabha, Homi K. (2000): Die Verortung der Kultur. Tübingen: Stauffenberg Verlag.
Castro Escudero, Alfredo (2000): Chile: el milagro económico se resquebraja? In: Comercio Exterior, Mexico, 50 (Febrero 2000) 2, S. 146-152.
CEPAL (Hrsg.) (1999/2000/2001): Balance Preliminar de las Economías de América Latina y el Caribe. Santiago de Chile.
Czempiel, Ernst-Otto (1998): In der Realismusfalle. Kritik einer außenpolitischen Maxime. In: Merkur, 586 (Januar 1998), S. 15-25.

Drekonja-Kornat, Gerhard (2000): Castro zürnt Brüssel. In: Blätter für deutsche und internationale Politik (2000) 8; S. 920-923.

---/ Tokatlian, Juan G. (Hrsg.) (1983): Teoría y Práctica de la Nueva Política Exterior Latinoamericana. Bogotá: Cerec-Cei/Universidad de los Andes.

Escudé, Carlos (1997): Die argentinische Außenpolitik. Ein Paradigmenwechsel? In: Sevilla, R./ Zimmerling, R. (Hrsg.): Argentinien. Land der Peripherie? Bad Honnef: Horlemann, S. 122-136.

--- (1992): Realismo Periférico: Fundamentos para la nueva política exterior Argentina. Buenos Aires: Planeta.

FLACSO (Hrsg.) (1996): El Mercosur de la Defensa. Estudio Estratégico de América Latina y el Caribe. Santiago de Chile.

Frohmann, Alicia (1997): Der biregionale Dialog zwischen dem Grupo de Rio und der Europäischen Union. In: Lateinamerika. Analysen–Daten–Dokumentation (1997) 33, Hamburg: Institut für Iberoamerika-Kunde, S. 51-63.

García Canclini, Néstor (1995): Hybrid Cultures. Strategies for Entering und Leaving Modernity. Minneapolis/London. (Original: „Culturas híbridas" México D.F. 1989).

Grabendorff, Wolf (1999): Eine strategische Partnerschaft? Biregionaler Dialog zwischen EU und Lateinamerika. In: Internationale Politik, Bonn, 54 (Mai 1999) 5, S. 1-8.

Hey, Jeanne A. K. (1997): Three building blocks of a theory of Latin American foreign policy. In: Third World Quarterly, London, 18 (1997) 4, S. 631-657.

Internationale Politik (1999), Schwerpunktnummer „Schurkenstaaten"?, Berlin, 54 (Juni 1999) 6.

IRELA (Hrsg.) (1997): A new strategic debate in South America? An IRELA Briefing. Madrid.

Kaplan, Robert D. (1999): The coming anarchy. Shattering the dreams of the Post-Cold-War. New York: Random House.

Kurtenbach, Sabine/ Bodemer, Klaus/ Nolte, Detlef (Hrsg.) (2000): Sicherheitspolitik in Lateinamerika. Vom Konflikt zur Kooperation? Opladen: Leske und Budrich.

Kurz, Robert (1994): Der Kollaps der Modernisierung. Leipzig: Reclam.

Martner, Gonzalo (Hrsg.) (1986): América Latina hacía el 2000. Opciones y estrategias. Caracas: Nueva Sociedad.

Merkur (2000): Europa oder Amerika? Heft 617/618, (September/Oktober 2000).

Ministerio de Defensa Nacional (Hrsg.) (1997): Libro de la Defensa Nacional de Chile. Santiago de Chile, 1997.

Oppenheimer, Andres (2002): Brazil largely ignoring bloody Colombia war. In: The Miami Herald, August 15, 2002.

Orrego, Francisco (Hrsg.) (1979): América Latina: Clase media de las Naciones? Santiago de Chile: Instituto de Estudios Internacionales.

Osterhaus, Anja (1999): El Barzón. Die Antwort der mexikanischen Schuldner auf die Folge des Neoliberalismus. In: Peripherie, Berlin, 76 (Dezember 1999), S. 28-48.

Parkinson, Fred (1968): Latin American Foreign Policies. In: Veliz, Claudio (Hrsg.): Latin America and the Caribbean. A Handbook. New York-Washington: F. A. Praeger, 1968, S. 414-424.

Pearce, Jenny (1999): Peace-building in the periphery: lessons from Central America. In: Third World Quarterly, London, 20 (February 1999) l, S. 51-68.

Puig, Juan Carlos (1980): Doctrinas internacionales y autonomía latinoamericana. Caracas: Instituto de Altos Estudios de América Latina.

Reinaga, Fausto (1980): America India und das Abendland. München: Trikont, 1980 (Original: América India y Occidente. La Paz: Ediciones Partido Indio de Bolivia, 1974).

Thompson-Flores Netto, Francisco (1995): Die Herausforderung der brasilianischen Außenpolitik. In: Sevilla, R./ Ribeiro, D. (Hrsg.): Brasilien. Land der Zukunft? Bad Honnef: Horlemann, 1995, S. 90-92.

Tirado Mejia, Álvaro (1997): Integración y democracia en América Latina y el Caribe. Buenos Aires: INTAL.

Tokatlian, Juan G. (2000): La polémica sobre la legalización de drogas en Colombia, el Presidente Samper y los Estados Unidos. In: Latin American Research Review, 35 (2000) l, S. 37-83.

Tulchin Joseph S./Espach, Ralph E. (Hrsg.) (2001): Latin America in the New International System. Boulder: Lynne Rienner.

Van Klaveren, Alberto (1997): América Latina más allá del año 2000. In: Leiva, P. (Hrsg.): América Latina-Unión Europea. Santiago de Chile: CELARE, S. 21-55.

Wagnleitner, Reinhold (2000): The Empire of the Fun. Die US-Popkultur und die Demokratisierung Europas nach dem Zweiten Weltkrieg. In: Wiener Beiträge zur Geschichte der Neuzeit, Band 24, Wien/München: Verlag für Geschichte und Politik/R. Oldenbourg Verlag, S. 211-230.

Stefan A. Schirm

Wem nutzt die NAFTA? Motive, Entwicklung und Perspektiven der ökonomischen Integration Mexikos in die USA

1. Einleitung

Internationale Wirtschaftskooperation wirft die Frage nach der Verteilung der Vorteile politischer Zusammenarbeit gleich zweifach auf: Wie werden mögliche ökonomische und politische Gewinne [1] zwischen den Partnerstaaten und [2] innerhalb der Länder verteilt? Während das regionale Integrationsabkommen die Verteilung auf der zwischenstaatlichen Ebene entscheidend beeinflussen kann, ist die Teilhabe gesellschaftlicher Gruppen auf der nationalen Ebene wesentlich auch ein Ergebnis des politischen Systems der einzelnen Länder. Dies ist natürlich eine analytische Trennung. So ging der NAFTA eine Wirtschaftsreform in Mexiko voraus, die durch das regionale Abkommen gestärkt wurde und mittlerweile von einer Demokratisierung des politischen Systems begleitet wird. Die nationale und die regionale Ebene sind wiederum stark beeinflusst von globalen Entwicklungen, da marktliberale regionale Kooperation ebenso wie nationale Reformen entscheidend durch die Wirkungen globaler Märkte („Globalisierung") verursacht wurden (Schirm 1999: 162-204). Dieser Beitrag untersucht Motive, Entwicklung und Perspektiven der ökonomischen Integration Mexikos in die USA sowohl in Hinblick auf mögliche Erfolge und Defizite der Kooperation, als auch auf die Frage nach den innerregionalen und binnengesellschaftlichen Auswirkungen.

Das Nordamerikanische Freihandelsabkommen ist ein Novum regionaler Wirtschaftskooperation[1]: Erstmals schließen sich die USA substanziell bindend mit einem lateinamerikanischen Land zusammen und erstmals geht ein hochentwickeltes Industrieland eine integrative Verbindung mit einem halb-

---

1   Dieser Beitrag rekurriert auf Vorarbeiten des Autors, vgl. Schirm 1999, 1998, 1997(a): 49-78, 1997(b), 1997(c) und 1994: 56-120.

25

industrialisierten Entwicklungs- und Schwellenland ein.[2] Der „größte Markt der Welt" (Government of Mexico 1992: 2) ist allerdings genau genommen nur eine geringfügige Arrondierung des US-amerikanischen Wirtschaftsraumes. Die Vereinigten Staaten erwirtschaften rund 90% des Bruttosozialproduktes der NAFTA, Mexiko 4% und Kanada 6%. Neben diesen Größendifferenzen prägen erhebliche Gegensätze im Entwicklungsniveau die NAFTA: US-amerikanische Löhne sind im Durchschnitt sechsmal so hoch wie mexikanische; die Unterschiede beim technologischen Niveau und der Produktivität sind erheblich. Dabei ist Mexiko kein klassisches Entwicklungsland, sondern gilt seit den 70er Jahren als *Newly Industrializing Country* (NIC), da es im Rahmen einer Industrialisierung zur Substitution von Importen (ISI) zumindest ansatzweise einen Sekundärsektor aufbauen konnte. Aufgrund starken Protektionismus und staatlich gesteuerter Ressourcenallokation war die mexikanische Industrie bis in die 80er Jahre aber wenig wettbewerbsfähig. Mexiko weist demnach nicht nur eine wesentlich kleinere Wirtschaftsleistung und ein deutlich niedrigeres Entwicklungsniveau auf, sondern auch eine andere wirtschaftspolitische Tradition: Während die USA traditionell marktwirtschaftlich verfasst waren, prägten Dirigismus und relative Abschottung die mexikanische Wirtschaft bis zu den marktliberalen Reformen der letzten Dekade.

Diese Gegensätze und die regionale Kooperation zwischen den USA und Mexiko tragen zum Teil sehr spezifische Charakteristika. Zum einen sind die USA als größte Volkswirtschaft der Welt ein besonderes Land des „Nordens", der industrialisiert-hochentwickelten Staaten. Zum anderen ist aber auch Mexiko als NIC kein typisches Land des „Südens", kein reines Entwicklungsland mehr. Auch die NAFTA besitzt besondere Eigenschaften als regionales Integrationsabkommen, da sie auf eine „silent integration"[3], auf eine intensive Vernetzung der mexikanischen Wirtschaft mit derjenigen der USA aufbauen kann. Dem vertraglichen Regelwerk ging eine de facto Integration voraus – anders als etwa im Fall des MERCOSUR (vgl. Schirm 1997a: 79-112). Abgesehen von diesen Spezifika ist die NAFTA ein klarer Fall regionaler Nord-Süd-Kooperation – wegen der Größe und Bedeutung der USA sogar ein besonders akzentuierter Fall. Insofern ist die NAFTA ein Beispiel zur Untersuchung ökonomischer Nord-Süd-Beziehungen. Gleichzeitig bietet der Nord-Süd-Charakter der Kooperation auch ein Mittel zur Einschätzung der NAFTA: Wie beeinflussen die genannten Asymmetrien regionale Zusammen-

---

2 Die Aufnahme etwa Griechenlands und Portugals in die EU kann auch als Nord-Süd-Kooperation verstanden werden. Allerdings wiesen beide Staaten bei weitem nicht den Industrialisierungsgrad und -umfang Mexikos auf.

3 Die vor der NAFTA erfolgte „silent integration" erstreckte sich nicht nur auf intensiven Warenverkehr (ca. zwei Drittel des Außenhandels wickelte Mexiko mit den USA ab), sondern umfasste auch andere ökonomische Bereiche wie Direktinvestitionen und Produktion (*maquiladoras*), sowie die Entstehung von *Mexamerica* durch Migration und kulturellen Austausch.

arbeit? Wem nutzt die NAFTA? Dieser Fragestellung entsprechend, diskutiert der Aufsatz in einem ersten Schritt grundlegende Charakteristika ökonomischer Nord-Süd-Zusammenarbeit. Anschließend werden Entwicklung und erste Ergebnisse der NAFTA kurz skizziert, um im dritten Teil des Beitrags eine Zwischenbilanz der Auswirkungen der Kooperation auf Mexiko und die USA vorzunehmen. Das vierte Kapitel beschäftigt sich mit den Perspektiven einer Erweiterung der NAFTA auf andere Länder Lateinamerikas. Grundsätzlich sei angemerkt, dass die NAFTA aufgrund ihres kurzzeitigen Bestehens nur vorläufig und anhand von Indizien eingeschätzt werden kann. Kanada wird hier nicht weitergehend berücksichtigt (zur Bedeutung der NAFTA für Kanada vgl. Dodds 1999: 27-64).

2. Wem nutzt ökonomische Nord-Süd-Kooperation?

Welche Vorteile kann ökonomische Kooperation im Allgemeinen und diejenige zwischen „Nord" und „Süd" im Besonderen bieten? Im Folgenden werden einige zentrale Aspekte diskutiert, um für die anschließende Analyse des Fallbeispiels NAFTA Kategorien und Parameter zu klären. Grundsätzlich geht die Wirtschaftswissenschaft davon aus, dass eine Senkung von Handelsbarrieren allen beteiligten Staaten zugute kommt: Freihandel stimuliert den effizienteren Einsatz von Ressourcen und die Produktion in größeren Stückzahlen. Diese Auswirkungen tragen über vermehrten Wettbewerb und Modernisierungs- wie Spezialisierungseffekte zu gesamtwirtschaftlichem Wohlstand bei. Freihandel führt zu Wachstumsimpulsen für wettbewerbsfähige Sektoren durch die Zunahme der Wirtschaftsleistung über eine Reallokation der bestehenden Ressourcen (Arbeit, Kapital, Technologie etc.). Dabei sind die Kosten des Freihandels (etwa Arbeitsplatzverluste) ursächlich vergleichbar mit denjenigen, die bei binnenwirtschaftlichen Anpassungsprozessen an neue Produktionsbedingungen (etwa neue Technologien) sowie bei vermehrtem Wettbewerb entstehen. Die mögliche Vernichtung von Arbeitsplätzen und die Minderung von Unternehmensgewinnen durch neue Konkurrenz lassen Widerstand gegen Freihandelsabkommen entstehen. Wenn eine Volkswirtschaft – wie in vielen Entwicklungsländern – von *rent-seeker* geprägt wird, d.h. von Firmen, die ihre Existenz weniger ihrer Wettbewerbsfähigkeit verdanken, als vielmehr staatlichen „Renten" (Monopole, Subventionen, Zollschranken), dann ist mit Widerstand gegen Liberalisierungen zu rechnen. Werden alternative Wirtschaftsstrategien aber als gescheitert angesehen (wie etwa die etatistisch-protektionistische Variante in den 90er Jahren) und verfügen die vom Freihandel negativ betroffenen Sektoren über kein alternatives Projekt, dann sind ihre Einwirkungsmöglichkeiten geschmälert.[4] Eine Marktöffnung gegenüber wettbewerbsfähigeren Industrieländern kann aber zur teilweisen Vernichtung des – bislang geschützten – verarbeitenden Gewerbes in Entwicklungsländern führen. Regionale Abkommen können hier durch Übergangsfristen und Ausnahmen (wie bei der NAFTA) die Öffnung verträglicher gestalten: Regionalismus kann als „Sprungbrett zum Weltmarkt" dienen und gleichzeitig dazu beitragen, die Anpassungskosten zu dosieren.

Ein weiterer relevanter Aspekt für ökonomische Kooperation ist der Größenunterschied der Volkswirtschaften: Ein kleineres Land profitiert im Prinzip von einer Freihandelszone, Zollunion etc. stärker als der größere Partner. Die Skalen-Effekte sind größer, weil die Produktionsausweitung im kleineren Land für den nunmehr besser zugänglichen Markt größere Stückzahlen impliziert als umgekehrt. Das kleinere Land wird sich intensiver auf Bereiche spezialisieren, in denen es Kostenvorteile besitzt, als das größere; unproduktive Sparten werden stärker aufgegeben als im größeren Land (Pastor 1994: 161f.). Dies bedeutet auch, dass der Gesamteffekt einer Integration ungleicher Volkswirtschaften für den größeren Partner geringer ausfällt, und dass das kleinere Land höhere Anpassungskosten zu tragen hat. Diese Konstellation trifft etwa auf die NAFTA (Mexiko - USA) und den MERCOSUR (Paraguay/Uruguay - Brasilien/Argentinien) zu. In diesen Fällen können die kleineren Volkswirtschaften auch profitieren, weil sie die weniger entwickelten sind: Durch die Kooperation mit technologisch fortgeschritteneren Staaten ist ein Modernisierungsschub möglich.

Für regionalen wie globalen Freihandel von zentraler Bedeutung ist das Prinzip des komparativen Kostenvorteils (David Ricardo).[5] Danach ist zur Verwirklichung optimaler Bedingungen für wirtschaftliches Handeln der Einsatz von Produktionsfaktoren an dem für sie kostengünstigsten Standort notwendig – unabhängig von nationalstaatlichen Grenzen. Dieses Ziel ist

---

4 Die in den 70er Jahren propagierte Alternative zur marktwirtschaftlichen Öffnung war das Konzept der selektiven Abkoppelung von der Weltwirtschaft (ISI), die als ungerecht strukturiert und von den Industrieländern dominiert wahrgenommen wurde („ungleicher Tausch"). Negative Erfahrungen mit Protektionismus und Dirigismus machten sozialistisch orientierte Länder wie Peru ebenso wie konservativ-exportorientierte – den Import beschränkende – Staaten wie Brasilien. Durch den Fehlschlag der praktischen Umsetzungen dieses Modells tritt es in der heutigen Entwicklungsdebatte nur noch marginal in Erscheinung und wurde von früheren Vordenkern zur selektiven Weltmarktintegration umgewandelt (vgl. CEPAL 1992).

5 Ricardos Theorie (2 Länder/2 Produkte) geht davon aus, dass auch wenn in einem Land beide Produkte im Sinne der Arbeitswerttheorie billiger hergestellt werden können, Freihandel eine Arbeitsteilung zur Folge hat, bei der das Land mit dem Standortnachteil das Gut herstellt, bei dem es *komparativ zum anderen Produkt* (nicht zu dem anderen Land) einen Kostenvorteil besitzt. Auch das weniger produktive Land wird daher über seinen komparativen Vorteil wettbewerbsfähig sein. Zu den folgenden Ausführungen vgl. Proff/Proff 1996; Hornbeck 1995: 2-4; und grundlegend Porter 1991.

durch den Abbau von tarifären und nicht-tarifären Hemmnissen für den grenzüberschreitenden Transfer von Waren, Kapital, Arbeit etc. zu erreichen. Während einige Länder bzw. Firmen ihren komparativen Kostenvorteil in Form günstiger Löhne durch die Spezialisierung auf arbeitsintensive Produktion erlangen, reüssieren andere durch ihre technologische Kompetenz, ihre mineralischen Ressourcen, ihren hohen Bildungsstand etc. Im Gegensatz zu den dynamischen Gewinnen aus stärkerem Wettbewerb durch regionale Öffnung sind die Gewinne aus komparativen Vorteilen statischer Natur. Im Hinblick auf die Nord-Süd-Kooperation ergeben sich einige Spezifika: Durch Freihandel und die Produktion nach komparativen Kostenvorteilen verfestigen sich möglicherweise für einzelne Länder unbefriedigende Entwicklungsunterschiede: Entwicklungsländer bleiben Exporteure von Primärgütern und arbeitsintensiven Produkten bei niedrigem Lohnniveau, können ihre technologische Kompetenz nicht wesentlich verbessern und importieren weiterhin Industriegüter.

Dieses Risiko muss allerdings nicht eintreten: Folgt man der Produktzyklustheorie, so kann bei der Zusammenarbeit eines Entwicklungslandes mit einem Industrieland eine *flying geese*-Konstellation nach japanisch-ostasiatischem Muster entstehen, bei der alle gewinnen: Das weiterentwickelte Land transferiert diejenigen Produktionsprozesse, die technologisch nicht mehr dem letzten Stand entsprechen und/oder zu teuer geworden sind, da sich die Ertragslage relativ zu derjenigen in anderen Sparten oder in Entwicklungsländern verschlechtert hat. Die betroffenen Entwicklungsländer profitieren von der für sie neuen Technologie und durch neue Arbeitsplätze. Das Industrieland kann sich auf neue Produktionszyklen konzentrieren und erzielt aus der Weitergabe von – aus seiner Sicht – weniger rentabler Herstellung Gewinne. Relativ zum jeweiligen Ausgangsniveau profitieren das Industrieland und das Entwicklungsland. Absolut können die Gewinne ungleich verteilt sein und kann sich der Abstand im Entwicklungsniveau auch halten oder vergrößern.

Grundsätzlich sei angemerkt, dass Freihandel kein entwicklungspolitisches Konzept im Sinne eines Instruments zur ausgeglichenen, breitenwirksamen Verbesserung der Lebensbedingungen einer Gesellschaft ist. Freihandel dient ausschließlich der Stimulierung von Wirtschaftswachstum über Effizienz-, Modernisierungs- und Wettbewerbseffekte. *Wie* das vom Freihandel erwartete Wachstum innerhalb der einzelnen Länder verteilt wird, ist im Wesentlichen eine Funktion des politischen und wirtschaftlichen Systems der beteiligten Staaten. Bei einer sehr ungleichen Einkommensverteilung (wie etwa in Mexiko) muss die distributive Gerechtigkeit politisch verbessert werden – sonst können Wachstumserfolge durch Freihandel an der Mehrheit der Bevölkerung vorbeigehen. Wie in den Industrieländern fällt dem Staat die Aufgabe zu, die Marktwirtschaft sozial abzufedern und auf eine sozial verträgliche Verteilung von Wachstum zu achten.

3. Motive und Entwicklung der NAFTA

Aufgrund der engen Bindungen zwischen Mexiko und den USA vor der NAFTA und der Antizipation der neuen Regelungen durch die Privatwirtschaft seit dem Verhandlungsbeginn 1991 wurden erste Auswirkungen bereits vor dem Inkrafttreten am 1.1.1994 sichtbar. Mexiko wickelte in den Jahren vor 1994 über zwei Drittel (1991: 73%) seines Außenhandels mit den USA ab, während es für den großen Nachbarn der drittwichtigste Handelspartner war (nach Japan und Kanada). Der Anteil Mexikos am US-Außenhandel betrug zwar nur 7% (1991), der mexikanische Markt war aber der weltweit am schnellsten wachsende für die US-Exportwirtschaft. Bei den Investitionen war die Intensität ähnlich stark: Fast zwei Drittel aller Direktinvestitionen in Mexiko stammten 1991 aus den USA. Die Verlagerung von Produktionsschritten von den USA in das Billiglohnland Mexiko geschieht seit den 60er Jahren in Form der *maquiladoras*. Diese Betriebe befinden sich überwiegend in US-amerikanischem Besitz und sind nahe der Grenze angesiedelt. Sie fertigen arbeitsintensive Teile von Produkten, die in der Regel bereits in den USA vorfabriziert wurden und die nach der Zwischenstation in Mexiko zur Endfertigung zurück in die USA gehen. Nur auf den in Mexiko erzeugten *added value* musste ein relativ niedriger Zoll entrichtet werden. 1989 arbeiteten bereits 530.000 Mexikaner in den Fabriken am Rio Grande – viermal so viele wie 1982.[6] 1993 beliefen sich die in *maquiladoras* produzierten Exporte Mexikos in die USA auf US$ 21,9 Mrd. und machten damit die Hälfte aller Ausfuhren in die Vereinigten Staaten aus; 1994 waren es US$ 26,3 Mrd. (WTO 1995: 46).

Die Liberalisierungen des NAFTA-Vertrags waren von privatwirtschaftlichen Akteuren in den Jahren 1991-1993 antizipiert worden. Dies äußerte sich vor allem in einem massiven Zustrom von privatem Kapital nach Mexiko aufgrund der – durch die NAFTA erwarteten – weiteren Stabilisierung der mexikanischen Wirtschaft und aufgrund der Funktion Mexikos als „Lieferanten-Eingang"[7] zum US-Markt. Insgesamt flossen während der Regierungszeit von Salinas de Gortari (1989-1994) US$ 25,9 Mrd. als ausländische Direktinvestitionen und US$ 68,5 Mrd. Portfoliokapital nach Mexiko (Hornbeck 1995: 3). Da die Portfoliogelder als kurzfristige Anlagen an die Börse gingen, sind sie nicht als langfristig-produktive Investitionen zu bewerten und können mit sekundenschnellen Börsenbewegungen das Land verlassen – wie die Peso-Krise im Dezember 1994 zeigte. Die entwicklungspolitische und ökonomische Bedeutung von ausländischen Direktinvestitionen (ADI) ist erheblich größer, weil sie Arbeitsplätze und Produktion schaffen. Hinsichtlich der

---

6   Zu den Zahlen in diesem Absatz vgl. Schirm 1994: 72, 86 und 88.
7   Vgl.: Lieferanten-Eingang Mexiko. In: Capital - Das Wirtschaftsmagazin, 31 (März 1992) 3, S. 209.

ADI kann die NAFTA deutlich als Erfolg bewertet werden: Jährliche ADI Zuflüsse stiegen von US$ 4,3 Mrd. (1993) auf US$ 10,9 Mrd. (1994) und erreichten 1998 und 1999 mit US$ 10,2 Mrd. und US$ 10,7 Mrd. dasselbe Niveau wie 1994 (Zahlen des mexikanischen Finanzministeriums aus: Gurria 2000: Table 1). Im Jahr 2000 stiegen ADI weiter auf US$ 14,2 Mrd. und erreichten 2001 sogar US$ 24,7 Mrd. (Dresdner Bank 2002: 41).

Infolge der Wirtschaftsreformen der Regierungen de la Madrid und Salinas de Gortari in den 80er Jahren hatte sich die mexikanische Wirtschaft bereits stabilisiert, Zollschranken waren gesenkt worden und die Kompatibilität mit dem US-amerikanischen Wirtschaftsmodell war gestiegen. Dies drückte sich auch in niedrigen Zöllen aus: 1993 betrugen Mexikos Tarife auf US-Produkte im Durchschnitt nur noch 10%, während sich US-amerikanische Zölle auf mexikanische Erzeugnisse auf 4% beliefen. Das Ausgangsniveau für weitere Reduzierungen tarifärer Handelshemmnisse im Rahmen der NAFTA war somit niedrig.

Erfolge zeigte die NAFTA beim Handel, dessen Bilanz eine deutliche Steigerung sowohl 1993-1996 als auch 1997-1999 zeigt: Die Exporte Mexikos in die USA wuchsen von US$ 38,6 Mrd. (1993) über US$ 48,6 Mrd. (1994) und US$ 61,7 Mrd. (1995) auf US$ 74 Mrd. (1996). Die Exporte der USA nach Mexiko nahmen von US$ 40,2 Mrd. (1993) über US$ 49,1 Mrd. (1994) und US$ 44,8 Mrd. (1995) auf US$ 54,6 Mrd. (1996) zu.[8] 1997 betrugen die US-Ausfuhren nach Mexiko US$ 71,3 Mrd., 1998 bereits US$ 79 Mrd. und 1999 US$ 87 Mrd., während die Importe der USA aus Mexiko von US$ 85,8 Mrd. (1997) auf US$ 94,7 Mrd. (1998) und US$ 109,7 Mrd. (1999) stiegen.[9] Im Jahr 2000 exportierte Mexiko 89% seiner Gesamt-Ausfuhren von US$ 166,5 Mrd. in die USA und bezog 73% seiner gesamten Importe von US$ 174,5 Mrd. aus den USA (Dresdner Bank 2002: 41). Damit erwirtschaftet Mexiko seit 1995 einen erheblichen Überschuss im Handel mit den Vereinigten Staaten. Der Einbruch der US-Ausfuhren im Jahr 1995 war allerdings durch die Abwertungen der Peso-Krise bedingt (s.u.). Für diese Zahlen gilt, dass eine definitive Korrelation zwischen dem Freihandelsabkommen und Handelssteigerungen nicht nachzuweisen, sondern nur als wahrscheinlich anzunehmen ist. Andere Faktoren, wie Wirtschaftswachstum, Erhöhung der Nachfrage oder Währungsschwankungen beeinflussen den Außenhandel eines jeden Landes ebenso wie Zollschranken. Sektorspezifisch aufgeschlüsselt zeigt der Handelstrom, dass Mexiko nicht Primärprodukte gegen Industriegüter handelte, sondern 90% (1998) verarbeitete Produkte an die USA lieferte – 1993 lag dieser Anteil noch bei 77%.[10] Wenn auch ein großer Teil dieser

---

8   Zahlen der U.S. International Trade Commission (USITC) aus: ITC Executive Summary on Effects of NAFTA. In: U.S. Information & Texts, Washington D.C., 16.7.1997, S. 31.

9   Zahlen der USITC aus: http://dataweb.usitc.gov/scripts/Regions, abgefragt am 29.5.2000.

10 Zahlen aus: Mexico's Makeover. In: Businessweek, 21.12.1998, entnommen aus www.businessweek.com am 15.4.2000.

verarbeiteten Güter in arbeitskraft- und nicht technologieintensiver Herstellung gefertigt wurde (über 40% in den *maquiladoras*), so zeigen die Zahlen doch eindeutig, dass Mexiko nicht mehr die klassische Rolle eines Entwicklungslandes, d.h. als Primärgüterexporteur einnimmt. Da der Anteil verarbeiteter Güter am Export während der NAFTA-Mitgliedschaft zugenommen hat, kann davon ausgegangen werden, dass das Freihandelsabkommen Mexikos Industrialisierung im Sinne des ausgeführten *flying geese*-Modells (vgl. 2.) gefördert hat.

3.1. Stabilität und Wachstum in Mexiko: Modernisierung für einige, Anpassung für alle?

In erster Linie verwirklicht Mexiko seine drei Hauptmotive für die Schaffung der NAFTA: Erstens wird der Zugang zum wichtigsten Exportmarkt sichergestellt. Dies ist nicht nur aufgrund der großen Abhängigkeit des Landes vom US-Markt von grundsätzlicher Relevanz, sondern war in Anbetracht protektionistischer Tendenzen in den USA (*Omnibus Trade Act 1988*) und wiederholter US-Handelssanktionen in den 80er Jahren dringlich geworden. Mit der NAFTA vergrößerte Mexiko somit seine Autonomie von den USA, da es jetzt nicht mehr durch Handelsbeschränkungen politisch erpressbar ist, sondern einen vertraglich gesicherten freien Zugang zum wichtigsten Exportmarkt besitzt. Außerdem erlangte Mexiko eine privilegierte Position gegenüber Dritten beim Handel mit den Vereinigten Staaten, auch gegenüber den lateinamerikanischen Nachbarn. Die Höhe der Handelsumleitung von Dritten auf mexikanische Lieferanten ist allerdings schwer abzuschätzen. Betroffen sind vor allem Länder, deren Produktpalette derjenigen Mexikos ähnelt.

Zweitens wurde Mexiko stärker und dauerhafter attraktiv für Investoren aus Nicht-NAFTA-Staaten, die die günstigen Produktionsbedingungen (Löhne) und marktwirtschaftliche Rahmenbedingungen mit dem unbeschränkten Zugang zum größten Konsumentenmarkt der Welt (USA) verbinden wollen. Eine Investitionsumlenkung von anderen Zielen – vor allem von lateinamerikanischen Staaten bzw. Entwicklungsländern allgemein – nach Mexiko ist bereits eingetreten und weiter zu erwarten. Eine Reihe von Unternehmen (wie IBM und GAP) haben bereits Produktionsstätten von Asien nach Mexiko verlagert. Aufgrund der genannten Motive wurden Investitionen (vor allem europäischer Firmen), die ohne NAFTA direkt in die USA geflossen wären, nunmehr teilweise in Mexiko getätigt.

Drittens wurde durch die NAFTA eine institutionelle Verankerung der marktliberalen Reformen Mexikos erreicht, da sich das Land im NAFTA-Vertrag zur Einhaltung marktwirtschaftlicher Regeln verpflichtet hat. Somit wird es zukünftigen Regierungen schwerer fallen, die Liberalisierungsschritte der 80er Jahre wieder rückgängig zu machen (vgl. Morici 1993: 50f.). Dies schafft für Investoren einen zusätzlichen Anreiz, Mexiko gegenüber anderen Ländern zu bevorzugen: Sie können nunmehr mit einer größeren Stabilität des wettbewerbsorientierten Kurses rechnen, als sie im Falle eines größeren Gestaltungsspielraumes Mexikos in der Wirtschaftspolitik gegeben wäre. Selbst die Erschütterungen der Peso-Krise konnten die marktwirtschaftliche Orientierung nicht ändern. Für Mexiko impliziert die höhere Stabilität und Attraktivität den Preis geringerer Autonomie bezüglich seiner ökonomischen Optionen: Mexiko hat sich gegenüber den NAFTA-Partnern auf die Einhaltung bestimmter Regeln festgelegt und integriert sich wie beabsichtigt weiter in die US-Ökonomie.

Aufgrund des verstärkten Wettbewerbs sowie ausländischer Investitionen in den produktiven Bereich und des damit verbundenen Technologietransfers dürfte es mit der NAFTA gelingen, den Modernisierungsschub der letzten Jahre fortzusetzen. Durch Maßnahmen zur Inflationsbekämpfung (hohe Zinsen, überbewerteter Peso) schlug sich diese Entwicklung zeitweise nur in gemäßigten Wachstumzahlen nieder. 1995 und 1996 erlebte das Land aufgrund der Peso-Krise eine Rezession, von der es sich erst 1997 wieder erholte. 1998 erreichte Mexiko mit 4,8% Wachstum (USA: 3,9%) einen Spitzenwert in Lateinamerika zusammen mit den beiden anderen marktwirtschaftlichen Reformstaaten Argentinien und Chile. Trotz der Asien-Krise wuchs Mexiko 1999 um 3,6% (USA: 3,7%) und übertraf damit die anderen großen lateinamerikanischen Staaten (Zahlen des mexikanischen Finanzministeriums aus: Gurria 2000: Table 2). Dass Mexiko anders als etwa Argentinien und Brasilien von der Asien-Krise weitgehend verschont geblieben ist, kann auf die NAFTA und den freien Zugang zum US-Markt zurückgeführt werden, die das Vertrauen der Investoren und Exportwachstum sicherten (The Economist 1.4.2000: 51). Die NAFTA fungierte hier wie ein „Schutzschild" gegenüber weltwirtschaftlichen Krisen. Wenn die US-Wirtschaft in eine Krise gerät, dann ist aber auch mit erheblich stärkeren Wirkungen auf Mexiko als auf Nicht-NAFTA-Mitglieder zu rechnen. Dies zeigte sich 2001-2002, als Mexiko auch wegen der Rezession in den USA ein Wachstum von -0,3% zu verzeichnen hatte; für 2002 (+1,7%) und 2003 (+4.5%) werden aber bereits bessere Zahlen prognostiziert (Dresdner Bank 2002: 2).

Während einige Branchen von der NAFTA profitieren, sind andere durch die verstärkte Konkurrenz mit US-Firmen in ihrer Existenz bedroht, vor allem kleinere und mittlere Betriebe und der Landwirtschaftssektor im Süden des Landes. In dieser Region ist mit einer Erhöhung der Arbeitslosigkeit[11] und daher mit einer Steigerung des sozialen Konfliktpotentials zu rechnen. Eine

---

11 Arbeitslosigkeit entsteht nicht nur durch Betriebsschließungen, sondern v.a. im Agrarsektor auch durch den Aufkauf von Firmen durch Unternehmen aus den USA und die folgende Rationalisierung. Ähnlich wie in der früheren DDR ist auch in vielen Sektoren Mexikos die Produktivität im Vergleich zum jeweiligen Nachbarland (USA/BRD) gering, sind Arbeitsplätze „mehrfach" besetzt worden.

weitere Verarmung der Bevölkerung im südlichen Mexiko gewinnt vor dem Hintergrund des Chiapas-Konflikts an besonderer Brisanz. Der Anstieg der Arbeitslosigkeit in diesem Gebiet dürfte den Migrationsdruck in die USA außerdem erhöhen. Für die Höhe der mexikanischen Löhne wird entscheidend sein, inwieweit die Schaffung von neuen Arbeitsplätzen im verarbeitenden Gewerbe und bei Dienstleistungen die Vernichtung im primären Sektor aufwiegen kann. Regional gehört vor allem der Norden des Landes zu den Gewinnern der NAFTA, da vor allem dort[12] durch die Erweiterung der Produktion für den US-Markt die Schaffung von Arbeitsplätzen erfolgt. Die nördlichen Städte Monterrey, Guadalajara und Tijuana erlebten in den letzten Jahren einen Boom nicht nur durch den Ausbau von *maquiladoras*, sondern zunehmend mit dem Wachstum mexikanischer Export-Firmen im Elektronik- und Automobilsektor, aber auch im Bereich traditioneller Industrien wie der Möbelbranche. Um Tijuana ist ein *electronics belt* (v.a. TV) entstanden; Software- und Kreditkartenfirmen, sowie Fluglinien verlegen ihre Datenverarbeitung und Programmentwicklung von Indien nach Mexiko (Businessweek 21.12.1998). Aufgrund der Konzentration von Wachstumsimpulsen auf den Norden Mexikos ist davon auszugehen, dass die NAFTA die ohnehin schon zu beobachtende entwicklungspolitische Teilung des Landes verstärkt – in einen relativ modernen und industrialisierten Norden einerseits und eine südliche Region andererseits, die im Vergleich wirtschaftlich unterentwickelt ist und in der sich halbfeudale Eigentums- und Machtstrukturen bis heute stärker halten als anderswo.

Mexiko setzt mit der NAFTA sein neues export- und wettbewerbsorientiertes Entwicklungsmodell konsequent fort, das mit den Reformen der 80er Jahre eingeleitet wurde. *Export-led-growth* lässt sich nur als langfristige Strategie verfolgen, wenn die Offenheit der Zielmärkte – in diesem Fall des US-Marktes – auf Dauer sichergestellt ist. Die zeitweise Verschlechterung der Handelsbilanz widersprach der Exportorientierung nicht, sondern bildete ein Instrument zu ihrer Stärkung, da Anfang der 90er Jahre 85% der Einfuhren aus Kapital- und Zwischengütern bestanden, die Produktion und Wettbewerbsfähigkeit erhöhen (Weintraub 1993: 69f.). Diese Tendenz hat sich aber 1994 umgekehrt: Mexiko importierte hauptsächlich Konsumgüter und nur noch zu 20% Kapitalgüter. Sollte sich diese Entwicklung fortsetzen, so muss davon ausgegangen werden, dass sich das produktive Potential nicht im erwarteten Ausmaß vergrößern wird. In diesem Zusammenhang ist auch die für die mexikanische Regierung zentrale Rolle der NAFTA als Investitionsabkommen, d.h. als Mittel zur Anziehung von Auslandskapital, ambivalent einzuschätzen (vgl. Pastor 1994: 165f.). Einerseits stieg der Zufluss erheblich und ermöglichte es Mexiko, seine 1991-94 stark defizitäre Handelsbilanz zu

---

12 Aufgrund der geographischen Nähe zu den USA, der besseren Infrastruktur und des höheren Industrialisierungsgrades.

kompensieren, d.h. eine ausgeglichene Zahlungsbilanz zu erreichen. Andererseits bestanden diese Kapitalzuflüsse zu 85% aus Portfolioanlagen, die als kurzfristig-spekulativ und nicht langfristig-produktiv zu bewerten sind.

Insgesamt schlussfolgern die meisten Experten, dass Mexiko von der NAFTA durch größere Stabilität des wirtschaftspolitischen Kurses, durch Investitionen, Wettbewerb, Technologietransfer und Handel langfristig profitiert, und dass gesamtgesellschaftlich die materiellen und sozialen Gewinne die Kosten übersteigen.[13] Diese Erwartungen werden inzwischen von früheren NAFTA-Gegnern geteilt: Auch der Vorsitzende der Oppositionspartei PRD (*Partido de la Revolución Democrática*), Cárdenas, der die NAFTA-Pläne 1990 noch als einen Ausverkauf seines Landes abgelehnt hatte, stellt das Abkommen heute nicht mehr grundsätzlich in Frage, sondern fordert nur noch Nachbesserungen.[14] Die Kritik von Experten am Vertragswerk richtet sich gegen eine relative Gleichstellung Mexikos mit den beiden Industrieländern: Es sei versäumt worden, dem großen Entwicklungsunterschied ausreichend Rechnung zu tragen (vgl. Castañeda/Heredia 1993). Tatsächlich berücksichtigt der NAFTA-Vertrag zu wenig, dass Mexikos Wirtschaft bei weitem nicht so konkurrenzfähig ist, wie diejenige der USA. Eine Vernichtung mexikanischer Betriebe durch freien Wettbewerb mit US-Firmen ist aber bisher aus folgenden Gründen nicht im befürchteten Ausmaß eingetreten: [1] Mexiko hat sich durch die unilateralen Zollsenkungen seit der Mitte der 80er Jahre bereits weitgehend der US-Konkurrenz *dosiert* ausgesetzt, so dass o.g. Effekte zeitlich verteilt waren. Die Anpassung Mexikos an externe Konkurrenz erfolgt seit zehn Jahren und wird mit der NAFTA nur fortgesetzt. [2] Für einzelne Sektoren wurden zudem Übergangsfristen von bis zu 15 Jahren vereinbart, um die Anpassung an freien Wettbewerb abzufedern. [3] Außerdem steht einer wettbewerbsbedingten Schließung von Unternehmen die Schaffung von Arbeitsplätzen durch das Wachstum der Exporte in die USA, durch den inzwischen wieder wachsenden Binnenmarkt, sowie durch die Verlagerung von Herstellungsschritten aus den USA nach Mexiko gegenüber.

Eine Gefährdung der Erfolgsaussichten der NAFTA besteht in der mangelnden Distribution von Wachstum und Wohlstand auf einkommensschwache Bevölkerungsteile. Denn die Wachstums- und Modernisierungserfolge im Rahmen der NAFTA wurden nicht begleitet von einer politischen Verbesserung der Verteilungsgerechtigkeit (vgl. Pastor/Wise 1998). Dieses Problem wird verschärft durch die Vernachlässigung von Maßnahmen, mit denen die sozialen Kosten der liberalen Reformen und der Marktöffnung in Mexiko kompensiert werden könnten. Das mexikanische Solidaritätsprogramm PRO-NASOL, aber auch das Programm für ländliche Regionen PROCAMPO wa-

---

13 Zu dieser Einschätzung vgl. Espinoza 1999: 104; Grassi 1997: 10; Lustig 1994: 46-80; Ramirez de la O 1993: 86; Castañeda 1993: 59-66; Brand 1994: 138.
14 Die Partei der Nationalen Aktion (PAN) gehörte aufgrund ihrer konservativ-liberalen Orientierung immer zu den NAFTA-Befürwortern.

ren hierfür unzureichend ausgestattet und dienten teilweise der Verteilung von Wahlkampfgeschenken durch den PRI. Infolge der Ignoranz der wirtschaftliberalen Reformer gegenüber einem Ausgleich für die Anpassungskosten unterentwickelter – vor allem landwirtschaftlich geprägter – Regionen an neue Wettbewerbsbedingungen gefährden sie ihre eigene Strategie: Sie könnte (und sollte) dann politisch nicht mehr durchsetzbar sein, wenn die *drop-outs* marktliberaler Reformen in Anzahl und Form zu einer entscheidenden Oppositionsgruppe werden. Um eine solche Entwicklung zu verhindern, wäre innermexikanisch eine stärkere Beteiligung der Unterprivilegierten am Volkseinkommen nötig und im Rahmen der NAFTA ein Struktur- und Kohäsionsfonds. Dieser könnte ähnlich funktionieren wie die entsprechenden Institutionen der EU zum Ausgleich von Anpassungskosten der weniger entwickelten Länder (Griechenland, Portugal, Süditalien etc.), die aus Mitteln der wohlhabenderen Mitglieder gespeist werden. Mit dem NAFTA-Vertrag wurde zwar eine *North American Development Bank* (NADB) geschaffen. Bisher liegt ihre Aufgabenstellung aber hauptsächlich in der Unterstützung von Umwelt- und Infrastrukturprojekten an der US-mexikanischen Grenze. Die Funktion eines Strukturfonds für unterentwickelte bzw. von der NAFTA negativ betroffene Regionen Mexikos nimmt die NADB nicht wahr.

Grundsätzlich ist anzumerken, dass das (trotz Demokratisierung) nach wie vor paternalistisch-korporativ organisierte politische System Mexikos nicht nur gesellschaftliche Partizipation im politischen Prozess einschränkt, sondern auch marktwirtschaftliche Reformen behindert. Klientelismus und die fehlende Transparenz der Entscheidungsprozesse in der Wirtschaftspolitik lässt das Vertrauen privatwirtschaftlicher Akteure in die Regierung schwanken – wie bei der Peso-Krise im Dezember 1994 zu beobachten war. Hinzu kommt die oft politisch motivierte Vergabe von Exklusivverträgen und Konzessionen durch die Regierung, sogenannter *huesos*, die den Wettbewerb einschränken und es für Unternehmer oftmals lukrativer machen, gute Kontakte zu pflegen, als gute Produkte herzustellen.[15]

In das erste Jahr nach dem Inkrafttreten der NAFTA fiel die Peso-Krise: Im Dezember 1994 konnte Mexiko seine – u.a. zur Inflationsbekämpfung – stark überbewertete Währung nicht mehr halten und musste den Kurs freigeben, was eine drastische Entwertung zur Folge hatte.[16] In der Konsequenz

---

15 Vgl. Mexicos Modernization: Phase II. In: Wall Street Journal, October 7-8, 1994.
16 Der Peso verlor zwischen Dezember 1994 und Januar 1995 über 70% seines Wertes (Süddeutsche Zeitung, 19.1.1995). Mexiko konnte den überbewerteten Peso u.a. deshalb nicht mehr halten, weil in den vorangegangenen Monaten Portfolioinvestoren Kapital abgezogen hatten. Diese „Kapitalflucht" überwiegend mexikanischer Anleger war durch einen Vertrauensverlust gegenüber der mexikanischen Wirtschaft bedingt worden, der vor allem auf die Überbewertung des Peso bei gleichzeitig zunehmendem Handelsdefizit zurückgeführt werden kann. Ursache für den Kapitalabzug waren auch höhere Zinssätze in den USA, d.h. die relative Verringerung der Anlageattraktivität Mexikos im Vergleich zu den USA.

erfolgte eine Erschütterung des mexikanischen Finanzsystems, die nicht nur viele mexikanische Dollar-Schuldner in den Ruin trieb, sondern auch auf die USA übergriff, den Dollarkurs schwächte und zu einem massiven Abzug von Portfoliokapital aus Mexiko führte. Obwohl die Peso-Krise nicht von der NAFTA verursacht wurde (vgl. Hornbeck 1995: 6-10), hatte sie Auswirkungen auf die US-mexikanischen Wirtschaftsbeziehungen und damit auf die NAFTA. Zum einen erhöhten sich US-amerikanische Einfuhren aus Mexiko durch den billigeren Peso. Gleichzeitig verringerten sich US-Ausfuhren nach Mexiko, so dass eine Verschlechterung der Handelsbilanz für die USA eintrat. Zum anderen zeigte das internationale Hilfspaket für Mexiko von US$ 50 Mrd., von dem die USA US$ 20 Mrd. trugen[17], dass die bilateralen Beziehungen zunehmend interdependent sind. Mit der engen Bindung Mexikos an die USA durch die NAFTA übernehmen die Vereinigten Staaten zunehmend die Funktion einer Schutzmacht für das wirtschaftliche Wohlergehen Mexikos, und kamen trotz innermexikanischer Ursachen der Peso-Krise für den Großteil der Lasten zu ihrer Bewältigung auf. Wollen die USA von der Einbindung Mexikos in ihren Wirtschaftsraum profitieren, dann müssen sie Wachstum und Entwicklung im Nachbarland unterstützen.[18] Der Preis Mexikos für das Hilfspaket war die Überschreibung künftiger Gewinne aus Erdölausfuhren an seine Gläubiger.

3.2. USA: Geringe ökonomische Wirkung und außenpolitischer Erfolg?

In Anbetracht der geringen Größe der mexikanischen Ökonomie im Vergleich zur US-amerikanischen fallen die Effekte der NAFTA in den USA relativ gering aus. Dies gilt umso mehr, als nur ein kleiner Teil der 98 Mio. Einwohner Mexikos über die durchschnittliche Kaufkraft der US-Konsumenten verfügt – Exportsteigerungen bleiben daher begrenzt. Die Vereinigten Staaten profitieren von vermehrter Spezialisierung auf Bereiche in denen sie über Wettbewerbsvorteile verfügen, wie bei ausbildungs- und technologieintensiver Produktion. Hinzu kommen die dynamischen Gewinne durch *economy of scale*-Effekte und vermehrte Konkurrenz, die zu einer kostengünstigeren und global wettbewerbsfähigeren Herstellung führen. Allerdings können andere Faktoren wie Wechselkurse (Peso-Krise), Zinssätze und Wachstumsraten einen größeren Einfluss auf Handel und Wachstum haben als das NAFTA-

---

17   Vgl.: Putting Mexico together again. In: The Economist, 4.2.1995, S. 73ff.
18   Gleichzeitig verdeutlichte die Peso-Krise ebenfalls die Fähigkeit der USA, einen erheblichen Teil ihrer finanziellen Lasten zur Stabilisierung Mexikos auf Dritte abzuwälzen: Internationale Institutionen wie der IWF und damit vor allem Europa und Japan trugen zusammen fast ebensoviel zum Hilfspaket bei wie die Vereinigten Staaten (vgl.: El Grupo de los Siete apoya el plan de Estados Unidos para rescatar a México. In: El País, 13.2.1995, S. 25).

Abkommen. Sektoral gibt es ähnlich wie in Mexiko auch in den USA Verlierer und Gewinner der NAFTA. Aufgrund der geringen Löhne in Mexiko verliert ein Teil der wenig qualifizierten Arbeiter in den Vereinigten Staaten ihren Arbeitsplatz durch Verlagerung der Fertigung nach Mexiko. Jobverluste und Firmenschließungen traten auch aufgrund der stärkeren Konkurrenz durch mexikanische Anbieter dort ein, wo die USA wenig wettbewerbsfähig sind (Teile der Landwirtschaft, Fließbandarbeit etc.). Gleichzeitig ist davon auszugehen, dass die mit der NAFTA vereinfachte Option, Produktionsschritte ins Nachbarland zu transferieren, zu einer Absenkung der Löhne bei wenig qualifizierten, d.h. von mexikanischer Seite substituierbaren, Arbeitern führen kann. In Anbetracht des Wirtschaftsbooms der 90er Jahre und statistischer Vollbeschäftigung in den USA fiel dieser Lohnsenkungsdruck aber nicht ins Gewicht.

Auf der anderen Seite erfolgt die Schaffung von neuen Arbeitsplätzen via NAFTA (vor allem für höher qualifizierte *white collar workers*) durch eine Steigerung der globalen Wettbewerbsfähigkeit. Ähnlich wie die japanische Herstellung etwa auf den Philippinen, kann sich US-amerikanische Produktion in Mexiko für die USA positiv auswirken, da sie Lohnkosten sparen hilft und eine arbeitsteilige Spezialisierung fördert. Folgt man den Kostenvorteilen, dann bleiben technologie- und qualifikationsintensive Produktionsschritte in den USA, während arbeitskraftintensive Fertigung verstärkt in Mexiko stattfindet. Die US-Konsumenten profitieren durch eine Senkung des Preisniveaus via kostengünstigerer Herstellung im Nachbarland. Der *U.S. Trade Representative* (USTR 1992: 1) prognostizierte 1992 eine Steigerung der vom Export nach Mexiko abhängigen Jobs von 600.000 auf 1 Mio. (1995) infolge der NAFTA. Die Peso-Krise trug dazu bei, dass sich das Ziel der Schaffung neuer Arbeitsplätze durch Ausfuhren nach Mexiko nicht im erwarteten Ausmaß erreichen ließ: 1996 hingen schätzungsweise nur 90.000-160.000 *neue* Jobs von Exporten nach Mexiko ab (die durch die NAFTA nach 1994 entstanden waren).[19] Infolge des Wertverlustes des Peso wurden US-Produkte deutlich teurer und mexikanische Lieferungen in die Vereinigten Staaten erheblich günstiger.

Allerdings verhinderten die NAFTA-Verpflichtungen die Wiedereinführung von Zöllen gegen US-Produkte 1995 (ITC 1997: 31). Damit ist der Verlauf der Peso-Krise ein Indiz für die erfolgreiche Umsetzung eines anderen Ziels der USA: Aufgrund der NAFTA-Regelungen konnte die mexikanische Regierung nicht auf protektionistische Maßnahmen zurückgreifen, um negativ betroffene Sektoren zu schützen. Der Reformkurs war gegen Widerstände abgesichert – „locked-in", wie *Treasury Secretary* Robert Rubin (1997: 29) damals feststellte. Hinsichtlich des Zieles der USA, mit der NAFTA ihre

---

19 Vgl.: U.S. to Report to Congress Nafta Benefits are Modest. In: New York Times 11.7.1997, S. D1/4 und Baer 1997: 138-150.

globale Wettbewerbsfähigkeit zu verbessern, ließen sich noch keine eindeutigen Ergebnisse feststellen. Dies lag zum Teil am kurzen Zeitraum seit dem Inkrafttreten und vor allem am methodisch schwierigen Nachweis: Die US-Wirtschaft ist unter Clinton stark gewachsen und global konkurrenzfähiger geworden – aber wie misst man den Anteil etwa in Mexiko günstiger getätigter Produktionsschritte? Außerdem ist zu berücksichtigen, dass die mexikanische Wirtschaft im Vergleich zur US-amerikanischen sehr klein ist. Spezialisierungs- und *economy of scale*-Effekte dürften daher höchstens marginal aufgetreten sein und gesamtwirtschaftliche Daten der USA nur geringfügig beeinflusst haben.[20] Während die *U.S. International Trade Commission* (ITC 1997: 29) die NAFTA-Effekte als „moderate positive" einschätzte, bewirkte die NAFTA dem Direktor des *Institute for International Economics* zufolge ein Wachstum von 4% für die US-Wirtschaft (Bergsten 1997: 28).

Den Befürchtungen von Gewerkschaften und Umweltschutzgruppen, die NAFTA würde zu einer Absenkung von Standards und Löhnen führen, wurde mit regionalen „Parallelabkommen" über Arbeits- und Umweltstandards begegnet (vgl. Mayer 1998: 165-216). Gemeinsame Kommissionen sollen etwa Vorschriften zur Sicherheit am Arbeitsplatz und zum Umweltschutz sichern und angleichen. Um die sozialen Kosten der Arbeitsplatzverluste in den USA aufzufangen, schuf die US-Regierung ein Programm (*Transitional Ajustment Assistance*, TAA), mit dem Ausgleichszahlungen an und Umschulungen von US-Arbeitern durchgeführt werden, die ihren Job durch die NAFTA verloren haben. 1994-1997 wurden 110.408 Arbeiter vom TAA aufgefangen – dieselbe Anzahl an Jobs wurde in den USA 1997 alle zwei Wochen neu geschaffen, wie der USTR anmerkt (USTR 1997: 36). Insgesamt muss der Arbeitsplatzverlust infolge der NAFTA relativiert werden, da arbeitsintensive Produktionsschritte, die keine Qualifikation erfordern, aufgrund des globalen Wettbewerbs vermutlich ohnehin in Länder mit niedrigerem Lohnniveau verlegt worden wären. Angesichts verstärkter Konkurrenz ergeben sich für die Vereinigten Staaten zwei Alternativen: Entweder sie nehmen Wohlfahrtsverluste in Kauf und schotten sich entgegen ihrer traditionellen Wirtschaftsphilosophie protektionistisch ab, oder sie folgen weiterhin dem Freihandelsgedanken einer Modernisierung durch Konkurrenz und nehmen Arbeitsplatzverluste in Bereichen hin, in denen sie global gesehen über keine komparativen Vorteile mehr verfügen und konzentrieren sich auf wettbewerbsfähige Sektoren. Eine – nach der letztgenannten Option unvermeidbare – Verlagerung von Arbeitsplätzen ist politisch und volkswirtschaftlich sinnvoller, wenn sie in das Nachbarland Mexiko erfolgt als etwa nach China, da (1) das mexikanische Wachstum zu einem erheblichen Teil in Importe aus den USA fließt, (2) die USA großen

---

20 „The ITC found no effects of NAFTA on either GDP levels or growth rates in the United States, in large part due to the limited time period in which NAFTA has been in effect and the size of the U.S. economy compared to Mexico and Canada" (ITC 1997: 32); vgl.: Positive Bilanz der Nafta für die USA. In: Neue Züricher Zeitung, 14.7.1997, S. 5.

Einfluss auf Mexiko ausüben und (3) politische Aspekte mit ökonomischer Kooperation verbunden werden können (s.u.). Beziffert man die volkswirtschaftlichen Kosten einer protektionistischen Politik zur Erhaltung von nicht wettbewerbsfähigen Branchen und Arbeitsplätzen und stellt sie denjenigen Kosten gegenüber, die bei Umschulungs- und Beihilfemaßnahmen für Arbeitslosigkeit infolge von Freihandel entstehen, dann ergibt sich ein eindeutiges Bild: Die protektionistische Erhaltung von Jobs würde die USA erheblich mehr kosten, als sie jetzt für die Kompensation von NAFTA-Folgen ausgeben[21] – abgesehen vom Verlust ökonomischer Dynamik durch Protektionismus.

Neben wirtschaftlichen Aspekten gehörte die Migrationsthematik zu den Motiven der USA für eine engere Zusammenarbeit mit Mexiko.[22] Das Problem der illegalen mexikanischen Einwanderung dürfte von der NAFTA kurz- und mittelfristig aber kaum gelöst werden. Kurzfristig ist sogar mit einer Verschärfung des Migrationsdruckes zu rechnen, da viele landwirtschaftliche Betriebe im Süden Mexikos zu den Verlierern regionaler Zusammenarbeit gehören. Die ihrer Arbeit beraubten *campesinos* werden zum Teil ihr Glück in den USA suchen. Auch die Schaffung von neuen Arbeitsplätzen im Industrie- und Dienstleistungssektor wird die Migration nicht zwangsläufig reduzieren, da bisher die meisten Auswanderer einen Arbeitsplatz in Mexiko hatten. Ihre Motivation zum Verlassen des eigenen Landes lag nicht nur in akuter Arbeitslosigkeit, sondern auch in der geringen Höhe der mexikanischen Löhne. Zur Verringerung der Migration wäre daher eine Angleichung des Verdienstniveaus an das der USA notwendig – eine Entwicklung, die höchstens langfristig zu erwarten ist.

In Anbetracht der relativ geringen Auswirkungen der NAFTA auf die Vereinigten Staaten im wirtschaftlichen Bereich und bezüglich des Migrationsproblems gewinnen die außenpolitischen Interessen der USA an Bedeutung. Denn anders als Mexikos weitgehend ökonomische Motivation für die Initiierung der NAFTA, waren die Beweggründe der USA wesentlich außenpolitischer Natur (vgl. Krugman 1993: 13-19). Mit der NAFTA sollten die marktwirtschaftlichen Reformen in Mexiko und die heute dominant pro-amerikanische Haltung der politischen Führung Mexikos stabilisiert werden. Nach einer langen Tradition des Anti-Amerikanismus in Mexiko hatte sich das Verhältnis während der Regierung Salinas de Gortari von konfliktiver Distanz zu freundschaftlicher Kooperation gewandelt: „Somos una familia – we are one family" konnte Präsident Bush Senior 1990 erklären (Bush 1991: 1686). Inwieweit diese außen- und sicherheitspolitisch relevanten Ziele –

---

21 Zu einer Gegenüberstellung der Kosten vgl. Hornbeck 1995: 12.
22 Das State Department erklärte 1992: „Continued Mexican economic growth, enhanced free trade with the U.S., will increase job opportunities in Mexico, thereby reducing over time the pressures for illegal immigration to the US" (U.S. Department of State 1992: 2). Schätzungsweise 1 Mio. Mexikaner wandern jährlich illegal in die Vereinigten Staaten ein.

Stabilisierung Mexikos und Erhaltung seiner US-Orientierung – durch die NAFTA erreicht werden, ist nicht eindeutig abzuschätzen. Einerseits sprechen der weitgehende Konsens in Mexiko über die Annäherung an die USA und die rechtlichen Verpflichtungen der NAFTA für eine Fortsetzung des marktwirtschaftlichen Kurses und der freundschaftlichen Beziehungen und somit für die Erfüllung eines Teils der US-Zielsetzung. Andererseits scheint die Stabilisierung des Nachbarlandes noch lange nicht gelungen: Der Chiapas-Aufstand, die politischen Morde und die Währungskrise (1994/1995) weisen auf ungelöste, möglicherweise strukturelle Instabilitäten. Da diese Probleme ihre Ursachen größtenteils in Defiziten des politischen Systems Mexikos haben (die auf die Wirtschaftspolitik durchschlagen)[23], liegt in der innenpolitischen Entwicklung der wichtigste Schlüssel zur Stabilität des Landes. Dies bedeutet aber, dass die USA selbst mit massiver Wirtschaftshilfe ihr Nachbarland letztendlich nicht stabilisieren können. Nötig sind vielmehr eine Reform des politischen Systems und der Machtstrukturen sowie eine Verbesserung der Verteilungsgerechtigkeit innerhalb Mexikos.

4. Perspektiven einer Erweiterung nach Süden

Regionalpolitisch impliziert die NAFTA eine tendenzielle Abkoppelung Mexikos von lateinamerikanischen Integrationsprozessen: Durch seine Entscheidung für den nordamerikanischen Raum wendet sich Mexiko von den – früher von ihm maßgeblich mitbetriebenen – Bestrebungen ab, Lateinamerika wirtschaftlich zu integrieren. Eine Möglichkeit, Mexikos ökonomische Abspaltung von seinen südlichen Nachbarn aufzuheben, wäre eine Aufnahme dieser Länder in die NAFTA. Dies liegt jedoch weder im Interesse Mexikos noch in dem der USA. Aus US-amerikanischer Sicht fehlt ein überzeugendes Motiv für eine solche Erweiterung: Lateinamerika ohne Mexiko ist für die USA insgesamt wirtschaftlich weniger wichtig als Mexiko allein. Zudem bestehen gegenüber den anderen Ländern keine nachbarlichen Interessen wie Migration, Umweltverschmutzung, *maquiladora*-Fertigung. Insofern ist die NAFTA auch kein Beispiel für eine Hinwendung der USA nach Lateinamerika, sondern ausschließlich eine Manifestation ihrer besonderen Beziehung zu Mexiko. Außerdem kann davon ausgegangen werden, dass die Kapazität der US-Regierung zur innenpolitischen Durchsetzung weiterer Freihandelsabkommen nach der problematischen NAFTA- und WTO-Ratifizierung und bei neo-isolationistischen Tendenzen im Kongress zumindest mittelfristig erschöpft

---

23 Vgl.: Versäumte politische Reform in Mexico. Finanzkrise und Vertrauensdefizit als Erbe Salinas. In: Neue Züricher Zeitung, 29.1.1995, S. 7.

ist.[24] Nur die Aufnahme Chiles in die NAFTA scheint noch realistisch – (1) weil sie explizit versprochen wurde, (2) weil Chile als Musterbeispiel für marktwirtschaftliche Stabilität in Lateinamerika gilt und (3) weil die chilenische Wirtschaft dermaßen klein ist, dass die Effekte einer Mitgliedschaft marginal bleiben würden.

Mexiko hat ebenfalls kein Interesse an der Aufnahme anderer lateinamerikanischer Länder in die NAFTA, da es seinen privilegierten Zugang zum US-Markt dann mit anderen teilen müsste.[25] Dem widersprechen die mexikanischen Bemühungen um lateinamerikanische Zusammenarbeit durch bilaterale und trilaterale (G-3) Freihandelsabkommen *nicht*: Sie sind als Versuch Mexikos zu interpretieren, außenpolitische Imagekorrektur zu betreiben. Die ökonomischen Effekte dieser Initiativen sind marginal. Mit diesen Vorhaben soll vielmehr der Eindruck zerstreut werden, Mexiko würde sich von seinen lateinamerikanischen Nachbarn ebenso distanzieren wie von seiner früheren Entwicklungsstrategie. Sieht man von diplomatischen Solidaritätsbekundungen ab, ist genau dies aber der Fall.[26] Gegen eine Erweiterung der NAFTA spricht auch, dass sie großteils als Regulativ für vorher bereits bestehende intensive Beziehungen geschaffen wurde – eine Entstehungsbedingung, die bei den Beziehungen Mexikos und der USA zu anderen lateinamerikanischen Ländern nicht gegeben ist.[27]

International fördert die Bildung der NAFTA multilaterale Wirtschaftskooperation auf regionaler und globaler Ebene. Beispielsweise kann davon ausgegangen werden, dass die NAFTA-Einigungen über den Schutz geistigen Eigentums und über Mechanismen zur Streitbeilegung die Uruguay-Runde des GATT und die Verabschiedung des Schlussdokuments beeinflusst haben. Das NAFTA-Abkommen brachte andere Länder – vor allem die EU-Staaten und Japan – dazu, die globale Handelsreform ernster zu nehmen (vgl. Doran 1995: 100). Zu den internationalen Wirkungen gehört auch die Rolle der NAFTA als Antwort auf andere regionale Mechanismen, von der sich die USA eine Erhöhung ihrer *bargain power* gegenüber der Europäischen Union und Japan erwarten. Die NAFTA hat aber nicht nur die internationale Position der Vereinigten Staaten gestärkt, sondern auch die Beachtung Mexikos in der Weltwirtschaft. Dies wurde mit der Aufnahme des Landes in die Organisation für Wirtschaftliche Zusammenarbeit (OECD) 1994 und in die Asiatisch-Pazifische Wirtschaftsgemeinschaft (APEC) manifest.

---

24 Vgl. u.a.: Dunne: 1998, S. VII.

25 Der Economist kommentiert: „Only the Mexicans, sitting pretty with their NAFTA deal, and less than dead keen – though they like to sound so – to see its benefits spread to others, are reasonably content", in: The Economist, 5.11.1994, S. 43.

26 Chabat (1993: 56) schreibt zum Engagement Mexikos in der Rio-Gruppe: „[...] made the Rio Group a kind of social club that allows the Mexican government to present a façade of collaborating with Latin America".

27 Der Anteil Lateinamerikas am mexikanischen Außenhandel ist traditionell niedrig (um 5%).

Aufgrund positiver Einschätzungen ihrer Erfolgsaussichten[28] wirkt die NAFTA und die ihr zugrundeliegende marktwirtschaftliche Politik in Lateinamerika als Impuls für weitere Wirtschaftsreformen und regionale Kooperation etwa im Rahmen des MERCOSUR und der Initiative für eine Freihandelszone der Amerikas (FTAA). Durch die Mitgliedschaft eines Vorreiters lateinamerikanischer Autonomiewünsche gegenüber den USA (in den 70er Jahren) symbolisiert die NAFTA auch das Scheitern dieser Bestrebungen und des damit verbundenen etatistisch-binnenorientierten Entwicklungsmodells. Mit seiner Hinwendung zu den USA und den damit einhergehenden ökonomischen Vorteilen unter Aufgabe früherer Maximen machte sich Mexiko zum Vorreiter eines neuen lateinamerikanischen Pragmatismus, der wirtschaftliche Praktikabilität über politisch-ideologische Autonomievorstellungen stellt – auch wenn dies eine „pragmatische Unterordnung" unter die Politik Washingtons impliziert.[29]

5. Fazit

Eine erste Bilanz der NAFTA spiegelt die zu Beginn diskutierten Chancen und Risiken ökonomischer Nord-Süd-Kooperation wieder. Die Auswirkungen wirtschaftlicher Integration zeigten sich aufgrund der „silent integration" der letzten Jahrzehnte und der Antizipation der NAFTA durch die Privatwirtschaft bereits vor dem Inkrafttreten des Vertrages. Seit 1994 stiegen der innerregionale Handel ebenso wie die Investitionen nach Mexiko erheblich an und klassifizieren die NAFTA aus außenwirtschaftlicher Perspektive eindeutig als großen Erfolg. Mexiko konnte mit der NAFTA außerdem die Peso-Krise glimpflich und die Asien-Krise fast unbeschadet überstehen.

Für Mexiko deuten die Indizien sowohl auf erhebliche Anpassungskosten wie auch auf Gewinne durch das Abkommen. Die mexikanische Wirtschaft profitierte durch vermehrte Direktinvestitionen, durch weitere Verlagerung von Produktionsschritten aus den USA und durch eine nunmehr vertraglich

---

28 Die verbreitete Skepsis gegenüber der NAFTA nach der Peso-Krise übersieht, dass sich mit den Währungsturbulenzen die grundlegende Struktur U.S.-mexikanischer Wirtschaftsbeziehungen genauso wenig geändert hat wie die Motivationen der beiden Länder zur Schaffung der NAFTA. Die Peso-Krise hatte in Mexiko dramatische Auswirkungen wie Unternehmensschließungen, Arbeitslosigkeit, Verarmung und eine Verringerung der Mittelschicht. Dies hatte natürlich Konsequenzen für die U.S.-mexikanischen Beziehungen: die illegale Migration stieg und die Investitionen nahmen ab. Diese konjunkturelle Krise trifft aber nicht die Grundbedingungen der NAFTA und die langfristigen Interessenslagen der Mitglieder.

29 Zum Konzept der „pragmatischen Unterordnung" bei der Annäherung Mexikos an die USA (vgl. Schirm 1994: 224-229).

verankerte Stabilität des wirtschaftspolitischen Kurses. Das Schwellenland erhält mit der NAFTA die Chance auf eine abgesicherte Nutzung des US-Marktes sowie auf einen größeren Zustrom von Kapital. Mexiko ist jetzt nicht mehr durch die Androhung von Handelsbeschränkungen durch die USA erpressbar. Gleichfalls verbessert die NAFTA die Möglichkeiten zum Transfer derjenigen Technologien, deren Einsatz Investoren in Mexiko für die Produktion für den US-Markt effizient erscheint – ein verstärkter *maquiladora*-Effekt. Dabei ergibt sich für Mexiko aber das Dilemma, dass es aufgrund seines niedrigeren Entwicklungsniveaus und seiner Kostenvorteile wesentlich für arbeitsintensive Produktion interessant ist – weniger aber für technologie- oder kapitalintensive Herstellung. Da es sich in dieser Situation aber auch vor der NAFTA befand, verschlechtert sich seine Lage nicht, sondern es weitet seine Exportproduktion aus – wenn auch bisher auf niedrigem technologischem Niveau. Das Risiko einer Zementierung des Entwicklungsunterschieds *relativ* zu den USA bei gleichzeitigem Wachstum besteht nach wie vor. Allerdings wuchs der Anteil verarbeiteter Produkte an den mexikanischen Exporten in die USA auf heute 90%. Dies lässt auf Modernisierungserfolge schließen und verdeutlicht, dass Mexiko *absolut* zum Ausgangsniveau Entwicklungsfortschritte erzielen konnte. Zeitweise Handelsdefizite und Wettbewerbsprobleme weisen auf andere Risiken hin: Einem möglichen Produktionszuwachs für den US-Markt stehen Probleme binnenorientierter Sektoren gegenüber, die nicht mit der stärkeren US-Konkurrenz mithalten können. Da sich diese Entwicklung offenbar auch geographisch ausdrückt, verschärft sich die entwicklungspolitische Teilung des Landes in einen relativ dynamischen Norden und einen unterentwickelten Süden. Aufgrund seines niedrigeren Entwicklungsniveaus und seiner kleineren Volkswirtschaft spürt Mexiko die Auswirkungen der NAFTA stärker als die USA.

Die Vereinigten Staaten konnten vom besseren Marktzugang profitieren, der sich allerdings bereits zuvor infolge unilateraler Zollsenkungen Mexikos verbessert hatte. Moderate Wachstumsimpulse und eine leicht höhere globale Wettbewerbsfähigkeit können ebenfalls als Zwischenergebnis der NAFTA für die USA festgehalten werden. Wesentliches Dilemma auf US-Seite war die der Schaffung von Jobs im Export gegenüberstehende Vernichtung von Arbeitsplätzen durch Verlagerung arbeitsintensiver Produktion nach Mexiko. Da diese ökonomischen Auswirkungen aber gering waren und die Reduzierung der illegalen Migration eine Illusion bleiben dürfte, rückt die außenpolitische Zielsetzung der Kooperation in den Vordergrund. Hier zeigte sich, dass mit der NAFTA erfolgreich die Chance zur Stabilisierung des marktwirtschaftlichen Kurses in Mexiko und seiner US-freundlichen Führung wahrgenommen wurde. Das zentrale Problem für die USA ist allerdings, dass sie zwar den politischen Kurs des Nachbarlandes stabilisieren konnten, nicht aber dessen politische und wirtschaftliche Lage. Die aufwendige Rettungsaktion nach der Peso-Krise machte ein weiteres Risiko deutlich: Infolge der engen Bindung sahen sich die USA im Fall einer ökonomischen Krise Mexikos erheblichen Nachteilen gegenüber. Auch zum Schutz der eigenen Währung, der Ausfuhren und US-amerikanischer Anleger übernahmen sie die Kosten einer ökonomischen Schutzmacht. Die Risiken der Bindung an einen instabilen Partner des „Südens" wurden mit der Peso-Krise deutlich.

Insgesamt zeichnet die Entwicklung der NAFTA ein ambivalentes, überwiegend aber positives Bild. Sie lässt begründet auf Vorteile für beide Staaten schließen. Dies gilt vor allem gegenüber der Alternative einer binnenorientierten Nicht-Kooperation, die zwar ineffiziente *rent-seeker* schützen könnte, aber nicht diejenigen Impulse für angebots- und nachfrageorientiertes Wachstum bietet, die ökonomische Öffnung stimulieren kann. Wettbewerbsorientierte Nord-Süd-Kooperation fördert demnach Produktivität, trägt zum Abbau gesamtwirtschaftlicher Ineffizienz bei und schafft somit den materiellen Spielraum für eine Verbesserung gesellschaftlicher Verteilungsgerechtigkeit etwa über Sozial- und Fiskalpolitik. Aber erst die Teilhabe der gesamten Bevölkerung an ökonomischer Entwicklung macht marktwirtschaftliche Effizienz auch entwicklungspolitisch sinnvoll. Hier besteht ein erheblicher Nachholbedarf sowohl hinsichtlich der Schaffung eines Strukturfonds innerhalb der NAFTA, wie auch bezüglich einer ausgeglicheneren Verteilung von Wachstum und Wohlstand innerhalb Mexikos.

Literaturverzeichnis

Baer, M. Delal (1997): Misreading Mexico. In: Foreign Policy, Nr. 108, Fall 1997, S. 138-150.

Bergsten, C. Fred (1997): American Politics, Global Trade. In: The Economist, 27.9.1997, S. 23-28.

Brand, Diana (1994): Die nordamerikanische Freihandelszone und ihre Auswirkungen auf Lateinamerika. In: Nord-Süd-Aktuell 8 (1994) 1, S. 138-149.

Bush, George (1991): Remarks to Community Members in Monterrey, Mexico, November 27, 1990. In: U.S. Government Printing Office, Public Papers of the Presidents of the United States, Washington D.C., November 1991, S. 1685-1688.

Castañeda, Jorge/ Heredia, Carlos (1993): O México e o NAFTA: é possivel propor outro acordo de livre comércio? In: Política Externa 2 (Juni 1993) 1, S. 70-90.

Castañeda, Jorge (1993): The Clouding Political Horizon. In: Current History 92 (Februar 1993) 571, S. 59-66.

CEPAL (UN-Commisión Económica para América Latina y el Caribe) (1992): Open Regionalism in Latin America and the Caribbean. Santiago de Chile.

Chabat, Jorge (1993): Mexico: So Close to the United States, So Far from Latin America. In: Current History, 92 (Februar 1993) 571, S. 55-58.

Dodds, C. Colin (1999): NAFTA and Canada. In: Coffey, Peter et al. (Hrsg.): NAFTA – Past, Present and Future. Boston, 1999, S. 27-64.

Doran, Charles F. (1995): Building a North American Community. In: Current History, 94 (March 1995) 590, S. 97-101.

Dresdner Bank Lateinamerika (2002): Perspektiven Lateinamerika. Hamburg, Juni 2002.

Dunne, Nancy (1998): Policy on uncertain route. The once-solid support for liberalized trade has been shattered. In: Financial Times, 18.5.1998, S. VII.

Espinoza, Enrique Lazcano (1999): NAFTA in Mexico. In: Coffey, Peter et al. (Hrsg.): NAFTA – Past, Present and Future. Boston, 1999, S. 65-112.

Government of Mexico (1992): The Worlds Largest Market. In: Ders. (1992): Partners in Trade, México D.F.

Grassi, Lucas (1996): El TLC: impactos desiguales. Evolución y perspectivas del mayor mercado del mundo. In: Desarrollo y Cooperacion, Nr. 4, 1996, S. 8-11.

Gurria, José Ángel (2000): Mexico: Recent Developments, Structural Reforms, and Future Challenges. In: Finance & Development, Vol. 37 (March 2000) Nr. 1, entnommen aus: www.imf.org/external/pubs/ft/fandd/2000/03/gurria.htm am 15.4.2000.

Hornbeck, J.F. (1995): United States-Mexico Economic Relations: Has NAFTA Made a Difference?, Congressional Research Service CRS, Washington D.C.

Krugman, Paul (1993): The Uncomfortable Truth about NAFTA. It's Foreign Policy, Stupid. In: Foreign Affairs 72 (1993) 5, S. 13-19.

Lustig, Nora (1994): NAFTA: Potential Impact on Mexico's Economy and Beyond. In: Bouzas, Roberto/Ros, Jaime (Hrsg.) (1994): Economic Integration in the Western Hemisphere. Notre Dame, S. 46-80.

Mayer, Frederick W. (1998): Interpreting NAFTA. The Science and Art of Political Analysis. New York.

Morici, Peter (1993): Grasping the Benefits of NAFTA. In: Current History, 92 (Februar 1993) 571, S. 49-54.

Pastor, Manuel (1994): Mexican Trade Liberalization and NAFTA. In: Latin American Research Review, 29 (1994) 3, S. 153-173.

Pastor, Manuel/ Wise, Carol (1998): Mexican-Style Neoliberalism. State Policy and Distributional Stress. In: Wise, Carol (Hrsg.) (1998): The Post-NAFTA Political Economy. Mexico and the Western Hemisphere. University Park, Pennsylvania, S. 41-81.

Porter, Michael E. (1991): Nationale Wettbewerbsvorteile. Erfolgreich konkurrieren auf dem Weltmarkt. München, 1991.

Proff, Heike/ Proff, Harald V. (1996): Effects of World Market Oriented Regional Integration on Developing Countries. In: Intereceonomics 31 (1996) 2, S. 84-94.

Ramirez de la O (1993), Rogelio: The North American Free Trade Agreement from a Mexican Perspective. In: Globerman, Steven/ Walker, Michael (Hrsg.) (1993): Assessing NAFTA: A Trinational Analysis. Vancouver, S. 60-86.

Rubin, Robert (1997): Statement of the Treasury Secretary on NAFTA Three-Year Anniversary Report. In: U.S. Information & Texts. Washington D.C., 16.7.1997, S. 29.

Schirm, Stefan A. (1994): Macht und Wandel. Die Beziehungen der USA zu Mexiko und Brasilien, Opladen.

Schirm, Stefan A. (1997a): Kooperation in den Amerikas. NAFTA, MERCOSUR und die neue Dynamik regionaler Zusammenarbeit. Baden-Baden.

46

Schirm, Stefan A. (1997b): Politische und ökonomische Auswirkungen der NAFTA. In: Außenpolitik 48 (1997) 1, S. 68-78.

Schirm, Stefan A. (1997c): Entwicklung durch Freihandel? Zur politischen Ökonomie regionaler Kooperation. In: Opitz, Peter J. (Hrsg.) (1997): Grundprobleme der Entwicklungsregionen, München, S. 240-258.

Schirm, Stefan A. (1998): Chancen und Risiken ökonomischer Nord-Süd-Kooperation. Eine Zwischenbilanz der NAFTA. In: Lateinamerika. Analysen–Daten–Dokumentation, Hamburg 15 (1998) 39, S. 1-12.

Schirm, Stefan A. (1999): Globale Märkte, nationale Politik und regionale Kooperation in Europa und den Amerikas. Baden-Baden (2. Aufl. 2001).

Schirm, Stefan A. (2002): Globalization and the New Regionalism, Cambridge: Polity Press.

U.S. Department of State (1992): GIST: US-Mexico Relations. Washington D.C., July 31, 1992.

U.S. International Trade Commission (ITC) (1997): Executive Summary on Effects of NAFTA. In: U.S. Information & Texts. Washington D.C., 16.7.1997, S. 29-34.

U.S. Trade Representative (USTR) (1992): Overview – The NAFTA. Washington.

U.S. Trade Representative (USTR) (1997): USTR's Ira Sharpio Testifies to House Panel on NAFTA. In: U.S. Information & Texts. Washington D.C., 12.3.1997, S. 33-38.

Weintraub, Sidney (1993): The Economy on the Eve of Free Trade. In: Current History, 92 (1993) 571, S. 67-72.

World Trade Organization (WTO) (1992): International Trade. Trends and Statistics. Genf.

Gernot Lennert

Die Assoziation Karibischer Staaten: Auf dem Weg zu einem groß-karibischen Wirtschaftsraum und zu einem neuen internationalen Akteur?

Die Assoziation Karibischer Staaten (*Association of Caribbean States*, ACS/ *Asociación de Estados del Caribe*, AEC / *Association des États de la Cara- ïbe*, AEC) ist mehr als nur ein weiterer Zusammenschluss unter den zahlrei- chen Staatengruppierungen in Mittel- und Südamerika. Die ACS betritt nicht nur vom geographischen Zuschnitt her Neuland, sondern sie steht wie keine andere Organisation vor der Herausforderung, das Spannungsverhältnis zwi- schen Lateinamerika und der nicht-iberischen Karibik zu bewältigen.

Zwei Definitionen der Karibik: Archipel und Becken

Die Karibische Gemeinschaft und die meisten anderen Organisationen, die das Wort „karibisch" im Namen führen, beziehen sich auf die Inselkaribik und die mit ihr eng verbundenen Festlandsgebiete. Im Unterschied dazu versteht sich die 1994 gegründete ACS als Organisation für das gesamte Karibische Becken.
Am gebräuchlichsten ist es, die Karibik gemäß ethnischer, historischer und kultureller Kriterien abzugrenzen, mit dem karibischen Archipel als geo- graphischem Bezug. Zur Karibik werden demnach die politischen Einheiten in der mittelamerikanischen Inselwelt sowie die Territorien auf dem zentral- amerikanischen und südamerikanischen Festland gezählt, die historisch, kul- turell, ethnisch und politisch eng mit der Inselkaribik verbunden sind, also Belize und die drei Guayanas.
Aus geopolitischer und geostrategischer Sicht wird die Karibik meist als Becken begriffen, mit dem Karibischen Meer als Mittelpunkt, so dass zusätz- lich zu den Gebieten der historisch-kulturell definierten Karibik alle Anrainer des Karibischen Meeres und der zentralamerikanische Isthmus hinzugezählt werden. Diese so definierte Region wird als größere oder weitere Karibik, als groß-karibischer oder zirkumkaribischer Raum oder als Karibisches Becken bezeichnet (Lennert 1991: 7-18; García Muñiz 1998; Serbin 1996: 52f.).

Leslie Manigat unterschied, beide Definitionen verbindend, einen Kern von Ländern mit einer klaren karibischen Identität und eine weitere Gruppe von Ländern mit einer „gemeinsamen karibischen Zugehörigkeit" (Manigat 1976: 61). William Demas, ehemaliger Generalsekretär der CARICOM, sieht drei konzentrische Kreise: erstens die Commonwealth-Karibik, zweitens der Rest der kulturellen Karibik, drittens der Rest des Karibischen Beckens (Demas 1979: vii) oder „the pan-Caribbean" (Demas 1997).

Die CARICOM war lange eine Organisation für den innersten Kreis und ist in den 90er Jahren in den zweiten Kreis hineingewachsen. Die ACS wurde als organisatorischer Rahmen für alle drei Kreise konzipiert.

Das Karibische Becken: Überwindung der Fragmentierung?

Unter allen Zusammenschlüssen in Mittel- und Südamerika vereint die ACS die größten Gegensätze unter ihren Mitgliedern, sowohl kulturell, sprachlich, ethnisch und ideologisch als auch bezüglich Größe, Entwicklungsstand, politischer Kultur und außenpolitischer und außenwirtschaftlicher Bindungen und Orientierungen der einzelnen Mitgliedsländer.

Die Geschichte der Karibik und Mittelamerikas ist geprägt von Außenabhängigkeit und Fragmentierung. Es ist eine mehrfache Fragmentierung, erstens die Spaltung in verschiedene Subregionen, zweitens innerhalb dieser Räume die Zersplitterung in zahlreiche separate politische Einheiten.

Es sind mehrere Trennlinien erkennbar.

Die erste Trennlinie trennt die Karibik vom festländischen Hispanoamerika und geht auf die unterschiedliche Intensität der europäischen Kolonisation zurück. Prägend für die Karibik wurde die intensiv betriebene Plantagenwirtschaft mit Sklaven aus Afrika und später vorwiegend indischen Arbeitskräften. Die Karibik wurde von der europäischen Kolonisation vollkommen umgestaltet. Die indigene Bevölkerung wurde ersetzt durch Menschen aus Europa, Afrika und Asien. Ökonomisch waren die Inseln in das koloniale Wirtschaftssystem eingebunden und auf den Export von Agrarprodukten, an erster Stelle Zucker, spezialisiert. Die Karibik wurde nicht nur als erste Region Amerikas von Europäern kolonisiert, sondern verblieb unter europäischer Herrschaft, während 1810 bis 1825 das festländische Iberoamerika seine Selbständigkeit errang. Eine Ausnahme bildete Haiti, das als erster karibischer Staat bereits 1804 die politische Unabhängigkeit erkämpft hatte.

Eine zweite Trennlinie verläuft zwischen den spanischsprechenden Ländern und der nicht-iberischen Karibik. In der spanischen Karibik war der Einfluss der Plantagenwirtschaft weniger prägend, so dass das spanische Element dominiert und die Identifikation mit Lateinamerika stark ist, während in der nicht-iberischen Karibik die Bevölkerung und die politischen Eliten mehrheitlich afrikanischer oder asiatischer Herkunft sind und sich eine eindeutig karibische Identität entwickelt hat. Seit dem Beitritt Haitis zur CARICOM verläuft diese zweite Trennlinie genau zwischen den Mitgliedern der Karibischen Gemeinschaft und den anderen Karibikstaaten.

Eine dritte Trennlinie im Karibischen Becken bildete sich mit der Expansion der USA heraus, die sich im 19. Jahrhundert als Hegemonialmacht im Karibischen Becken etablierten. Ein separater Bereich außerhalb der Sphäre direkter oder indirekter Herrschaft der USA blieben die britischen, französischen und niederländischen Kolonien. Sie wurden nach ihrer Unabhängigkeit im Rahmen der AKP-Länder mit der EU assoziiert. Im Streit um den Zugang für Bananen zum Markt der EU ist diese Trennlinie zur schärfsten Konfliktlinie in der ACS geworden.

Allerdings ist diese Trennlinie einem Kontinuum gewichen. Es gibt an den beiden Polen des Kontinuums Territorien, die weiterhin direkt von den USA oder von europäischen Staaten verwaltet werden. Die unabhängigen Staaten sind mittlerweile alle in unterschiedlicher Intensität sowohl mit den USA als auch mit der EU verbunden. Die ehemals britischen und niederländischen Staaten gehören mittlerweile wirtschaftlich, politisch, kulturell und militärisch zum Machtbereich der USA und sind seit 1967 nach und nach der *Organisation Amerikanischer Staaten* (OAS) beigetreten. Während die EG zunächst nur mit den karibischen Staaten Assoziierungsabkommen abschloss, die nach 1962 die Unabhängigkeit erlangt hatten, kommen heute alle karibischen Staaten für eine Assoziierung mit der EU im Rahmen der AKP-Länder in Frage. Über die assoziierten Länder hinaus pflegt die EU über Freihandelsabkommen, wirtschaftliche und entwicklungspolitische Zusammenarbeit und institutionalisierte politische Dialoge Beziehungen zu einzelnen lateinamerikanischen Ländern und Subregionen sowie über das europäisch-lateinamerikanisch-karibische Gipfeltreffen zu Mittel- und Südamerika als Gesamtheit (Bodemer 2000a).

Die vierte Trennlinie, der Systemgegensatz zwischen Kuba und den nicht-kommunistischen Staaten, war von Anfang an eine Konfliktlinie. Die ACS-Mitgliedschaft Kubas ist primär für die Beziehung der ACS zu den USA eine Belastung (Byron 2000; Gratius 1999).

Als besondere geostrategische Region ist das Karibische Becken seit Ende des 16. Jahrhunderts erkennbar. Spanien beherrschte auf dem amerikanischen Festland ausgedehnte Gebiete, doch die Antillen und die Küsten des Karibischen Meeres waren bis 1815 ständig umkämpfter Grenzraum mit einer Vielzahl von Akteuren. Im 19. und 20. Jahrhundert bis zum 2. Weltkrieg hob die Hegemonie der USA das Karibische Becken vom Rest Südamerikas ab, wo der Einfluss der Vereinigten Staaten deutlich schwächer war. Danach dehnten die USA ihre Hegemonie auf ganz Südamerika aus (Payne 1996).

Die kubanische Revolution blieb zunächst wegen der Eindämmungspolitik der USA isoliert. In den 70er und 80er Jahren machten die Bürgerkriege in

Zentralamerika, die Revolutionen in Nikaragua und Grenada sowie sozialistisch orientierte Regierungen, Parteien und Bewegungen das Karibische Becken erneut zur Konfliktzone mit zahlreichen Akteuren. Die USA behandelten Zentralamerika und die Karibik als einheitliche Krisenregion, deutlich sichtbar in der *Caribbean Basin Initiative*, ein Paket von Handelserleichterungen und Hilfen für prowestliche Staaten in Zentralamerika und der Karibik.

In den 90er Jahren war ein Prozess zu beobachten, der als „Repositioning of US-Caribbean Relations" (Palmer 1997), als „reconfiguration of the Caribbean as Basin" (Payne 1994: 164) und als „remapping of the Americas" (Payne 1999) charakterisiert wird. Das Karibische Becken und die USA sind enger als je zuvor miteinander verwachsen, wirtschaftlich, politisch und kulturell sowie über Migration und Drogenhandel. Karibische Akteure beeinflussen die Politik der USA, allen voran die Exil-Kubaner, und auch US-amerikanische Interessengruppen verfolgen ihre eigenen Ziele im Karibischen Becken. Das Resultat dieser komplexen und asymmetrischen Interdependenz, die sich hin zu „a new mode of trans-territorial governance" (Payne 2000) bewege, nennt Payne „Caribbean America" (Payne 1998: 272).

Nach wie vor ist es schwierig, die geographisch und politisch fragmentierte Region vollständig zu kontrollieren. Die Karibik ist noch immer die Region Amerikas, in der außerkontinentale Akteure am stärksten verankert sind und in der die schärfsten Gegenpositionen zur US-Politik artikuliert werden.

Gemeinsamkeiten der Länder des Karibischen Beckens ergeben sich aus von außen kommenden Herausforderungen, wie die Bestrebungen zur Bildung größerer wirtschaftlicher Blöcke in Amerika bis hin zu einer gesamtamerikanischen Freihandelszone. Für die Kleinstaaten des großkaribischen Raums liegt es nahe, sich als Ländergruppe mit gemeinsamen Interessen zu begreifen, nicht nur wegen der Konditionen für kleinere Länder innerhalb der FTAA, sondern auch wegen der drohenden Marginalisierung innerhalb Amerikas sollte es zu einer Bipolarisierung zwischen der NAFTA und einer südamerikanischen Freihandelszone (Calcagnotto 1999) kommen. Dann wären die kleineren ACS-Staaten unfreiwillig ein „dritter Block" (Ceara 1997: 78).

Die Assoziation Karibischer Staaten

1994 schlossen sich die Staaten des Karibischen Beckens zur Assoziation Karibischer Staaten zusammen. Vollmitglieder sind alle unabhängigen Staaten der Region: die 14 Staaten der Karibischen Gemeinschaft (*Caribbean Community*, CARICOM), die Gruppe der Drei (*Grupo de los Tres*, G-3), bestehend aus Mexiko, Kolumbien und Venezuela, die Staaten des Zentralamerikanischen Gemeinsamen Marktes (*Mercado Común Centroamericano*, MCCA), außerdem die Dominikanische Republik, Kuba sowie Panama.

Nichtselbständige politische Einheiten können assoziierte Mitglieder werden. Assoziierte Mitglieder sind Frankreich für seine drei in der Karibik gelegenen Départements sowie die zu den Niederlanden gehörenden Gebiete, Aruba und die Niederländischen Antillen (ACS 1994, ACS 2000a). Die für Puerto Rico und die westlichen Jungfern-Inseln (U.S. Virgin Islands) mögliche assoziierte Mitgliedschaft in der ACS haben die Vereinigten Staaten abgelehnt, wegen Vorbehalten gegenüber der zu politischen Zielsetzung der ACS und der ACS-Mitgliedschaft Kubas (Grant 1997).

Die *Convention Establishing the Association of Caribbean States* definiert die ACS als „eine Organisation für Konsultation, Kooperation und konzertierte Aktion" (ACS 1994, Art. 1) und nennt als Arbeitsbereiche wirtschaftliche Integration einschließlich Handelsliberalisierung, Investitionen und Verkehr, funktionale Zusammenarbeit auf verschiedenen Gebieten und nicht zuletzt die „koordinierte Partizipation der Region in verschiedenen multilateralen Foren" (Art. 2), im Bewusstsein der Notwendigkeit

„einer effektiven und rechtzeitigen Antwort auf die Herausforderungen und Gelegenheiten, die sich aus der Globalisierung der internationalen Ökonomie und der fortschreitenden Liberalisierung der hemisphärischen Handelsbeziehungen ergeben" (Präambel).

Initiiert wurde die ACS von der CARICOM, um die Marginalisierung der Kleinstaaten der Karibik angesichts der Bildung großer Handelsblöcke kontinentalen Ausmaßes zu verhindern (Demas 1997: 9f., 91f.). Dies gilt vor allem im Hinblick auf die Verhandlungen um eine gesamtamerikanische Freihandelszone, die *Free Trade Area of the Americas* (FTAA, oder *Área de Libre Comercio de las Américas*, ALCA, oder *Zone de libre-échange des Amériques*, ZLEA). CARICOM-Generalsekretär Carrington erhoffte „strategische Allianzen" (Carrington 1997. 55) zwischen CARICOM und ACS, „as a basis for developing production, increasing trade and pursuing external negotiations" (Ebd.). Die ACS galt als eine potenzielle „alianza estratégica" (Serbin 1998; Girvan 1998) nicht nur für den großkaribischen Raum, sondern vor allem zwischen Zentralamerika und der Karibik sowie als ein wichtiger Schritt zur Überwindung der Kluft zwischen englisch- und spanischsprachigen Ländern (Wedderburn 1994) und als potenzieller Sprecher des Karibischen Beckens gegenüber anderen Akteuren (Byron 1997; Layne 1999), auch gegenüber der Europäischen Union (Alzugaray 1999).

Entsteht im Rahmen der ACS ein neuer Wirtschaftsraum? Bilden die ACS-Staaten – oder zumindest die CARICOM und Zentralamerika – eine strategische Allianz? Hat die ACS anglokaribische und hispanoamerikanische Staaten einander näher gebracht? Wird die ACS von anderen Staaten und Regionen als Gesprächspartner akzeptiert? Welche Funktionen erfüllt die ACS?

Die zentralamerikanische Integrationsbewegung

Innerhalb der ACS gibt es zwei regionale Integrationsbewegungen, die zentralamerikanische und die karibische. 1823 bis 1839 wurde versucht, einen zentralamerikanischen Staat zu konsolidieren. Stattdessen bildeten sich die unabhängigen Staaten Guatemala, El Salvador, Honduras, Nikaragua und Costa Rica. Die heutige Integrationsbewegung geht auf die 1951 gegründete Organisation der Zentralamerikanischen Staaten (*Organización de los Estados Centroamericanos*, ODECA) und den 1958 bis 1960 ins Leben gerufenen Gemeinsamen Zentralamerikanischen Markt (*Mercado Común Centroamericano*, MCCA) zurück. Vom Ende der 60er Jahre bis Ende der 80er Jahre verhinderten zwischenstaatliche Konflikte, wirtschaftliche Krisen, Bürgerkriege, politische Instabilität und ideologische Gegensätze die Verwirklichung der integrationspolitischen Ziele. Wiederbelebt wurde die zentralamerikanische Integration 1991. Die ODECA wurde umgewandelt in das System der zentralamerikanischen Integration (*Sistema de la Integración Centroamericana*, SICA), das als „integrationspolitischer Überbau" (Bodemer 2000a: 50) dient. Panama zählt traditionell nicht zu Zentralamerika, wurde aber Mitglied des SICA, aber nicht des MCCA. Panama gilt bei der ACS als keiner der drei Integrations- und Kooperationsgruppierungen innerhalb der ACS – CARICOM, MCCA sowie G-3 – zugeordnet, als „non-grouped" (Girvan 2000g).

Die karibische regionale Integration

Die regionale Integration in der Karibik begann in der Commonwealth-Karibik. Auch hier ging den Integrationsbemühungen das Scheitern eines Nationalstaats voraus. Die britischen Kolonien in der Inselkaribik sollten im Rahmen eines gemeinsamen Staates, der 1958 gegründeten Westindischen Föderation (*Federation of the West Indies*) unabhängig werden, die jedoch noch vor der Unabhängigkeit zerfiel, so dass von 1962 bis 1983 zwölf einzelne Kleinstaaten aus der britischen Karibik hervorgingen und fünf Kleinstkolonien britisch blieben. 1963 diskutierte die Erste Konferenz der Regierungschefs (*First Heads of Government Conference*) der Commonwealth-Karibik die Bildung einer Wirtschaftsgemeinschaft, 1967 entstand die Karibische Freihandelszone (*Caribbean Free Trade Area*, CARIFTA), die 1973 in die CARICOM umgewandelt wurde.

Als die CARICOM-Mitglieder in den 70er und 80er Jahren politisch und ideologisch uneinig waren, stagnierte die Integration. Nach der Grenada-Invasion 1983 wurde die Commonwealth-Karibik in die Hegemonialsphäre der USA integriert. Auf der Basis der Übereinstimmung der späten 80er und der frühen 90er Jahre erhielt die Integration neue Impulse. Die *West Indian Commission* (Westindische Kommission) unter Leitung des ehemaligen Commonwealth-Generalsekretärs Shridath Ramphal trug mit ihrem Bericht *Time for Action* von 1992 wesentlich zur Beschleunigung der Integration bei.

Die Konferenz der Regierungschefs griff die Empfehlungen der Kommission auf. Die Gemeinschaftsinstitutionen wurden umstrukturiert. Aus Rücksicht auf Souveränität der Mitglieder wurde in der Konferenz der Regierungschefs, dem höchsten Organ der Gemeinschaft, das Prinzip der Einstimmigkeit beibehalten, aber in anderen neuen Organen sind nun Entscheidungen durch qualifizierte Mehrheiten möglich. Mit dem neu geschaffenen *Bureau* der Konferenz der Regierungschefs bestehend aus dem Vorsitzenden, seinem Vorgänger und Nachfolger verfügt die CARICOM über ein auch zwischen den Konferenzen handlungsfähiges Führungstrio. Der gemeinsame Markt (*CARICOM Single Market & Economy*) soll endlich verwirklicht werden.

Erweiterung und Vertiefung der karibischen Integration und Kooperation

Die *West Indian Commission* gab den Anstoß zur Gründung der ACS. Laut CARICOM-Vertrag kann jeder Staat und jedes Territorium in der Karibik die Mitgliedschaft beantragen. In der Praxis war aber die Vollmitgliedschaft in der CARICOM bis 1995, als Surinam aufgenommen wurde, auf die Commonwealth-Karibik beschränkt geblieben. Die Aufnahmeanträge Haitis von 1974 und Venezuelas von 1991 wurden ignoriert. Staaten und Territorien außerhalb der Commonwealth-Karibik wurden lediglich als Beobachter akzeptiert. Abgesehen von Surinam ist jeder andere karibische Staat einzeln bevölkerungsstärker als die Commonwealth-Karibik, so dass beim Beitritt Haitis, der Dominikanischen Republik oder gar Kubas damit zu rechnen war, dass sich das Gesicht der Gemeinschaft erheblich verändern würde. Dies gilt umso mehr für die viel größeren festländischen lateinamerikanischen Karibikanrainer.

Doch selbst eine eng integrierte, mehr oder weniger vereinigte und geschlossen auftretende Commonwealth-Karibik wäre im interamerikanischen Kräftespiel nach Bevölkerungszahl und Wirtschaftskraft immer noch einer der schwächsten Akteure.

In den 70er und 80er Jahren konnten die CARICOM-Staaten mittels ihrer koordinierten gemeinsamen Außenwirtschaftspolitik gegenüber der Europäischen Gemeinschaft, den USA und Kanada erreichen, dass ihnen Handelspräferenzen eingeräumt wurden. Doch Anfang der 90er Jahre sahen sich die anglokaribischen Staaten mit drei neuen bedrohlichen Entwicklungen konfrontiert. Erstens verlor die Karibik mit dem Ende des Ost-West-Konflikts ihre vorherige geostrategische Bedeutung und beträchtlich an Verhandlungsmacht. Es entfiel ein wesentliches Motiv, karibische Länder zu unterstützen, zumal sich die Aufmerksamkeit auf den Aufbauprozess in Osteuropa richtete, so dass weniger Hilfsgelder und Investitionen in die Karibik flossen. Zweitens drohte der weltweite Trend zur Bildung großer wirtschaftlicher Blöcke, die karibischen Kleinstaaten zu marginalisieren. Drittens sind die Industriestaaten, sowohl die EU als auch die USA und Kanada immer weniger bereit, Entwicklungsländern einseitige Handelspräferenzen zu gewähren. Stattdessen soll Freihandel auf Gegenseitigkeit zur Regel werden.

Die CARICOM-Staaten sahen sich mit gleichzeitigen Verhandlungen mit der Europäischen Union über die Fortsetzung der Assoziierung und mit den USA, Kanada und den lateinamerikanischen Staaten über eine gesamtamerikanische Freihandelszone konfrontiert. Die *West Indian Commission* schlug als einen Ausweg zur Stärkung der Verhandlungsmacht der CARICOM-Länder eine Assoziation Karibischer Staaten vor. Nachdem die G-3 zugestimmt hatten, wurde 1994 die ACS gegründet, in Anerkennung der führenden Rolle der CARICOM wurde Port of Spain Sitz des Sekretariats.

Aber selbst innerhalb des Karibischen Beckens stellen die Länder der Commonwealth-Karibik gerade etwa 3% der Bevölkerung. Die CARICOM entschloss sich, zur Vergrößerung ihres demographischen und politischen Gewichts auch zur Erweiterung der engeren Integrationsgemeinschaft. Nicht nur das bevölkerungsarme Surinam wurde aufgenommen, 1999 folgte das bevölkerungsreiche Haiti, das den Anteil der CARICOM an der Bevölkerung des Karibischen Beckens mehr als verdoppelte, aber trotzdem nur auf ungefähr 7% erhöhte (Girvan 2000g). In der *Montego Bay Declaration* erklärte die CARICOM 1997 deutlich, dass sie für die Staaten der nichtenglischsprachigen Karibik offen ist (CARICOM 1997b, Principle 16), namentlich für die Dominikanische Republik und Kuba, wie Generalsekretär Carrington bekräftigte (Carrington 1999). Langfristig ist vor allem die Mitgliedschaft Kubas wichtig wegen seines politischen und wirtschaftlichen Gewichts. Für die Dominikanische Republik, die sich in den letzten Jahren dem MCCA politisch angenähert hat, wäre dann die CARICOM attraktiver. Ohne die Mitgliedschaft des größten karibischen Landes würde die CARICOM „weiterhin ein relativ insignifikanter Akteur in den ökonomischen und politischen Angelegenheiten der Hemisphäre bleiben" (Girvan 1998: 83). Die CARICOM, die Dominikanische Republik und neuerdings auch Kuba sind im 1992 gegründeten *Caribbean Forum of ACP States* (CARIFORUM) zusammengeschlossen.

Die CARICOM verfolgt eine doppelte Erweiterungsstrategie: einerseits die Erweiterung der Integration über die CARICOM, andererseits die Kooperation aller Staaten des Karibischen Beckens über die ACS. Die karibische Integration soll über die Sprach- und Kulturgrenzen hinweg die Karibik im engeren Sinn umfassen, aber nicht die iberoamerikanischen festländischen Anrainer des Karibischen Meeres, mit denen wirtschaftliche und funktionale Zusammenarbeit und wirtschaftspolitische Koalitionsbildung angestrebt wird. CARICOM und ACS dienen unterschiedlichen Zwecken. ACS-Generalsekretär Norman Girvan aus Jamaika, der im Februar 2000 sein Amt angetreten hat (ACS 2000a), verdeutlichte es, den CARICOM-Generalsekretär Carrington zitierend: „As CARICOM SG Carrington said, 'CARICOM is about integration while the ACS is about co-operation'" (Girvan 2000g).

Die ACS als Wirtschaftsraum?

Ein spezifischer ACS-Wirtschaftsraum existiert nicht. Schon 1997 war abzusehen, dass dieses Ziel auch nicht erreicht werden würde (Byron 1997: 53). Die ACS-Mitglieder wickeln nur 8% ihres Außenhandels mit anderen ACS-Ländern ab. Die Hälfte dieses Handels wiederum bewegt sich nur innerhalb der subregionalen Gruppen, jeweils innerhalb von CARICOM, MCCA und G-3 (Girvan 2000a). Die ACS, zu der mehr als die Hälfte der Staaten Amerikas mit zusammen 220 Millionen Einwohnern gehört, könnte ein eindrucksvoller Wirtschaftsblock sein, wie in den Veröffentlichungen der und zur ACS immer wieder beschworen wird (ebd.; Insanally 1998; Girvan 2000e). Offenbar wird ohnehin über das Potenzial der ACS mehr geschrieben als über ihre Aktivitäten.

Eine die ACS umfassende Freihandelszone war 1995 angestrebt worden (ACS 2000e). Doch dieses anfängliche Ziel musste aufgegeben werden, weil es von den Plänen für eine gesamtamerikanische Freihandelszone überlagert wurde und „largely as a result of the competing agendas of its principal actors" (Girvan 2000c).

Einem potenziellen ACS-Wirtschaftsraum wirken drei Faktoren entgegen:

Erstens sind die meisten ACS-Mitglieder bereits in andere, für sie bedeutendere wirtschaftliche Zusammenschlüsse eingebunden. Ohnehin gibt es in Mittel- und Südamerika schon eine inflationär anmutende Vielfalt von regionalen, subregionalen und bilateralen Kooperations- und Integrationsvereinbarungen mit überlappenden Mitgliedschaften, von denen keine die Heterogenität der ACS übertrifft.

Mexikos primäre außenwirtschaftliche Bindung ist die NAFTA, hinzukommen das 2000 abgeschlossene Freihandelsabkommen mit der EU, Vereinbarungen mit lateinamerikanischen Ländern und Gruppierungen und die Verbindungen in den asiatisch-pazifischen Raum. Für Mexiko kann die ACS nur ein weiteres Element seiner Politik der diplomatischen Diversifizierung sein.

Für Kolumbien und Venezuela sind die Gemeinschaft der Andenländer und der vorgeschlagene südamerikanische Handelsblock wichtiger als die

ACS. Allerdings könnte Venezuela, das sich unter Präsident Chávez an Kuba angenähert hat und Kubas primärer wirtschaftlicher Partner in Lateinamerika geworden ist (*Granma*, 12.12.2000), die ACS als günstigen Rahmen für seine geopolitischen Ambitionen und seine ideologischen Vorstellungen sehen. Im Oktober 2000 hat Venezuela während der ersten Tagung des *ACS Business Forum* mit zehn ACS-Ländern – Guatemala, El Salvador, Honduras, Nikaragua, Costa Rica, Panama, Haiti, der Dominikanischen Republik, Belize und Jamaika – Abkommen über Öllieferungen zu günstigen Konditionen abgeschlossen (ACS 2000d), anschließend auch mit Kuba (Neuber 2000). Allerdings stieß die venezolanische Initiative in der CARICOM auf Misstrauen, weil man sich vor dem Hintergrund des wiederbelebten venezolanischen Gebietsanspruchs gegen Guyana fragte, warum dieses CARICOM-Mitglied in das Angebot nicht einbezogen war (CANA 21.10.2000). Innerhalb weniger Wochen hatten mehrere CARICOM-Staaten und Kuba die *Caribbean Hydrocarbons Co-operation Commission* mit Zuständigkeit für Erdöl und Erdgas ins Leben gerufen, was vom ACS-Sekretariat begrüßt wurde. Trinidad und Tobago erklärte sich bereit, Energie zu Vorzugspreisen zu liefern (ACS 2000b). Auffällig war, dass ausschließlich – im engeren Sinn – karibische Staaten, keine SICA-Mitglieder beteiligt waren. Trotz der Beteuerung von Präsident Chávez, das venezolanische Angebot gelte auch für Guyana (ACS 2000d) legt die CARICOM offenbar Wert darauf, Abhängigkeit von Venezuela zu vermeiden.

Neben der CARICOM waren Kuba und die Dominikanische Republik zumindest zeitweise unter den „aktivsten und enthusiastischsten Mitgliedern" (Byron 1997: 47) der ACS, denn sie können hoffen, mit Hilfe der ACS ihre Isolation zu überwinden. Ihre ACS-Mitgliedschaft kollidiert nicht mit der Zugehörigkeit zu anderen Zusammenschlüssen. Für Kuba geht es um die Überwindung seiner aus dem Konflikt mit den USA resultierenden Isolation. Die ACS passt ideal zur politischen Identität der Dominikanischen Republik, die zwar im geographischen Zentrum der Karibik liegt, sich aber traditionell eher als lateinamerikanisch empfindet und auch organisatorisch eine Mittelstellung zwischen MCCA und CARICOM einnimmt.

Dies spiegelt sich auch in der Beteiligung der Mitglieder an den Aktivitäten der ACS wider. Generalsekretär Girvan attestierte ein hohes Beteiligungsniveau den CARICOM-Staaten Jamaika sowie Trinidad & Tobago, den G-3-Ländern, Kuba, der Dominikanischen Republik und Panama, während er die geringe Beteiligung der OECS-Länder und der zentralamerikanischen Staaten beklagte (Girvan 2000g).

Der zweite Faktor, der die Relevanz der ACS für den Aufbau eines Wirtschaftsraums untergräbt, sind die zahlreichen bilateralen und multilateralen Vereinbarungen unter den Mitgliedern. Freihandelsabkommen bestehen oder werden ausgehandelt zum Beispiel zwischen Mexiko und drei zentralamerikanischen Staaten, zwischen dem MCCA und der Dominikanischen Republik, zwischen der Dominikanischen Republik und der CARICOM, zwischen der CARICOM und Kuba und zwischen der CARICOM und Kolumbien. Dabei hat die ACS keine Rolle gespielt (Girvan 2000c).

Drittens wurden und werden solche Abkommen auch mit Partnern außerhalb der ACS abgeschlossen. Auch wenn die Verflechtungen im großkaribischen Raum deutlich zunehmen, gilt das ebenso für die Verbindungen mit Ländern in Nord- und Südamerika. Ohnehin würden mit der Schaffung der gesamtamerikanischen Freihandelszone die subregionalen Freihandelszonen obsolet. Ein Wirtschaftsraum, der den gesamten groß-karibischen Raum umfasst, ist zweifellos im Entstehen, aber vor allem dank der steigenden Verflechtung des Karibischen Beckens mit Wirtschaft und Gesellschaft der USA und im Kontext der gesamtamerikanischen Entwicklung.

Die Stärkung der Handelsbeziehungen zwischen den ACS-Ländern ist trotzdem ein Anliegen der ACS. Im Jahr 2000 wurde eine Karibische Handelspräferenz (*Caribbean Trade Preference*, CTP) (ACS 2000e) oder ein Karibischer Präferenzzoll (*Caribbean Preferential Tariff*, CPT) (Girvan 2000e) diskutiert, eventuell unter Einbeziehung aller Andenländer aus Rücksicht auf Kolumbien und Venezuela (ACS 2000e), mit asymmetrischen Zollpräferenzen, je nach Entwicklungsstand und Größe der beteiligten Länder. Girvan hoffte, dass damit nicht nur der Handel innerhalb der ACS stimuliert, sondern auch die Verhandlungsmacht und die Identität der Länder der Mitte Amerikas gegenüber den sich formierenden Handelsblöcken im Norden und Süden gestärkt würden (Girvan 2000e). Im Aktionsplan des 3. ACS-Gipfels ist lediglich von der graduellen Reduzierung und Beseitigung von Handelshemmnissen die Rede, nicht von Handelspräferenzen (ACS 2001d).

Aktivitäten kann die ACS am ehesten im Bereich der funktionalen Zusammenarbeit vorweisen, vor allem in den Bereichen Verkehr einschließlich Luft- und Seeverkehr und Navigation, Tourismus, Umwelt und natürliche Ressourcen sowie bei der Kooperation in der Bewältigung von Naturkatastrophen.

Im Bereich Tourismus strebt die ACS einen *Sustainable Tourism* an (Girvan 2000c), in Anlehnung an das Konzept der nachhaltigen Entwicklung (*sustainable development*). Beim 3. ACS-Gipfeltreffen auf der Insel Margarita, 11.-12. Dezember 2001, unterzeichneten 25 Staaten die Konvention für die Schaffung einer Zone des nachhaltigen Tourismus in der Karibik (*Convention Establishing the Sustainable Tourism Zone of the Caribbean,* CTZC). Berücksichtigt werden soll das Prinzip der Nachhaltigkeit (*sustainability*) bezüglich der Wirtschaft, der Umwelt und im sozialen und kulturellen Bereich, unter Einbeziehung der Bevölkerung und der Bewahrung der traditionellen Werte und kulturellen Ressourcen. Eine solche Zone wäre weltweit die erste ihrer Art (ACS 2001c, ACS 2001d, ACS 2001e). Nach den Terroranschlägen vom 11. September 2001 und dem dramatischen Rückgang an Tourismuseinnahmen ist es Hauptanliegen von CARICOM, ACS und aller vom Tourismus abhängigen Länder des Karibischen Beckens, für die Karibik als vom Terrorismus wenig betroffene, stabile und daher für Touristen sichere Region zu werben

Die ACS konzentriert sich auf Felder der funktionalen Kooperation, auf denen keine tiefgreifenden Interessengegensätze bestehen und beschreibt sich selbst in aller Kürze als „organisation for consultation, cooperation in trade, transport, sustainable tourism and natural disasters" (ACS 2001g). Sicherheitszusammenarbeit gibt es in der ACS nicht (Nissen 2000a).

Die ACS als strategische Allianz?

Die ACS wurde ins Leben gerufen, um die Verhandlungsposition der Staaten des Karibischen Beckens als Gruppe zu stärken, vor allem hinsichtlich der FTAA. Die anderen Politikfelder der ACS wirkten im Vergleich dazu zweitrangig, weil für sie eine Vielzahl anderer Organisationen zur Verfügung steht.

Nach Ansicht von ACS-Generalsekretär Girvan hätten Sekretariat und Gremien der ACS in der FTAA-Arbeitsgruppe zu den kleineren Ökonomien genutzt werden können. Doch Girvan musste die „absence of an ACS role" (Girvan 2000c) konstatieren. Die ACS-Mitglieder gingen einzeln oder im Rahmen ihrer engeren Integrationsgemeinschaft in die FTAA-Verhandlungen. Beim NAFTA-Mitglied Mexiko und beim aus dem FTAA-Prozess ausgegrenzten Kuba standen diese Sonderrollen von vorneherein fest. Erwartet wurde vor allem eine karibisch-zentralamerikanische Allianz, die jedoch nicht zustande kam.

Ein Grund war der Bananenkonflikt zwischen den USA und lateinamerikanischen Ländern einerseits und der EU und CARICOM-Ländern andererseits. In den Lomé-Assoziierungsverhandlungen zwischen den AKP-Ländern und der Europäischen Gemeinschaft hatten die anglokaribischen AKP-Länder ausgehandelt, dass an Stelle ihrer vorherigen Zugangsgarantien für den britischen Markt Zollpräferenzen und besondere Handelsregime für Zucker, Bananen und Rum treten. Die karibischen AKP-Staaten halten den weitgehend zollfreien Zugang zum Markt der EU und die besonderen Konditionen für die wichtigsten karibischen Agrarexporte für überlebenswichtig und wollen sie auch in einer neuen Weltwirtschaftsordnung bewahren, sahen sich jedoch seit 1992 immer wieder mit Klagen, Beschwerden und Blockaden im Rahmen der WTO seitens ihrer ACS-Partner Mexiko, Guatemala, Honduras, Costa Rica, Nikaragua, Panama, Kolumbien und Venezuela konfrontiert, die damit gleichzeitig die Interessen der USA und von US-Agrarkonzernen vertreten. Diese kontinuierlichen politischen und juristischen Attacken auf das Bananenhandelsregime zwischen der EU und karibischen Staaten wurden in der CARICOM als existenzielle Bedrohung aufgefasst. Der Botschafter Antiguas und

und Barbudas bei der OAS sprach von „An Act of War!" (CARICOM Perspective, June 1997: 14).

St. Lucia bezeichnete es im März 1999 als sehr unglücklich, dass ACS-Mitglieder in einem Streit zwischen USA und EU gefangen seien, und verlangte energisch vom ACS-Sekretariat, die Lösung des Konflikts zur Hauptaufgabe zu machen: „The Secretariat cannot stand idly by while its members destroy each other as victims of the global power-play of Super Powers" (St. Lucia 1999). Das Sekretariat sollte das Thema beim 2. Gipfel von Staats- und Regierungschefs der ACS im April 1999 in Santo Domingo einbringen. Dies geschah nicht. Es findet sich kein Wort davon in der beim Gipfel verabschiedeten *Declaration of Santo Domingo* (ACS 1999).

Auch das neue 2000 in Cotonou unterzeichnete Assoziationsabkommen zwischen EU und AKP-Ländern weicht vom Prinzip des Freihandels ab, so dass eine Ausnahmegenehmigung der WTO erforderlich ist. Panama übernahm es, die Gewährung dieser Ausnahmegenehmigung zu blockieren und verärgerte damit die CARICOM-Regierungschefs (CARICOM 2000, 2001).

Auf die Frage, ob die ACS eine Rolle im Bananenstreit hätte spielen können, antwortet Generalsekretär Girvan, dass Satzung und Struktur der ACS dies erlauben und vorsehen. Eine Option hätte sein können, innerhalb der ACS eine für beide Seiten tragbare Lösung auszuarbeiten, um diese dann gegenüber der EU und den USA zu vertreten. Doch dafür hätte der politische Wille vorhanden sein müssen (Girvan 2000a). Girvan musste feststellen: „The failure of the ACS to play a role on the banana question must have seriously compromised the credibility of the organisation in the eyes of officials and the wider public in the region" (Girvan 2000c). Erst bei der WTO-Konferenz in Doha im November 2001 gaben die USA und die betreffenden lateinamerikanischen Staaten ihren Widerstand gegen die Ausnahmegenehmigung auf, die nun bis 2007 gelten soll (ACP 2001a).

Eine weitere Belastung für die hispanoamerikanisch-anglokaribischen Beziehungen sind die immer wieder erhobenen Territorialansprüche von Guatemala auf ganz Belize und von Venezuela auf etwa drei Fünftel von Guyana. Hier prallen zwei unterschiedliche Kulturen völkerrechtlichen Denkens aufeinander (Lennert 1991: 289-316). In keinem der beiden Fälle ist ein militärischer Angriff wahrscheinlich, doch in Hispanoamerika ist eine „Eskalation zwischenstaatlicher Konflikte [...] nach wie vor insbesondere dann denkbar, wenn ein latenter zwischenstaatlicher Konflikt für innenpolitische Zweck instrumentalisiert wird" (Kurtenbach 2000: 69), wie der Falkland-Krieg und der jüngste Grenzkrieg zwischen Ekuador und Peru gezeigt haben.

Gegenüber dem Rat der CARICOM-Außenminister beklagte ACS-Generalsekretär Girvan im Mai 2000, dass der frühe Enthusiasmus der CARICOM für die ACS offenbar geschwunden sei, was auch daran abzulesen sei, dass in den beiden vorhergehenden Jahren die Mehrheit der CARICOM-Länder an weniger als der Hälfte der Treffen der ACS-Sonderausschüsse teilgenommen hätten (Girvan 2000f.).

Die CARICOM-Regierungschefs hatten 1997 im Kommuniqué ihres Gipfeltreffens der ACS fünf wohlwollende Zeilen gewidmet (CARICOM 1997a) und in der *Montego Bay Declaration*, die den Untertitel *Positioning the Caribbean for the Twenty-First Century* trägt, CARIFORUM und ACS als die jeweiligen Rahmen für Integration und Kooperation hervorgehoben (CARICOM 1997b, Principle 16). Im Juli 2000 erwähnte das Kommuniqué der Konferenz der Regierungschefs der CARICOM die ACS mit keinem Wort, aber die Regierungschefs sahen sich genötigt, sich in 32 Zeilen zu den guatemaltekischen und venezolanischen Gebietsansprüchen zu äußern. Die Regierungschefs waren „deeply disturbed" (CARICOM 2000) angesichts der Weigerung Guatemalas, die Grenze anzuerkennen, und notierten „with concern" (CARICOM 2000), dass Venezuela gegen die Gründung einer Firma zur Entwicklung eines Raketenstartgeländes in Guyana protestiert hatte. Als Gäste begrüßte die CARICOM die Generalsekretäre der OAS und des Commonwealth, jedoch keinen hochrangigen Vertreter der ACS (Mitchell 2000; Carrington 2000).

Auch die Berichterstattung der *Caribbean News Agency* (CANA), der regionalen Nachrichtenagentur der Commonwealth-Karibik, ließ die ACS unwichtig erscheinen. In den im Internet täglich veröffentlichten Meldungen der CANA wurde die ACS an 135 untersuchten Tagen im 171 Tage umfassenden Zeitraum vom 1. Juni bis zum 18. November 2000 mit keinem Wort erwähnt.

Allerdings ist das Engagement der Commonwealth-Karibik für die ACS im Jahr 2000 gewachsen. Erstmals kam der ACS-Generalsekretär aus der CARICOM, und im Dezember 2000 übernahm Barbados – mittlerweile von Honduras abgelöst (ACS 2002) – im Namen der CARICOM in Person von Billie Miller, der Außenministerin von Barbados, für ein Jahr den Vorsitz im Ministerrat der ACS (ACS 2000b). Die gestiegene Wertschätzung für die ACS zeigte sich auch beim CARICOM-Gipfel 2001, an dem auch ACS-Generalsekretär Girvan teilnahm. Die CARICOM-Regierungschefs erklärten ihre Unterstützung für die Ziele der ACS und attestierten ihr eine „important geo-political entity" (CARICOM 2001) zu sein. Allerdings wurde mit 30 Zeilen den Territorialansprüche der hispanoamerikanischen ACS-Partner gegen CARICOM-Mitglieder und dem Konflikt um die maritimen Grenzen zwischen Venezuela und ostkaribischen Staaten viel Aufmerksamkeit gewidmet.

In Zentralamerika, der zweiten Säule einer potenziellen karibisch-zentralamerikanischen strategischen Allianz, findet die ACS offenbar noch weniger Beachtung. In der Literatur zur zentralamerikanischen Integration (Bollin 2000; Pacheco 1999; Dietrich 1998; Castejón 1993) findet sich keine Erwähnung der ACS, während vergleichbare Publikationen zur CARICOM die ACS berücksichtigen (Demas 1997; Lennert 1993; Lennert 1999). Für die zentralamerikanische Integration ist die ACS offenbar verzichtbar, selbst für das Auftreten Zentralamerikas in den Verhandlungen um die FTAA.

Während die CARICOM das Karibische Becken kaum ignorieren kann, ist es für Zentralamerika angesichts seiner Zugehörigkeit zum lateinamerikanischen Großraum und der Bedeutung der nördlichen Nachbarn Mexiko und USA keineswegs unumgänglich, in der karibischen Inselwelt Partner zu suchen.

Bezüglich gemeinsamer Interessen kleiner Staaten ist es gerade beim Bananenstreit hilfreich, sich vor Augen zu halten, dass im Vergleich zu ostkaribischen Zwergstaaten wie St. Lucia, Dominica oder St. Vincent und den Grenadinen als klein wahrgenommene zentralamerikanische Bananenproduzenten wie Panama, Costa Rica oder Nikaragua Giganten sind.

Eine weltweite Interessenvertretung von Kleinstaaten gibt es, z.B. im Zusammenhang mit der vom Commonwealth und der Weltbank getragenen *Small States Initiative*, mit den CARICOM-Staaten als „Speerspitze" (Girvan 2000h). Doch in dieser Hinsicht findet die CARICOM ihre Partner eher außerhalb Amerikas als in Zentralamerika.

Es bleibt noch die Frage, ob die ACS die Kluft zwischen anglophonen und hispanophonen Ländern überbrückt hat. Seit der Unabhängigkeit der britischen Kolonien sind die zuvor getrennten Ländergruppen immer mehr miteinander in Kontakt gekommen. Dieser Prozess geht kontinuierlich weiter und wird durch die zunehmende Einbindung in gemeinsame organisatorische Zusammenhänge wie die FTAA und durch die funktionale und wirtschaftliche Kooperation innerhalb der ACS zwangsläufig vertieft und beschleunigt. Allerdings hat kein anderer Gegensatz bisher die Arbeit der ACS mehr belastet. Die Kluft wurde vermindert, aber das Spannungsverhältnis besteht fort.

Angesichts der Uneinigkeit der ACS in den ersten Jahren ihrer Existenz lag es nahe, anzunehmen, dass die ACS zu groß und zu heterogen ist, um zu gemeinsamen Positionen zu gelangen. Indem sie fast alle in Frage kommenden Länder umfasst, hat sie, wie Manigat feststellt, zwar die maximale Größe erreicht, aber nicht notwendigerweise die optimale Größe (Manigat 1997).

Zu einer gemeinsamen Positionsbildung gegenüber der FTAA kam es bei einem Treffen vom 3.-5. September 2001 im ACS-Hauptquartier in Port of Spain. Vertreter der ACS und anderer regionaler karibischer und lateinamerikanischer Zusammenschlüsse auf ein Grundsatzpapier für eine besondere und differenzierte Behandlung kleiner Ökonomien im Zusammenhang mit der FTAA, das bei den FTAA- und WTO-Verhandlungen eingebracht und vom ACS-Gipfeltreffen im Dezember 2001 ratifiziert wurde (Girvan 2001a; ACS 2001d; ACS 2001f.). Mit großer Verspätung hat die von Anfang vorgesehene Zusammenarbeit gegenüber der gesamtamerikanischen Freihandelszone begonnen.

Die ACS als Gesprächspartner für außerregionale Akteure?

Die Feststellung, „daß die Konsolidierung eines regionalen Integrationsgebildes auch von der ihm zuteil werdenden internationalen Anerkennung als Interaktionspartner abhängt" (Zimmerling 1993: 48), gilt umso mehr, wenn die Interessenvertretung gegenüber anderen Akteuren Zweck und Anlass für die Gründung einer Organisation ist.

Selbst wenn die ACS die ihr zugedachte Rolle in den Verhandlungen um die FTAA hätte spielen wollen, ist angesichts der Mitgliedschaft Kubas immer noch fraglich, ob die USA eine Beteiligung der ACS erlaubt hätten. Für die USA ist die ACS jedenfalls nicht akzeptabel. Dass der 3. ACS-Gipfel sich gegen die Sanktionen gegen Kuba aussprach und die Vereinigten Staaten aufforderte, das Helms-Burton-Gesetz nicht anzuwenden, dürfte die ACS den USA nicht gerade sympathischer gemacht haben.

Auch für die Europäische Union ist die ACS auf den ersten Blick kein adäquates Gegenüber. Das Haupthindernis liegt nicht in der Asymmetrie des Verhältnisses zwischen beiden Regionen (Alzugaray 1999), sondern darin dass die EU mit Staaten und Gruppierungen in der ACS bereits anderweitig liiert ist.

Mit der EU assoziiert sind die AKP-Länder in der Karibik, das CARI-FORUM. Kubas Aufnahme in beide Gruppen schien Anfang 2000 unmittelbar bevorzustehen, doch kurz vor Unterzeichnung des Cotonou-Abkommens zog Kuba seinen Aufnahmewunsch überraschend zurück, weil die kubanische Regierung die Bedingungen der EU bezüglich Demokratie und Menschenrechten als Beeinträchtigung seiner Souveränität zurückwies (Drekonja-Kornat 2000). Im Dezember 2000 haben die AKP-Staaten Kuba doch noch aufgenommen, allerdings ohne die Zustimmung der EU (ACP 2000, ACP 2001b). Es liegt nicht im Interesse der CARIFORUM-Länder, ihr Assoziationsverhältnis zur EU auf Zentralamerika auszuweiten.

1984 begann als auf den Ost-West-Konflikt bezogener politischer Dialog die interregionale Beziehung der EU zu Zentralamerika. Seit 1992 besteht ein präferenzielles Handelsabkommen. Auch angesichts des Freihandelsabkommens mit Mexiko und des Kooperationsabkommens mit den Andenländern von 1993 und der 1999 begonnenen europäisch-lateinamerikanisch-karibischen Gipfeltreffen wirkt die ACS aus Sicht der EU irrelevant.

Allerdings sind sowohl die EU als auch ihre Mitglieder weniger denn je auf bestimmte Ländergruppierungen als Partner festgelegt. Die ehemaligen Kolonialmächte konzentrieren sich in ihren Beziehungen zu den Staaten des Karibischen Beckens nicht mehr wie früher auf ihre ehemaligen Kolonien. Mittlerweile gibt es in der EU eine Mehrheit von Ländern ohne oder ohne jüngere koloniale Vergangenheit und entsprechende Bindungen. Für diese Länder ist die Unterscheidung von außereuropäischen Ländern nach früherer kolonialer Zugehörigkeit oder Zeitpunkt der Unabhängigkeit, z.B. zwischen den hispanoamerikanischen Staaten einerseits und den erst nach Gründung der Europäischen Gemeinschaften unabhängig gewordenen britischen und niederländischen Karibik-Kolonien andererseits, unerheblich. Die Ausweitung der AKP-Assoziierung auf die lateinamerikanischen Länder der Inselkaribik war schon ein erster Schritt in diese Richtung. Die EU steht mit allen ACS-Mitgliedern in irgendeiner Weise in Verbindung. Es gibt seitens der EU keinerlei Berührungsängste gegenüber einzelnen ACS-Mitgliedern und keine grundsätzlichen Vorbehalte gegenüber der ACS als Organisation. Hinzu kommt, dass Frankreich aktiv in der ACS mitarbeitet, während es sich aus der nur auf die Commonwealth-Karibik bezogenen *Caribbean Development Bank* zurückgezogen hat, offenbar weil es eine solche geographische Verengung zunehmend als unangemessen ansieht und stattdessen die weitere Region im Blick hat (CANA, 18.5.2000). Eine ACS-Delegation unter Leitung der ACS-Vorsitzenden Miller und von Generalsekretär Girvan beschrieb ihren Besuch in Brüssel im März 2001 als „the start of a long-term working relationship with the EU" (ACS 2001a).

Im Juni 2001 unterzeichnete Großbritannien mit der ACS eine Kooperationsvereinbarung (ACS 2001b), im Dezember 2001 die Türkei (Girvan 2001b). Kooperationsabkommen wurden abgeschlossen mit dem Internationalen Entwicklungsfonds der OPEC, mit der *Internationalen Organisation der Francophonie* und der UNIDO (Girvan 2001b). Generalsekretär Girvan hofft, dass die gleichzeitigen Mitgliedschaften von ACS-Mitgliedern in NAFTA, Andengemeinschaft und EU im ACS-Interesse genutzt werden (Girvan 2000c).

Die ACS könnte vermehrt als Forum zur Artikulation von politischen Positionen dienen. ACS-Generalsekretär Girvan hält unkontrollierte liberalisierte Märkte, die „dem räuberischen Verhalten der Reichen und Mächtigen ausgeliefert" (Girvan 2000h) worden seien, keineswegs für frei und fair. Stattdessen stellt er fest, dass sie zu finanzieller und ökonomischer Instabilität, Arbeitslosigkeit und zum Verlust von Respekt für Gerechtigkeit und Menschenrechte führten und bezweifelt die universelle Anwendbarkeit des gegenwärtig dominanten ökonomischen Denkens (ebd.). Er äußert sich wohlwollend zu Alternativkonzepten wie „Globalization with a Human Face" (Girvan 2000b), „Counter-Globalisation" (Girvan 1999) und „New Global Human Order" (Girvan 2000d). In der Commonwealth-Karibik gibt es ohnehin wenig Enthusiasmus für den Trend zum Freihandel und für die FTAA, die man angesichts der Machtverhältnisse als unvermeidlich hinnimmt und der man sich beugt (Lewis 1998; Lennert 1999). Mit der CARICOM, Kuba und Venezuela sind in der ACS die Staaten Amerikas versammelt, die dem neoliberalen Freihandelsdenken und der Politik der USA am kritischsten gegenüber stehen.

Ausblick

Generalsekretär Girvan hat nach seinem Amtsantritt das Versagen der ACS in zentralen Politikfeldern eingeräumt. Er plädiert dafür, über die ACS eine Kooperationszone der Karibik (*Cooperation Zone of the Caribbean*) aufzubauen. Er definiert sie als „a group of countries, which share a common geographic space and common interests derived therefrom and which agree to cooperate with each other in furtherance of their common objectives" (Girvan 2000c). Abgesehen von konstruktiver funktionaler Zusammenarbeit in Bereichen wie Tourismus, Verkehr, Umwelt und Naturkatastrophenbewältigung hat die ACS in den ersten Jahren ihrer Existenz ihre zentralen Ziele nicht erreicht. Damit unterscheidet sich die ACS nicht von anderen Organisationen, die erst nach Überwindung von Anfangsschwierigkeiten sichtbare Erfolge erzielen konnten. In realistischer Einschätzung dieser Situation trägt die vom 3. Gipfeltreffen verabschiedete Erklärung von Margarita auch den Titel *The Consolidation of the Greater Caribbean* (ACS 2001d). Es liegt nach wie vor im Interesse der beteiligten Staaten, ihre Kooperation fortzusetzen und zu intensivieren. In dem Maß, in dem die einzelnen Subregionen des Karibischen Beckens zusammenwachsen und die weitere Karibik als Region begreifen, wird auch die ACS als Organisation dieser Region an Bedeutung gewinnen.

Für die Karibische Gemeinschaft bleibt die ACS ein zentraler Bestandteil ihrer außenpolitischen Strategie. Die CARICOM hat nichts zu verlieren, wenn sie weiterhin versucht, ohne übersteigerte Erwartungen die ACS zu nutzen. Gerade für die politischen Außenseiter Kuba und Venezuela bietet die ACS eine geeignete Plattform, um politische Positionen zu artikulieren, Einfluss zu gewinnen und Bündnispartner zu finden. Auch wenn die ACS insgesamt zu heterogen ist, um als einigermaßen geschlossener Akteur aufzutreten, können sich innerhalb der ACS Allianzen bilden.

Die bisherigen Hindernisse für die Zusammenarbeit der ACS-Staaten sind überwindbar und werden auch allmählich überwunden. Die historisch bedingte sprachliche, kulturelle und politische Fragmentierung des Karibischen Beckens verlor schon seit den 60er Jahren an Bedeutung. Ausgangspunkt für die Fragmentierung war die unterschiedliche Einbindung in koloniale Imperien oder Einflusszonen von Großmächten. Mittlerweile sind die amerikanischen Commonwealth-Länder Teil des interamerikanischen Systems geworden. Hinzu kommt die sich intensivierende wirtschaftliche, funktionale, politische und gesellschaftliche Verflechtung aller Länder des Karibischen Beckens mit Nordamerika. Auch in den Beziehungen der Europäischen Union zu den Ländern der Großen Karibik verblasst die Unterscheidung zwischen schon lange selbständigen lateinamerikanischen Ländern und erst kürzlich unabhängig gewordenen europäischen Ex-Kolonien.

Im Bananen-Handelskonflikt, der die ACS-Staaten gespalten hat, wurden die unterschiedlichen außenwirtschaftlichen Orientierungen der hispanoamerikanischen Länder auf dem Festland und der karibischen AKP-Länder noch einmal deutlich. Der Konflikt wird die ACS in nächster Zeit voraussichtlich weniger belasten, weil die im Rahmen der WTO ausgehandelte Lösung bis 2007 gelten soll und zu erwarten ist, dass EU und USA bis dahin eine Einigung gefunden haben werden, zumal die EU immer weniger an einer Sonderbehandlung der AKP-Staaten interessiert ist. Auch die allmähliche Konsolidierung der ACS und die damit verbundene Annäherung der festländischen hispanoamerikanischen und der CARIFORUM-Länder könnten zur Konfliktbeilegung beitragen.

Die Kluft zwischen hispanoamerikanischen und anglokaribischen Ländern hat sich verringert, nicht nur bezüglich der lockeren Kooperation innerhalb der ACS. Die CARICOM hat sich im Hinblick auf die engere karibische Integration nach mehr als zwei Jahrzehnten auch für die lateinamerikanische Inselkaribik geöffnet. Gleichwohl ist das Spannungsverhältnis zwischen Lateinamerika und nicht-iberischer Karibik noch lange nicht beseitigt, denn es beruht nicht nur auf traditionell unterschiedlichen außenpolitischen Orientierungen, sondern ist auch in den jeweiligen politischen Kulturen verankert, die sich nur allmählich aufeinander zu bewegen können. Allerdings ist die Karibik im weltweiten Vergleich sprachlich und kulturell keineswegs so heterogen, wie so oft betont wird. Es gibt zahlreiche andere Regionen und sogar einzelne Staaten, die viel größere sprachliche und kulturelle Unterschiede in sich vereinen.

Dass die ACS jahrelang in den FTAA-Verhandlungen keine Rolle spielte, bedeutet nicht, dass dies so bleiben muss. Die Verhandlungen sind längst nicht abgeschlossen, und seit Mitte 2001 ist festzustellen, dass sich die ACS-Mitglieder um eine gemeinsame Position bemühen. Gerade wenn es zu einer nordamerikanisch-sudamerikanischen Bipolarisierung kommen sollte, könnte es für die eng an Nordamerika gebundenen Länder in der Mitte des Erdteils nötig werden, eine eigene Position zu erarbeiten oder auch eine Brückenfunktion zu übernehmen. Die karibisch-zentralamerikanische strategische Allianz kann immer noch gebildet werden.

Ob die ACS von anderen Staaten und internationalen Organisationen als Dialogpartner akzeptiert wird, hängt in erster Linie davon ab, ob die ACS-Mitglieder anderen Akteuren als ACS gegenüber treten, wenn man vom speziellen Vorbehalt der USA gegenüber dem ACS-Mitglied Kuba absieht. Bezüglich der EU ist der Anfang gemacht.

Die ACS hat in den ersten Jahren ihrer Existenz wenige Erfolge erzielt, doch sie hat seit 2000, nachdem Generalsekretär Girvan schonungslos die Versäumnisse und Schwächen der ACS offen gelegt hatte, neue Impulse erhalten und deutliche Fortschritte gemacht. Es wird sich zeigen, inwieweit das zweifellos vorhandene Potenzial der ACS nicht nur beschworen, sondern auch in politisches Handeln umgesetzt werden wird.

Quellen- und Literaturverzeichnis

CANA: Caribbean News Agency (www.cananews.com/news.htm).

Periodika

CARICOM Perspective, Georgetown, Guyana
Gleaner, Kingston (www.go-jamaica.com/gleaner/).
Granma Internacional Digital (www.granma.cu/espanol/).
Latin American Regional Report: Caribbean and Central American Report, London
Latin American Weekly Report, London

Dokumente und Texte von Staaten, internationalen Organisationen und ihrer Vertreter

ACP (2000)
    African, Caribbean and Pacific Group of States (ACP Group), Cuba admitted as newest member of the African, Caribbean and Pacific group of States by the ACP Council of Ministers, Press Release, Brussels, 14 December 2000 (www.acpsec.org).
ACP (2001a)
    ACP General Secretariat, Press release 146b087e, 6.12.2001: ACP Council of Ministers considers the outcome of the WTO Doha Conference as an important success for the ACP Group (http://see.acpsec.org/gb/press/14b087e.htm).
ACP (2001b)
    Decisions and Resolutions of the ACP Council of Ministers (Brussels, 6-7 December 2001) (www.acpsec.org/gb/press/146b091e.htm).
ACS (1994)
    Association of Caribbean States, Convention Establishing the Association of Caribbean States 1994 (www.acs-aec.org/major_document.html).
ACS (1996)
    Memorandum of Understanding for the Establishment of the Sustainable Tourism Zone of the Caribbean (www.acs-aec.org/Summit/English/MemSTZ_eng.htm).
ACS (1999)
    Declaration of Santo Domingo. Second Summit of Heads of State and/or Government of the States, Countries and Territories of the Association of Caribbean States, Santo Domingo de Guzmán, Dominican Republic, 16-17 April 1999 (www.acs-aec.org/Summit/English/Declaration_eng.htm).
ACS (2000a)
    Homepage im Internet, http://www.acs-aec.org/index.html, Texte zum und vom Generalsekretär: www.acs-aec.org/SG/sgpage.htm (Stand: 11.11.2000).

ACS (2000b)
ACS Welcomes Caribbean Cooperation in Energy, ACS News Release
22.11.2000 (www.acs-aec.org/press/coop-e.htm).
ACS (2000c)
Barbados assumes ACS chairmanship, ACS News Release 12.12.2000
(www.acs-aec.org/press/barbados_e.htm).
ACS (2000d)
Girvan Lauds Caracas Energy Agreement, ACS News Release (www.acs-
aec.org/press7acsPR241000_e.htm).
ACS (2000e)
Towards a Free Trade Area of the Wider Caribbean (www.acs-aec.org/Trade/
Vcomercio/freetrade_eng.htm) (undatiert, kopiert am 12.11.2000).
ACS (2001a)
ACS Newsletter (Stand 30.6.2001) (www.acs-
aec.org/Bulletin/btneng_52001.htm).
ACS (2001b)
ACS News Release: ACS, UK sign Understanding (28.6.2001) (www.acs-
aec.org/press/nr026.htm).
ACS (2001c)
Brainstorming on the Treatment of the Issue of Small Economies in International
Trade Negotiations, Port of Spain 3./4. September 2001 (www.acs-
aec.org/Trade/Smallecon/brainstormreport_eng.htm).
ACS (2001d)
Declaration of Margarita. The Consolidation of the Greater Caribbean. 3rd Sum-
mit of the Heads of State and/or Government of the States, Countries and Territo-
ries of the Association of Caribbean States, Margarita Island, Venezuela, Decem-
ber 11-12, 2001 (www.acs-aec.org/III_summit/English/Declaration_eng.htm).
ACS (2001e)
Plan of Action, Third Summit of Heads of State and/or Government of the Asso-
ciation of Caribbean States (ACS), 11./12.2001 (www.acs-
aec.org/III_summit/English/plan_eng.htm).
ACS (2001f)
Memorandum of Understanding: Special and Differential Treatment for Small
Economies in the Context of the Free Trade Area of the Americas (FTAA)
(http://acs-aec.org/III_summit/English/small_economies_eng.htm).
ACS (2001g)
Popular Culture of the Greater Caribbean. ACS News Feature:NR/048/2001,
10.12.2001 (www.acs-aec.org/press/nr048eng.htm).
ACS (2002)
Executive Board of the Ministerial Council (www.acs-aec.org/Boards/
boards2002/mincouncil2002.htm) (undatiert, gelesen am 3.1.2002)
CARICOM (1997a
Communiqué issued at the conclusion of the Eighteenth Meeting of the Confer-
ence of Heads of Government of the Caribbean Community held in Montego
Bay, Jamaica 30 June-4 July 1997 (www.caricom.org/pres56.html).
CARICOM (1997b)
Montego Bay Declaration. Positioning the Caribbean for the Twenty-First Cen-
tury. Montego Bay, Jamaica, 4.7.1997 (www.caricom/org/expframes.htm).

CARICOM (2000)

Communique Issued on the Conclusion of the 21st Meeting of the Conference of Heads of Government of the Caribbean Community (CARICOM), Canouan, St. Vincent and the Grenadines, 2-5 July, 2000 (www.caricom.org/press91_00.htm).

CARICOM (2001)

Communique Issued at the Conclusion of the Twenty-Second Meeting of the Conference of Heads of Government of the Caribbean Community, 3-6 July 2001, Nassau, The Bahamas; Press release 98/2001, 9.7.2001 (http://208.153.99.228/pressreleases/pres98_01htm).

CARIFORUM (1998)

The Statement of Santo Domingo. The Caribbean Encounter: Towards the 21st Century. Special meeting of heads of State and Government of the Caribbean Forum (CARIFORUM) of African, Caribbean and Pacific States, Santo Domingo, 20-22 August.1998 (www.caricom.org/expframes.htm) (September 1998).

Carrington, Edwin (1999)

CARICOM Secretary-General's New Year's Message 2000: Changes, Challenges, Responses, 31.12.1999 (www.caricom.org/expframes2.htm).

--- (2000)

Opening Remarks by Mr. Edwin Carrington, Secretary-General, Caribbean Community, at the Opening Ceremony of the 21st Meeting of the Conference of Heads of Government of the Caribbean Community, Canouan, St. Vincent and the Grenadines, 2 July 2000 (www.caricom.org/pres84_00.htm).

Girvan, Norman (1999)

Globalisation and Counter-Globalisation: The Caribbean in the Context of the South. Paper prepared for International Seminar on "Globalisation. A Strategic Response from the South", University of the West Indies, Mona, February 1-2, 1999 (www.acs-aec.org/SG/G15.htm).

--- (2000a)

Answers to DeCaires Questions. Interview with Stabroek News, Georgetown, Guyana (www.acs-aec.org/SG/Decaires.htm) (ohne Datum, kopiert am 12.11.2000)

--- (2000b)

Globalization with a Human Face: A Greater Caribbean Perspective. Review of the UNDP's Human Development report for 1999 (www.acs-aec.org/SG/HDR.htm).

--- (2000c)

Notes on CARICOM, the ACS, and Caribbean Survival. Prepared for the Conference on "Caribbean Survival and the Global Challenge in the 21st Century". Institute of International Relations, University of the West Indies, Trinidad and Tobago, March 20-22, 2000 (www.acs-aec.org/SG/caricom-acs.htm).

--- (2000d)

Notes on the New Global Human Order. Prepared for Symposium on the New Global Human Order, Georgetown, Guyana, August 25-28, 2000 (www.acs-aec.org/SG/nworder-eng.htm).

--- (2000d)

The Private Sector of the Wider Caribbean in the Context of Globalisation. <Präsentiert beim> First Business Forum of the Caribbean, Porlamar, Margarita Island, Venezuela: 19-20 October 2000 (www.acs-aec.org/SG/forum_eng.htm).

--- (2000e)
    Remarks by Professor Norman Girvan, Secretary General of the Association of
    Caribbean States to CARICOM Council on Foreign and Community Relations
    (COFCOR), Port of Spain, Trinidad 9 May 2000 (www.acs-
    aec.org/SG/cofcor_eng.htm).
--- (2000f)
    SG's Presentation to OECS Prime Ministers, Grenada 5 May 2000 (www.acs-
    aec.org/SG/oecs-eng.htm).
--- (2000g)
    The State in the Third Millennium, Feature Address by Professor Norman Gir-
    van, Secretary General, Association of Caribbean States At The Opening Session,
    Caribbean Regional Ministerial Consultation and High Level Workshop, Capac-
    ity Building for Small Caribbean States In Public Administration, Governance
    and Regional Cooperation, Trinidad Hilton Conference Centre, May 15, 2000
    (www.acs-aec.org/SG/caricard-eng.htm).
--- (2001a)
    Tracking the FTAA, 26.10.2001 (www.acs-aec.org/column/index7.htm).
--- (2001b)
    Consolidating the Greater Caribbean, 13.12.2001 (www.acs-
    aec.org/column/index14.htm).
Mitchell, James (2000)
    Address Delivered by Sir James Mitchell, Prime Minister of St. Vincent and the
    Grenadines, at the Opening Ceremony of the 21st Meeting of the Conference of
    Heads of Government of the Caribbean Community (CARICOM), Canouan, St.
    Vincent and the Grenadines, 2 July, 2000 (www.caricom.org/pres87_00.htm)

Sonstige Literatur

Alzugaray Treto, Carlos (1999): La Asociación de Estados del Caribe y la Unión
    Europea: los desafíos mutuos de una relación asimétrica. Madrid.
Bodemer, Klaus (1999): Von Rio nach Seattle. Ist der Traum von einer europäisch-
    lateinamerikanischen strategischen Partnerschaft bereits ausgeträumt? In: Latein-
    amerika. Analysen–Daten–Dokumentation, Hamburg, 16. Jg., Nr. 41 (April
    1999), S. 35-51.
--- (2000a): Der Gemeinsame Mittelamerikanische Markt (MCCA). In: Bodemer,
    Klaus/Kurtenbach, Sabine/Nolte, Detlef (Hrsg.): Sicherheitspolitik in Lateiname-
    rika. Vom Konflikt zur Kooperation? Opladen.
--- (2000b): Lateinamerika und das Pazifische Asien. In: Bodemer, Klaus/Kurtenbach,
    Sabine/Nolte, Detlef (Hrsg.): Sicherheitspolitik in Lateinamerika. Vom Konflikt
    zur Kooperation? Opladen, S. 66-68.
--- (2000c): Lateinamerika und Europa. In: Bodemer, Klaus/Kurtenbach, Sabi-
    ne/Nolte, Detlef (Hrsg.): Sicherheitspolitik in Lateinamerika. Vom Konflikt zur
    Kooperation? Opladen, S. 58-65.
--- (2000d): Vom Andenpakt zur Andengemeinschaft. In: Bodemer,
    Klaus/Kurtenbach, Sabine/Nolte, Detlef (Hrsg.): Sicherheitspolitik in Lateiname-
    rika. Vom Konflikt zur Kooperation? Opladen, S. 45-48.

Bollin, Christina (2000): Der zentralamerikanische Integrationsprozeß. Frankfurt am Main u.a.

Byron, Jessica (1997): The Association of Caribbean States: New Regional Interlocutor for the Caribbean Basin? Prepared for delivery at the Meeting of the Latin American Studies Association, Guadalajara, April 17-19.

--- (1998): La Asociación de Estados del Caribe y el nuevo regionalismo: ¿un arduo crecimiento? In: Pensamiento Proprio, Managua, Nr. 7 (Mai-September 1998), S. 33-61.

--- (2000): Square Dance Diplomacy. Cuba and CARIFORUM, the European Union and the United States. In: European Review of Latin American and Caribbean Studies. Amsterdam, Nr. 68 (April 2000), S. 23-45.

Calcagnotto, Gilberto (1999): Brasilien und ALCA – Interessenlage, Politik, Konfliktfelder. In: Lateinamerika. Analysen–Daten–Dokumentation. Hamburg, Nr. 39 (April 1999), S. 13-23.

Carrington, Edwin (1997): Ten Commandments for Caribbean Development. In: CARICOM Perspective. Georgetown, (Juni 1997), S. 55f.

Castejón Pavón, Iris (1993): Nuevos lineamientos del proceso de integración en América Central. Un proceso en renovación. In: Lauth, Hans-Joachim/Mols, Manfred (Hrsg.): Integration und Kooperation auf dem amerikanischen Kontinent. Mainz, S. 143-172 (Institut für Politikwissenschaft, Johannes Gutenberg-Universität Mainz, Politikwissenschaftliche Standpunkte. 2) S. 119-142

Ceara Hatton, Miguel (1997): El Caribe Insular en la dinámica de la integración hemisférica. In: Pensamiento Proprio. Managua, Nr. 5 (Mai-Dezember 1997), S. 67-84.

Demas, William G. (1979): Foreword. In: Millet, Richard/Will, W. Marvin Will (Hrsg.): The Restless Caribbean. Changing Patterns of International Relations, New York, S. vii-xix.

--- (1997): West Indian Development and the Deepening & Widening of the Caribbean Community. Kingston.

Dietrich, Wolfgang (1998): Periphere Integration und Frieden im Weltsystem. Ostafrika, Zentralamerika und Südostasien im Vergleich. Wien.

Drekonja-Kornat, Gerhard (2000): Castro zürnt Brüssel. In: Blätter für deutsche und internationale Politik, Bonn, 45. Jg. (August 2000), S. 920-923.

García Muñiz, Humberto (1998): Geopolitics and Geohistory in Eric Williams' Discourse on Caribbean Integration. In: Moore, Brian/Wilmot, Swithin (Hrsg.): Before & After 1865. Education, Politics and Regionalism in the Caribbean. Kingston, S. 272-281.

Gill, Henry S. (1996): Widening the Relationship? The Association of Caribbean States. In: Bryan, Anthony T./Serbin, Andrés (Hrsg.): Distant cousins: The Caribbean–Latin American Relationship, Miami, S. 97-118.

Girvan, Norman (1998): Hacia una alianza estratégica Centroamérica-Caribe. In: Pensamiento Proprio. Managua, Nr. 7 (Mai-September 1998), S. 64-86.

Grabendorff, Wolf (1995): Die Rolle Lateinamerikas in einer neuen internationalen Ordnung. In: Mols, Manfred/Thesing, Josef (Hrsg.): Der Staat in Lateinamerika, Mainz, S. 397-418.

Grant, Cedric (1997): The Association of Caribbean States and US-Caribbean Relations. In: Palmer, Ransford W. (Hrsg.): The Repositioning of US-Caribbean Relations in the New World Order. Westport, Conn., S. 27-50.

Gratius, Susanne (1999): Kuba als umstrittener Partner der Gipfeldiplomatie. In: Lateinamerika. Analysen–Daten–Dokumente. Hamburg, Nr. 41, 16. Jg. (1999).

Insanally, Riad (1998): El desafío del ALCA: Caricom y la Asociación de Estados del Caribe. In: Pensamiento Proprio. Managua, Nr. 8 (Oktober-Dezember 1998), S. 5-16.

Kurtenbach, Sabine (2000): Sicherheitspolitische Kooperation und zwischenstaatliche Konflikte in den Amerikas. In: Bodemer, Klaus/Kurtenbach, Sabine/Nolte, Detlef (Hrsg.): Sicherheitspolitik in Lateinamerika. Vom Konflikt zur Kooperation? Opladen.

Layne, Gordon Anthony (1999): Contemporary Problems of the Caribbean. Centro de Estudios Latinoamericanos, Universität Warschau.

Lennert, Gernot (1991): Die Außenbeziehungen der CARICOM-Staaten. Münster/Hamburg.

--- (1993): CARICOM: Neue Impulse für Vertiefung und Erweiterung der Integration. In: Lauth, Hans-Joachim/Mols, Manfred (Hrsg.): Integration und Kooperation auf dem amerikanischen Kontinent, Mainz, S. 143-172 (Institut für Politikwissenschaft, Johannes Gutenberg-Universität Mainz, Politikwissenschaftliche Standpunkte. 2).

Lewis, David (1998): La dinámica hemisférica de la integración. Algunas observaciones globales. In: Pensamiento Proprio, Managua, Nr. 8 (Oktober-Dezember 1998), S. 35-54.

Lewis, Patsy (2000): A Future for Windward Islands' Bananas? Challenge and Prospect. In: Commonwealth & Comparative Politics, London, 38. Jg. (Juli 2000), S. 51-72.

Maingot, Anthony (1996): Haiti and the terrified consciousness of the Caribbean. In: Oostindie, Gert (Hrsg.): Ethnicity in the Caribbean. London; Basingstoke, S. 53-80.

--- (1997): The Sovereignty versus Security Paradox in the Caribbean. In: Hernández, Rafael/Serbin, Andrés/Tulchin, Joseph S. (Hrsg.): Cuba and the Caribbean. Regional Issues and Trends in the Post-Cold War Era. Wilmington, Del., S. 89-107.

Manigat, Leslie F. (1976): The Year 1975 in Perspective. (From the Late 1950 to 1975: The Emergence of the Caribbean on the International Scene). In: Manigat, Leslie (Hrsg.): The Caribbean Yearbook of International Relations 1975. St. Augustine (Trinidad), Leiden, S. 55-137.

--- (1997): Assessing the New Association of Caribbean States within US-Caribbean Relations Perspectives: Is It Repositioning? In: Palmer, Ransford W. (Hrsg.): The Repositioning of US-Caribbean Relations in the New World Order. Westport, Conn., S. 183-206.

Mols, Manfred (1996): Lateinamerika und Asien. Ein neues Beziehungsmuster in der internationalen Politik. In: Aus Politik und Zeitgeschichte, Nr. 48-49, 22.11.1996, S. 12-18.

Neuber, Harald (2000): Schlag gegen USA. In: Junge Welt, Berlin, 30./31.10.2000, S. 1.

Niess, Frank (1999): Der Glamour der „Gipfel" und die Mühen der Ebenen. Die Dreiecksbeziehung USA–Lateinamerika–Europa. In: Lateinamerika. Analysen–Daten–Dokumente. Hamburg, Nr. 41, 16. Jg. (1999), S. 13-26.

Nissen, Astrid (2000a): Sicherheitspolitische Probleme in der Karibik. In: Bodemer, Klaus/Kurtenbach, Sabine/Nolte, Detlef (Hrsg.): Sicherheitspolitik in Lateinamerika. Vom Konflikt zur Kooperation? Opladen, S. 231-237.

--- (2000b): Von der Westindischen Föderation zur ACS – Integrationsbestrebungen in der Karibik. In: Bodemer/ Kurtenbach/ Nolte (Hrsg.): Sicherheitspolitik in Lateinamerika. Vom Konflikt zur Kooperation? Opladen, S. 51-55.

Pacheco, Amparo (1999): Centroamérica frente al ALCA: retos y perspectivas. In: Lateinamerika. Analysen–Daten–Dokumentation, Hamburg, Nr. 39 (April 1999), S. 36-40.

Palmer, Ransford W. (Hrsg.) (1997): The Repositioning of US-Caribbean Relations in the New World Order. Westport, Conn.

Payne, Anthony (1994): US hegemony and the reconfiguration of the Caribbean. In: Review of International Studies. Cambridge, 20. Jg. (1994), S. 149-168.

--- (1996): The United States and its Enterprise for the Americas. In: Gamble, A./Payne, A. (Hrsg.): Regionalism and World Order. Basingstoke, S. 93-130.

--- (1998): The New Political Economy of Area Studies. In: Millennium. London, 27. Jg. (1998), S. 253-273.

--- (1999): The Remapping of the Americas. In: Review of International Studies. Cambridge, 25. Jg. (1999), S. 507-514.

--- (2000): Rethinking United States-Caribbean relations: Towards a new mode of trans-territorial governance. In: Review of international studies. Cambridge, 26. Jg. (2000), S. 69-82.

Sanahuja, José Antonio (1999): Trade, Politics, and Democratization: The 1997 Global Agreement Between the European Union and Mexico. In: Journal of Interamerican Studies and World Affairs, Coral Gables, Fla., 41. Jg. (Sommer 1999), S. 35-62.

Sanders, Ronald M. (1998): Commonwealth Edinburgh Summit. A Beneficial Encounter for Small States. In: The Round Table, London, Nr. 345 (1998), S. 39-44.

Sandner, Gerhard (1985): Zentralamerika und der Ferne Karibische Westen. Konjunkturen, Krisen und Konflikte 1503-1984, Stuttgart.

Schirm, Stefan A. (1997): Kooperation in den Amerikas: NAFTA, MERCOSUR und die neue Dynamik regionaler Zusammenarbeit. Baden-Baden.

Serbin, Andrés (1996): El ocaso de las islas. El Gran Caribe frente a los desafíos globales y regionales. Caracas.

--- (1998): El Caribe y la integración continental. In: Nueva Sociedad. Caracas, Nr. 162 (Juli-August), S. 109-123.

Trachtman, Joel P. (1999): Bananas, Direct Effect and Compliance. In: European Journal of International Law, Oxford, 10. Jg. (1999), S. 655-678.

Wedderburn, Judith (1994): Perspectives of Economic and Political Integration in the Wider Caribbean Basin. In: Lateinamerika. Analysen–Daten–Dokumentation. Hamburg, Nr. 27, 11. Jg. (1994), S. 73-81.

Zimmerling, Ruth (1993): Externe Einflußfaktoren auf Integrationsprozesse in Lateinamerika. In: Lauth, Hans-Joachim/Mols, Manfred (Hrsg.): Integration und Kooperation auf dem amerikanischen Kontinent, Mainz, S. 35-54 (Institut für Politikwissenschaft, Johannes Gutenberg-Universität Mainz, Politikwissenschaftliche Standpunkte. 2).

Susanne Gratius

MERCOSUR – Gravitationszentrum in Südamerika?

Der Gemeinsame Markt des Südens (MERCOSUR), der am 26. März 2002 sein elfjähriges Bestehen feierte, war lange Zeit das Aushängeschild für ein modernes, weltoffenes, emanzipiertes und weitgehend US-unabhängiges Lateinamerika. Die Gründung des MERCOSUR 1991 markierte einen Paradigmenwechsel in der lateinamerikanischen Integrationsgeschichte, die bereits in den 60er Jahren ihren Anfang nahm. Im Kontext von Globalisierung und dem von der CEPAL propagierten Wirtschaftsmodell des offenen Regionalismus entstand mit dem MERCOSUR erstmals ein neues Integrationsprojekt, das nicht – wie in der Periode der Importsubstitution der 70er und 80er Jahre – als Selbstzweck, sondern als Sprungbrett für eine verbesserte Wettbewerbsfähigkeit seiner Mitgliedsstaaten[1] auf dem Weltmarkt konzipiert war. In diesem Sinne ist der MERCOSUR, ebenso wie die wenig später entstandene Nordamerikanische Freihandelszone NAFTA, ein Integrationsprozess der „zweiten Generation", der in dieser Form erst nach Beendigung des Kalten Krieges möglich war.

Mit 220 Millionen Einwohnern, einem Anteil von 70% des lateinamerikanischen Außenhandels, zwei Dritteln der Direktinvestitionen[2] und einem Bruttoinlandsprodukt von fast einer Billion Dollar ist der MERCOSUR trotz gegenwärtiger Krisenerscheinungen nach der EU und der NAFTA noch immer der drittgrößte Wirtschaftsblock der Welt. Der Output des MERCOSUR übertrifft nicht nur die Wirtschaftsleistung der südasiatischen und osteuropäischen Länder, sondern sein Bruttoinlandsprodukt ist sogar um fast ein Fünftel höher als das Chinas (Sangmeister 1999: 69). Auch wenn diese Zahlen angesichts des finanziellen Kollaps in Argentinien und der kritischen wirtschaftlichen Lage im benachbarten Brasilien jetzt nach unten korrigiert werden müssen, steht der Mercosur für einen neuen Integrationsansatz in Lateinamerika. Die pragmatische Ausrichtung des Projekts, der politische Willen der Regierungen und seine unbürokratischen, zwischenstaatlichen institutionellen Strukturen garantierten dem MERCOSUR beachtliche Anfangserfolge in

---

1   Argentinien, Brasilien, Paraguay und Uruguay. Bolivien und Chile sind seit 1996 assoziierte Mitglieder.
2   Zwischen 1995 und 1999 erhielt der MERCOSUR Direktinvestitionen aus dem Ausland in einer Gesamthöhe von fast 150 Milliarden US-Dollar.

einem erstaunlich kurzen Zeitraum: Bereits 1995 verwirklichten seine Mitgliedsstaaten eine Freihandelszone und errichteten eine gemeinsame Zollunion für 85% der Importprodukte. Der Handel zwischen den vier Mitgliedern des Wirtschaftsblocks betrug zeitweilig 25% ihres gesamten Warenaustausches.

Diese Erfolgsbilanz konnte seit 1999 durch die Abwertung in Brasilien und die nachfolgende Krise in Argentinien nicht mehr fortgesetzt werden und könnte den MERCOSUR möglicherweise auf Dauer handlungsunfähig machen. Im Zuge des ersten ernsthaften Konjunktureinbruchs stellen inzwischen viele Beobachter den Fortbestand des MERCOSUR in Frage und hegen berechtigte Zweifel daran, ob der Wirtschaftsblock auch weiterhin seinem Ruf als Gravitationszentrum in Südamerika gerecht werden könne (Peña 2001). Wird sich der Hoffnungsträger MERCOSUR langfristig als ein Koloss im Süden etablieren oder handelt es sich dabei – es sei an die „Erfolgsgeschichte" des Andenpakts in den 70er Jahren erinnert – lediglich um eine vorübergehende Erscheinung ?

Damit verbunden stellt sich auch die Frage, ob sich der Traum von einem eigenständigen Südamerika unter brasilianischer Vorherrschaft verwirklichen lässt. Könnte es am Ende doch zu einer nicht nur geographischen Nord-Süd-Teilung des amerikanischen Kontinents unter der jeweiligen Führung der USA einerseits und Brasiliens andererseits kommen?

Den gegenwärtigen Krisentendenzen zum Trotz spricht zurzeit einiges für das Zukunftsszenarium eines weitgehend eigenständigen Südamerika. So haben die MERCOSUR-Partner die Finanzkrise in Brasilien und die nachfolgende Rezession des Wirtschaftsblocks trotz aller sektoralen Differenzen auch als Chance für einen vorsichtigen Neuanfang des Integrationsprozesses genutzt. Gleichzeitig hat in Südamerika durch den MERCOSUR einerseits und die brasilianische Initiative für eine Zusammenarbeit der gesamten Südhälfte des Kontinents andererseits ein bislang wenig beachteter Annäherungsprozess stattgefunden.

Ein zweites Zukunftsszenario wäre das Scheitern des MERCOSUR als eigenständigen Integrationsprojekts und als Gravitationszentrum in Südamerika. Auch hierfür gibt es gegenwärtig zahlreiche Argumente: Die profunde Krise in Argentinien und ihre Folgewirkungen für die Nachbarstaaten, die Abhängigkeit der beiden Kernstaaten des MERCOSUR vom IWF und die voraussichtliche Beschleunigung der ALCA-Verhandlungen nach der Verabschiedung der *Trade Promotion Authority* – des Verhandlungsmandats der Exekutive – im US-amerikanischen Kongress.

„Inflationäre Handelskonflikte"
zwischen Argentinien und Brasilien

Die Finanzkrise in Brasilien 1999 markierte den Anfang vom Ende der wirt-schaftlichen Erfolgsgeschichte des MERCOSUR, eröffnete paradoxerweise aber auch neue Integrationschancen. Nach einer achtjährigen Wachstumsperi-ode verzeichnete der MERCOSUR 1999 erstmals eine Rezession, die sich auf durchschnittlich -0,8% belief, Argentinien mit -3% jedoch am härtesten traf, da das Land inzwischen fast ein Drittel seines Gesamthandels mit Brasilien abwickelte. Der spektakuläre Anstieg des intraregionalen Handels, der 1998 fast 25% des gesamten Warenaustausches der MERCOSUR-Staaten aus-machte, erlitt vor allem durch die drastische Reduzierung der argentinischen Ausfuhren nach Brasilien einen empfindlichen Einschnitt. Während die Ex-porte des MERCOSUR mit dem Rest der Welt nur um -3,3% zurückgingen, verzeichnete der Warenaustausch zwischen den Mitgliedsstaaten 1999 einen Rückgang von insgesamt 25% (Campbell 1999).

Der argentinische Markt wurde von verbilligten brasilianischen Produk-ten überschwemmt, und Argentinien musste eine stete Reduzierung seines jahrelangen Handelsbilanzüberschusses mit dem Nachbarstaat hinnehmen. Durch die Abwertung des Real hatte Brasilien neben den Gewinnen im Ex-portsektor einen deutlichen Standortvorteil gegenüber Argentinien, wo die Abwanderung nationaler und transnationaler Unternehmen ins attraktivere Nachbarland die Rezession noch zusätzlich verschärfte. Da die argentinische Regierung im Rahmen des 1991 eingeführten *Plan de Convertibilidad* keiner-lei währungspolitischen Spielraum hatte, reagierte sie auf den Importboom aus Brasilien mit der Einführung von Einfuhrrestriktionen und anderen nicht-tarifären Handelsbarrieren. Für Streit sorgten vor allem Importquoten für Schuhe und Textilien sowie eine vom damaligen Wirtschaftsminister Domin-go Cavallo eingeführte Steuer für Kapitalgüter aus Drittländern, die auch Brasilien betraf.

Nach mehreren bilateralen Krisengesprächen und Sondergipfeln zwi-schen Carlos Menem und Fernando Henrique Cardoso erzielte man eine vo-rübergehende Einigung. Auf dem letzten bilateralen Krisengipfel vor dem Ausbruch der Argentinien-Krise, im Oktober 2001 in São Paulo, stimmte Brasilien der Schaffung eines Ausgleichsfonds für den argentinischen Industriesektor zu. Im Vorjahr hatte sich Argentinien dem Urteil eines von Brasilien einberufenen Ad-hoc-Schlichtungsausschusses des MERCOSUR gebeugt und nahm die Restriktionen für die Einfuhr brasilianischer Textilien im April 2000 wieder zurück. Auch in der Schuhindustrie wurde eine vorläufige Regelung getroffen.

Wirft man einen Blick auf die bisherige Integrationsgeschichte des MERCOSUR, sind konjunkturbedingte Handelskonflikte zwischen Argentinien und Brasilien nicht die Ausnahme, sondern eher die Regel gewesen (Cason 2000: 28). Erinnert sei in diesem Zusammenhang an die 1992 als Reaktion auf die erhöhten Einfuhren aus Brasilien von der argentinischen Regierung verhängte „statistische Steuer" von 3% für alle Einfuhren, oder aber an den 1997 von Brasilien ausgelösten Konflikt über die Restriktionen bei der Importfinanzierung (*Medida Provisoria 1569*), die brasilianische Unternehmer verpflichteten, die meisten Einfuhren (vor allem aus Argentinien) bar zu bezahlen. Obwohl 1999 in unterschiedlichen Wirtschaftsbranchen ein regelrechter Handelskrieg ausbrach, konnten die Konflikte auch diesmal durch eine politische Einigung auf höchster Regierungsebene beigelegt werden. Dabei wurden allerdings nur die Symptome, nicht aber die Ursachen des Problems bekämpft. So hat das unbürokratische „Schlichtungsverfahren der Gipfeldiplomatie" zwar den Vorteil einer sofortigen Regelung von Einzelkonflikten, bietet aber keine langfristige Lösung für die „inflationären" Handelskonflikte zwischen den beiden Kernstaaten des MERCOSUR, die auf tiefgreifende strukturelle Ursachen zurückzuführen sind (siehe hierzu auch Bouzas/Soltz 2002).

Strukturschwächen und Reformansätze des MERCOSUR

Die erste ernsthafte Krise des MERCOSUR und die anhaltenden Handelskonflikte legten die strukturellen Probleme von Integrationsprozessen des Südens und die Schwächen eines Integrationsmodells ohne Stabilitätsanker offen. Als Integrationshemmnisse haben sich vor allem folgende Faktoren erwiesen:

- Die schwache rechtliche Grundlage des Integrationsprozesses, der auf dem achtseitigen Grundvertrag von Asunción und mehreren nachverhandelten Protokollen basiert, die allesamt zwar verbindlich sind, aber nicht sofort in die nationale Rechtssprechung eingehen und deshalb als „unvollständige Rechtsakte" bezeichnet werden (Bouzas/Soltz 2002);
- Der hohe Politisierungsgrad einer Integration, die fast ausschließlich von den jeweiligen Regierungen bei geringer Beteiligung des Privatsektors gesteuert wird, zudem die „informelle Gipfeldiplomatie" in erster Linie bilateral, zwischen Argentinien und Brasilien, stattfindet;
- Das Fehlen supranationaler Institutionen und Steuerungsmechanismen, die über nationale Interessen hinausgehen, für neue Integrationsimpulse und die Einhaltung getroffener Entscheidungen sorgen würden;
- Die Asymmetrien zwischen und innerhalb der beteiligten Länder, sowohl in Bezug auf das Entwicklungsgefälle und die Größenunterschiede als auch im Hinblick auf die Verhandlungsstärke der teilnehmenden Staaten;

- Der inzwischen wieder gesunkene Regionalisierungsgrad des Handels, da der Warenaustausch innerhalb des Blocks inzwischen nur noch 18% des Gesamthandels des MERCOSUR ausmacht.

Institutioneller Handlungsbedarf und Lösungsansätze

Die Entscheidungsstrukturen des MERCOSUR basieren auf der bilateralen Achse Argentinien-Brasilien. Im Unterschied zur EU ist keine supranationale Kompetenzübertragung im Rahmen der Integration vorgesehen. Entscheidungen werden nach dem Konsensprinzip getroffen und von zwischenstaatlichen Organen, in denen nationale Beamte der vier Länder vertreten sind, vorbereitet und umgesetzt. Der Rat des MERCOSUR, insbesondere aber die halbjährlich stattfindenden Gipfeltreffen unter wechselnden Präsidentschaften sind die höchsten Entscheidungsgremien des Wirtschaftsblocks, die Gruppe des Gemeinsamen Marktes das Exekutivorgan und das Verwaltungssekretariat in Montevideo der ständige Sitz des MERCOSUR. Beratende Funktionen haben der Gemeinsame Parlamentarische Ausschuss und das Wirtschafts- und Sozialforum des MERCOSUR, die ihre Treffen allerdings in recht unregelmäßigen Abständen abhalten und die Entscheidungen auf Regierungsebene nicht beeinflussen (vgl. Bouzas/Soltz 2002).

Auf institutioneller Ebene werden Konflikte im Vorfeld im Rahmen der Handelskommission des MERCOSUR oder aber durch die Einberufung von nationalen Ad-hoc-Tribunalen beigelegt. Das 1991 unterzeichnete Protokoll von Brasilia regelt die genauen Schritte des Schlichtungsverfahrens. Das Vertragswerk wurde durch zwei nachfolgende Protokolle – Ouro Preto 1994 und Olivos 2002 – perfektioniert und erweitert. Insbesondere das im Februar unterzeichnete (aber noch nicht ratifizierte) Protokoll von Olivos enthält eine grundlegende Neuerung: die Schaffung eines Appellationsgerichts mit ständigem Sitz in Asunción. Damit haben die MERCOSUR-Staaten den ersten Schritt zur Souveränitätsteilung (*pooling of sovereignty*) vollzogen. Fraglich bleibt allerdings, ob das Protokoll auch von allen Staaten ratifiziert wird. Damit verbunden ist ein Rechtsstreit: Während die argentinische Verfassung internationales Recht über nationales stellt, verbietet beispielsweise die brasilianische Verfassung Souveränitätsabtretungen an internationale Organisationen. Sollte es tatsächlich zur Errichtung des Appellationsgerichts in Asunción kommen, sind auch Zweifel daran angebracht, ob dieses auch effizient arbeiten wird oder, ähnlich wie der Gerichtshof des Andenpakts, lediglich auf dem Papier existiert.

Da das Schlichtungsverfahren bislang nicht effektiv und oft zu langwierig ist, wurden Probleme in der Praxis bisher meist durch Sondergipfel zwischen den Präsidenten gelöst. Wenn auch die Konfliktregelung auf höchster Regierungsebene, oft unter Umgehung der zuständigen Instanzen, bisher als Vorteil

gepriesen wurde, wird der schwache institutionelle Unterbau des MERCO-
SUR langfristig gesehen ein Nachteil sein. Dies gilt vor allem im Hinblick auf
die wachsenden Anforderungen eines Integrationsraums, der sich schon längst
nicht mehr auf die handelspolitische Zusammenarbeit beschränkt und als
Endziel – so sieht es der Gründungsvertrag von Asunción vor – die Bildung
eines Gemeinsamen Marktes einschließlich des freien Verkehrs von Gütern,
Dienstleistungen, Kapital und höchstwahrscheinlich auch Personen[3] vorsieht.

Angesichts der komplexen Zusammenarbeit der MERCOSUR-Partner in
so unterschiedlichen Bereichen wie Außen-, Sicherheits- und Bildungspolitik,
Arbeits-, Umwelt- und Transportrecht sowie Energie- und Drogenpolitik
werden sich die auf der „Gipfeldiplomatie" basierenden Entscheidungsstrukturen auf Dauer als Hemmnis erweisen, da auch die kleinsten Kontroversen
einen politischen Konsens zwischen allen beteiligten Staaten erfordern. Die
Frage nach einer institutionellen Reform wird sich schon bald, im Zusammenhang mit der geplanten gemeinsamen makroökonomischen Steuerung
stellen, denn ein solcher Schritt scheint – wie die Geschichte der europäischen Integration gezeigt hat – nicht ohne supranationale Institutionen möglich (vgl. hierzu Bouzas/Soltz 2002).

Obwohl einige Experten, vor allem mit Blick auf die Schwierigkeiten bei
der Konfliktregulierung, bereits im Vorfeld auf die Nachteile des geringen
Institutionalisierungsgrades des MERCOSUR verwiesen (Bizozzero 1993),
haben die Mitgliedsstaaten bisher keine weitgehendere institutionelle Reform
verabschiedet, sondern mehrfach die Beibehaltung der zwischenstaatlichen
Strukturen bekräftigt. Allerdings sind mit den Protokollen von Ouro Preto
1994 und Olivos 2002 erste institutionelle Reformen verabschiedet worden,
aus der die Handelskommission als unterstützendes Organ der Gruppe des
MERCOSUR und ein künftiges Apellationsgericht hervorgegangen sind. Laut
Vertrag müssten die MERCOSUR-Partner noch vor der Vervollständigung
der Zollunion im Jahre 2006 eine weitere und umfassendere institutionelle
Vertiefung beschließen.

Dabei wäre es vor allem aus Kostengründen wünschenswert, mit Ausnahme der Einrichtung des Appellationsgerichts, möglichst keine neuen Institutionen zu schaffen. Vielmehr sollten die Kompetenzen der bereits bestehenden Organe – Rat und Gruppe des MERCOSUR, Verwaltungssekretariat,
Handelskommission, Gemeinsame Parlamentarische Kommission und Bera-
tendes Wirtschafts- und Sozialforum – erweitert und konkretisiert sowie die
Zahl ihrer Treffen erhöht werden. Darüber hinaus wäre auch die Ernennung
ständiger nationaler Koordinatoren in der Gruppe Gemeinsamer Markt und in
der Handelskommission sinnvoll, um eine höhere Kontinuität zu gewährleisten und den wachsenden Anforderungen des Integrationsprozesses besser

---

3   1998 haben die vier Mitgliedsstaaten des MERCOSUR und Chile eine Erklärung über die
     Einführung von gemeinsamen Arbeitsmarktbestimmungen unterzeichnet.

gerecht zu werden (vgl. hierzu auch CIEDLA/IRELA 2000). Andere Vorschläge, die momentan diskutiert werden, ist die Stärkung des Verwaltungssekretariats in Montevideo durch die Übertragung von neuen Funktionen und die Bereitstellung höherer Finanzmittel.

Stärkere Institutionen könnten auch zur Einhaltung der bereits getroffenen Entscheidungen beitragen, von denen bislang nur etwa 50% in die nationale Rechtssprechung eingegangen sind (zu diesem Dilemma vgl. Bouzas/Soltz 2002). Bisher allerdings hat Brasilien als mit Abstand größter Staat eine Vertiefung der institutionellen Strukturen, die vor allem von Uruguay, aber auch von argentinischer Seite gefordert werden, erfolgreich blockiert, da aus brasilianischer Sicht eine Souveränitätsabtretung die außenpolitische und wirtschaftliche Vormachtstellung des Landes in der Region gefährden könnte. Dennoch weist das Protokoll von Olivos in die richtige Richtung, und es bleibt zu hoffen, dass die institutionellen Fortschritte nicht wie so oft an ihrer mangelnden Umsetzung scheitern werden.

Verhaltene Integrationsimpulse vor und nach der Argentinien-Krise

Trotz aller negativen Publicity bekennen sich Argentinien und Brasilien nach wie vor zum gemeinsamen Integrationsprojekt Mercosur. Dabei gilt es zwischen den Reformansätzen vor und nach der Argentinien-Krise zu unterscheiden, denn die drastische Abwertung des Peso nach der Aufgabe des *Currency Board* hat auch die Situation des MERCOSUR grundlegend verändert.

Vor dem argentinischen Debakel im Dezember 2001 gab es eine Reihe von wichtigen Reformimpulsen des MERCOSUR. Das während der argentinischen Präsidentschaft im ersten Halbjahr 2000 herausgegebene Schlagwort vom *relanzamiento*, von der „Wiedergeburt" des MERCOSUR, blieb nicht auf der Ebene der Rhetorik. Im Rahmen der so genannten „zweiten Phase des MERCOSUR" wurde eine Reihe von Maßnahmen zur Konsolidierung der Integration getroffen:

- Im Juni 2000 einigten sich die sechs Finanzminister und Zentralbankpräsidenten in Buenos Aires auf konkrete Vorgaben für eine gemeinsame makroökonomische Steuerung. Die Festlegung von wirtschaftlichen Kennziffern des MERCOSUR nach dem Vorbild der europäischen „Maastricht-Kriterien" wäre ein erster Schritt für die Bildung einer künftigen Wirtschafts- und Währungsunion.
- Argentinien und Brasilien erzielten nach jahrelangen Vorgesprächen einen Konsens über ein Abkommen im problematischen Automobilsektor. Die seit dem 1. August 2000 geltende bilaterale Vereinbarung sieht unter anderem einen gemeinsamen Außenzoll von 35% sowie den Abbau der internen Handelsbarrieren bis zum Jahr 2006 vor. Zu einem späteren Zeitpunkt werden sich Paraguay und Uruguay der Gemeinsamen Politik

im Automobilsektor anschließen. Damit wäre die Zuckerindustrie der einzige Sektor, für den noch keine gemeinsame Handelspolitik definiert worden ist.

Diese vorsichtigen Schritte zeigen, dass wirtschaftliche Krisenzeiten auch Anreize für die Beschleunigung von Integrationsprozessen bieten können, denn ohne den Währungsverfall in Brasilien und seinen Ansteckungseffekt für die übrigen Mitgliedsstaaten des MERCOSUR hätte man vermutlich keinen grundlegenden Konsens über eine künftige Koordinierung der jeweiligen Wirtschafts- und Finanzpolitiken erzielt. So machte die Finanzkrise in Brasilien den Partnerstaaten unmissverständlich klar, dass die unterschiedlichen Währungssysteme in Argentinien und Brasilien[4] nicht miteinander zu vereinbaren waren, da die daraus resultierenden Handelsverzerrungen den MERCOSUR einer ständigen Belastungsprobe aussetzten und seine Existenz auf Dauer gefährden.

In diesem Sinne eröffnete die Abwertung des argentinischen Peso nach den politischen und sozialen Unruhen am Ende des Jahres 2001 ein neues Kapitel des MERCOSUR. Die Angleichung der Währungssysteme durch die Aufgabe des *Currency Board* schafft, zumindest auf technischer Ebene, die Voraussetzungen für die Umsetzung der angestrebten makroökonomischen Koordinierung im MERCOSUR. Letztendlich hatte sich die Parität Dollar-Peso für die argentinische Wirtschaft als finanzielles Desaster erwiesen, von dem sich das Land nur sehr langsam erholen wird (vgl. Dieter/ Grabendorff/ van Scherpenberg 2002). Für den Cono-Sur-Staat waren der freie Fall des Peso und die Einfrierung der Bankguthaben (der so genannte *corralito*) außerordentlich schmerzliche Erfahrungen. Der wirtschaftliche *break-down* kam allerdings nicht überraschend, sondern kündigte sich schon Monate vorher an. Bereits im Sommer 2001 wurde der Ausbruch der latenten Finanzkrise nur durch ein IWF-Hilfspaket von weiteren US$ 8 Mrd. verhindert.

Eine langfristige Lösung war dies allerdings nicht. Die letztendlich gewählte Option der Abwertung war mit hohen Kosten und Risiken verbunden: Die damit verbundene Erhöhung der Schulden der privaten und öffentlichen Hand war de facto eine Bankrotterklärung des Landes. Allerdings hätte die Alternative einer Dollarisierung, die bereits vor der Krise als mögliche Lösung gehandelt wurde, ebenfalls einen hohen Preis gehabt: Dollarisierung wäre gleichbedeutend mit dem Verzicht auf eine autonome Währungs- und Finanzpolitik und würde zudem Probleme wie die hohe Außenverschuldung oder Standortnachteile gegenüber Brasilien keineswegs lösen.

---

4 Argentinien hat sich mit der Einführung des *Plan de Convertibilidad* von 1991 für eine Parität zwischen Dollar und Peso entschieden, die keine Abwertung zulässt, während Brasilien im Rahmen des *Plano Real* über einen größeren Handlungsspielraum für Währungsanpassungen verfügt.

Die Abwertung des argentinischen Peso hat den Wert der beiden zentralen Währungen des MERCOSUR zwar angeglichen, gleichzeitig aber mindern ihre unerwünschten Nebenwirkungen wie drastische Verringerung der Kaufkraft, Anstieg der Inflation, Kapitalflucht und Investitionsrückgang sowie der Vertrauensverlust der nationalen und internationalen Anleger die Chancen für eine wirtschafts- und finanzpolitische Konzertierung. Zudem haben sowohl Argentinien als auch Brasilien durch die enorme Außenverschuldung gegenüber den internationalen Finanzorganisationen schon lange an ökonomischem (und wohl auch politischem) Handlungsspielraum verloren. Insofern ist eine Vertiefung der Integration zwar technisch wahrscheinlicher als vor dem Ausbruch der Argentinien-Krise, politisch aber problematischer geworden. Da die Zukunft des MERCOSUR entscheidend vom politischen Willen der Regierungen abhängig ist, wird der Ausgang der Wahlen in Brasilien und Argentinien sicherlich mehr Klarheit über die Szenarien des MERCOSUR schaffen.

Interessenprofile, Allianzen und Asymmetrien

Trotz des Bekenntnisses zu Demokratie und Marktwirtschaft ist der MERCOSUR keineswegs ein homogener Block, sondern gekennzeichnet von höchst unterschiedlichen Entwicklungsniveaus, Interessenprofilen und Zielvorstellungen seiner Mitgliedsstaaten. Als Süd-Süd-Integration konzipiert, ist zwischen den MERCOSUR-Partnern und innerhalb der einzelnen Länder vielmehr ein deutliches Nord-Süd-Gefälle zu erkennen. Als achtgrößte Wirtschaftsmacht der Welt ist der Megastaat **Brasilien** für mehr als 70% des BIP des Wirtschaftsblocks verantwortlich und erhielt 60% der Direktinvestitionen des MERCOSUR.[5] Damit ist Brasilien – vergleichbar mit der Führungsrolle der USA in der NAFTA oder (mit Einschränkung) Deutschlands in der EU – der eigentliche Magnet und Motor der Integration in Südamerika, eine Position, die auch Brasilien immer wieder zu unilateralem Handeln und politischen Alleingängen verleitet (Cason 2000: 29). Die deutlichsten Beispiele hierfür waren auf wirtschaftlicher Ebene die Abwertung des brasilianischen Real um 40% und im außenpolitischen Bereich die Unterzeichnung eines präferentiellen Handelsabkommens mit der Andengemeinschaft im Jahr 2000 (vgl. Gratius 2000).

Brasilien ist allerdings kein Land mit „einer nationalen Identität", sondern auf kultureller, politischer, sozialer und ökonomischer Ebene ein höchst

---

5   Insgesamt flossen 1999 Direktinvestitionen in einer Rekordhöhe von US$ 52,2 Mrd. in den MERCOSUR (www.irela.org/datarela).

heterogener Staat. Innerhalb des Landes besteht ein starkes Entwicklungsgefälle zwischen dem wohlhabenden, industrialisierten Süden und dem agrarisch geprägten armen Nordosten, der vom Integrationsprozess im MERCOSUR bisher kaum profitiert hat. Das Entwicklungsniveau des brasilianischen Nordostens ist vergleichbar mit dem Paraguays, wohingegen der Süden Brasiliens dem Erscheinungsbild von Industrienationen gleicht. Nach Angaben der Weltbank zählt Brasilien trotz der beachtlichen Erfolge bei der Industrialisierung im Süden noch immer zu den Ländern der Welt mit der höchsten Einkommenskonzentration. Gleichzeitig ist Brasilien der am stärksten industrialisierte Mitgliedsstaat des MERCOSUR und im Zuge des späten, auf der Importsubstitution basierenden Industrialisierungsmodells, auch das Land mit den höchsten Einfuhrzöllen und nichttarifären Handelshemmnissen. Somit ist Brasilien zwar das Antriebsrad der Integration im MERCOSUR, gleichzeitig aber auch der eigentliche „Verzögerer" einer raschen wirtschaftlichen Außenöffnung.

Obwohl die sozialen Unterschiede in **Argentinien** weniger krass sind als in Brasilien, zeichnet sich im Zuge der wirtschaftlichen Anpassungspolitik der letzten Jahre ein besorgniserregender Verarmungsprozess in einem Land ab, das traditionell zu den wohlhabendsten Lateinamerikas gehört.[6] Trotz eines leichten Rückgangs war das Pro-Kopf-Einkommen in Argentinien mit über US$ 6.000 1999 allerdings noch immer fast doppelt so hoch wie das der übrigen MERCOSUR-Staaten.[7] Als zweitgrößtes Mitgliedsland erhielt Argentinien 1999 fast 27% der Direktinvestitionen des MERCOSUR und erzielte 29,6% des durchschnittlichen BIP. Im Vergleich zu Brasilien hat Argentinien seit 1991 einen radikalen wirtschaftspolitischen Wandel vollzogen. Das Kernstück der neoliberalen Politik der damaligen Regierung von Carlos Menem bildete der *Plan de Convertibilidad*, die Währungsparität Peso-Dollar, an dem das Land trotz der Finanzkrise in Brasilien und künstlich überbewertetem Peso (aus Angst vor einer Rückkehr des Gespensts der Hyperinflation) bis zum bitteren Ende zu Beginn des Jahres 2002 festhielt.

Die Deregulierung der Wirtschaft, die Privatisierung von Staatsbetrieben, die Reduzierung der staatlichen Subventionen und die Senkung der Außenzölle ist in Argentinien wesentlich weiter fortgeschritten als in Brasilien, so dass die graduelle wirtschaftliche Öffnung innerhalb des MERCOSUR nicht immer den argentinischen Interessen entspricht und oft handelspolitische

---

6 48% der Bevölkerung der Provinz Buenos Aires gehören nach Angaben des nationalen Statistikamts der Gruppe der „neuen Armen", der inzwischen verarmten Mittelklasse, an (zit. nach Neue Zürcher Zeitung, 28.7.2000).
7 In Brasilien betrug das jährliche Pro-Kopf-Einkommen lediglich 3.100 US-Dollar.

Zugeständnisse notwendig macht.[8] Argentinien fordert deshalb seit langem nicht nur eine weitergehende Außenöffnung und Liberalisierung des MER-COSUR, sondern auch eine Vertiefung des Integrationsprozesses einschließlich einer Reform der Institutionen und Entscheidungsprozesse.

Uruguay ist das einzige der vier Mitgliedsländer, das ein weniger deutliches Wohlstandsgefälle aufweist und zu den Kleinstaaten mit mittlerem Entwicklungsniveau zählt. Andererseits ist Uruguay mit einem Anteil von lediglich 1,4% des BIP des MERCOSUR aufgrund seiner Größe ein wirtschaftlich fast ebenso unbedeutender Partner wie Paraguay (1% des BIP). Die Tatsache, dass das Verwaltungssekretariat des MERCOSUR seinen ständigen Sitz in Montevideo hat, war aber zumindest eine symbolische Geste zur Aufwertung der beiden Kleinstaaten und eine Anerkennung der relativen wirtschaftlichen und politischen Stabilität Uruguays. Aufgrund der großen wirtschaftlichen Abhängigkeit vom Nachbarland Argentinien bildet Uruguay vor allem bei Handelskonflikten mit dem mächtigen Brasilien meist eine Allianz mit Buenos Aires. Als Interessenvertreter der Kleinstaaten kritisiert das Land jedoch in letzter Zeit verstärkt die wachsende Bilateralisierung des MERCOSUR – die Entscheidungsfindung zwischen den beiden Achsenstaaten ohne Abstimmung mit Uruguay und Paraguay (Gratius 2000) – und fordert vehementer als Argentinien eine Reform der Institutionen und Entscheidungsmechanismen des MERCOSUR.

Der Glanz des wirtschaftlichen „Musterschülers" **Chile** ist zwar inzwischen etwas verblasst, das dem MERCOSUR assoziierte Land weist jedoch trotz des Konjunktureinbruchs 1999 traditionell hohe Wachstumsraten auf, verfügt über eine diversifizierte Außenhandelsstruktur, einen privilegierten Zugang zum asiatisch-pazifischen Markt und ein hohes Exportvolumen. Die chilenische Wirtschaft wird oft als die „liberalste Lateinamerikas" (IRELA 1998) bezeichnet. Da eine radikale wirtschaftliche Anpassungspolitik bereits in den 80er Jahren unter der Pinochet-Diktatur erfolgte und ein *reajuste* der nationalen Unternehmer bereits stattgefunden hat, sind die sozialen und ökonomischen Spielräume der demokratischen Regierungen zweifellos größer. Im sozialen Bereich wurden unter den Regierungen Frei und Lagos nach jahrzehntelanger radikaler Austeritätspolitik während der Militärdiktatur Fortschritte bei der Reduzierung des noch immer drastischen Einkommensgefälles erzielt.

Obwohl der chilenische Anteil am BIP des MERCOSUR nur etwa 6,4% beträgt, hätte eine Mitgliedschaft des Landes für die übrigen Partner, vor allem aber für Argentinien, deutliche Vorteile. Ein MERCOSUR-Beitritt Chiles könnte die argentinische Position für einen Abbau des brasilianischen Protektionismus und eine weitere Liberalisierung des Wirtschaftsblocks stär-

---

8   Dies trifft zum Beispiel auf die gemeinsame Automobilpolitik zu. Trotz niedrigerer Außenzölle hat Argentinien einem Importtarif von 35% für Autos und 14% für Autoteile und Maschinen zugestimmt.

ken. Auch im institutionellen Bereich wäre ein chilenischer Beitritt reform-
fördernd, da sich Präsident Ricardo Lagos mehrfach für die Einrichtung eines
ständigen Gerichtshofs des MERCOSUR und eine Erneuerung der Entscheidungsmechanismen ausgesprochen hat (*El Mercurio*, Santiago, 16.7.2000).

Innerhalb des MERCOSUR wäre die Herausbildung einer trilateralen Allianz zwischen Argentinien, Chile und Uruguay als Gegenpol zur brasilianischen
Hegemonie denkbar. Schon jetzt ist die Zusammenarbeit zwischen Argentinien
und Chile sowohl im Bereich der Infrastruktur als auch auf politisch-
militärischer Ebene eng. Argentinien und Chile kamen 1999 zusammen auf
einen Anteil von 38,3% des Zuflusses an ausländischen Direktinvestitionen
gegenüber 39,7% in Brasilien und sind für etwas mehr als ein Drittel des BIP
des MERCOSUR verantwortlich. Hier könnte zweifellos ein neues Interessen-
bündnis für eine wirtschaftliche und institutionelle Vertiefung des MERCOSUR
entstehen. Allerdings hat Chile angesichts der Krisentendenzen im Mercosur
und des eigenen, weitaus niedrigeren einheitlichen Außenzolls von einer Vollmitgliedschaft im Dezember 2000 Abstand genommen (vgl. Gratius 2001).

Ebenso wie der brasilianische Nordosten ist **Paraguay** der wirtschaftlich
schwächste Partner der vier Mitgliedsstaaten. Auch zehn Jahre nach der Gründung des MERCOSUR in Asunción lässt der Modernisierungsprozess auf sich
warten. Noch immer ist Paraguay das Land Südamerikas mit der höchsten An-
alphabetenquote, der größten ' Landbevölkerung, dem geringsten Pro-Kopf-
Einkommen, der ökonomisch schwächsten Bilanz und einem hohen Anteil an in
Armut lebender Bevölkerung. Die immer wiederkehrenden Regierungskrisen
und politischen Unruhen nach dem Putsch 1989 gegen die Stroessner-Diktatur –
zuletzt im Juli 2002 – machen zudem deutlich, dass sich die Demokratie in
Paraguay bisher nicht konsolidieren konnte, obwohl die Mitgliedschaft des
Landes im MERCOSUR sicherlich mit dazu beigetragen hat, eine Rückkehr
zum Autoritarismus zu verhindern.[9] Auch im assoziierten **Bolivien** ist allenfalls
eine „Elitendemokratie" entstanden, die auf dem sozialen Ausschluss der Mehrheit der Bevölkerung beruht. Bolivien gehört zusammen mit Paraguay zu den
wirtschaftlich und sozial am wenigsten entwickelten Staaten Südamerikas und
hält den Negativrekord des geringsten Pro-Kopf-Einkommens des MERCO-
SUR. Zählt man Bolivien hinzu, könnte hier eine Allianz des weniger entwickelten „Nordens" gegenüber den Entwicklungszentren im Süden Brasiliens, in der
Provinz Buenos Aires und Santiago de Chile entstehen.

Angesichts dieser deutlichen Asymmetrien und unterschiedlichen Interes-
senprofile innerhalb des MERCOSUR ist die Frage berechtigt, ob die Schaffung eines Integrationsraums ohne Finanzausgleich und die Einrichtung gemeinschaftlicher Sozialfonds überhaupt möglich ist. Sollte eine Angleichung

---

9 Der MERCOSUR hat 1996 eine „Demokratieklausel" verabschiedet, wonach ein autoritär
regiertes Paraguay automatisch aus dem Block ausgeschlossen würde, und sich wiederholt
explizit für eine demokratische Lösung der Regierungskrisen in Paraguay ausgesprochen.

der Entwicklungsniveaus zwischen den MERCOSUR-Partnern und innerhalb der einzelnen Länder nicht erfolgen, ist die Verwirklichung eines gemeinsamen Marktes kaum denkbar, und es könnte allenfalls ein Projekt entstehen, das sich auf den Industriegürtel Buenos Aires – São Paulo – Santiago de Chile beschränkt.

Doch, provokativ gefragt, wozu dann eine Mitgliedschaft der Kleinstaaten Paraguay, Uruguay und gegebenenfalls Bolivien? Die Bildung eines gemeinsamen Marktes ist ohne Konsumenten zweifellos nicht möglich; hierfür müssen allerdings erst einmal die sozialen Voraussetzungen geschaffen werden, sei es durch gemeinsame Sozialprogramme, die Einrichtung von Ausgleichsfonds für wirtschaftlich schwächere Regionen oder eine einheitliche Steuerpolitik. Sollte dies nicht geschehen, wird sich der MERCOSUR zwangsläufig auf wenig mehr als eine gemeinsame Handelspolitik beschränken.

Die wachsenden sozialen Spannungen – Unruhen und Plünderungen in Argentinien, Demonstrationen in Paraguay, Dauerproteste der brasilianischen Landlosenbewegung – haben den MERCOSUR-Partnern die vergessene soziale Dimension wieder in Erinnerung gerufen. Dabei mag positiv zu Buche schlagen, dass es innerhalb des MERCOSUR momentan einen „sozialdemokratischen Konsens" gibt. Der ausscheidende brasilianische Präsident Fernando Henrique Cardoso war der erste Regierungschef, der das Thema auf dem jährlichen „Davositos-Treffen" des MERCOSUR im Mai 2000 in Brasilia anschnitt und die vom IWF vorgeschriebene orthodoxe Anpassungspolitik auf Kosten der Sozialpolitik scharf kritisierte. Auf dem anschließenden Gipfeltreffen des MERCO-SUR in Buenos Aires einigten sich die sechs Länder auf erste Maßnahmen für eine gemeinsame soziale Agenda: Die „Sozialcharta von Buenos Aires" zielt auf die Entwicklung eines gemeinsamen Aktionsprogramms zur Armutsbekämpfung ab, das konkrete Maßnahmen zur Bekämpfung der Arbeitslosigkeit sowie Verbesserungen in den Bereichen Gesundheit, Wohnungsbau und Bildung für die am stärksten marginalisierten Bevölkerungsgruppen vorsieht.

Obwohl die Resonanz dieses ersten Sozialprogramms des MERCOSUR erwartungsgemäß gering sein dürfte, ist es ein erster Hinweis dafür, dass der politische Wille besteht, die dringenden sozialen Fragen gemeinsam anzugehen. Sollte sich dieser Trend fortsetzen, wird sich zeigen, ob der MERCO-SUR vergleichbar mit der EU langfristig die These bestätigt, dass Integration nicht nur zur Friedenssicherung beitrage, sondern auch zur Wohlstandsvermehrung zwischen ihren Mitgliedsstaaten. Bislang ist der MERCOSUR allerdings eher ein Beispiel dafür, dass wirtschaftliche Integrationsprozesse im Süden ohne sozialen Ausgleich mindestens ebenso viele Verlierer wie Gewinner produzieren.[10]

---

10 Eine im Juli 2000 im „Clarín" veröffentlichte Umfrage ergab, dass 70% der Argentinier mit dem MERCOSUR keine oder nur sehr geringe Vorteile verbinden, wohingegen sich nur 19% der Befragten deutlich für die Integration aussprachen.

Gegenpol Brasilien?
Chancen für einen südamerikanischen Wirtschaftsraum

Die Debatte um die „Andenerweiterung" des MERCOSUR begann bereits Anfang der 90er Jahre und wurde durch die 1996 unterzeichneten Assoziationsabkommen mit Bolivien und Chile erstmals konkretisiert. Seit dem ersten, von Brasilien einberufenen südamerikanischen Gipfeltreffen im Sommer 2000, das zwei Jahre später in Guayaquil/Ekuador fortgesetzt wurde, scheint auch das Projekt einer eigenständigen Freihandelszone SAFTA keine utopische Vorstellung mehr. Brasilien und Venezuela sind die deutlichsten Befürworter einer südamerikanischen Integration, während sich der Enthusiasmus in Ländern wie Argentinien oder Uruguay für einen Zusammenschluss mit den chronisch instabilen Andenländern in Grenzen hält.

Der Verhandlungsprozess mit dem assoziierten Chile

Die Verhandlungen über einen Beitritt des assoziierten Chile zum MERCO-SUR sind seit dem deutlichen Rückzieher der Regierung auf dem MERCO-SUR-Gipfel im Dezember 2000 auf Eis gelegt. Obwohl Chile sich als assoziierter Staat an der politischen Abstimmung des Mercosur beteiligt, stehen einer Mitgliedschaft die unterschiedlichen Zollsysteme im Wege: Während der MERCOSUR unterschiedliche Außenzölle zwischen 0% und 23% verhängt, verfügt Chile über einen Einfuhrtarif von derzeit 7%, der im nächsten Jahr auf 6% gesenkt werden soll. Auch die wirtschaftliche Verflechtung Chiles mit dem MERCOSUR ist aufgrund der sich zum Teil überschneidenden Produktpalette mit einem Anteil von etwa 15% am chilenischen Gesamthandel relativ gering. Demgegenüber ist die physische Integration zwischen Chile und dem MERCOSUR weit fortgeschritten: Das Land beteiligt sich im Rahmen der gemeinsamen Projekte mit Argentinien (Straßenbau, Gaspipeline) an zahlreichen Infrastrukturprojekten des MERCOSUR.

Dennoch entschied sich Chile gegen eine Mitgliedschaft des MERCO-SUR. Die von Präsident Ricardo Lagos anfänglich forcierte Annäherung an den südamerikanischen Wirtschaftsblock hatte in Chile eine nationale Debatte ausgelöst, die letztendlich zugunsten der Skeptiker der Süd-Süd-Integration, die vor allem im chilenischen Privatsektors anzutreffen sind, ausging. Ausschlaggebend hierfür waren die protektionistischen Tendenzen im Wirtschaftsblock, die prekäre Finanzlage in Argentinien, die potenzielle Krisengefahr in Brasilien, der mögliche Verlust der wirtschaftspolitischen Autonomie und das Risiko massiver Billigimporte aus den Nachbarländern (El Mercurio, Santiago de Chile, 16.8.2000). Letzteres gilt vor allem für den einheimischen

Agrarsektor, der einer Konkurrenz aus den inzwischen (nach den Abwertungen) deutlich billiger produzierenden Nachbarländern kaum gewachsen wäre. Obwohl eine Mitgliedschaft zur Zeit nicht erwogen wird, ist Chile weitgehend in den Abstimmungsprozess des Wirtschaftsblocks eingebunden und nimmt ebenso wie Bolivien nicht nur an den halbjährlichen Gipfeltreffen, sondern seit 1999 auch regelmäßig an den Sitzungen der zwischenstaatlichen Organe des MERCOSUR teil, mit Ausnahme der Verhandlungen über die Zollunion betreffende Fragen. Aus der Perspektive der Cono-Sur-Staaten ist Chile vor allem durch die enge Anbindung an den asiatischen Markt, die aktive Rolle des Landes in internationalen Foren sowie die stabile politische und wirtschaftliche Lage ein interessanter Beitrittskandidat. Für Chile könnte eine Mitgliedschaft im MERCOSUR auf politischer Ebene eine regionale und internationale Stärkung der eigenen Position bedeuten und in wirtschaftlicher Hinsicht neue Investitionsmöglichkeiten im größten Markt Südamerikas eröffnen. Im Gespräch ist jetzt eine weitere Anbindung des Landes in den Wirtschaftsblock mit einem vorläufigen Ausschluss aus der Zollunion. Obwohl mit einem offiziellen Beitrittsgesuch derzeit nicht zu rechnen ist, nimmt Chile seit 1998 aktiv an fast allen Sitzungen des MERCOSUR teil und ist insofern in vielerlei Hinsicht ein De-facto-Mitglied.

Der erste „Südgipfel" in Brasilia und die Folgekonferenz in Guayaquil

Seit vielen Jahren verfolgt Brasilien den Traum von der Entstehung eines südamerikanischen Wirtschaftsblocks unter brasilianischer Führung. Die Chancen des größten MERCOSUR-Partners, die regionale Vormachtstellung, die das Land ohnehin besitzt, durch die Bildung einer Südamerikanischen Freihandelszone SAFTA zu erweitern, stehen zur Zeit nicht schlecht. Bereits im Juli 1998 hatte Brasilien nach dem Scheitern der Block-zu-Block-Verhandlungen ein bilaterales Präferenzabkommen mit den Andenländern unterzeichnet. Der nächste bedeutende Schritt war der „Süd-Gipfel" Ende August 2000 in Brasilia, an dem alle südamerikanischen Staaten teilnahmen.

Der von Präsident Fernando Henrique Cardoso aus Anlass der 500-Jahres-Feierlichkeiten Brasiliens persönlich ins Leben gerufene Südamerika-Gipfel soll langfristig die Weichen für die Entstehung eines südamerikanischen Integrationsraums stellen und kurzfristig die Zusammenarbeit in Südamerika in so unterschiedlichen Bereichen wie Demokratie und Menschenrechte, Drogenbekämpfung und Verbesserung der Infrastruktur stärken. Auch die mögliche Definition einer gemeinsamen Position bei den ALCA-Verhandlungen sowie der Konflikt in Kolumbien standen auf der Tagesordnung des Gipfeltreffens.

Wahrscheinlich wird sich die von Brasilien initiierte „Andenerweiterung" des MERCOSUR auf gemeinsame Infrastrukturmaßnahmen und die langfristige Bildung einer Freihandelszone beschränken. Eine Konvergenz zwischen beiden Blöcken hingegen scheint zurzeit ebenso unrealistisch wie die vom venezolanischen Präsidenten Hugo Chávez geforderte Bildung einer politischen und militärischen Allianz in Südamerika (El Observador, Montevideo, 24.7.2000). Angesichts der unterschiedlichen Interessen innerhalb der Andengemeinschaft und der gegenwärtigen politischen Spannungen in Ländern wie Ekuador, Kolumbien und Venezuela ist schon jetzt abzusehen, dass eine „Andenerweiterung" des MERCOSUR kaum zur Konsolidierung des Wirtschaftsblocks, sondern eher zu einer weiteren „Verwässerung" der Integrationsziele beitragen würde.

Andererseits ist die Schaffung eines Integrationsraums in Südamerika unter brasilianischer Führung ein seit langem gefördertes strategisches Projekt, das nicht nur von der Exekutive, sondern auch von Brasiliens Streitkräften als Alternative zu einer Annäherung an die USA unterstützt wird (Cason 2000: 36). Die Entstehung eines gemeinsamen südamerikanischen Integrationsraums wäre für Brasilien vor allem aus geostrategischen Gesichtspunkten interessant, um ein Gegengewicht zu den USA als Führungsmacht in einem künftigen Großraum Karibik[11] zu schaffen. Im Rahmen der ALCA-Verhandlungen zeichnet sich eine deutliche „Bipolarität" zwischen den USA als kontinentalem Schwergewicht und Brasilien als aufstrebender Regionalmacht ab. Beide Staaten übernehmen im November 2002 bis zur Beendigung der Verhandlungen die Co-Präsidentschaft des ALCA-Prozesses.

Nach der Bewilligung des Verhandlungsmandats im US-amerikanischen Kongress – die *Trade Promotion Authority* wurde im August 2002 von beiden Kammern befürwortet – ist die Entstehung einer panamerikanischen Freihandelszone wieder wahrscheinlicher geworden. Als alternative bzw. parallele Strategie bemühen sich die USA derzeit, ebenso wie die EU, um Freihandelsabkommen mit ausgewählten geostrategisch und für ihre Exportindustrie interessanten Partnern: in diesem Fall Zentralamerika und Chile. Nach dem gescheiterten Projekt der NAFTA-Erweiterung spricht zurzeit einiges dafür, dass die geplante Freihandelszone ALCA das Ergebnis des immer dichteren Netzes von Handelsabkommen zwischen lateinamerikanischen Staaten sein wird, wobei die Verwirklichung eines SAFTA-Wirtschaftsraums den brasilianischen Protagonismus in diesem Prozess konsolidieren würde. Unabhängig von der Entstehung einer hemisphärischen Freihandelszone würde ein südamerikanischer Wirtschaftsblock die lateinamerikanische Verhandlungsposition im kontinentalen und internationalen Kontext zweifellos stärken.

---

11 Der so genannte Großraum Karibik umfasst Zentralamerika, die karibischen Staaten, Mexiko und Venezuela.

Die Außenbeziehungen des MERCOSUR: zwischen Multipolarität und Bipolarität

Die externe Agenda des MERCOSUR gestaltet sich zusehends komplex. Der südamerikanische Wirtschaftsblock führt derzeit parallele Freihandelsverhandlungen mit einer Vielzahl von Staaten und Staatengruppen:[12] global im Kontext der WTO, kontinental im Rahmen des ALCA-Prozesses, interregional mit der EU und individuell mit Kanada, Mexiko und Südafrika. Damit hat sich der MERCOSUR eindeutig als einziger unabhängiger *global player* der Region profiliert. Die außenpolitischen Schwerpunkte des Blocks bilden nach der gescheiterten WTO-Ministerkonferenz in Seattle einerseits die Verhandlungen mit der EU und andererseits der Dialog mit den USA über die Schaffung einer panamerikanischen Freihandelszone ALCA. In beiden Fällen verhandelt der MERCOSUR (noch) als integrierter Wirtschaftsblock mit einer Stimme.

Lateinamerikanische Experten betonen immer wieder, man setze keine externen Prioritäten, sondern verhandle mit allen Partnern gleichzeitig, um sich verschiedene Optionen offen zu halten und ein Höchstmaß an handelspolitischen Zugeständnissen zu erzielen (Peña 1999: 58). Aus der Perspektive der EU und der USA ist der MERCOSUR jedoch eine entscheidende „Trophäe" im zunehmenden Wettstreit zwischen den beiden Westmächten um die Positionierung auf dem lateinamerikanischen Markt. Innerhalb der EU setzte vor allem Spanien bis zum Schock der Argentinien-Krise verstärkt auf eine ökonomische „Wiedereroberung" Lateinamerikas: Als weltweit bedeutendster Investor der Region in den Jahren 1999 und 2000 und wichtiger politisch-kultureller Bündnispartner[13] ist das iberoamerikanische Land inzwischen ein ernstzunehmender Konkurrent der USA auf dem Kontinent und insbesondere im MERCOSUR. Deutschland hingegen ist und bleibt der wichtigste bilaterale handels- und entwicklungspolitische Partner des MERCOSUR innerhalb der EU. Die Bedeutung der deutsch-brasilianischen Partnerschaft fand nicht nur im ersten europäisch-lateinamerikanischen Gipfeltreffen in Rio de Janeiro im Juni 1999 ihren Ausdruck, sondern auch in der zur gleichen Zeit erzielten Einigung zwischen der EU und dem MERCOSUR über die Aufnahme von Verhandlungen über ein Assoziationsabkommen.

Traditionell steht der Cono Sur im europäischen Einflussbereich, während der großkaribische Raum geostrategisch, politisch und ökonomisch von den US-Interessen dominiert wird. Trotz Krisenerscheinungen ist der MERCOSUR der bedeutendste Wirtschaftspartner der EU in Lateinamerika, der

---

12 Siehe hierzu Bouzas 1999.
13 Vor allem durch die jährlich stattfindenden Iberoamerikanischen Gipfeltreffen, an denen sich Spanien, Portugal und 19 lateinamerikanische Staaten beteiligen.

für etwa die Hälfte des europäischen Handelsaustausches verantwortlich ist und fast zwei Drittel der Direktinvestitionen der EU-Mitgliedsstaaten in der Region erhält. Umgekehrt ist die EU für den MERCOSUR der zentrale Wirtschaftspartner, der im Jahr 2000 für ein Viertel des Gesamthandels und über die Hälfte der Direktinvestitionen verantwortlich war. Auch auf politischer Ebene sind die durch jährliche Treffen auf Ministerebene institutionalisierten Beziehungen zwischen dem MERCOSUR und der EU weitaus enger als die sporadischen Kontakte zwischen dem US-Präsidenten und seinen südamerikanischen Amtskollegen. Im Vergleich zur künftigen panamerikanischen Freihandelszone ALCA stellen die Beziehungen zur EU aus der Perspektive des MERCOSUR ein entscheidendes Gegengewicht zur US-Hegemonie auf dem amerikanischen Kontinent dar. Dass das erste europäisch-lateinamerikanische Gipfeltreffen im Juni 1999 ausgerechnet im brasilianischen Rio de Janeiro stattfand, war kein Zufall, sondern ein politisches Signal an die Adresse der USA, dass sowohl die EU als auch der MERCOSUR ihre Allianz festigen werden.

Ein weiterer Hinweis hierfür war, genau ein Jahr später, die Einladung des Hohen Vertreters der Gemeinsamen Außen- und Sicherheitspolitik der EU, Javier Solana, am 18. MERCOSUR-Gipfel in Buenos Aires als Beobachter teilzunehmen. Nach dem Treffen betonte Solana, dass die Beziehungen zum MERCOSUR, dem „wichtigsten Wirtschaftsblock der Region mit den besten Zukunftsperspektiven für die EU von vitalem Interesse" seien (www.Mercopress.com, 5.7.2000). Auch der für den Außenhandel zuständige EU-Kommissar Pascal Lamy betonte auf dem zweiten Europäisch-Lateinamerikanischen Gipfeltreffen im Mai 2002 in Madrid, die Beziehungen zum MERCOSUR seien keine Option, sondern ein Schicksal (El País, 17.5.2002). Das Kooperationsangebot der EU an den MERCOSUR geht über den Freihandel hinaus und sieht neben einer engeren wirtschaftlichen Zusammenarbeit auch die politische Abstimmung in internationalen Foren, den Austausch im Bereich des „Integrations-Know-hows" und entwicklungspolitische Projekte vor. Diese vielseitige Allianz soll in einem interregionalen Assoziationsabkommen als weltweit erstes seiner Art ihren Ausdruck finden.

Zurzeit stehen die Block-zu-Block Verhandlungen mit der EU über ein interregionales Assoziationsabkommen im Mittelpunkt der externen Agenda des MERCOSUR.[14] In Rio de Janeiro wurden die Weichen für den Verhandlungsbeginn gestellt. Gemäß der vereinbarten Zeittafel begannen im Juli 2001 die Verhandlungen über den Abbau der Handelshemmnisse, für die beide Seiten bereits konkrete Angebote vorgelegt haben. Die EU legte ein erstes detailliertes Angebot für einen progressiven Abbau von Zöllen und nichttarifären Barrieren im Industrie- und Agrarsektor vor. Obwohl dies vom

---

14 Zum Konzept des „Gruppendialogs" und der biregionalen Beziehungen vgl. Grabendorff 1999.

MERCOSUR als politische Geste positiv zur Kenntnis genommen wurde, beurteilte man das Verhandlungsangebot als unzureichend, da eine Reihe von für den MERCOSUR zentralen Exportprodukten für den europäischen Markt, wie Rindfleisch, Zucker, Weizen oder Wein, de facto ausgeklammert werden. Vor allem im Agrarsektor erweisen sich die Gespräche über den Abbau der Zollschranken als äußerst problematisch. Noch immer besteht fast die Hälfte der Exporte des MERCOSUR in die EU aus Agrarprodukten, die von der EU zum Schutz der eigenen Landwirte mit hohen Schutzzöllen und Einfuhrquoten belegt werden. Zwischen 14% und 18% des Warenaustauschs sind so genannte „sensible Produkte", wobei lediglich 10% nach den Regeln der WTO zeitweilig aus der Freihandelszone ausgeschlossen werden können (Bulmer-Thomas 2000). Seit Jahrzehnten fordern die südamerikanischen Exporteure ohne Erfolg eine Öffnung des europäischen Agrarmarktes, haben aber in den letzten Jahren ausgerechnet in den potentiellen Konkurrenten aus Osteuropa eine unerwartete Unterstützung gefunden: Die Aufnahme der stark agrarisch geprägten osteuropäischen Länder – vor allem Polen – in die EU ist nur nach einer radikalen Strukturreform der Gemeinsamen europäischen Agrarpolitik möglich. Zudem fordert die Cairns-Staatengruppe im Rahmen der WTO einen Abbau der europäischen Subventionen für Agrarprodukte. Obwohl die Reform der europäischen Agrarpolitik graduell verlaufen wird, schafft der ursprünglich für 2004 geplante Beitritt der fünf osteuropäischen Kandidaten der „ersten Geschwindigkeit" hier in den nächsten Jahren einen dringenden Handlungsbedarf, denn die Aufnahme der neuen Länder in die bisherige Agrarpolitik würde eine enorme Kostenexplosion zur Folge haben. Parallel zur nächsten WTO-Ministerkonferenz, die 2003 in Mexiko stattfinden wird, reformiert die EU ihre antagonistische und stark subventionierte Gemeinsame Agrarpolitik, die noch immer fast die Hälfte des gemeinsamen Budgets ausmacht.

Der Zeitfaktor spielt bei den EU-MERCOSUR Verhandlungen vor allem mit Blick auf die für 2005 geplante Freihandelszone ALCA eine entscheidende Rolle. So waren die MERCOSUR-Mitgliedsstaaten als wichtigste Partner der EU in der Region zwar die ersten, denen ein Assoziationsabkommen angeboten wurde; sie werden aber die letzten sein, die dieses Unterfangen verwirklichen werden. Ausgerechnet der NAFTA-Partner Mexiko ist dem MERCOSUR zuvorgekommen. Nach nur zweijährigen Verhandlungen trat am 1. Juli 2000 ein Freihandelsabkommen zwischen der EU und Mexiko in Kraft. Zwei Jahre später, anlässlich des Gipfeltreffens in Madrid, unterzeichnete Chile als zweites lateinamerikanisches Land ein Assoziierungsabkommen mit der EU. In beiden Fällen spielte der Agrarsektor eine geringere Rolle als beim MERCOSUR. So wird der MERCOSUR innerhalb der Gruppe der so genannten wirtschaftlich fortgeschrittenen Partner in Lateinamerika aufgrund der Schwierigkeiten im Agrarsektor und dem ohnehin problematischen Abstimmungsprozess zwischen 19 Staaten (4+15) letztendlich das Schlusslicht bilden. Das nächste entscheidende Datum für konkrete gemeinsame Fortschritte bei der Handelsliberalisierung wird – nach der im Juli 2002 definierten Agenda – das WTO-Ministertreffen in Mexiko sein. Ein konkretes Datum für einen erfolgreichen Verhandlungsabschluss wurde allerdings nicht genannt.

Bis zum Jahr 2005 könnte der ALCA-Vertrag, auf der Grundlage eines ersten Entwurfs, der im Frühjahr 2001 in Buenos Aires vorgestellt wurde, unterzeichnet werden. Die Verabschiedung der *Trade Promotion Authority* wird den Rhythmus des ALCA-Prozesses zweifellos erheblich beschleunigen und die lateinamerikanische Kritik über die Verzögerungstaktik der USA entschärfen. Dadurch wird vor allem das ohnehin wirtschaftlich kränkelnde Brasilien an Position verlieren und kaum verhindern können, dass der MERCOSUR zu einem integralen Bestandteil einer gesamtamerikanischen Freihandelszone werden wird. Ob der MERCOSUR auch innerhalb einer ALCA als eigenständiger Block bestehen bleibt, ist angesichts der gegenwärtigen Krisentendenzen durchaus in Frage zu stellen.

Bislang hat vor allem Brasilien wenig Interesse an einer Beschleunigung der ALCA-Verhandlungen gezeigt und den vorgezogenen Abschluss der Verhandlungen im Jahr 2003 während des gesamtamerikanischen Gipfeltreffens in Quebec im April 2001 erfolgreich zu verhindern gewusst. Die Regierung Cardoso stand der Errichtung einer gesamtamerikanischen Freihandelszone vor allem deshalb kritisch gegenüber, weil sie die US-amerikanische Hegemonie auf dem amerikanischen Kontinent stärken und die brasilianische Position in Südamerika schwächen könnte (Cason 2000: 38). Vor diesem Hintergrund hat sich der MERCOSUR seit der Entstehung des ALCA-Prozesses, der für Brasilien eine potentielle „Bedrohung" darstellt, als geostrategische Alternative zum dominanten US-Einfluss in der Region erwiesen (Campbell 1999: 26). Wirtschaftlich gesehen ist die Integration in eine gesamtamerikanische Freihandelszone aus Sicht des MERCOSUR weniger attraktiv als ein Assoziationsabkommen mit der EU. Eine brasilianische Studie hat vor einigen Jahren errechnet, dass ein Freihandelsabkommen mit der EU Brasilien ein zusätzliches Wachstum von 5% gegenüber lediglich 2% im Falle einer Verwirklichung des ALCA-Projekts verschaffen würde; in Argentinien wäre das Verhältnis sogar sechs zu eins (IRELA 1999).

Sollte es noch vor der Beendigung der ALCA-Verhandlungen zur Unterzeichnung einer EU-MERCOSUR Freihandelszone kommen, wäre Europa, das schon heute der bedeutendste Wirtschaftspartner des südamerikanischen Integrationsbündnisses ist, und nicht die USA für den MERCOSUR das wichtigste Gravitationszentrum im Norden. Dies könnte nicht nur eine geopolitische Nord-Süd-Teilung des Kontinents nach sich ziehen, sondern auch eine Polarisierung zwischen der europäisch-südamerikanischen Allianz einerseits und dem US-großkaribischen Bündnis andererseits bedeuten. Dies scheint jedoch eher eine europäische Interpretation der strategischen Neuordnung in den Amerikas. Aus Sicht des MERCOSUR nutzt man die Verhandlungen mit der EU weniger für die Bildung einer Gegenallianz, sondern um die USA zu handelspolitischen Zugeständnissen, vor allem im Agrarbereich zu bewegen und die größtmöglichen Vorteile aus den parallelen Freihandelsprozessen zu ziehen.

Wie dieser „Wettstreit" zwischen der EU und den USA ausgehen wird, ist aber auch von den Präferenzen und der künftigen Gestaltung des MER-COSUR abhängig. Eine stärkere Eigendynamik des MERCOSUR aus einer brasilianisch geprägten „Südperspektive" könnte langfristig einen Gegenpol zu einem NAFTA-Raum unter US-Hegemonie bilden. Neben einer Konsolidierung des Integrationsraums als eigenständiger regionaler Block wäre es allerdings auch denkbar, dass sich der MERCOSUR als „Zwischenstufe der Globalisierung" (Sangmeister 1999) lediglich als ein Sprungbrett für die Schaffung einer panamerikanischen Freihandelszone ALCA erweisen wird. Letzteres scheint inzwischen immer wahrscheinlicher. Dies gilt vor allem dann, wenn das Projekt ALCA unter Führung von Präsident Bush beschleunigt würde und der MERCOSUR stärker unter Zeitdruck gerät, um eigene Integrationsziele zu verwirklichen (vgl. Gratius 2002).

Die künftige Rolle des MERCOSUR als regionaler und globaler Akteur

Nicht nur in Lateinamerika gilt der MERCOSUR als neues Modell für eine Süd-Süd-Integration der „zweiten Generation" im Kontext der Globalisierung, dessen Anfangserfolg auf pragmatischen Zielsetzungen, unbürokratischen Strukturen und einer raschen Anpassungsfähigkeit an veränderte internationale Rahmenbedingungen beruhte. Blickt man auf mehr als zehn Jahre Integrationsgeschichte im MERCOSUR zurück, fällt eine erste Bilanz des zentralen Wirtschaftsblocks in Lateinamerika trotz zahlreicher Rückschläge positiv aus. In weniger als einer Dekade ist es seinen Mitgliedsstaaten gelungen, nicht nur einen vielversprechenden Wirtschaftsblock in Südamerika zu errichten, sondern den MERCOSUR als ernstzunehmenden Partner in regionalen und internationalen Foren zu präsentieren. Heute ist der MERCOSUR unter brasilianischer Führung einerseits ein Gravitationszentrum in Südamerika und andererseits ein *global player*.

Nach der Verwirklichung einer Freihandelszone, von der nur noch wenige Produkte ausgenommen sind, der Etablierung einer Zollunion für 85% der Einfuhren, der Definition einer gemeinsamen Politik im Automobilsektor und der grundsätzlichen Einigung auf eine makroökonomische Steuerung ist die erste Phase des MERCOSUR weitgehend abgeschlossen. Somit ist der MER-

COSUR ein Beispiel dafür, dass Integrationsprozesse im Süden, die im Kontext der Globalisierung entstanden sind, schnellere wirtschaftliche Erfolge zeitigen als ihre Vorgänger der „ersten Generation" während des Kalten Krieges.

Gleichzeitig zeigt die Entwicklung des MERCOSUR aber auch, dass die Integrationsprozesse der „zweiten Generation", die auf einer neoliberalen Wirtschaftspolitik des „Washington Konsenses" basieren, möglicherweise krisenanfälliger und instabiler sind, da sie eben nicht binnenmarktorientiert sind und weder einen Finanzausgleich vorsehen noch autonome institutionelle Strukturen geschaffen haben. Diese Defizite müssten in der zweiten Phase des MERCOSUR abgebaut werden. Im Mittelpunkt der Post-Krisenstrategie steht jetzt die Harmonisierung der Wirtschafts- und Finanzpolitiken und die Durchsetzung von notwendigen institutionellen Reformen sowie die Einbeziehung einer sozialen Dimension. Wie sich dieser Neuanfang nach der Krise langfristig gestalten wird, ist davon abhängig, welches Integrationsziel die Mitgliedsstaaten des MERCOSUR letztendlich anstreben: eine Zollunion, einen gemeinsamen Markt oder aber eine Wirtschafts- und Währungsunion nach dem Vorbild der EU. Auch eine Zurückstufung des MERCOSUR auf eine Freihandelszone, wie vom argentinischen Wirtschaftsminister Domingo Cavallo mehrfach angedroht, scheint nicht mehr ausgeschlossen.

Verglichen mit der langen und wechselhaften Geschichte der europäischen Integration ist es noch zu früh, um beurteilen zu können, ob der MERCOSUR ein politischer, kultureller und wirtschaftlicher Integrationsraum im Süden Lateinamerikas sein wird, vor allem deshalb, weil die wirtschaftliche Verflechtung zwischen seinen Mitgliedsstaaten trotz aller Anstrengungen noch immer vergleichsweise gering ist: Die MERCOSUR-Partner wickelten 2001 lediglich 18% ihres Gesamthandels untereinander ab, gegenüber 60% innerhalb der EU und 57% innerhalb der NAFTA. Dies ist einerseits ein Problem der Süd-Süd-Integration – vor allem deshalb, weil die Mitgliedsstaaten ähnliche Produktpaletten anbieten – und andererseits die logische Konsequenz eines nach außen offenen Integrationsmodells als Sprungbrett zur verbesserten Weltmarktintegration seiner Mitgliedsstaaten.

Mittelfristige Szenarien

Die gegenwärtige Debatte über die künftige Rolle des MERCOSUR in der Region und im internationalen Kontext wird von zwei unterschiedlichen Visionen bestimmt: Optimistische Prognosen über die Konsolidierung des MERCOSUR als erster ernstzunehmender lateinamerikanischer Handelsblock einerseits (Cason 2000: 38) und pessimistische Einschätzungen einer langfristigen „Absorbierung" des MERCOSUR durch eine panamerikanische Freihandelszone andererseits (Bouzas 1999b: 568). Bei der Frage nach einer

„Verwässerung" oder „Vertiefung" des MERCOSUR spielt die Entscheidung einer engeren Anbindung des Wirtschaftsblocks an die EU oder die USA eine zentrale Rolle.

Während eine interregionale Assoziation mit Europa den Integrationsraum MERCOSUR durch den von der EU geförderten Dialog zwischen integrierten Ländergruppen und den Transfer von Integrationsexpertise stärken würde, würde eine handelspolitische Annäherung an die USA im Rahmen der ALCA wohl eher zentrifugal wirken und die bilaterale Komponente der Zusammenarbeit betonen. Obwohl sich beide Optionen nicht ausschließen, wird der MERCOSUR schon aufgrund der unterschiedlichen Marktanforderungen der EU und der USA (Normen und Standards) langfristig gesehen doch Prioritäten setzen müssen. Daraus ergeben sich für den MERCOSUR mittelfristig unterschiedliche Szenarien:

- Dreiebenenmodell: die Harmonisierung der unterschiedlichen lateinamerikanischen Integrationsinitiativen gilt als wahrscheinlichstes Ergebnis des immer dichteren Netzes von bilateralen und subregionalen Handelsabkommen auf dem amerikanischen Kontinent. Die ALCA würde demnach nicht, wie einst geplant, durch eine Erweiterung der NAFTA entstehen, sondern das Ergebnis eines Zusammenwachsens der Integrationsprozesse auf subregionaler und bilateraler Ebene darstellen und damit eine deutlich lateinamerikanische Prägung erhalten. In diesem Fall würden sowohl der MERCOSUR als auch die NAFTA weiterbestehen, aber in eine panamerikanische Freihandelszone ALCA eingebunden sein und auf globaler Ebene in eine multilaterale Handelsliberalisierung im Rahmen der WTO. Dieses Szenario der Harmonisierung und Simultanität aller Freihandelsinitiativen würde auch eine interregionale Assoziation EU-MERCOSUR einschließen.

- Bipolarität: langfristig gesehen würde im Sinne einer Nord-Süd-Teilung des Kontinents eine Allianz EU/MERCOSUR einerseits und der NAFTA/Großkaribik andererseits entstehen. Dabei wäre auch die Bildung eines südamerikanischen Integrationsraums zwischen zumindest drei Andenländern (Bolivien, Venezuela und Peru), Chile und dem MERCOSUR denkbar. Obwohl man schon heute nicht mehr von einer gemeinsamen lateinamerikanischen Identität sprechen kann, sondern von immer heterogeneren subregionalen Interessenprofilen, wäre der Kontinent politisch, wirtschaftlich und geostrategisch in Nord- und Südamerika geteilt und das Konzept Lateinamerika endgültig überholt.

- Multipolarität: Dieses konservative Szenario wäre eine Fortsetzung der derzeitigen Situation in den Amerikas: der MERCOSUR (+ Chile) im Süden, die NAFTA im Norden des Kontinents und darüber hinaus die übrigen subregionalen Integrationsräume Andengemeinschaft, CARICOM und SICA. Das würde bedeuten, dass zumindest mittelfristig keine panamerikanische Freihandelszone ALCA entstehen wird. Gleichzeitig könnte es zu einer Polarisierung zwischen einem stärker an der EU orientierten MERCOSUR und einer US-dominierten NAFTA kommen.

• Unipolarität: Dieses Szenario würde eine US-amerikanische Hegemonie auf dem Kontinent durch die Verwirklichung des ALCA und der De-facto-Annektion des MERCOSUR bedeuten. Trotz aller noch ausstehenden technischen Hindernisse und der grundsätzlichen Probleme einer Verhandlungsführung zwischen 34 Staaten wird die Bewilligung der *Trade Promotion Authority* in den USA diesen Prozess zweifellos erheblich bescheunigen. Damit wird auch der wirtschaftliche Protagonismus der USA auf dem Kontinent gestärkt, was wiederum automatisch zu einer Schwächung des MERCOSUR und der derzeitigen brasilianischen Führungsrolle beitragen dürfte.

Anhang 1: Statistische Angaben

Basisdaten MERCOSUR-Staaten (+ assoziierte) 1998/99

	Einw. 1998 (Mio.)	BIP, 1999	BIP pro Kopf	BIP (%)	HDI, 1998	Rang HDI, LA
Argentinien	36.130	233.312	6.392	-3,50%	0,888	3
Brasilien	165.521	534.899	3.180	0,50%	0,809	9
Paraguay	5.223	7.547	1.409	0%	0,707	14
Uruguay	3.238	11.278	3.404	-2,50%	0,885	4
Bolivien	7.958	7.786	956	1%	0,593	17
Chile	14.828	59.091	3.938	-1,50%	0,893	1

Quelle: IRELA: www.irela.org/datarela, 1999.

Direktinvestitionen 1995-1999 (in Mio. US-Dollar)

	1995	1996	1997	1998	1999	Anteil LA 1999 (%)
Argentinien	5.279	6.513	8.094	6.150	21.000	26,90%
Brasilien	4.859	11.200	19.650	31.913	31.000	39,70%
Paraguay	155	246	270	256	100	0,30%
Uruguay	157	137	126	164	100	0,30%
Bolivien	393	474	731	872	800	1%
Chile	2.957	4.634	5.219	4.638	8.900	11,40%
MERCOSUR	13.800	23.204	34.090	43.993	61.900	79%

Quelle: IRELA: www.irela.org/datarela, 1999.

100

Exporte des MERCOSUR, 1991-1999 (in Mio. US-Dollar)

	1991	1992	1993	1994	1995	1996	1997	1998	1999	in %
Intra-MERCOSUR	5.103	7.214	10.065	12.049	14.441	17.033	20.767	20.500	15.379	20,70
EU	14.790	15.310	14.447	16.743	17.975	18.090	19.340	20.076	19.021	25,60
USA	7.801	8.615	9.501	10.876	10.768	11.461	11.830	12.288	13.650	18,40
Andenländer	1.908	2.287	2.507	2.704	3.440	3.134	3.959	3.979	2.796	3,80
Japan	3.035	2.708	2.795	3.053	3.579	3.586	3.661	2.875	2.762	3,70
Chile	1.235	1.600	1.796	2.072	2.757	2.888	3.202	2.984	2.807	3,80
Mexiko	1.023	1.392	1.258	1.374	656	962	1.078	1.291	1.408	1,90
ASEAN	1.322	1.347	1.493	1.699	2.360	2.360	2.203	1.357	1.429	1,90
China	575	679	1.030	1.154	1.614	1.837	2.082	1.663	1.246	1,70
Andere	9.120	9.333	9.153	10.403	12.906	13.595	15.359	14.435	13.817	18,60
Gesamtausfuhr	45.912	50.485	54.045	62.127	70.496	74.946	83.481	81.448	74.315	100

Quelle: Centro de Economía Internacional, Buenos Aires (http://cei.mrecic.gov.ar).

Importe des MERCOSUR, 1991-1999 (in Mio US-Dollar)

	1991	1992	1993	1994	1995	1996	1997	1998	1999	in %
Intra-MERCOSUR	5.097	7.282	9.059	11.708	13.972	17.151	20.699	20.905	16.015	20,00
EU	7.181	8.664	10.546	15.703	19.595	21.928	25.778	26.479	22.870	28,60
USA	6.818	7.831	9.495	11.550	15.128	17.106	20.985	20.555	17.337	21,70
Andenländer	1.129	963	903	1.219	1.649	2.006	2.096	1.667	1.863	2,30
Japan	2.045	2.487	2.854	3.671	4.299	3.731	5.080	5.021	3.784	4,70
Chile	791	942	989	1.259	1.731	1.596	1.801	1.629	1.432	1,80
Mexiko	424	605	596	641	1.248	1.554	1.872	1.648	1.157	1,40
ASEAN	182	284	419	774	1.116	1.210	1.742	1.866	1.507	1,90
China	124	544	780	1.219	1.682	1.876	2.258	2.280	1.948	2,40
Andere	8.537	9.259	10.541	12.057	15.288	15.322	16.682	13.664	12.126	15,10
Gesamteinfuhr	32.328	38.861	46.182	59.801	75.708	83.480	98.993	95.714	80.039	100

Quelle: Centro de Economía Internacional, Buenos Aires (http://cei.mrecic.gov.ar).

Literaturverzeichnis

Bouzas, Roberto/Soltz, Hernán (2002): Instituciones y mecanismos de decisión en procesos de integración asimétricos: el caso MERCOSUR. Arbeitspapier Nr. 1. Hamburg: Institut für Iberoamerika-Kunde.

--- (1999a): Mercosur´s Externa Trade Negotiations: Dealing with a Congested Agenda. In: Roett, R. (Hrsg.): MERCOSUR: Regional Integration, World Markets. Boulder/London: Lynne Rienner, S. 81-95.

--- (1999b): Las Perspectivas del MERCOSUR: desafíos, escenarios y alternativas para la próxima década. In: Campbell, J. (Hrsg.): MERCOSUR. Entre la realidad y la utopía. Buenos Aires: Centro de Economía Internacional (CEI)/ Nuevohacer, S. 533-571.

Bulmer-Thomas, Victor (2000): The European Union and MERCOSUR: Prospects for a Free Trade Agreement. In: Journal of Interamerican Studies and World Affairs, Vol. 42, Nr. 1 (2000), S. 1-22.

Campbell, Jorge (Hrsg.) (1999): MERCOSUR. Entre la realidad y la utopía. Buenos Aires: Centro de Economía Internacional (CEI)/Nuevohacer, 1999.

Cason, Jeffrey (2000): On the Road to Southern Cone Economic Integration. In: Journal of Interamerican Studies and World Affairs, Vol. 42, Nr. 1 (2000), S. 23-39.

CIEDLA/IRELA (2000): La institucionalización del MERCOSUR: una tarea pendiente. Resumen del estudio de CIEDLA/IRELA. Buenos Aires, Madrid.

Grabendorff, Wolf (1999): Mercosur and the European Union: From Cooperation to Alliance. In: Roett, R. (Hrsg.): MERCOSUR: Regional Integration, World Markets. Boulder/London: Lynne Rienner, S. 95-111.

Gratius, Susanne (1999): Una tregua. La controversia agraria en las relaciones UE-Mercosur. In: Desarrollo & Cooperación (D+C), Nr. 5 (1999), Bonn, S. 18-20.

--- (2001): Zehn Jahre MERCOSUR: Der Anfang vom Ende einer Erfolgsgeschichte? (zusammen m. Horacio Coronado). In: Brennpunkt Lateinamerika Nr. 4 (2001).

Holtz, Eva (1999): El efecto samba en el MERCOSUR. In: Capítulos del SELA (América Latina en la crisis financiera internacional), Nr. 56 (1999), Caracas, S. 117-133.

IRELA (1998): Preparando la asociación UE-MERCOSUR: beneficios y obstáculos. Informe de IRELA. Madrid: IRELA.

--- (1999): MERCOSUR-Unión Europea: dinámicas y prospectivas de una asociación creciente. Informe de IRELA. Madrid: IRELA.

--- (2000): Las negociaciones Unión Europea-MERCOSUR: el largo camino hacia la liberalización comercial. Informe de IRELA. Madrid: IRELA.

Lerman Alperstein, Aída (1999): Mercosur, Estados Unidos y el ALCA. In: Comercio Exterior, Vol. 49, Nr.°11 (noviembre 1999), México D.F., S. 970-976.

Pena, Félix (1999): Broadening and Deepening: Striking the Right Balance. In: Roett, R. (Hrsg.) (1999): MERCOSUR: Regional Integration, World Markets. Boulder/London: Lynne Rienner, S. 49-63.

Roett, Riordan (Hrsg.) (1999): MERCOSUR: Regional Integration, World Markets. Boulder/London: Lynne Rienner, 1999.

Sangmeister, Hartmut (1999a): Der Mercosul – eine Zwischenstufe der Globalisierung? In: Lateinamerika. Analysen–Daten–Dokumentation, Nr. 40 (1999), S. 78-93.

--- (1999b): Der MERCOSUR in der Krise? Das Integrationsprojekt in Südamerika steht vor schwierigen Herausforderungen. In: Brennpunkt Lateinamerika Nr. 9 (1999).

Schirm, Stefan A. (1998): Globale Märkte, nationale Politik und regionale Kooperation in Europa und den Amerikas. Baden-Baden: Nomos-Verlag.

Sistema Económico Latinoamericano (SELA) (2000): Las relaciones comerciales entre la Unión Europea y el MERCOSUR en el actual contexto internacional. SP/STNCM/Di 2000 (Nr. 4), Caracas (abgedruckt in www.sela.org).

Taccone, Juan José/Nogueira, Uziel (Hrsg.) (2000): Informe MERCOSUR Nr. 5 (período 1998-1999). Buenos Aires: Instituto para la Integración de América Latina y el Caribe (INTAL).

Henning Effner

Die Andengemeinschaft:
Scheitern eines Integrationsmodells?

1. Vom Andenpakt zur Andengemeinschaft:
Neue Impulse für die regionale Zusammenarbeit

Die Andengemeinschaft stellt einerseits das wohl ehrgeizigste Projekt regionaler Zusammenarbeit in Lateinamerika dar, andererseits aber auch dasjenige, was sich bei der Verfolgung seiner Ziele mit den meisten Schwierigkeiten konfrontiert sah. Die bereits 1969 unter dem Namen Andenpakt gegründete Gemeinschaft verstand sich von Anfang an nicht nur als wirtschaftlicher Zusammenschluss, sondern auch als politisches Bündnis. Gemeinsame Entwicklungsprojekte und politische Koordination gehörten daher ebenso zu der integrationspolitischen Zielsetzung wie die Handelsliberalisierung zwischen den Mitgliedsländern. Die fünf Staaten – Bolivien, Ekuador, Kolumbien, Peru und Venezuela – setzten sich ehrgeizige Ziele: Neben der Bildung einer Freihandelszone und einer Zollunion mit einem gemeinsamen Außenzoll umfasste das Integrationsprojekt die Etablierung eines gemeinsamen Systems für industrielle Planung, eine gemeinsame Politik der Behandlung ausländischen Kapitals, die Harmonisierung der Wirtschaftspolitiken sowie den Aufbau gemeinsamer Institutionen (Schirm 1997: 35ff.).

Zwar führten Zollsenkungen in den 70er Jahren zunächst zu einer beachtlichen Steigerung des intraregionalen Handels, jedoch stand einem weiteren Ausbau der Handelsbeziehungen die binnenorientierte, auf Importsubstitution ausgerichtete Wirtschaftsstrategie der Mitgliedsstaaten entgegen. Bis auf Anfangserfolge im Handelsbereich konnten die Zielsetzungen daher nicht erfüllt werden (Schirm 1997: 36).

In den 80er Jahren führten die mit der Verschuldungskrise einhergehenden Zahlungsbilanzprobleme und Wirtschaftskrisen zu einer generellen Missachtung der Integrationsverpflichtungen, so dass die regionale Zusammenarbeit praktisch zum Erliegen kam. Erst gegen Ende der 80er Jahre kam wieder Bewegung in das Integrationsprojekt: Zum einen konnte durch eine Reihe neuer Abkommen die integrationspolitische Stagnation überwunden werden, zum anderen stimulierten marktwirtschaftliche Reformen, Wirtschaftswachstum und die außenwirtschaftliche Öffnung der Mitgliedsländer den Handelsaustausch. Dennoch geriet der Andenpakt bereits in der ersten Hälfte der 90er Jahre erneut in eine institutionelle und politische Krise, verursacht u.a. durch den peruanisch-ekuadorianischen Grenzkonflikt und den zeitweiligen Austritt Perus aus dem Bündnis (Bodemer 2000: 45f.).

Als Reaktion starteten die Mitglieder Mitte der 90er Jahre einen weiteren Versuch, den Integrationsprozess zu reaktivieren. Die Errichtung einer Freihandelszone, Zollunion und eines Gemeinsamen Andinen Marktes (*Mercado Común Andino*) wurde vereinbart, die institutionelle Struktur mit dem Andinen Integrationssystem (*Sistema Andino de Integración*) reformiert und 1996 der Andenpakt in Andengemeinschaft (*Comunidad Andina de Naciones* – CAN) umbenannt (Bodemer 2000: 46).

Fraglich ist, ob mit dem Prozess der außenwirtschaftlichen Öffnung, den Reformen der 90er Jahre und der symbolischen Umbenennung des Bündnisses tatsächlich ein integrationspolitischer Neuanfang verbunden gewesen ist, der die Überwindung bisheriger Kooperationshindernisse ermöglicht hat. Haben die neuen Impulse für die regionale Zusammenarbeit nachhaltige Wirkung entfaltet, oder sind die dem Integrationsprozess immanenten Probleme derart gravierend, dass sie auch im Rahmen eines neuen „offenen" Regionalismus nicht gelöst werden können?

Die Frage nach den Erfolgsaussichten und der Zukunftsfähigkeit der Andengemeinschaft stellt sich umso mehr angesichts der laufenden Verhandlungen zur Bildung einer panamerikanischen Freihandelszone, die im Jahr 2005 abgeschlossen sein sollen. Die kommenden Jahre könnten die letzte Gelegenheit sein, die Integration der fünf Andenländer zu verwirklichen. Denn sollten auch weiterhin keine entscheidenden Integrationsfortschritte erzielt werden, läuft die Andengemeinschaft Gefahr, sich in einer zukünftigen panamerikanischen Freihandelszone aufzulösen.

2. Stand und Ziele des Integrationsprozesses: Die Kluft zwischen Anspruch und Wirklichkeit

Die Andengemeinschaft (CAN) lässt sich heute als eine noch nicht vollendete Freihandelszone und unvollkommene Zollunion charakterisieren. Obwohl in den 90er Jahren der Prozess der Handelsliberalisierung vorangetrieben wurde, herrscht noch immer kein vollständiger Freihandel. Peru, das nach dem Staatsstreich Fujimoris 1992 seine Mitgliedschaft in der Gemeinschaft suspendiert hatte, trat erst 1997 wieder dem Bündnis bei und wird seitdem schrittweise reintegriert. Die vollständige Wiedereingliederung Perus in die

Freihandelszone soll bis zum Jahr 2005 durch graduelle Zollreduzierungen erfolgen (CAN 2002a). Auch zwischen Bolivien, Kolumbien, Ekuador und Venezuela herrscht nur eingeschränkter Freihandel, da Agrar- und Automobilsektor speziellen Regelungen unterworfen sind. Abgesehen davon existieren nach wie vor eine ganze Reihe nicht-tarifärer Handelshemmnisse, bei deren Beseitigung bisher nur wenig Fortschritte erzielt wurden (BID-INTAL 2002a: 9ff.)

Die CAN hat 1995 einen gemeinsamen Außenzoll eingeführt, der höchstens 20% betragen und aus nur vier verschiedenen Niveaus (5%, 10%, 15% und 20%) bestehen soll (CAN 2002b). Bolivien wendet jedoch einen nationalen Außenzoll an, der zwischen 5% – 10% liegt. Für Ekuador wurde eine Ausnahmeregelung getroffen, die es dem Land erlaubt, bei etwa 1000 Produkten um bis zu 5%-Punkte vom gemeinsamen Außenzoll abzuweichen. Für Peru wiederum ist eine Angleichung der Außenzölle erst für das Jahr 2005 vorgesehen, wenn das Land wieder in die Freihandelszone integriert ist (SE-LA 2001: 41). Darüber hinaus gibt es für jedes Land Ausnahmelisten mit besonders sensiblen Produkten, die vom gemeinsamen Außenzoll ausgenommen sind. Da die Bildung einer Zollunion erst 1995 beschlossen wurde, existieren zudem eine Reihe bilateraler Freihandels- und Zollpräferenzabkommen, die die einzelnen Mitgliedsländer zuvor mit Drittstaaten abgeschlossen hatten. Diese sind weiterhin gültig und durchlöchern den gemeinsamen Außenzoll zusätzlich (BID-INTAL 2002a: 11ff.). Angesichts der zahlreichen Ausnahmen, Übergangsregelungen und bilateraler Abkommen mit Drittstaaten kann kaum von einem gemeinsamen Außenzoll gesprochen werden, allenfalls von einer unvollkommenen Zollunion zwischen Kolumbien, Venezuela und Ekuador. Umso schwieriger dürfte daher das Ziel zu erreichen sein, bereits bis zum Ende des Jahres 2003 die zahlreichen Lücken im gemeinsamen Außenzoll zu schließen (BID-INTAL 2002b).

Ein weiteres erklärtes Ziel der Andengemeinschaft ist es, bis zum Ende des Jahres 2005 einen gemeinsamen Markt zu errichten (CAN 2002c), also nicht nur den freien Verkehr von Waren, sondern auch von Dienstleistungen, Kapital und Personen zu ermöglichen. Dieses Ziel liegt in weiter Ferne und erinnert an die schon aus Zeiten des Andenpakts bekannte Diskrepanz zwischen integrationspolitischen Absichtserklärungen und deren tatsächlicher Umsetzung.

3. Die Andengemeinschaft als Krisenregion: Integration unter den Bedingungen politischer und wirtschaftlicher Instabilität

Die Probleme des andinen Integrationsprozesses sind zum großen Teil auf innerstaatliche Faktoren zurückzuführen. Die Länder der Andengemeinschaft haben sich in den 90er Jahren immer mehr zu einer Krisenregion entwickelt, die mit demokratischer Instabilität, schweren Wirtschaftskrisen, bewaffneten internen Auseinandersetzungen und einem sich regionalisierenden Drogenproblem zu kämpfen hat. Zunehmende soziale Konflikte, Korruption und Kriminalität sind Ausdruck der enormen wirtschaftlichen Probleme der Region und tragen ihrerseits zum Legitimitätsverlust der demokratischen Systeme bei. Letztere wiederum sind aufgrund der erhöhten Anfälligkeit der von Armut und Gewalt betroffenen Bevölkerung für populistische Strömungen zunehmend gefährdet.

So haben Bolivien und Ekuador unter wiederkehrenden schweren sozialen Protesten und Unruhen zu leiden, wobei in Ekuador die wirtschaftliche Dauerkrise seit Mitte der 90er Jahre zu einer zunehmenden Destabilisierung des politischen Systems führte (Steinhauf 2000a: 64ff.). Peru litt nach dem *autogolpe* Fujimoris 1992 bis zu dessen Flucht im November 2000 unter einer autoritären Herrschaft, von deren Folgen es sich nur langsam erholt. Das politische System des Landes ist noch labil und der Wiederaufbau der demokratischen Institutionen eine enorme Herausforderung (Steinhauf 2000b). Kolumbien wiederum sieht sich durch den bewaffneten Kampf der Guerilla und Paramilitärs seit langem mit gravierenden Problemen der Regierbarkeit konfrontiert. Nach Jahren des erfolglosen Dialogversuchs mit der Guerilla und dem Scheitern des Friedensprozesses steht das Land mit der Wahl des *hardliners* Álvaro Uribe zum neuen Präsidenten vor einer Ausweitung des innerstaatlichen Konflikts (Kurtenbach 2002; Laute 2002). Auch Venezuela hat mit internen Problemen zu kämpfen: Die ehemals stabile Demokratie ist unter die unberechenbare Führung des ehemaligen Putschisten und populistischen Präsidenten Hugo Chávez geraten, dessen zunehmend autoritärer Regierungsstil zu einer Radikalisierung des politischen Diskurses geführt hat. Da auch nach dem gescheiterten Sturz der Regierung im April 2002 sowohl Gesellschaft als auch Militär in Befürworter und Gegner von Chávez gespalten sind, ist eine weitere Verschärfung der konträren politischen Standpunkte nicht auszuschließen (FES 2002; Welsch/Werz 2002).

Einerseits kann auf derart instabilen politischen Verhältnissen kaum das Fundament eines erfolgreichen regionalen Integrationsprozesses aufgebaut werden. Andererseits ist umgekehrt die Andengemeinschaft bisher nicht in der Lage gewesen, die Wahrung demokratischer Prinzipien von den Regierungen der Mitgliedsländer einzufordern, wie dies etwa die Mercosur-Staaten bei der innenpolitischen Krise in Paraguay im Jahr 1999 erfolgreich taten. Dass es der CAN an entsprechenden Einflussmöglichkeiten mangelt, zeigte sich beim Staatsstreich Fujimoris in Peru 1992: Nachdem die anderen Staaten des Andenpakts eine distanzierte Haltung gegenüber Fujimori einnahmen und Venezuela aus Protest die diplomatischen Beziehungen zu Peru abbrach, reagierte Fujimori mit dem Austritt aus dem Integrationsbündnis (Mattli 1999: 157). Dies verdeutlicht nicht nur den Mangel an effektiven Sanktionsmitteln seitens der Andengemeinschaft, sondern auch den geringen Stellenwert regionaler Zusammenarbeit in den Mitgliedsländern. Zweifel bestehen deshalb, ob der *Compromiso de la Comunidad Andina por la Democracia*, den die Staaten der CAN im Juni 2000 verabschiedeten, tatsächlich einen Beitrag zur Konsolidierung der Demokratien leisten kann: Die Vereinbarung sieht bei einem Umsturz der demokratischen Ordnung in einem Mitgliedsstaat den zwangsweisen Ausschluss aus dem Bündnis vor (CEPAL 2002: 107).

Abgesehen von den instabilen politischen Verhältnissen werden Fortschritte bei der regionalen Kooperation durch wirtschaftliche Krisen in den Mitgliedsländern erschwert. So werden in ökonomisch schwierigen Zeiten vor allem nicht-tarifäre Handelshemmnisse verhängt, die die Konsolidierung der Freihandelszone unterminieren und zu einer generellen Verunsicherung der Wirtschaftssubjekte führen. Die Anwendung derartiger Maßnahmen ist nur schwer zu kontrollieren, da sie zumeist ohne vorherige Konsultationen mit den Integrationspartnern verhängt werden.

4. Der kolumbianische Konflikt: Ein regionales Problem ohne regionale Lösungsansätze

Verschärft werden die politischen und wirtschaftlichen Instabilitäten durch den internen Konflikt in Kolumbien, der sich mittlerweile auch für die Nachbarländer zu einem gravierenden Sicherheitsproblem entwickelt hat. Drogenhandel und Waffenschmuggel machen an den durchlässigen Grenzen Kolumbiens zu seinen Nachbarstaaten nicht halt. Die zunehmende Regionalisierung des Konflikts äußert sich zudem in ansteigenden Flüchtlingsströmen sowie in Grenzüberschreitungen von Guerillatruppen, die die Grenzregionen als Ruheräume und Rückzugsgebiete nutzen. Dies hat die Militarisierung dieser Gebiete zur Folge, da die Nachbarstaaten zur Sicherung ihrer Grenzen verstärkt Truppen dorthin verlegen (Sweig 2002: 137f; Benecke/Loschky 2001: 22f.).

Die im Rahmen des *Plan Colombia* gewährte militärische Unterstützung der USA für die kolumbianische Regierung wird von den Nachbarstaaten mit Sorge betrachtet, da sie befürchten, dass die US-Militärhilfe sowohl zu einer weiteren Eskalation der Gewalt in Kolumbien und einem verstärkten Übergreifen des Konfliktes auf ihr Territorium führen als auch eine Verlagerung des Drogenanbaus auf ihr Gebiet als Folge verstärkter Vernichtung von Anbauflächen in Kolumbien zur Folge haben könnte (Benecke/Loschky 2001: 22f.). Als entschiedener Gegner des *Plan Colombia* und des militärischen Engagements der USA in Kolumbien hat sich Venezuelas Präsident Hugo Chávez hervorgetan, der zudem die kolumbianische Regierung wiederholt für ihr Vorgehen im Guerilla-Konflikt kritisierte, – ein Grund dafür, dass sich die traditionell sehr engen venezolanisch-kolumbianischen Beziehungen seit Chávez Machtübernahme verschlechtert haben (Hakim 2001: 55f.). Denn während Venezuela im Hinblick auf den internen Konflikt in Kolumbien traditionell auf Seiten der kolumbianischen Regierung stand, verhält sich die venezolanische Regierung nun offiziell neutral. Angeblich unterhält Chávez sogar regelmäßige Kontakte zur kolumbianischen Guerilla. Für eine nicht nur ideologische, sondern auch materielle Unterstützung gibt es bislang zwar keine Beweise, jedoch belasten Chávez undurchsichtige Verbindungen zur den Guerillagruppen die Beziehungen zum Nachbarland erheblich (Sweig 2002: 137f.).

Die Andengemeinschaft ist im kolumbianischen Konflikt bisher kaum aktiv geworden. Insgesamt scheint in den Nachbarstaaten mehr Besorgnis über ein Überschwappen der Gewalt auf eigenes Territorium zu bestehen als ein Interesse an der Lösung des eigentlichen Konfliktes. Hinsichtlich des sich regionalisierenden Drogenproblems sind die Präsidenten der Andengemeinschaft im April 2001 zwar übereingekommen, eine gemeinsame Anti-Drogen-Strategie zu entwickeln (CAN 2002d), ob dieser Absichtserklärung aber praktische Maßnahmen folgen werden, ist fragwürdig.

Eine grundlegende Stabilisierung Kolumbiens und der Andenregion wird ohne externe Hilfe kaum möglich sein. Notwendig wären daher regionale Lösungsansätze, die auf internationale Unterstützung bauen und sowohl die USA und die EU als auch andere lateinamerikanische Staaten wie Brasilien und Mexiko einzubeziehen suchen (RECAL 2001b: 22f.). Mit der Entwicklung derartiger Lösungskonzepte ist die Andengemeinschaft jedoch überfordert.

5. Die intraregionalen Handelsbeziehungen: Mangelnde wirtschaftliche Interdependenz

Ein Integrationsprozess ist umso tragfähiger, je höher die Dichte der Handelsbeziehungen ist. Die mit zunehmender wirtschaftlicher Vernetzung entstehenden gegenseitigen Abhängigkeiten stärken den wirtschaftlichen Zusammenhalt und erzeugen Anreize zur Vertiefung der Zusammenarbeit.

In der Andengemeinschaft führten Zollsenkungen Anfang der 90er Jahre zu einer starken Zunahme im Handelsverkehr. Die intraregionalen Warenausfuhren stiegen von 1990 bis 1995 von US$ 1,3 Mrd. auf rund 4,7 Mrd. (BID-INTAL 2001a: Tabelle 3). Auch die *relative* Bedeutung des regionalen Marktes nahm zu: Gingen 1990 erst 4,2% der Exporte der fünf Staaten in andere Mitgliedsländer, waren es 1995 schon 12,4% (Abbildung 1). Jedoch hat sich der Intra-Block-Handel als krisenanfällig erwiesen und in der zweiten Hälfte der 90er Jahre an Dynamik verloren. Vor allem aufgrund negativer Einflüsse externer Krisen wurde der Trend zur wachsenden handelspolitischen Verflechtung zeitweilig unterbrochen. Zwar erreichten die intraregionalen Ausfuhren im Jahr 2001 mit einem Volumen von US$ 5,6 Mrd. (CAN 2002e) einen neuen Höchststand, angesichts des geringen Ausgangswertes ist der Anstieg seit 1990 insgesamt aber wenig spektakulär. Zudem lässt sich die Zunahme des Handelsaustauschs Anfang der 90 Jahre eher als eine Normalisierung der Handelsbeziehungen nach dem verlorenen Jahrzehnt der 80er Jahre interpretieren, also als eine einmalige Expansion des Warenaustauschs, dessen Wiederholung für die Zukunft nicht zu erwarten ist (Sunkel 2000: 70).

Abbildung 1: Intraregionale Exporte in der Andengemeinschaft

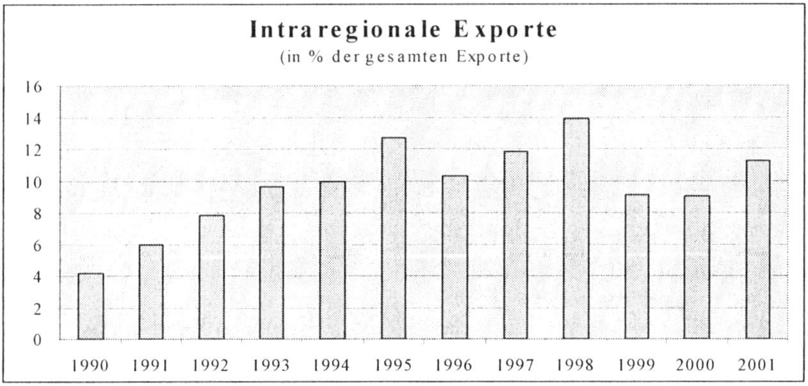

Quelle: BID-INTAL 2001a; CAN 2002e.

Der Zunahme des intraregionalen Güteraustauschs ist zu einem großen Teil auf den Anstieg des kolumbianisch-venezolanischen Handels zurückzuführen, der im Jahr 2001 bereits 43,5% des gesamten Warenaustauschs innerhalb der Region ausmachte (CAN 2002f.). Die Andengemeinschaft besteht somit vor allem aus den bilateralen Beziehungen zwischen Kolumbien und Venezuela, während die Handelsverflechtung zwischen den übrigen Ländern der Andengemeinschaft weit weniger ausgeprägt ist.

Hervorzuheben ist, dass die *relative* Bedeutung der Andengemeinschaft als Absatzmarkt für ihre Mitgliedsstaaten gering geblieben ist. So gingen im Jahr 2001 lediglich 11,2% der Gesamtexporte der fünf Staaten in die Partnerländer. Verglichen mit anderen Wirtschaftsblöcken ist dies ein sehr niedriger Wert. So wies die Andengemeinschaft im Jahr 2000 von allen Integrationsgemeinschaften in der westlichen Hemisphäre den geringsten Anteil der intraregionalen Exporte an den Gesamtausfuhren auf. Besonders hoch war dieser Anteil mit 56,7% in der NAFTA, aber auch im Mercosur (20,9%), im Gemeinsamen Mittelamerikanischen Markt (20,1%) und in der Karibischen Gemeinschaft (15,4%)[1] war der regionale Markt von größerer Bedeutung als in der Andengemeinschaft (9,1%) (BID-INTAL 2001a: Tabelle 3). In dieser schwachen Handelsverflechtung liegt ein grundlegendes Problem des andinen Integrationsprozesses: Weil dieser nicht auf einer relevanten Interdependenz in den gegenseitigen Handelsbeziehungen aufbauen kann, werden integrationspolitische Vereinbarungen oft ignoriert und die Anreize für eine Vertiefung der Zusammenarbeit bleiben gering.

Die wichtigsten Handelspartner lagen und liegen außerhalb des Integrationsraumes. Überragend ist dabei die Bedeutung der NAFTA-Länder, in die im Jahr 2001 mit 46,2% ein Großteil der Exporte der Andengemeinschaft ging, gefolgt von der EU mit 11,9% und dem Mercosur mit 3,6% (CAN 2002e). Betrachtet man die fünf Länder getrennt, zeigen sich im Hinblick auf die geographische Ausrichtung ihrer Exporte allerdings erhebliche Unterschiede. Während die nördlichen Andenstaaten – Kolumbien, Venezuela und Ekuador – vor allem zu den USA und Mexiko starke Handelsbeziehungen unterhalten, orientiert sich Bolivien stärker Richtung Mercosur, mit dem es mehr Handel betreibt als mit der Andengemeinschaft (CAN 2002e). Der Zusammenschluss Kolumbiens und Venezuelas mit Mexiko in der Gruppe der Drei (G-3) und die Assoziation Boliviens mit dem Mercosur spiegeln somit einerseits die divergierenden Außenhandelsstrukturen der einzelnen Mitgliedsstaaten wider und verdeutlichen andererseits die im Vergleich zum eigenen Integrationsraum höhere Attraktivität der NAFTA-Länder bzw. des Mercosur.

Eine weitere Intensivierung der Handelsverflechtung innerhalb der CAN wird sowohl durch noch bestehende tarifäre und nicht-tarifäre Handelshemmnisse erschwert als auch durch nicht-komplementäre Produktionsstrukturen, den allgemeinen technologischen Rückstand sowie der geringen Größe des regionalen Markts, der die Realisierung von Skaleneffekten begrenzt.

Eine weitere Hürde stellen die geographischen Gegebenheiten der Andenregion dar, die eine Verbesserung der physischen Integration der Mitgliedsstaaten erschweren. Die mangelhafte grenzüberschreitende Infrastruktur in den Bereichen Transport, Energieversorgung und Telekommunikation führt zu hohen Kosten, die sich hemmend auf den regionalen Handelsaustausch auswirken. Die notwendigen Investitionen für die Bereitstellung einer modernen Infrastruktur sind enorm und können nur durch regionale Kooperation unter Einbeziehung privater Investoren aufgebracht werden (BID-INTAL

---

1 Daten nur für das Jahr 1997 verfügbar.

2002a: 27f.). Von großer Bedeutung ist daher die im September 2000 auf dem Gipfeltreffen der Präsidenten Südamerikas verabschiedete *Iniciativa para la Integración de la Infraestructura Regional Suramericana* (IIRSA), die die physische Vernetzung des Subkontinents vorantreiben und dadurch Produktivität und Wettbewerbsfähigkeit erhöhen soll. Die Initiative sieht die engere Vernetzung der nationalen Stromnetze, der Gas- und Erdölpipelines und die Schaffung von insgesamt zwölf Integrationsachsen auf dem Subkontinent vor, deren Finanzierung durch eine Kooperation der nationalen Regierungen mit dem Privatsektor und internationalen Finanzorganisationen (*Banco Interamericano de Desarrollo*, BID; *Corporación Andina de Fomento*, CAF) gewährleistet wird (Calcagnotto/Nolte 2000: 185f.).

6. Die Rolle der Institutionen: Katalysatoren des Integrationsprozesses oder bürokratische Selbstverwaltung?

Die Andengemeinschaft stellt das institutionell am weitesten entwickelte Bündnis auf dem amerikanischen Kontinent dar. In der über 30-jährigen Geschichte des andinen Integrationsprozesses wurden zahlreiche Gemeinschaftsorgane und ein umfassendes rechtliches Regelwerk errichtet. Dabei wurde die institutionelle Struktur im Laufe der Jahrzehnte mehrfach reformiert, zuletzt Mitte der 90er Jahre, als die verschiedenen Organe im Rahmen des *Sistema Andino de Integración* zusammengefasst wurden (Noto 2001: 4).

Die politische Führung der Integration obliegt dem Rat der Präsidenten (*Consejo Presidencial Andino*) und dem Rat der Außenminister (*Consejo Andino de Ministros de Relaciones Exteriores*). Der Rat der Präsidenten besteht aus den Staatschefs der fünf Mitgliedsländer, die sich einmal im Jahr treffen. Der Rat der Außenminister tritt zweimal im Jahr zusammen und verabschiedet Erklärungen und Entscheidungen, wobei letztere normsetzende Wirkung entfalten. Außerdem ist er für die Außen(handels)politik zuständig und schließt Vereinbarungen mit Drittstaaten. Unterstützt wird der Rat der Außenminister in seiner Arbeit durch die Kommission, die Entscheidungen vorbereitet und die Positionen der Mitgliedsländer in internationalen Verhandlungen koordiniert (Sánchez Avendaño 1999: 82ff.).

Als Exekutivorgan, das die Entscheidungen ausführt, fungiert das Sekretariat (*Secretaría General*) mit Sitz in Lima, das von einem auf fünf Jahre vom Rat der Außenminister gewählten Generalsekretär angeführt wird. Das Andenparlament (*Parlamento Andino*) kann Vorschläge zur Harmonisierung der nationalen Gesetzgebung machen, hat aber insgesamt nur wenig Einfluss auf die Entscheidungsfindung. Es bestand früher aus Entsandten der nationalen Kongresse, wird aber nach einer Reform 1997 direkt durch die Bürger der Mitgliedsländer gewählt. Der Andine Gerichtshof (*Tribunal de Justicia de la Comunidad Andina*) ist das rechtsprechende Organ der Gemeinschaft und letzte Instanz des Konfliktlösungsmechanismus. Dieser ist zweistufig aufgebaut: Bei Streitigkeiten zwischen den Staaten fungiert als erste Instanz das Sekretariat. Erst wenn hier kein Einvernehmen erreicht werden kann, entscheidet der Gerichtshof (SELA: 2001: 41; Sánchez Avendaño 1999: 82ff.).

Ergänzt wird die institutionelle Struktur durch ein umfangreiches Normengefüge, das im Laufe der Jahre errichtet wurde. Das wichtigste Merkmal dieser rechtlichen Regelungen ist deren Supranationalität, d.h. die Normen müssen nicht mehr durch die nationalen Parlamente in innerstaatliches Recht transformiert werden, sondern entfalten in den Mitgliedsstaaten unmittelbare Wirkung (Noto 2001: 4).

Die Institutionalisierung eines Integrationsprozesses kann integrationsfördernd wirken, wenn Institutionen als Katalysatoren regionaler Kooperation wirken und eine Initiativfunktion für das Vorantreiben der Zusammenarbeit übernehmen. Im Fall der Andengemeinschaft hat sich die fortgeschrittene institutionelle Entwicklung aber kaum auf den Integrationsprozess ausgewirkt, da die Schaffung supranationaler Instanzen nicht die gewünschte integrationspolitische Eigendynamik nach sich zog. Warum gehen keine Impulse von den regionalen Institutionen auf die Fortentwicklung der Zusammenarbeit aus?

Die CAN verfügt zwar auf dem Papier über ein umfangreiches System von Gemeinschaftsorganen, jedoch steht der hohe Institutionalisierungsgrad in einem krassen Gegensatz zu der mangelnden Bereitschaft der Mitgliedsstaaten, tatsächlich Souveränität auf die gemeinschaftlichen Instanzen zu übertragen. Soweit die regionalen Institutionen überhaupt mit eigener Handlungskompetenz ausgestattet sind, fehlt ihnen die entsprechende Befugnis, bei einer Missachtung der Regeln Zwangsmaßnahmen oder effektive Sanktionen gegen den jeweiligen Staat zu beschließen (BID-INTAL 2002a: Presentación). Beispielsweise sind die Mitgliedsstaaten zwar verpflichtet Entscheidungen des Gerichtshofs Folge zu leisten, jedoch verfügt dieser über keinerlei Sanktionsmechanismen zur Durchsetzung seiner Rechtsprechung. Entscheidungen der Gemeinschaftsorgane werden von den nationalen Regierungen und Behörden daher oft ignoriert (Cubillos 2001; Castro 2002).

Folglich haben sich die Institutionen realpolitisch als äußerst schwach erwiesen. Da sie keine Autonomie gegenüber den Nationalstaaten gewonnen haben, sind sie nicht in der Lage, eigenständige Interessen an der Vertiefung des Integrationsprozesses zu vertreten. Vor allem das Sekretariat konnte sich nicht zu einem supranationalen Organ entwickeln, das die Gemeinschaftsinteressen gegenüber den nationalen Interessen verteidigt (Sánchez Avendaño 1999: 84). Solange die Mitgliedsländer nicht bereit sind, auf Teile ihrer Souveränität zu verzichten und die gemeinschaftlichen Organe mit den notwendigen Befugnissen auszustatten, muss die Notwendigkeit einer derart umfangreichen institutionellen Struktur bezweifelt werden. Das gilt insbesondere für das Andenparlament: Die direkte Wahl seiner Abgeordneten steht in keinem Verhältnis zu seinen geringen Kompetenzen und wird dementsprechend in den Mitgliedsstaaten auch kaum zur Kenntnis genommen (Sánchez Avendaño 1999: 85f., 89f.).

Den Institutionen kommt somit vorwiegend die Funktion zu, in Krisenzeiten die Kontinuität der regionalen Zusammenarbeit zu sichern. Vor dem Hintergrund der schwierigen wirtschaftlichen und politischen Rahmenbedingungen des Integrationsprozesses bieten die Institutionen Foren der Koordination, die Verhandlungen erleichtern und den Fortgang von Gesprächen auch in Krisensituationen gewährleisten. Das ist zu wenig, um integrationsfördernd wirken zu können (Sánchez Avendaño 1999: 86, 91).

7. Die Rolle der Nationalstaaten: Der mangelnde politische Wille zur Integration und das Fehlen regionaler Führungsmächte

In Anbetracht der geringen intraregionalen Handelsverflechtung und der Schwäche der Gemeinschaftsorgane ist offensichtlich, dass in der Andengemeinschaft die intergouvernementale Komponente die tragende ist und somit jeglicher Integrationsfortschritt letztlich von der Unterstützung der nationalen Regierungen abhängt. Hier liegt daher das entscheidende Integrationshindernis: der mangelnde politische Wille der Staaten zu regionaler Zusammenarbeit (Rojas Jiménez 2000). Die enorme Diskrepanz zwischen diplomatischer Rhetorik und tatsächlicher Bereitschaft zur Umsetzung vereinbarter Maßnahmen spiegelt das fehlende *political commitment* der beteiligten Länder für den Integrationsprozess wider. Nationale Einzelinteressen genießen regelmäßig Vorrang vor gemeinsam beschlossenen Regeln und Zielen, und erklärten Absichten folgen zumeist keine entsprechenden rechtlichen und verwaltungstechnischen Maßnahmen auf nationalstaatlicher Ebene.

Der Erfolg von Integrationsprozessen hängt u.a. davon ab, ob sie verlässliche Informationen über das Verhalten der beteiligten Staaten vermitteln, Verhaltensnormen schaffen und deren Einhaltung nach den Regeln der Reziprozität einüben. In der CAN hat der Mangel an integrationspolitischer Verbindlichkeit im Vergleich zu den ehrgeizigen Zielen mittlerweile zu einem generellen Glaubwürdigkeitsproblem geführt. Dies gilt sowohl für die Perzeption des Bündnisses durch externe Beobachter als auch im Hinblick auf das Verhältnis der Teilnehmerstaaten untereinander. Innerhalb der Andengemeinschaft fehlt es an gegenseitigem Vertrauen, weil die Partnerländer stets befürchten müssen, dass gemeinsame Absprachen aufgrund mangelnder politischer Unterstützung der Regierungen nicht eingehalten werden oder deren Umsetzung an der unzureichenden Steuerungsfähigkeit der nationalen Behörden scheitert.

In der CAN ist die Bereitschaft, negative Auswirkungen der Handelsliberalisierung auf die eigene Wirtschaft vorübergehend in Kauf zu nehmen und ungleiche Kooperationsergebnisse zwischen den Mitgliedsstaaten zu akzeptieren, gering. Führen die Integrationsbemühungen nicht schnell genug zu erkennbaren nationalen Vorteilen, setzt in den meisten Ländern daher bald eine Integrationsmüdigkeit ein. Andererseits herrscht aber auch eine Abneigung gegen die Einrichtung von finanziellen Ausgleichsmechanismen, die eintretende Integrationsverluste abfedern könnten (Grabendorff 2002: 2f.).

In diesem Zusammenhang hat sich negativ ausgewirkt, dass die Andengemeinschaft nicht auf die Führung eines Mitgliedsstaates bauen konnte, der bereit gewesen wäre, anfängliche Integrationskosten zu tragen. Regionale Führungsmächte – wie Deutschland und Frankreich in der EU – können die Zusammenarbeit wesentlich erleichtern, indem sie die Schaffung gemeinsamer Regelungen vorantreiben und zunächst anfallende Integrationskosten übernehmen. So kann etwa die ungleiche Verteilung der Gewinne aus dem zusätzlichen Handelsaustausch durch die Finanzierung von Unterstützungsfonds und durch einseitige Zugeständnisse bei der Handelsliberalisierung ausgeglichen werden (Mattli 1999: 42).

In der CAN konnten Kolumbien und Venezuela eine derartige Funktion in der Vergangenheit nicht übernehmen. Zudem haben sich die Beziehungen zwischen diesen wirtschaftlich stärksten Ländern der Region seit Chávez' Amtsantritt verschlechtert. Ohne eine Führungsrolle dieser beiden Staaten wird es schwierig sein, Peru zu überzeugen, sich wieder voll in das Bündnis zu integrieren, Bolivien dazu zu bringen, sich stärker auf die Andengemeinschaft statt auf den Mercosur zu konzentrieren, und Ekuador dazu zu bewegen, seine geschützten Industrien mehr Wettbewerb auszusetzen und gegenüber dem regionalen Markt zu öffnen (BID-INTAL 2002a: Presentación).

Ein weiterer Schwachpunkt des Integrationsprozesses liegt in seiner unzureichenden gesellschaftlichen Verankerung. Dabei gibt es in der Andengemeinschaft durchaus erkennbare Ansätze einer Einbindung privater und zivilgesellschaftlicher Akteure, die Ausdruck dafür sind, dass unter regionaler Kooperation nicht nur wirtschaftliche Liberalisierung verstanden wird, sondern auch eine verstärkte politische, soziale und kulturelle Zusammenarbeit der Staaten (Bodemer 2000: 48). So sind u.a. ein *Consejo Laboral* und ein *Consejo Empresarial Andino* als Konsultativorgane der Gemeinschaft eingerichtet worden.

Insgesamt sind der gesellschaftliche Rückhalt innerhalb der Staaten und das regionale Bewusstsein des Integrationsprozesses aber zu schwach, um Rückschläge in der Zusammenarbeit aufzufangen. Da zudem keine starken und unabhängigen Gemeinschaftsinstitutionen vorhanden sind, die diesen

Mangel ausgleichen könnten, hängt der Integrationsprozess zu einem großen Teil vom Erfolg der jeweiligen „Präsidentendiplomatie" ab. Dies erweist sich dann als problematisch, wenn sich die Kooperationsbereitschaft der nationalen Entscheidungsträger infolge von Wahlen und neuen Regierungen kurzfristig verändert.

8. Die Koordinierung der Wirtschaftspolitiken: Ein neues Feld regionaler Kooperation

Makroökonomische Stabilität wird zunehmend als Voraussetzung für den Erfolg wirtschaftlicher Integration und die Intensivierung der intraregionalen Handelsbeziehungen angesehen. In der CAN hat in der Vergangenheit die unterschiedliche Entwicklung wichtiger makroökonomischer Variablen (Verschuldung, Inflation, Haushaltsdefizit, Wechselkurse) in den einzelnen Mitgliedsstaaten zu einer Unberechenbarkeit der wirtschaftlichen Rahmenbedingungen des Integrationsprozesses geführt. Makroökonomische Ungleichgewichte und unterschiedliche Wechselkursregime verursachten Wettbewerbsverzerrungen im Außenhandel, die sich hemmend auf den Warenaustausch auswirkten. Die Staaten der Andengemeinschaft bemühen sich deshalb seit Mai 1999 um eine Koordinierung ihrer nationalen Wirtschafts- und Währungspolitiken. Durch ein System makroökonomischer Konvergenz soll ein stabileres ökonomisches Umfeld geschaffen werden, in dem die Handelsbeziehungen weiter ausgebaut und die Zusammenarbeit vertieft werden kann. Angesichts der hohen Abhängigkeit von ausländischem Kapital erhofft man sich durch die wirtschaftliche Stabilisierung zudem Vorteile durch die Signale, die an die internationalen Finanzmärkte gesendet werden (CEPAL 2002: 20, 117ff.).

Die graduelle Harmonisierung der Wirtschafts- und Währungspolitik erfolgt durch die Festlegung gemeinsamer Zielwerte beim Haushaltsdefizit, der Staatsverschuldung und der Inflationsrate. Das erste Konvergenzkriterium wurde im Mai 1999 festgelegt: die Erreichung einer einstelligen Inflationsrate bis zum Ende des Jahres 2002. Im Juni 2001 kamen zwei weitere Kriterien hinzu: Ab dem Jahr 2002 soll das Haushaltsdefizit der Mitgliedsstaaten höchstens 3% des Bruttoinlandsprodukts (BIP) betragen. In einer Transitionsperiode von 2002-2004 ist allerdings ein Defizit von bis zu 4% möglich, und im Fall einer Rezession (zwei aufeinanderfolgende Trimester mit Negativwachstum) kann das Defizitkriterium an die jeweilige Haushaltslage angepasst werden. Die öffentliche Verschuldung (intern und extern) soll langfristig nicht höher als 50% des BIP liegen. Dieses Ziel soll bis zum Jahr 2015 erreicht werden (CAN: 2002g).

Die Kriterien sind zwar nicht vertraglich festgelegt, jedoch wird deren Einhaltung durch eine gemeinschaftliche Instanz (*Consejo Asesor*) kontrolliert, die aus den Wirtschafts- und Finanzministern sowie den Zentralbankpräsidenten der Mitgliedsstaaten besteht. Dieses bereits seit 1997 bestehende permanente Gremium treibt die Koordinierung der Wirtschafts- und Währungspolitiken voran, hat allerdings keine Möglichkeit, bei Verstößen gegen die Einhaltung der festgelegten Zielwerte Sanktionen auszusprechen (CEPAL 2002: 127ff.).

Aufgrund der langjährigen Stabilisierungsbemühungen hat sich die Heterogenität der einzelnen Volkswirtschaften bereits seit Anfang der 90er Jahre reduziert, was die Bemühungen um eine stärkere Konvergenz der makroökonomischen Entwicklung erleichtert hat. Im Hinblick auf die Konvergenzkriterien wurden vor allem bei der Reduzierung der Inflationsraten Fortschritte erzielt (BID-INTAL 2002a: 39ff.). Im Zeitraum von 1999 bis 2001 wiesen Bolivien, Kolumbien und Peru einstellige Preissteigerungsraten auf, und auch Ekuador kommt diesem Ziel näher. Nach der Dollarisierung der ekuadorianischen Wirtschaft sank dort die Inflationsrate im Jahr 2001 auf 22,4%, mit weiter fallender Tendenz. Venezuela konnte seine Inflationsrate von 1999 bis 2001 zwar von 20% auf 12,3% reduzieren, wird das Konvergenzziel im Jahr 2002 aber voraussichtlich verfehlen, da mit einem Anstieg der Preissteigerungsrate zu rechnen ist (DBLA 2002).

Ein Problem stellen nach wie vor die unterschiedlichen Wechselkurssysteme dar (Tabelle 1). Diese können zu verstärkten Wechselkursschwankungen zwischen den Mitgliedsstaaten führen, die wiederum erhebliche Veränderungen in den Handelsströmen bewirken. Die negativen Folgen für die Handelsbilanzen einzelner Länder ziehen dann zumeist protektionistische Maßnahmen der betroffenen Staaten nach sich, die den intraregionalen Handelsaustausch hemmen (BID-INTAL 2002a: 100).

Für eine weitreichende Abstimmung der Wechselkurspolitiken dürfte es zum einen an der Bereitschaft mangeln, auf ein solch herausragendes Steuerungsinstrument wie die Währungspolitik zu verzichten. Zum anderen sind die Voraussetzungen dafür aufgrund der immer noch enormen Heterogenität der einzelnen Volkswirtschaften nicht vorhanden. Solange jedes Land – wie im Jahr 2000 – unterschiedliche Wechselkursregime anwendet, bleibt daher lediglich die Möglichkeit durch eine allgemeine Wechselkursstabilisierung die Erwartungssicherheit der Wirtschaftssubjekte zu erhöhen und drastische Schwankungen in den Handelsströmen zu vermeiden.

Die wirtschafts- und währungspolitische Koordinierung als neues Feld regionaler Zusammenarbeit wirkt sich insgesamt stabilisierend auf den Integrationsprozess aus. Nach der Annäherung der Inflationsraten wird in Zukunft vor allem eine stärkere Harmonisierung der Fiskalpolitik notwendig sein. Grundsätzlich bleibt allerdings anzumerken, dass dauerhafte Erfolge bei der Abstimmung der Wirtschafts- und Währungspolitik ungewiss sind, da die makroökonomische Entwicklung in den einzelnen Staaten auch weiterhin aufgrund interner und externer Einflüsse erheblichen Schwankungen unterliegen kann (BID-INTAL 2002a: 50ff.).

Tabelle 1: Wechselkursregime der Mitgliedsstaaten

Jahr	Bolivien	Kolumbien	Ekuador	Peru	Venezuela
1990	KF	CP	CP	KF	KF
1991	KF	CP	CP	KF	KF
1992	KF	CP	KF	KF	CP
1993	CP	CP	KF	KF	CP
1994	CP	Bandbreite	Bandbreite	KF	CP/Fester WK
1995	CP	Bandbreite	Bandbreite	KF	Fester WK
1996	CP	Bandbreite	Bandbreite	KF	Bandbreite
1997	CP	Bandbreite	Bandbreite	KF	Bandbreite
1998	CP	Bandbreite	Bandbreite	KF	Bandbreite
1999	CP	Bandbreite	Bandbreite	KF	Bandbreite
2000	CP	Floating	Dollarisierung	KF	Bandbreite

KF: Kontrolliertes *Floating*

CP: *Crawling Peg* (regelmäßige Miniabwertungen)

Bandbreite: Wechselkurs schwankt innerhalb einer festgelegten Bandbreite

Fester WK: Fester Wechselkurs

Quelle: BID-INTAL, 2002a: 47.

9. Gemeinsame Außenhandelspolitik: Die Andengemeinschaft zwischen Mercosur und ALCA

Die Staaten der Andengemeinschaft sind übereingekommen, auf internationaler Ebene in Handelsfragen eine einheitliche Position zu vertreten. Ziel ist es, mittels einer gemeinsamen Außenhandelspolitik die wirtschaftlichen Kräfte zu bündeln und durch eine enge politische Koordinierung das Gewicht des Bündnisses in internationalen Verhandlungen zu vergrößern. Hier besteht jedoch ein grundsätzlicher Widerspruch: Eine gemeinsame Außenhandelspolitik kann nicht konsequent betrieben werden, solange es den einzelnen Mitgliedsstaaten erlaubt ist, unilateral Handelsabkommen mit Drittstaaten zu schließen.

So haben sich Venezuela und Kolumbien mit Mexiko in der Gruppe der Drei (G-3) zusammengetan und orientieren sich verstärkt in Richtung Zentralamerika und Karibik, während sich Bolivien 1996 mit dem Mercosur assoziiert hat. Venezuelas Präsident Chávez hat im Mai 2002 die Aufnahme seines Landes in den Mercosur beantragt, jedoch will er die Annäherung an Venezuela zunächst im Rahmen der laufenden Verhandlungen über die Bildung einer interregionalen Freihandelszone zwischen der CAN und dem Mercosur suchen. Falls sich nach Bolivien auch Venezuela mit dem Mercosur assoziieren sollte, bleibt kaum noch Raum für die Andengemeinschaft (BID-INTAL 2001b: 4).

Eine gemeinsame Außenhandelspolitik wird bisher nur ansatzweise verfolgt. Zwar haben die Länder Fortschritte bei der Formulierung gemeinsamer Standpunkte in internationalen Verhandlungen gemacht, jedoch mangelt es an einem gemeinsamen Außenzoll, der als Basis für eine einheitliche Position der Staaten dienen könnte. Zudem sind die zahlreichen bi- und trilateralen Präferenzabkommen bzw. Freihandelsverträge unterschiedlicher Reichweite und Rechtsnatur, die die Andenländer mit extra-regionalen Partnern geschlossen haben, nur schwer zu harmonisieren und erschweren eine Vereinheitlichung der Zollsätze gegenüber Drittstaaten (BID-INTAL 2002a: 99f.).

Als problematisch erweisen sich die unterschiedlichen Außenzölle insbesondere in den Verhandlungen über die Errichtung einer panamerikanischen Freihandelszone (*Área de Libre Comercio de las Américas* – ALCA), in denen sich die Andenländer zunächst bemüht haben, als regionale Gruppe mit einer Stimme zu sprechen (González 2001: 6f.). Nachdem der ALCA-Prozess mit dem Beginn der Verhandlungen über Zollreduzierungen in seine entscheidende Phase eingetreten ist und die nationalen Standpunkte nun detailliert formuliert werden müssen, treten die Differenzen zwischen den einzelnen Mitgliedern der Andengemeinschaft allerdings deutlich zu Tage. So ist beim wichtigen Thema Zollreduzierungen und Marktzugang im Agrarsektor die gemeinsame Verhandlungsstrategie der CAN bereits an den unterschiedlichen nationalen Zollsätzen gescheitert (*El Tiempo*, Bogotá, 31.10.2002).

Abgesehen davon gibt es zwischen den Andenländern grundsätzliche Unterschiede hinsichtlich der Einschätzung der Vor- und Nachteile einer zukünftigen ALCA. Kolumbien unterhält traditionell starke Handelsbeziehungen zu den USA und baut auf die Unterstützung der USA im Rahmen des *Plan Colombia*. Die kolumbianische Regierung steht einer ALCA daher positiver gegenüber als etwa der venezolanische Präsident Chávez, der sich immer wieder durch anti-US-amerikanische Rhetorik hervortut (Benecke/Loschky 2001: 22f.). Zwar sind die USA auch für Venezuela der größte Absatzmarkt, wegen der angespannten Beziehungen konzentriert sich Chávez integrationspolitisch aber auf Südamerika. Er verfolgt eine Annäherungsstrategie an den Mercosur, unterhält gute Beziehungen zu Brasilien und ist bemüht, die Verhandlungen über ein Freihandelsabkommen zwischen der Andengemeinschaft und dem Mercosur zu beschleunigen (Benecke/Loschky 2001: 21). Die Perspektiven einer gemeinsamen Außenhandelspolitik sind eher skeptisch einzuschätzen. Solange die Andengemeinschaft nach innen keine Einheit bildet, wird eine konsequente gemeinsame Positionsfindung nach außen nicht möglich sein, allenfalls eine lockere Abstimmung der verschiedenen Standpunkte. Die geringe Fähigkeit der Mitgliedsstaaten, ihren Integrationsprozess zu konsolidieren, beschränkt somit die Möglichkeiten gemeinsame Interessen nach außen wirksamer zu vertreten.

10. Die Andengemeinschaft: Sprungbrett zur ALCA oder Eigenständigkeit im Globalisierungsprozess?

Als eigenständiger Zusammenschluss kann die CAN innerhalb einer zukünftigen panamerikanischen Freihandelszone nur dann bestehen bleiben, wenn ihre Integrationstiefe über die der ALCA hinausgeht. Die Perspektiven stehen jedoch schlecht, dass es den Mitgliedsstaaten gelingen wird, ihren Integrationsprozess soweit zu vertiefen, dass ein Fortbestand des Bündnisses auch innerhalb einer ALCA gewährleistet wäre. Voraussichtlich wird die Andengemeinschaft daher mit der graduellen Implementierung eines ALCA-Abkommens von einer gesamtamerikanischen Freihandelszone überlagert werden. Angesichts dieser Perspektiven ist es umso wichtiger, dass sich die Andenländer darüber klar werden, welchen Platz ihre Gemeinschaft in der zukünftigen hemisphärischen Integrationsarchitektur einnehmen soll: Was sind die langfristigen Ziele der Andengemeinschaft? Welche politische Bedeutung strebt sie an? Welche Rolle soll ihr im Globalisierungsprozess zukommen?

Der Verlauf des Integrationsprozesses lässt nicht erkennen, dass die Andenländer tatsächlich gewillt sind, durch einen Transfer von Souveränität Handlungskompetenz auf regionaler Ebene zu bündeln, um sich gemeinsam eine bessere Ausgangsposition im Globalisierungsprozess zu verschaffen. Selbst wenn der ALCA-Prozess scheitern sollte, muss folglich die Frage, ob die Andengemeinschaft ihren Mitgliedern langfristig eine Integrationsperspektive bietet, skeptisch beurteilt werden. Der Zusammenschluss verfügt weder über die notwendige interne Kohäsion noch über das politische und ökonomische Potential, sich als ein in den Weltmarkt integrierender Zusammenschluss mit eigenständigem Gewicht zu entwickeln. Möglicherweise stellt für die Andenländer der Mercosur, eine Südamerikanische Freihandelszone oder die ALCA eine erfolgversprechendere Strategie der Eingliederung ihrer Volkswirtschaften in die Weltwirtschaft dar.

11. Integrationsversuche einer Krisenregion: Keine Chance für die Andengemeinschaft?

Die fünf Andenländer haben es in den 90er Jahren verpasst ihren Integrationsprozess so weiterzuführen, dass sie gemeinsam in ihrer wirtschaftlichen Entwicklung voranschreiten und mit einer einheitlichen und gestärkten Position im Globalisierungsprozess auftreten können. Die Anfang der 90er Jahre beschlossenen Reformen und der anschließende Anstieg des intraregionalen Handels waren zwar zunächst positive Anzeichen für eine erfolgreiche Reaktivierung des Bündnisses. Jedoch wurde im Laufe des Jahrzehnts deutlich, dass bestehende Probleme nicht gelöst und Fehler der früheren Integrationsphase wiederholt wurden.

Daher scheint es bei dem die über 30-jährige Geschichte der Andengemeinschaft charakterisierenden Integrationsmuster zu bleiben: Sind die Mitgliedsstaaten aufgrund der fehlenden Dynamik des Integrationsprozesses beunruhigt, wird ein *relanzamiento* des Projekts in Angriff genommen. Diese Wiederbelebungsversuche beinhalten zumeist institutionelle Reformen und ehrgeizige Vereinbarungen über die Vertiefung und Beschleunigung der Integration, die sich durch ihre unrealistische Zielsetzung auszeichnen. Aufgrund der permanenten Missachtung von eingegangenen Integrationsverpflichtungen zeigen die zahlreichen Beschlüsse der Gipfeltreffen der Präsidenten keine Wirkung, so dass in der Praxis oft keines der vereinbarten Ziele umgesetzt werden kann. Die Unzufriedenheit der Mitgliedsstaaten angesichts der frustrierenden Ergebnisse der Zusammenarbeit und das fehlende Vertrauen, dass regionale Kooperation zur Lösung der internen Probleme beitragen könnte, führen wiederum dazu, alternativ die Annäherung an andere Handelspartner bzw. Integrationsbündnisse voranzutreiben und Entscheidungen auf regionaler Ebene durch Abkommen mit Drittstaaten zu unterlaufen (CEPAL 2002: 100, 106ff.).

Entgegen den stets wiederkehrenden Bekenntnissen zur Vertiefung der Kooperation sind die Perspektiven der Andengemeinschaft somit skeptisch einzuschätzen. Als zentrales Hemmnis der Zusammenarbeit müssen vor allem interne Faktoren angesehen werden. In Anbetracht der fast chronischen wirtschaftlichen und politischen Instabilität sowie der sozialen Fragmentierung der Mitgliedsstaaten besteht kaum eine tragfähige Grundlage für eine konsistente Weiterentwicklung regionaler Integration.

Die einzige Möglichkeit, die Hindernisse zu überwinden, bestünde in der Stärkung des politischen Willens der nationalen Regierungen. Deren reale Interessen am Integrationsprozess sind aber aufgrund der geringen wirtschaftlichen Interdependenz innerhalb der Region zu schwach, als dass sie eine tragende Säule der Andengemeinschaft abgeben könnten. Die Handelsverflechtung ist zu gering, um ein Ausmaß an wechselseitigen Abhängigkeiten zu schaffen, das Rückschritte im Integrationsprozess verhindert und Anreize zur Vertiefung der Zusammenarbeit erzeugt. Da die Andengemeinschaft die Bedeutung extra-regionaler Handelspartner nicht relativieren kann, räumen die Mitgliedsländer – aufgrund ihrer hohen Abhängigkeit von externen Märkten – diesen Priorität ein.

Folglich mangelt es der Andengemeinschaft sowohl an einem zwischenstaatlichen als auch an einem innergesellschaftlichen Konsens über den Nutzen regionaler Kooperation und über die Notwendigkeit einer eigenen Identität im Globalisierungsprozess. Da die Mitgliedsländer weder davon überzeugt sind, dass regionale Zusammenarbeit zur Lösung ihrer drängenden wirtschaftlichen und sozialen Probleme beitragen kann, noch eine gemeinsame Vision von der Zukunft ihres Bündnisses teilen, muss schließlich bezweifelt werden, dass die Andengemeinschaft jemals mehr sein wird als ein loser Zusammenschluss von Ländern mit großen Entwicklungsproblemen.

Literaturverzeichnis

Benecke, Dieter/Loschky, Alexander (2001): ALCA y la integración latinoamericana. La situación post-Quebec. In: Contribuciones 3 (2001), S. 9-39.
BID-INTAL (Banco Interamericano de Desarrollo-Instituto para la Integración de América Latina y el Caribe) (2001a): Integration and Trade in the Americas, 2001 (www.iadb.org/int/itd).
--- (2001b): Monthly Newsletter No. 58 (Mai 2001) (www.iadb. org/intal).
--- (2002a): Informe Andino No. 1, Buenos Aires, 2002, (www.iadb.org/intal).
--- (2002b): Carta Mensual No. 66 (Enero 2002) (www.iadb.org/ intal).
Blumenthal, Hans (2000): Kolumbien: Träume vom Frieden, Realitäten des Krieges. In: Internationale Politik und Gesellschaft Online Nr. 2 (2000) (www.fes.de/IPG/ ipg2_2000/artblumenthal.html).
Bodemer, Klaus (2002): Vom Andenpakt zur Andengemeinschaft. In: Ders./Nolte, D./ Kurtenbach, S. (Hrsg.): Sicherheitspolitik in Lateinamerika. Vom Konflikt zur Kooperation?, Opladen, Leske und Budrich, 2002, S. 45-48.
Calcagnotto, Gilberto/ Nolte, Detlef (2002): Das Treffen der südamerikanischen Präsidenten in Brasília: Markstein der Integration oder Show-Veranstaltung einer aufkommenden Regionalmacht? In: Brennpunkt Lateinamerika Nr. 17 (2002).
CAN (Comunidad Andina de Naciones) (2001): Exportaciones Intracomunitarias 2001, 2002 (www.comunidadandina.org/estadisticas/expint2001.htm).
--- (2002a): Zona de Libre Comercio, 2002 (www.comunidadandina.org/union/-zona.htm).
--- (2002b): Arancel Externo Común, 2002 (www.comunidadandina.org/union/-arancel.htm).
--- (2002c): Mercado Común, 2002 (www.comunidadandina.org/mercado.asp).
--- (2002d): Plan Andino de Cooperación para la lucha contra las drogas y Delitos Conexos (www.comunidadandina.org/exterior/drogas.htm).

--- (2002e): Comercio Exterior de Bienes. Series Estadísticas de la Comunidad Andina 1991-2001, 2002 (www.comunidadandina.org/estadisticas/comp9099/-rubro11.htm).

--- (2002f): Armonización de Políticas Macroeconómicas, 2002 (www.comunidadandina.org/politicas/armonización.htm).

Castro Bernieri, Jorge (2002): Los incumplimientos en la Comunidad Andina (=Selección de articulos de la CAN, www.comunidadandina.org/prensa/-articulos/castro6-8-02.htm).

CEPAL (Comisión Económica de las Naciones Unidas para América Latina y el Caribe) (2002): Panorama de la inserción internacional de América Latina y el Caribe 2000-2001 (www.eclac.cl).

Cubillos, Rosalba (2001): CAN: Incumplimientos, sinónimo de falta de voluntad política (= Selección de articulos de la CAN), 2001 (www.comunidadandina.org/prensa/articulos/alegrett5-2-01.htm).

DBLA (Dresdner Bank Lateinamerika AG) (2002): Perspektiven Lateinamerika (September 2002).

El Tiempo, Bogotá, vom 31.10.2002: Se acabó el consenso en la CAN.

FES (Friedrich-Ebert-Stiftung) (2002): Kurzberichte Andenländer 11 (2002): Zur politischen Krise in Venezuela (www.fes.de).

González Vigil, Fernando (2002): La Comunidad Andina de Naciones (CAN) ante el ALCA (=BID-INTAL: II Coloquio Académico de las Américas, 3.-4.April 2001 in Buenos Aires, www.iadb.org/intal/foros/gonzales_vigil-f101.pdf).

Grabendorff, Wolf (2002): Perspektiven der politischen Integration in Südamerika: Herausforderungen und Handlungsspielräume. In: Calcagnotto, G./Nolte, D. (Hrsg.) (2002): Südamerika zwischen US-amerikanischer Hegemonie und brasilianischem Führungsanspruch. Frankfurt a.M.: Vervuert, S. 73-90.

Hakim, Peter (2001): The Uneasy Americas. In: Foreign Affairs 80 (2001) 2, S. 46-61.

Kurtenbach, Sabine (2002): Durch mehr Krieg zum Frieden? Kolumbien vor dem Amtsantritt der Regierung Uribe In: Brennpunkt Lateinamerika Nr. 12 (2002).

Laute, Ulrich (2002): Kolumbien nach dem Wahlsieg von Álvaro Uribe Vélez. In: KAS-Auslandsinformationen Nr. 6 (2002), S. 36-55.

Mattli, Walter (1999): The Logic of Regional Integration. Cambridge.

Noto, Gerardo (2001): Integración e institucionalidad (= Capítulos SELA: Integración, No. 61, http://lanic.utexas.edu/~sela/AA2K1/ESP/cap/N61/rcap61-2.htm).

RECAL (Red de Cooperación Eurolatinoamericana) (2001a): El nuevo escenario de (in)seguridad en América Latina. Hamburg.

--- (2001b): Escenarios Andinos y Políticas de la Unión Europea. Madrid.

Rojas Jiménez, Andrés (2000): La integración regional carece de verdadera voluntad política (= Selección de artículos de la CAN, www.comunidadandina.org/-salaprensa/artic/nacional13-3-00.htm).

Sánchez Avendaño, Gabriel (1999): Treinta años de Integración Andina. In: Nueva Sociedad, 162 (Julio-Agosto 1999).

Schirm, Stefan (1997): Kooperation in den Amerikas. NAFTA, MERCOSUR und die neue Dynamik regionaler Zusammenarbeit, Aktuelle Materialien zur Internationalen Politik; Bd. 46, 1997, Baden-Baden.

SELA (Sistema Económico Latinoamericano) (2001): Guía de la Integración de América Latina y el Caribe, 2001 (http://sela2.sela.org).

Steinhauf, Andreas (2000): Die politische Krise im mittleren Andenraum: Zerfall der Demokratie unter neuen caudillos? In: Institut für Iberoamerika-Kunde (Hrsg.): Lateinamerika. Analysen–Daten–Dokumentation 17 (2000) 45, S. 58-74.

Steinhauf, Andreas (2001): Abgang aus der Ferne: Flucht und Rücktritt des peruanischen Präsidenten. In: Brennpunkt Lateinamerika, Kurzinfo Nr. V (2001).

Sunkel, Osvaldo (2001): Development and Regional Integration in Latin America: Another Chance for an Unfulfilled Promise? In: Ders./ Hettne, B./ Inotai, A. (Hrsg.): The New Regionalism and the Future of Security and Development (= The New Regionalism, Vol. 4), London, New York.

Sweig, Julia (2002): What Kind of War for Colombia? In: Foreign Affairs 81 (2002) 5, S. 122-141.

Welsch, Friedrich/ Werz, Nikolaus (2002): Staatsstreich gegen Chávez. In: Brennpunkt Lateinamerika, Nr. 7 (2002).

Peter Birle

Vom Ende des Kalten Krieges zum „Krieg gegen den Terrorismus": Neuere Tendenzen in der Lateinamerikapolitik der USA

Einleitung

Die Beziehungen zwischen den Vereinigten Staaten von Amerika und den Ländern Lateinamerikas waren nur selten konfliktfrei. Von „gutnachbarlichen Widersachern" ist in einer neueren Studie (LaRosa/Mora 1999) die Rede, womit die komplexe Geschichte dieser Beziehungen – eine Mischung aus wechselseitigen Spannungen und Zusammenarbeit, Fehlperzeptionen und Faszination, Interventionen und Vernachlässigung – treffend charakterisiert wird. Seit dem Rückzug der europäischen Kolonialmächte aus Iberoamerika ab Anfang des 19. Jahrhunderts betrachteten die USA den Subkontinent als ihre natürliche Einflusssphäre. Ihr zentrales Interesse bestand zunächst in der territorialen Expansion, wie sie im Erwerb Floridas von Spanien (1819), der Annexion von Texas (1836) und den Gebietszugewinnen im Zuge des Krieges mit Mexiko (1846-48) zum Ausdruck kam. Als Rechtfertigungsgrundlage der expansionistischen Politik diente den USA die Vorstellung, es sei ihre „offenkundige Bestimmung" (*manifest destiny*), den Kontinent ihrem eigenen politischen Modell und Lebensstil anzupassen. Mit der Monroe-Doktrin von 1823 wurde jene bis heute gültige geopolitische Maxime formuliert, die besagt, der amerikanische Kontinent sei in Zukunft für alle „außeramerikanischen" Mächte tabu. Jeden Versuch einer europäischen Macht, ihr System auf ein Gebiet der westlichen Hemisphäre auszudehnen, werde man als Gefahr für die eigene Sicherheit betrachten. Nach dem Ende der territorialen Expansion gewannen im letzten Drittel des 19. Jahrhunderts ökonomische Interessen wachsende Bedeutung für die Lateinamerikapolitik der USA. Diese lösten Großbritannien als wichtigsten Wirtschafts- und Handelspartner der Region ab und wussten ihren hegemonialen Einfluss in der Folgezeit durch intensive Diplomatie, aber auch durch wiederholte Militärinterventionen zu sichern. Die „Dollardiplomatie" und die „Politik des großen Knüppels" wurde ab den

30er Jahren des 20. Jahrhunderts durch eine „Politik der guten Nachbarschaft" abgelöst, allerdings ohne dass die Grundmaximen der US-Lateinamerikapolitik deshalb an Bedeutung verloren hätten.[1]

Im Mittelpunkt des folgenden Beitrages steht die Frage, in welche Richtung sich die Lateinamerikapolitik der USA seit dem Ende des Kalten Krieges entwickelt hat. Zunächst erfolgt ein kurzer Rückblick auf die Grundzüge der innerhemisphärischen Beziehungen während des Kalten Krieges. Im zweiten Abschnitt wird herausgearbeitet, wie sich die Rahmenbedingungen der Beziehungen seit Ende der 80er Jahre verändert haben. Im dritten Teil geht es um die außenpolitischen Entscheidungsprozesse der USA mit Blick auf Lateinamerika. In diesem Zusammenhang werden auch das (Des)Interesse der US-Öffentlichkeit an den südlichen Nachbarn und die Bedeutung der rasch wachsenden Zahl von US-Bürgern lateinamerikanischer Abstammung für die Lateinamerikapolitik thematisiert. In den beiden darauf folgenden Abschnitten werden die Interessen der USA gegenüber den einzelnen Subregionen Lateinamerikas und die Rolle der Region als Handelspartner der USA analysiert. Am Ende des Beitrags wird nach den Konsequenzen gefragt, die die Terrorangriffe des 11. September 2001 für die Lateinamerikapolitik der USA hatten.

Der Kreuzzug gegen den Kommunismus –
Die USA und Lateinamerika während des Kalten Krieges

Mehr als vier Jahrzehnte lang, von 1947 bis zum Ende der 80er Jahre, bestimmte die Logik des Kalten Krieges mit seiner bipolaren Machtstruktur und der starken Betonung ideologischer Faktoren auch die Beziehungen zwischen den USA und Lateinamerika. Die Politik gegenüber den südlichen Nachbarn hatte sich dem 1947 in Form der Truman-Doktrin verkündeten zentralen Ziel der US-Außenpolitik unterzuordnen, das darin bestand, eine weitere Ausdehnung der kommunistischen Herrschaft zu verhindern (*containment*). Lateinamerika wurde somit ebenso wie zuvor Europa und Asien zu einem Schlachtfeld der Auseinandersetzung zwischen Ost und West. Unter Verweis auf ihre „nationale Sicherheit" entfachten die USA in Lateinamerika einen „antikommunistischen Kreuzzug", der sich gegen Regierungen, Parteien, Gewerkschaften und andere gesellschaftliche Akteure richtete, die im Verdacht standen, sozialistisch, kommunistisch oder irgendwie „linksgerichtet" zu sein. Mit dem

---

1 Zu den außenpolitischen Doktrinen der USA im Hinblick auf Lateinamerika siehe Dent (1999). Gute Einführungen in die Geschichte der US-Lateinamerikapolitik bieten Gilderhus 2000; LaRosa/Mora 1999; Schoultz 1998; Smith 2000. Der vorliegende Beitrag geht nur sporadisch auf die US-Politik der lateinamerikanischen Staaten und auf das Inter-Amerikanische System ein. Siehe dazu einführend Atkins 1997 u. 2001.

Interamerikanischen Beistandspakt (Rio-Pakt) von 1947 und der 1948 gegründeten Organisation der Amerikanischen Staaten (OAS) etablierten die USA ein System politischer und militärischer Allianzen, das ebenfalls in den Dienst der Auseinandersetzung mit dem Kommunismus gestellt wurde. Die USA zogen es im Zweifelsfall vor, mit antikommunistischen Militärregierungen statt mit liberalen oder reformorientierten zivilen Regierungen zusammenzuarbeiten, denen man zu große Nachgiebigkeit gegenüber dem Kommunismus vorwarf oder die gar als von diesem durchdrungen galten. Diktaturen wie die von Odría in Peru, Pérez Jiménez in Venezuela, Batista in Kuba, Somoza in Nikaragua oder Trujillo in der Dominikanischen Republik erfreuten sich guter Beziehungen mit den Vereinigten Staaten. Wenn die Machtübernahme einer linken Regierung trotz aller Bemühungen nicht verhindert werden konnte, griffen die USA zum Mittel der militärischen Intervention. Dies galt für die durch den CIA gesteuerte Absetzung der reformorientierten Regierung Arbenz in Guatemala 1954 ebenso wie für die fehlgeschlagene Invasion in der kubanischen Schweinebucht 1961, die Intervention in der Dominikanischen Republik 1965, die Mitwirkung des CIA am Sturz der Regierung Allende in Chile 1973, die Grenada-Invasion von 1983 und die Zentralamerikapolitik Ronald Reagans in den 80er Jahren. Gerade weil es trotz der Invasion in der Schweinebucht, des Embargos und zahlloser CIA-gesteuerter Versuche zur Ermordung Fidel Castros nicht gelang, das kubanische Regime von seinem eingeschlagenen Kurs abzubringen, galt es in den Augen der US-Regierung umso mehr, „ein weiteres Kuba" in der westlichen Hemisphäre unter allen Umständen zu verhindern.

Anders als Europa erhielt Lateinamerika nach dem Ende des Zweiten Weltkrieges zunächst kaum wirtschaftliche Unterstützung durch die USA, und dies obwohl fast alle Länder der Region die USA und die Alliierten im Kampf gegen die Achsenmächte unterstützt hatten. Erst nach dem Sieg der kubanischen Revolution im Jahr 1959 verkündete die US-Regierung unter Präsident John F. Kennedy 1961 ein Zehnjahresprogramm zur Förderung von wirtschaftlichem Wachstum, sozialer Entwicklung und politischer Demokratie in Lateinamerika – die „Allianz für den Fortschritt". Innerhalb eines Jahrzehnts sollten mindestens US$ 20 Milliarden Wirtschaftshilfe in die Region fließen und überfällige gesellschaftliche Reformen gefördert werden, um damit weitere Revolutionen zu verhindern. Doch obwohl die Wirtschaftshilfe der USA in den 60er Jahren tatsächlich stark anstieg, blieb die „Allianz für den Fortschritt" ein weitgehend fehlgeschlagenes Zwischenspiel. Die Anzahl der lateinamerikanischen Militärdiktaturen nahm in den 60er Jahren nicht ab, sondern zu, und nach der Ermordung Kennedys änderten sich unter Präsident Lyndon B. Johnson erneut die Prioritäten der US-Politik. Auf die Förderung gesellschaftlicher und sozialer Reformen wurde in der Folgezeit verzichtet, stattdessen arrangierten sich die USA mit den Militärs, die in immer mehr Ländern Lateinamerikas die Macht ergriffen. Ihre Haltung variierte dabei zwischen passiver Akzeptanz und unverblümter Unterstützung. Militär- und Wirtschaftshilfe für die brasilianischen und argentinischen Militärs, günstige Kredite für den haitianischen Diktator Duvalier, Unterstützung für reaktionäre Dynastien wie die der Somoza in Nikaragua oder Stroessner in Paraguay – all dies sollte der Bekämpfung des Kommunismus und dem Schutz der nationalen Sicherheit der USA gelten. Lediglich die Regierung von Präsident Jimmy Carter (1976-80) bildete in dieser Hinsicht eine Ausnahme: Sie strich den Militärregierungen in Guatemala, Chile und Argentinien wegen massiver Menschenrechtsverletzungen die Wirtschafts- und Militärhilfe. Unter Präsident Ronald Reagan schlug die US-Regierung dann jedoch in den 80er Jahren eine umso härtere Gangart gegenüber der „kommunistischen Bedrohung" ein. Bestandteil dieser Politik war nicht nur die Unterstützung der sich antikommunistisch gebenden Militärregierungen in El Salvador und Guatemala, sondern auch der Aufbau und die Finanzierung einer paramilitärischen Opposition (*Contras*) gegen das sandinistische Regime in Nikaragua.[2]

Die 90er Jahre: Die USA auf dem Weg zur Hegemonialmacht ohne Konkurrenz?

Mit dem Ende des Kalten Krieges wurde auch dessen bipolare Logik zu Grabe getragen. Aber obwohl die neue internationale (Un-)Ordnung mehr Spielräume für regionale Autonomiebestrebungen bot, nahm die Vorherrschaft der USA in Lateinamerika in den 90er Jahren nicht ab, sondern eher noch zu. Hatten Experten noch Mitte der 80er Jahre von einem „Niedergang der US-Hegemonie in der westlichen Hemisphäre" gesprochen (Lowenthal 1990), war die Rolle der USA in Lateinamerika im letzten Jahrzehnt des 20. Jahrhunderts so unumstritten wie kaum jemals zuvor. Ursache dieser Entwicklung waren allerdings nicht systematische Bemühungen der USA um Lateinamerika, sondern der weitgehende Rückzug „externer Rivalen" aus der Region: Die Sowjetunion, seit dem Ende des Zweiten Weltkrieges der wichtigste ideologische Rivale, löste sich 1991 auf. Der Nachfolgestaat Russland reduzierte sein Lateinamerika-Engagement stark. Die Europäische Union (EU), von der Lateinamerika sich seit Jahrzehnten immer wieder eine ökonomische und kulturelle Alternative zur US-amerikanischen Hegemonie erhofft hatte, war mit ihrem eigenen Vertiefungs- und Erweiterungsprozess beschäftigt und tat sich schwer damit, die Erwartungen hinsichtlich einer Intensivierung der politischen, insbesondere jedoch der ökonomischen und kulturellen Zusammenarbeit, zu erfüllen. Japan, das sich in den 80er Jahren verstärkt in Latein-

---

2 Zur Lateinamerikapolitik der USA während des Kalten Krieges siehe u.a. Smith 2000: 117-216; LaRosa/Mora 1999: 171-248; Gilderhus 2000: 113-233; Schoultz 1998.

amerika engagiert hatte, reduzierte aufgrund wachsender wirtschaftlicher Schwierigkeiten im Verlauf der 90er Jahre seine Präsenz in der Region. Auch in ökonomischer Hinsicht wurde die Rolle der USA in Lateinamerika gestärkt: Das Scheitern der überkommenen Entwicklungsstrategie in Form der Importsubstitution, die wachsende externe Vulnerabilität aufgrund der Schuldenkrise der 80er Jahre und der Druck von Seiten der internationalen Finanzorganisationen veranlasste große Teile der lateinamerikanischen Eliten zur Akzeptanz des sogenannten *Washington Consensus*. Damit näherte sich Lateinamerika nicht nur dem ordnungspolitischen Grundverständnis der USA an (weniger Staat, weniger Regulierung, etc.), die Vereinigten Staaten wurden auch als Handelspartner und Investor so begehrt wie nie zuvor.

Zur Untermauerung der hegemonialen Position trugen auch *soft power* in Form der Attraktivität des US-amerikanischen Kultur- und Wissenschaftsbetriebes bei. Während europäische Universitäten Schwierigkeiten hatten, Studierende aus Lateinamerika für sich zu interessieren, wuchs die Anzahl derjenigen Lateinamerikaner, die in den USA studierten. Große Teile der lateinamerikanischen Eliten erwarben einen Studienabschluss in den Vereinigten Staaten und waren entsprechend vertraut mit den dortigen Werten und Mentalitäten. Europa dagegen rückte immer weiter in die Ferne, zumal auch in Film, Fernsehen und Internet der US-amerikanische Einfluss eindeutig dominierte.

Außenpolitische Entscheidungsprozesse der USA mit Blick auf Lateinamerika

Außenpolitik ist auch in den USA traditionell eine Angelegenheit der Exekutive. Im Bereich der Lateinamerikapolitik operierten die staatlichen Eliten allerdings ab Ende des 19. Jahrhunderts verstärkt in Abstimmung mit der Privatwirtschaft. Besonders gepflegt wurde diese Partnerschaft in Zentralamerika und in der Karibik, wo diverse US-Militärinterventionen dem Schutz privatwirtschaftlicher Interessen galten (Smith 2000: 354). Mit dem Beginn des Kalten Krieges reduzierten sich die außenpolitischen Einflussmöglichkeiten gesellschaftlicher Akteure. Im Lichte der bipolaren Rivalität mit der Sowjetunion ergab sich die außenpolitische Strategie in erster Linie aus geopolitischem und ideologischem Kalkül. Regierungseliten und Diplomaten erhielten eine von niemandem ernsthaft in Frage gestellte Position bei der Gestaltung der Lateinamerikapolitik, auch wenn es übertrieben wäre, deshalb für die Jahre des Kalten Krieges von einer widerspruchsfreien und stets kohärenten US-Lateinamerikapolitik auszugehen (Mitchell 1974). Aber die lateinamerikabezogenen Diskurse und Entscheidungen wurden doch weitgehend durch das Außenministerium, den Staatssekretär für Interamerikanische Angelegenheiten und die CIA bestimmt.

Zweifellos erhöhte sich mit dem Ende des Kalten Krieges auch der „außenpolitische Pluralismus". Die nicht selten widersprüchlichen Interessen verschiedener Akteure mit Blick auf Lateinamerika kamen nun stärker zum Ausdruck. Die außenpolitischen Entscheidungsprozesse veränderten sich dabei in dreierlei Hinsicht:

Erstens verschoben sich die Gewichte innerhalb des Regierungsapparates. Das Finanz- und Handelsministerium, die *Drug Enforcement Agency* und die Gouverneure von Südstaaten wie Texas, Kalifornien und Florida gewannen im Vergleich zu früheren Jahren für die Lateinamerikapolitik an Bedeutung. Peter Smith spricht mit Blick auf die außenpolitischen Entscheidungsprozesse seit dem Ende des Kalten Krieges gar von Tendenzen einer „bürokratischen Balkanisierung". Während die anti-kommunistische *containment*-Strategie bis Ende der 80er Jahre für ein hohes Maß an Übereinstimmung innerhalb des außenpolitischen Establishments gesorgt habe, seien seitdem vermehrt unterschiedliche Positionen der verschiedenen Regierungsbehörden zu beobachten (Smith 2000: 246).

Zweitens wurde auch der Kongress zu einem wichtigen Akteur der Lateinamerikapolitik. Diese Tendenz verstärkte sich nicht zuletzt deshalb, weil immer mehr Themen in den Mittelpunkt der Beziehungen rückten, die in den USA als *intermestic affairs* wahrgenommen wurden, weil sie – wie die Handelspolitik, die Drogenbekämpfung und Migrationsfragen – nicht nur die Außenpolitik, sondern auch die inneren Entwicklungen der USA betrafen (Lowenthal 2001: 90). Einerseits sehen die meisten US-Bürger in keinem lateinamerikanischen Land außer in Mexiko vitale Interessen der USA berührt. Den direkten Nachbarn im Süden hielten bei einer 1998 durchgeführten Umfrage des *Chicago Council on Foreign Relations* 66% der Öffentlichkeit und 93% der Eliten für wichtig. Dagegen glaubten dies von Brasilien, dem mit Abstand größten und bevölkerungsreichsten Staat des Subkontinents, nur 33% der Öffentlichkeit (aber 75% der Eliten) (Rielly 1999: 33f.). Andererseits zeigt ein Blick auf diejenigen Themen, die US-Bürger als „sehr wichtige" außenpolitische Ziele der USA einstuften, dass sich darunter einige befanden, die in starkem Maße die Beziehungen zu lateinamerikanischen Ländern betrafen. Dies galt etwa für die Unterbindung der Einfuhr illegaler Drogen (81% der Öffentlichkeit und 57% der Eliten hielten dieses Ziel 1998 für „sehr wichtig"), für den Schutz der Arbeitsplätze von US-Amerikanern (80% bzw. 45%) sowie für die Kontrolle und den Abbau illegaler Einwanderung (55% bzw. 21%) (Rielly 1999: 16). Da Kongressabgeordnete bei ihren Entscheidungen traditionell starke Rücksicht auf die spezifischen Interessen ihrer jeweiligen Wählerschaft nehmen, erhielt die Lateinamerikapolitik durch die wachsende Bedeutung von *intermestic affairs* ein zusätzliches Element der Unsicherheit.

Drittens wuchsen in den 90er Jahren die Möglichkeiten gesellschaftlicher Akteure zur Einflussnahme auf die Außenpolitik, wovon Unternehmenslobbys, Gewerkschaften, Medien, ethnische Interessenvertretungen wie die der *Cuban Americans* oder der *Mexican Americans* und andere zivilgesellschaftliche Akteure verstärkt Gebrauch machten. Auch der schnelle demographische Wandel der USA spielte dabei eine Rolle. Die Vereinigten Staaten sind ein Einwanderungsland, das wiederholt Phasen eines starken demographischen Wandels durchlebte. Während bis in die 50er Jahre vor allem Einwanderer aus Europa ins Land strömten und noch 1980 weniger als 30% von ihnen aus Lateinamerika und der Karibik stammten, kamen im Verlauf der 90er Jahre etwa 50% aller Einwanderer aus Lateinamerika, davon ca. 30% aus Mexiko. Der mit der verstärkten Einwanderung aus dem Süden einhergehende demographische Wandel sorgte in gewisser Hinsicht für eine „Lateinamerikanisierung der USA". Früher als von den Statistikern erwartet, lösten die US-Bürger lateinamerikanischer Abstammung (*latinos* bzw. *hispanics*) die Afro-Amerikaner als größte Minderheit des Landes ab. 35 von 281 Mio. US-Bürgern (12,5%) waren im Jahr 2000 *latinos*, gegenüber 34 Mio. Afro-Amerikanern. Seit 1990 nahm die Zahl der *hispanics* (damals 22 Mio.) um 60% zu. Zwei Drittel von ihnen stammten aus Mexiko. Die dichtesten Konzentrationen von *latinos* fanden sich in den vier Grenzstaaten des Südwestens (Texas 33%, New Mexico 42%, Arizona 25%, Kalifornien 32%), außerdem in Florida (17%) und in New York (Therrien/Ramírez 2000).

Der Einfluss der *hispanics* machte sich kulturell bemerkbar, beispielsweise in der Zunahme zweisprachiger Regionen und Städte, in den Essgewohnheiten und in der Literatur, er spielte aber auch politisch eine zunehmende Rolle. Bei den Präsidentschaftswahlen des Jahres 2000 stellten die US-Bürger lateinamerikanischer Abstammung fast 7% der Wahlberechtigten (1976: 2,4%; 1996: 4%), in einigen Staaten lag ihr Anteil noch wesentlich höher (Texas 19%, Kalifornien 16%, New York 9%). Die politische Wirkung der Einwanderer aus dem Süden wurde in der Vergangenheit dadurch gemindert, dass ein großer Teil nicht über die US-Staatsbürgerschaft verfügte. Nichtregierungsorganisationen bemühten sich in den 90er Jahren erfolgreich darum, die Registrierung voranzutreiben, so dass allein zwischen 1992 und 1996 die Anzahl der registrierten Wähler lateinamerikanischer Abstammung um 30% zunahm. Auch in puncto Wahlbeteiligung wirkte sich die politische Mobilisierung aus. Noch bei den Präsidentschaftswahlen von 1996 lag die Wahlbeteiligung der *hispanics* bei lediglich 26,2%, bei den Afro-Amerikanern betrug sie 50,6%, bei den Weißen 56% (Smith 2000: 244). Demgegenüber beteiligten sich 71% der wahlberechtigten *hispanics* an den Präsidentschaftswahlen des Jahres 2000, bei einer durchschnittlichen Wahlbeteiligung von 51% (*Hispanic Magazine* Jan.-Feb. 2001). Die Stimmen der *latinos* spielten auch für den Wahlausgang in Bundesstaaten wie Pennsylvania, Michigan oder Wisconsin eine wichtige Rolle; am größten war ihr Gewicht jedoch in den drei „Megastaaten" Kalifornien, Florida und Texas, die jeweils über eine große Anzahl von Wahlmännerstimmen verfügen.

Beide Präsidentschaftskandidaten waren sich der Bedeutung des *latino vote* bewusst, weshalb sie sich mit großem finanziellen Aufwand und persönlichem Einsatz um die entsprechenden Stimmen bemühten. Zwar gelang es Al Gore, dem Kandidaten der Demokratischen Partei, mit durchschnittlich 64% deutlich mehr Stimmen der *hispanics* auf sich zu vereinen als dem Republikaner George W. Bush (32%), aber vier Jahre zuvor hatte Präsident Clinton noch 72% des *latino vote* erhalten. Zudem entfielen auf Bush im für den Ausgang der Wahl mitentscheidenden Bundesstaat Florida 49% des *latino vote*, auf Gore nur 48%. Die in Florida lebenden *latinos* stammen größtenteils aus Kuba und stehen traditionell den Republikanern näher als den Demokraten. Sie präsentierten Al Gore aber auch die Rechnung für Präsident Clintons Umgang mit dem Fall des kubanischen Flüchtlingsjungen Elián González, der als schiffbrüchiger Halbwaise in die USA gelangte und trotz massiver Proteste seiner in Miami ansässigen Verwandten nach monatelangem juristischen und diplomatischen Tauziehen zu seinem auf Kuba lebenden Vater zurückkehren durfte. Überhaupt waren die in Florida ansässigen Exilkubaner bislang diejenige Gruppe von US-Bürgern lateinamerikanischer Abstammung, die sich am deutlichsten und erfolgreichsten als außenpolitische *pressure group* formierten. Die Kubapolitik der 90er Jahre nahm wiederholt auf ihre Interessen Rücksicht.

Insgesamt bilden die *hispanics* jedoch keine homogene Gruppe, sondern ein Mosaik verschiedener ethnischer Gemeinschaften mit divergierenden Interessen und Zielen. Neuere Untersuchungen zeigen, dass sich die *latino*-Elite grundsätzlich nur wenig für Außenpolitik interessiert. Themen wie Migration, Wirtschaft, Umwelt und Drogen, die für die Beziehungen zwischen den USA und Lateinamerika immer wichtiger werden, halten jedoch auch sie für relevant (Bierling 2001: 41ff.). Angesichts der Tatsache, dass Demographen für die kommenden Jahrzehnte eine weitere Zunahme der *hispanics* prognostizieren – für Kalifornien wird bis 2025 mit einem Bevölkerungsanteil von 23% gerechnet, für Texas mit 38%, für Florida mit 24%, für New York mit 22% (U.S. Bureau of Census CPS Report 4/98) – dürfte den Entwicklungen in Lateinamerika in Zukunft eine zunehmende innen- und außenpolitische Aufmerksamkeit sicher sein. Wie sehr sich die *latinos* ihren Heimatländern verbunden fühlen, zeigen auch die umfangreichen Geldüberweisungen (*remesas*) der Einwanderer, die für einige lateinamerikanische Länder zu einem zentralen Wirtschaftsfaktor geworden sind. Für Mexiko schätzt man sie auf US$ 8 Mrd. jährlich, dies entspricht fast der Höhe der ausländischen Direktinvestitionen. In Zentralamerika und der Dominikanischen Republik übersteigt die Bedeutung der *remesas* als Kapitalquelle die der ausländischen Investitionen und der Entwicklungszusammenarbeit, und auch Kuba stünde ohne die Überweisungen aus den USA wirtschaftlich wesentlich schlechter da

(Lowenthal 2001: 92). Abzuwarten bleibt, welche Auswirkungen die zunehmende Präsenz der *hispanics* auf das Selbst- und Fremdbild der USA hat. Zu hoffen ist, dass sich dadurch das von dem Historiker Lars Schoultz monierte, oft mit Ignoranz gepaarte Überlegenheitsgefühl vieler US-amerikanischer Entscheidungsträger gegenüber Lateinamerika abbaut (Schoultz 1998).

Subregionale Interessen der USA

Wenn von *der* Lateinamerikapolitik der USA oder *den* Beziehungen zwischen Lateinamerika und den USA die Rede ist, so wird damit nicht nur die Komplexität der wechselseitigen Interdependenzen reduziert, sondern auch die Tatsache verdeckt, dass die Interessen und Beziehungen der USA gegenüber einzelnen Ländern und Subregionen deutlich unterschiedlich sind. Mexiko, Zentralamerika und die Karibik, auf die weniger als ein Drittel der lateinamerikanischen Bevölkerung entfällt, erhalten fast die Hälfte der US-Investitionen in der Region; mehr als 70% des lateinamerikanischen Handels mit den USA entfällt auf sie. Zugleich stammen ca. 80% der lateinamerikanischen Einwanderer in den USA aus diesen Ländern. Entsprechend prägen Themen wie Migration und Handel in einem nicht unerheblichen Ausmaß die Beziehungsagenda.

Zweifellos sind die bilateralen Beziehungen zu Mexiko für die USA die mit Abstand wichtigsten im Rahmen ihrer Lateinamerikapolitik. Seit Inkrafttreten des *North American Free Trade Agreement* (NAFTA) zwischen den USA, Mexiko und Kanada Anfang 1994 genießt Mexiko als einziges lateinamerikanisches Land freien Zugang zum US-Markt. Ca. 90% seines Außenhandels wickelte Mexiko Ende der 90er Jahre mit den USA ab, und auch für die Vereinigten Staaten wurde der südliche Nachbar nach Kanada und noch vor Japan zum zweitwichtigsten Handelspartner. Mehrere hunderttausend legale und illegale Einwanderer gelangen Jahr für Jahr über die mexikanische Nordgrenze in die USA. Handels-, Migrations-, Drogen- und Umweltthemen dominieren die bilaterale Agenda. Die Bedingungen für eine Institutionalisierung bilateraler Kooperationsgremien verbesserten sich durch die schrittweise Demokratisierung Mexikos. Nach dem Ende der PRI-Herrschaft, der Übernahme des Präsidentenamtes durch den ehemaligen Manager von Coca Cola, Vicente Fox, und dem fast zeitgleich erfolgten Wahlsieg von George W. Bush in den USA deutete sich für das wechselseitige Verhältnis der beiden Staaten zunächst eine nie zuvor gekannte Nähe an (Inter-American Dialogue 2000: 13ff.). Allerdings wurden in den 90er Jahren in den USA auch Stimmen laut, die vor einer weiteren Vertiefung der Beziehungen warnten. Gewerkschaften befürchteten den Verlust von Arbeitsplätzen, Umweltgruppen beklagten Umweltbelastungen diesseits und jenseits der gemeinsamen Grenze und auch in kultureller Hinsicht wurden die Einwanderer nicht von allen alteingesessenen US-Bürgern mit offenen Armen empfangen.

Die Länder des MERCOSUR (Argentinien, Brasilien, Paraguay, Uruguay) stellen 45% der lateinamerikanischen Bevölkerung und erwirtschaften fast 60% des Bruttoinlandsprodukt (BIP) der Region. Für die USA waren sie bislang vor allem als Investitionsstandort interessant. Mehr als 40% der US-Investitionen in Lateinamerika fließen in den MERCOSUR, aber weniger als 15% des Handels USA-Lateinamerika entfällt auf diese Länder. Weniger als 10% der lateinamerikanischen Migranten in den USA stammen aus dem MERCOSUR. Investitions- und Handelsfragen prägen daher weitgehend die Agenda zwischen den USA und diesen Ländern. Argentinien bemühte sich seit Anfang der 90er Jahre unter Präsident Menem um einen engen außenpolitischen Schulterschluss mit den USA. Die Vereinigten Staaten nahmen dies zwar mit Wohlwollen zur Kenntnis, für sie ist Argentinien jedoch weder in politischer noch in ökonomischer Hinsicht besonders wichtig. Dies bekam Argentinien spätestens mit dem Ausbruch der schweren wirtschaftlichen, sozialen und politischen Krise Ende 2001 zu spüren: Demonstrativ verweigerten die USA dem Land besondere finanzielle Hilfen, wie sie sie etwa Mexiko Mitte der 90er Jahre in massivem Umfang gewährt hatten. Brasilien dagegen ist aufgrund seiner großen Bevölkerungszahl, seines ökonomischen Potenzials und seiner in den 90er Jahren wieder deutlicher zum Ausdruck gebrachten Regionalmachtambitionen ein Faktor, den die USA immer weniger ignorieren können. Zwischen den USA und Brasilien existieren zwar keine großen Konflikte, die Beziehungen wurden im Laufe der 90er Jahre jedoch durch eine Reihe von Handelsdisputen belastet. In vielen die westliche Hemisphäre insgesamt betreffenden Angelegenheiten – beispielsweise hinsichtlich der Schaffung einer gesamtamerikanischen Freihandelszone oder mit Blick auf eine Revitalisierung der Organisation Amerikanischer Staaten (OAS) – dürfte es den USA schwer fallen, ohne die Unterstützung Brasiliens viel zu erreichen. Eine hochrangig besetzte Expertenkommission forderte Präsident Bush im Februar 2001 zu verstärkten Anstrengungen auf, um das bilaterale Verhältnis mit Brasilien auf eine solidere und berechenbarere Grundlage zu stellen und Brasilien in Zukunft stärker als Partner und nicht in erster Linie als Rivalen wahrzunehmen und zu behandeln (Robert et al. 2001). Es bleibt abzuwarten, ob die USA dazu bereit sind, ihre ambivalente Haltung gegenüber Brasilien aufzugeben. Bislang jedenfalls stand dem Angebot einer *partnership in leadership* noch stets der Argwohn gegenüber jeder tatsächlich wahrgenommenen Regionalmachtrolle Brasiliens entgegen (Schirm 1997).

Die Andenländer (Bolivien, Ekuador, Kolumbien, Peru, Venezuela) stellen knapp ein Viertel der lateinamerikanischen Bevölkerung und erwirtschaften ca. 13% des BIP der Region. Ihr Anteil an den US-Investitionen in Lateinamerika liegt bei ca. 10%, am Handel partizipieren sie mit weniger als 15%, auch die Migration aus dem Andenraum in die USA spielt keine zahlenmäßig bedeutende Rolle. Aber fast das gesamte Kokain und Heroin, das aus der westlichen Hemisphäre in die USA gelangt, stammt aus dem Andenraum. Entsprechend wurde die Drogenbekämpfung seit den 80er Jahren zum beherrschenden Thema der Beziehungen mit den meisten Ländern der Subregion. Die Aufmerksamkeit der USA richtete sich auf die kokaproduzierenden Länder Bolivien und Peru, vor allem aber auf Kolumbien, wo 80-90% des in den USA konsumierten Kokains produziert werden.

Die unilateral ausgerichtete US-Politik setzte in erster Linie auf eine Vernichtung von Kokafeldern und Kokainlabors, auf die Auslieferung von Drogenbossen an die US-Justiz und die Zusammenarbeit mit den Polizei- und Sicherheitskräften der einzelnen Länder. Insbesondere in Kolumbien, wo verschiedene Guerillagruppen seit Jahrzehnten die Autorität des Staates in Frage stellen, eskalierte die Krise im Verlauf der 90er Jahre. Der kolumbianische Staat war kaum noch dazu in der Lage, der weitverbreiteten Gewalt, Gesetzlosigkeit und Unsicherheit wirkungsvoll zu begegnen. Die USA verstärkten gegen Ende des Jahrzehntes ihr Engagement in Kolumbien und sagten dem Land im Jahr 2000 Hilfsgelder in Höhe von US$ 1,3 Mrd. zu, mehr als irgendeinem anderen Land außerhalb des Mittleren Ostens. Kritiker monierten am US-Engagement im Rahmen des *Plan Colombia* die starke Betonung der militärischen Komponente. Eine unabhängige Expertengruppe empfahl der US-Regierung den stärkeren Einsatz politischer und diplomatischer Ressourcen zur Unterstützung der Friedensbemühungen innerhalb Kolumbiens, eine sicherheitspolitische Unterstützung des Landes bei gleichzeitiger Wahrung von Rechtsstaatlichkeit und Menschenrechten, ein stärkeres Augenmerk für die Bekämpfung der Drogennachfrage im eigenen Land, mehr Engagement außerhalb des engen sicherheitspolitischen Rahmens sowie eine größere Bereitschaft zur Beteiligung an multilateralen Konfliktlösungsansätzen (Graham/Scowcroft et al. 2000). Die im April/Mai 2001 von Präsident Bush gestartete Anden-Regionalinitiative trug solchen Kritiken insofern Rechnung, als sie für Kolumbien und seine Nachbarländer neben finanzieller Unterstutzung zur Drogenbekämpfung auch Wirtschaftshilfen und Handelspräferenzen vorsah. Die vom Senat bewilligten US$ 718 Mio. sollten vor allem nach Kolumbien, Peru, Bolivien und Ekuador fließen und verteilten sich zu etwa gleichen Teilen auf sozio-ökonomische und sicherheitspolitische Hilfsprogramme.

Tabelle 1: Die Bedeutung Lateinamerikas als Handelspartner der USA

	Exporte 1991		Exporte 1999		Importe 1991		Importe 1999	
	Mrd. US$	%	Mrd. US$	%	Mrd. US$	%	Mrd. US$	%
Insgesamt	421,7	100,0	695,8	100,0	488,5	100,0	1024,6	100,0
EU	108,4	25,7	151,8	21,8	93,0	19,0	195,2	19,1
Sonst. Westeuropa	10,3	2,4	14,1	2,0	9,2	1,9	17,7	1,7
Osteuropa	4,8	1,1	5,9	0,8	1,8	0,4	11,8	1,2
Kanada	85,2	20,2	166,6	23,9	91,1	18,6	198,7	19,4
Mexiko	33,3	7,9	86,9	12,5	31,1	6,4	109,7	10,7
Karibik	6,2	1,5	10,3	1,5	5,3	1,1	8,3	0,8
Zentralamerika	4,3	1,0	10,2	1,5	3,2	0,7	11,4	1,1
Südamerika	19,2	4,6	34,1	4,9	22,8	4,7	38,7	3,8
Argentinien	2,1	0,5	5,0	0,7	1,3	0,3	2,6	0,3
Brasilien	6,2	1,5	13,2	1,9	6,7	1,4	11,3	1,1
Chile	1,8	0,4	3,1	0,4	1,3	0,3	3,0	0,3
Kolumbien	2,0	0,5	3,6	0,5	2,7	0,6	6,3	0,6
Venezuela	4,7	1,1	5,4	0,8	8,2	1,7	11,3	1,1
Lateinamerika insgesamt	63,0	14,9	141,5	20,3	62,4	12,8	168,1	16,4
Asien	130,6	31,0	190,9	27,4	210,2	43,0	408,5	39,9
Australien / Ozeanien	9,8	2,3	14,2	2,0	5,3	1,1	7,4	0,7
Afrika	8,8	2,1	9,9	1,4	14,0	2,9	17,0	1,7

Quellen: www.ita.doc.gov/td/industry/otea/usfth/aggregate/H99t06.txt und
www.ita.doc.gov/td/industry/otea/usfth/aggregate/H99t07.txt

Tabelle 2: Ausländische Direktinvestitionen der USA 1990, 1994 und 1998 (in Mrd. US$ und %)

	1990	%	1994	%	1998	%
Insgesamt	430,52	100,0	612,89	100,0	980,56	100,0
Kanada	69,51	16,1	74,22	12,1	103,90	10,6
Europa	214,74	49,9	297,13	48,5	489,54	49,9
Lateinamerika und Karibik	**71,40**	**16,6**	**116,48**	**19,0**	**196,66**	**20,1**
Mexiko	10,31	2,4	16,97	2,8	25,88	2,6
Südamerika	22,93	5,3	37,67	6,1	73,29	7,5
Argentinien	2,53	0,6	5,69	0,9	11,49	1,2
Brasilien	14,38	3,3	17,88	2,9	37,80	3,9
Chile	1,90	0,4	5,06	0,8	9,13	0,9
Zentralamerika	10,11	2,3	13,11	2,1	30,51	3,1
Panama	9,29	2,2	11,91	1,9	26,96	2,7
Karibik	28,06	6,5	48,72	7,9	66,98	6,8
Bermuda	20,17	4,7	28,35	4,6	41,08	4,2
U.K. Islands	5,92	1,4	7,86	1,3	15,71	1,6
Afrika	3,65	0,8	5,76	0,9	13,49	1,4
Mittlerer Osten	3,96	0,9	6,37	1,0	10,59	1,1
Asien / Pazifik	64,72	15,0	108,53	17,7	161,80	16,5

Quelle: U.S. Census Bureau: Statistical Abstract of the United States, 2000.

Lateinamerika als Handelspartner der USA

Die Bedeutung Lateinamerikas als Handelspartner der USA und als Ziel für US-amerikanische Direktinvestitionen nahm im Laufe der 90er Jahre deutlich zu. Wie aus Tabelle 1 hervorgeht, stieg der Anteil Lateinamerikas an den US-Exporten zwischen 1991 und 1999 von 14,9 auf 20,3%. Der lateinamerikanische Anteil an den US-Importen erhöhte sich im gleichen Zeitraum von 12,8 auf 16,4%. Bei den ausländischen Direktinvestitionen der USA stieg der auf Lateinamerika und die Karibik entfallende Anteil von 16,6% (1990) auf 20,1% (1998) (Tabelle 2). Allerdings lag der Anteil Lateinamerikas am Außenhandel der USA noch in den 50er Jahren bei 28-35%, bevor er bis Mitte der 70er Jahre auf 12-14% sank und dann lange Zeit stagnierte (Smith 2000: 239). Durchschnittswerte verdecken zudem die Tatsache, dass in den 90er Jahren fast ausschließlich Mexiko seine Anteile am US-Außenhandel sub-

139

stanziell steigern konnte. Bei den Exporten stieg der mexikanischen Anteil zwischen 1991 und 1999 von 7,9 auf 12,5%, bei den Importen von 6,4 auf 10,7%. Auch die zentralamerikanischen Länder konnten ihren Anteil am US-Außenhandel im genannten Zeitraum leicht erhöhen, während die Anteile der Karibik und Südamerikas stagnierten oder sogar leicht zurückgingen. Brasilien beispielsweise gewann zwar als Markt für US-Produkte in den 90er Jahren etwas an Bedeutung, der Anteil von Importen aus Brasilien an den Gesamtimporten der USA ging jedoch sogar zurück.

Ein etwas anderes Bild ergab sich bei den Direktinvestitionen. Hier konnten vor allem Argentinien, Brasilien und Chile ihre Anteile erhöhen. Zur Relativierung ist allerdings auch hier hinzuzufügen, dass noch in den 50er Jahren ca. ein Drittel aller Auslandsinvestitionen der USA nach Lateinamerika floss (Smith 2000: 240). Unter strategischen Gesichtspunkten ist auch die Tatsache von Bedeutung, dass Ende der 90er Jahre etwa ein Drittel der Rohölimporte der USA aus Lateinamerika stammten. Vor allem Mexiko und Venezuela spielten dabei als Lieferanten eine zentrale Rolle.

Im Juni 1990 verkündete der damalige US-Präsident George Bush (Senior) seine *Enterprise for the Americas*-Initiative, mit der er die Bildung einer Freihandelszone in der gesamten westlichen Hemisphäre („von Alaska bis Feuerland") vorschlug. Die Idee wurde zunächst nicht weiter verfolgt, aber nach Gründung des MERCOSUR (März 1991) und Inkrafttreten des NAFTA-Vertrages (Januar 1994) trafen sich im Dezember 1994 in Miami 34 Staats- und Regierungschefs aus ganz Amerika und vereinbarten die Gründung einer „Freihandelszone der Amerikas" (*Área de Libre Comercio de las Américas*, ALCA) bis zum Jahr 2005. In den darauffolgenden Jahren entstanden neun Arbeitsgruppen, um über Themen wie Marktzugang, Investitionen, Wettbewerbspolitik, Dienstleistungen, geistiges Eigentum, Subventionen und Anti-Dumping-Maßnahmen zu diskutieren. Während die USA ursprünglich einen Verhandlungsmodus nach dem Prinzip des *early harvest* angestrebt hatten (d.h. der Unterzeichnung von Teilabkommen unmittelbar nach der Einigung in einem Sachgebiet), mussten sie schließlich der Forderung der MERCO-SUR-Staaten nachgeben, die auf dem Prinzip des *single undertaking* beharrten, d.h. erst wenn in allen Streitpunkten Übereinstimmung erzielt wurde, kann ein Freihandelsabkommen unterzeichnet werden. Auf einem Ministertreffen in Belo Horizonte im Jahr 1997 einigte man sich darauf, dass subregionale Integrationskörperschaften wie der MERCOSUR und die Andengemeinschaft auch nach Inkrafttreten eines Freihandelsabkommens weiter Bestand haben sollen. Zudem rückten die USA von ihrer Forderung ab, dass alle Länder einzeln an dem Verhandlungsprozess teilnehmen müssten. Wiederum war es der MERCOSUR, der sich mit seiner Forderung nach einer Verhandlungsführung als Gruppe durchsetzen konnte. Die ALCA-Verhandlungen verliefen in der zweiten Hälfte der 90er Jahre eher schleppend, nicht zuletzt deshalb, weil es Präsident Clinton nicht gelang, vom Kongress ein *fast track-*

Mandat zu erhalten. Auch auf dem dritten Amerika-Gipfel im kanadischen Quebec im April 2001 machte der Verhandlungsprozess in der Sache keine großen Fortschritte. Zwar wurde ein erstes Dokument angenommen, es enthielt aber mehr als Tausend Vorbehalte. Der von Chile unterstützte Vorschlag der USA, den Verhandlungsprozess zu beschleunigen und bereits im Jahr 2003 abzuschließen, setzte sich nicht durch.

Die Regierung von Präsident George W. Bush erhob das Thema Freihandel zu Beginn der Präsidentschaft zum zentralen Rahmen ihrer Strategie für die westliche Hemisphäre (Zoellick 2001). Trotz Freihandelsrhetorik machte sich in den USA in den 90er Jahren jedoch wachsender Protektionismus breit. Nicht *free trade*, sondern *fair trade* forderten immer mehr Gewerkschaften, Unternehmen und Nichtregierungsorganisationen, die sich im politischen System der USA wirksam Gehör zu verschaffen verstanden. Auch wenn es Präsident Bush im Jahr 2002 gelang, vom Kongress weitreichende Kompetenzen für Freihandelsverhandlungen zu erhalten (früher *fast track*, jetzt *Trade Promotion Authority*), stehen noch schwierige Verhandlungen bevor. Vor allem Brasilien gilt es zu überzeugen. Aus der Sicht der Vereinigten Staaten war Brasilien mit seinen hohen Zöllen und Subventionen und wegen seiner Bemühungen, die MERCOSUR-Partner gemeinsam auf Linie zu halten, die größte Hürde auf dem Weg zu einem schnellen Vertragsabschluss. Brasilien seinerseits hatte aus ökonomischen und politischen Gründen keine Eile mit dem ALCA-Projekt. Die mit Abstand größte, am stärksten industrialisierte und diversifizierte Volkswirtschaft Lateinamerikas könnte bei einer raschen Öffnung der Grenzen für die US-Konkurrenz mehr verlieren als irgendein anderes lateinamerikanisches Land. Brasilien wehrte sich insbesondere gegen überstürzte Zollsenkungen im Manufaktursektor und im Bereich der Hochtechnologie, da diese Industrien dadurch in ihrer Existenz gefährdet werden könnten. Brasilien ist weniger stark vom Außenhandel mit den USA abhängig als andere lateinamerikanische Länder und befindet sich auch deshalb in einer besseren Verhandlungsposition. Wichtigster Handelspartner ist die EU (27%), gefolgt von der NAFTA (26%), Südamerika (25%) und Asien (12%). Der MERCOSUR sei das Schicksal seines Landes, betonte der brasilianische Präsident Fernando Henrique Cardoso anlässlich des Gipfels in Quebec im April 2001. Die ALCA dagegen sei eine Option, aber keine Notwendigkeit. Brasilien sprach sich nicht gegen eine gesamtamerikanische Freihandelszone aus, aber es räumte bislang einer Vertiefung und Erweiterung des MERCOSUR eindeutig Priorität ein. Von den Vereinigten Staaten forderte man einen verbesserten Marktzugang für eigene Produkte, was angesichts horrender „Anti-Dumping-Maßnahmen" der USA gegen brasilianische Exportprodukte wie Zucker, Zitrusfrüchte und Stahl verständlich war. In Brasilien wurde die ALCA als ein zum einseitigen Vorteil der USA konzipiertes Unterfangen wahrgenommen. Umweltargumente der USA deutete man als Bedrohung der brasilianischen Souveränität, Anti-Dumping-Politiken und Labour-Standards galten als Vorwände für US-Protektionismus. Nur die Überwindung solcher Bedenken ließ substanzielle Verhandlungsergebnisse hinsichtlich des Themas ALCA erwarten (Barbosa 2001).

Die Lateinamerikapolitik der USA nach dem 11. September 2001

Die Terrorangriffe des 11. September 2001 markieren einen Wendepunkt in der Außenpolitik der Vereinigten Staaten von Amerika. Sie führten zu einer veränderten Weltsicht der USA und damit auch zu einer neuen Grundlage für die internationale Einbindung des Landes. Der internationale Terrorismus gilt seit diesem Tag als wichtigste Bedrohung der nationalen Sicherheit der USA, der „Krieg gegen den Terrorismus" wurde zur absoluten Priorität der Außenpolitik. Grundlegende Doktrinen, die die US-Außenpolitik während des Kalten Krieges bestimmt hatten und die in den 90er Jahren einer relativ unscharfen internationalen Orientierung der USA Platz machten, wurden infolge der Terrorangriffe durch neue Grundsätze abgelöst. Seit dem 11. September 2001 verfügen die USA wieder über ein eindeutiges außenpolitisches Feindbild: den internationalen Terrorismus. Damit erhielt nicht nur die Außenpolitik erneut jenen klaren Fokus, den sie seit dem Ende des Kalten Krieges nicht mehr hatte, auch der Einfluss der konservativen *hardliner* innerhalb der Regierung von Präsident George W. Bush nahm deutlich zu. Der Präsident selbst konnte seine Rolle bei der Gestaltung der Außenpolitik auf Kosten des Kongresses stärken (Rudolf 2002).

Die Unterschiede zwischen dem alten Feindbild Kommunismus/Sowjetunion und dem neuen Feindbild Terrorismus führten im Laufe des Jahres 2002 zu einer Neuausrichtung der US-amerikanischen Militärstrategie. Während der Kampf gegen den Kommunismus auf den Prinzipien Eindämmung (*containment*) und Abschreckung basierte, gelten diese Grundsätze gegenüber dem internationalen Terrorismus als überholt. Eindämmung im traditionellen Sinne gilt den US-Militärstrategen als irrelevant, da der internationale Terrorismus nicht mit einem konkreten Territorium oder Nationalstaat in Verbindung gebracht werden kann. Auch das Prinzip der massiven Vergeltung erweist sich aus dieser Perspektive gegenüber Selbstmordattentätern und ihren geheim und verstreut operierenden Organisationen als wirkungslos. Stattdessen setzt die neue Sicherheitsdoktrin der USA, die im Januar 2002 von Präsident Bush in seiner Rede an die Nation erstmals angedeutet, im Juni bei einer Rede in der Militärakademie West Point weiter ausgeführt und im September offiziell verkündet wurde, unter anderem auf unilaterale und präventive militärische Aktionen gegen terroristische Gruppen und feindliche Länder, die aufgrund der Verfügung über biologische, chemische oder nukleare Waffen zu einer Bedrohung für die USA werden könnten.[3] Die Neuausrichtung der US-Politik hatte unmittelbare Konsequenzen für die Außenpolitik gegenüber Lateinamerika. Zum Teil erinnerte die Lateinamerikapolitik nach dem 11. September 2001 an die Haltung während des Kalten Krieges, denn einmal mehr wurde die Region zuallererst durch die sicherheitspolitische Brille betrachtet und nicht mehr wie noch in den 90er Jahren vorzugsweise aus der Perspektive marktwirtschaftlicher Reformpolitik und politischer Demokratisierung. Aufgrund der globalen Situation und angesichts der heutigen Verhältnisse in Lateinamerika ist jedoch nicht zu erwarten, dass die zukünftige Lateinamerikapolitik der USA zu einem einfachen Abbild der aus der Zeit des Kalten Krieges bekannten Strategie wird. Auch wenn die US-Regierungen die Bedrohung durch den Kommunismus während des Kalten Krieges für weitaus gravierender hielten als unabhängige Experten, so gab es doch in vielen lateinamerikanischen Ländern Sympathien für sozialistische und kommunistische Ideen sowie Bemühungen, Wirtschafts- und Militärhilfe durch die Sowjetunion zu erhalten. Demgegenüber stoßen islamisch-terroristische Ideen in Lateinamerika selbst bei ausgesprochenen Kritikern der USA und ihrer Lateinamerikapolitik auf keinen fruchtbaren Boden.[4]

Nach den Terroranschlägen gegen die USA wurde in Lateinamerika aufmerksam beobachtet, ob sich die Vereinigten Staaten bei ihrer Suche nach Verbündeten im Kampf gegen den Terror auf mehr Multilateralismus einlassen würden. Immer wieder hatten sich die USA in der Vergangenheit schwer damit getan, zugunsten multilateraler Institutionen eine teilweise Einschränkung ihrer nationalen Souveränität zu akzeptieren. Eine derartige Einbindung betrachteten sie in der Regel nicht als Chance, sondern als nicht zu akzeptierende Einschränkung der eigenen Handlungsfreiheit. Die Lateinamerikapolitik der USA war traditionell dominiert von unilateralen Handlungsmustern – viele lateinamerikanische Staaten mussten dies im Laufe des 19. und 20. Jahrhunderts wiederholt erfahren. Die Ansätze multilateraler Konfliktlösungsmechanismen in der westlichen Hemisphäre, vor allem der Interamerikanische Beistandsvertrag (Rio-Pakt) und die OAS, litten bis in die 80er Jahre unter den Versuchen der USA, sie für ihre eigene Machtpolitik im Zuge des Kalten Krieges zu instrumentalisieren. In den 90er Jahren deutete sich unter Präsident Clinton eine größere Bereitschaft der Vereinigten Staaten zu multilateralen Handlungsformen an. Die OAS gewann eine Reihe neuer Mitglieder (Kanada und die Staaten der Karibik) und konnte ihre angeschlagene Reputa-

---

3 Siehe: The White House 2002. Tom Barry wies darauf hin, dass die neue Sicherheitsdoktrin nicht allein auf die terroristischen Angriffe des 11. September 2001 zurückzuführen
   war. Entsprechende Pläne wurden bereits 1992 und 1997 propagiert. Die Ereignisse des 11.
   September boten dann eine Gelegenheit, sie umzusetzen (Barry 2002: 3).
4 Zur Lateinamerikapolitik der USA nach dem 11. September 2001 siehe Kaufman Purcell
   2002; Kurtenbach 2001; Shifter 2001.

tion durch die von ihr übernommenen Aufgaben im Rahmen diverser Wahlbeobachtungsmissionen verbessern. In anderen Bereichen, vor allem mit
Blick auf die Haltung gegenüber Kuba sowie in Drogen- und Migrationsfragen, zeigten die USA allerdings auch in den 90er Jahren kaum Bereitschaft zu
einer multilateralen Kooperation. Besonders deutlich wurde dies in Form der
von vielen lateinamerikanischen Ländern als entwürdigend empfundenen
„Zertifizierung", mit der sich die Vereinigten Staaten Jahr für Jahr erlaubten,
die *performance* der lateinamerikanischen Länder bei der Drogenbekämpfung
zu beurteilen. Bei Nichtbestehen drohte die Aufnahme in eine schwarze Liste
und damit der Verlust der US-amerikanischen Auslandshilfe. Nach den Terroranschlägen konnte sich der US-Kongress im Herbst 2001 dazu durchrin-
gen, das Zertifizierungsverfahren bis auf weiteres auszusetzen.

Der *Inter-American Dialogue* hatte der Regierung Bush bereits in seinem
Ende 2000 veröffentlichten 11. Bericht ins Stammbuch geschrieben, dass eine
fruchtbare Zusammenarbeit mit Lateinamerika regelmäßige Konsultationen
und die Bereitschaft zu mehr multilateralem Handeln erfordere. In den ersten
Monaten seiner Amtszeit erwies sich Präsident George W. Bush vor allem bei
globalen Fragen jedoch nicht als Anhänger des Multilateralismus. Nach den
Terroranschlägen des 11. September 2001 konstatierten Beobachter zunächst
eine Änderung dieser Haltung. Anzeichen für eine größere Bereitschaft zum
Multilateralismus sahen sie in der nach langjähriger Blockade erfolgten Bewilligung ausstehender UN-Beträge durch den US-Kongress und in den Be-
mühungen der USA um internationale Koalitionen gegen den Terrorismus.
Sowohl die OAS als auch der zuvor vielfach als überholt angesehene Rio-
Pakt erfuhren nach den Terrorangriffen gegen die USA eine Neubewertung.
Beide Institutionen versicherten den USA ihre Solidarität im Kampf gegen
den Terrorismus (Kurtenbach 2001). Am 3. Juni 2002 verabschiedete die
OAS auf Drängen der USA eine *Inter-American Convention against Terrorism*, in der sich die Unterzeichnerländer zu einer stärkeren Zusammenarbeit
im Bereich der Terrorismusbekämpfung bekannten.[5] Selbst die erzkonservati-
ve *Heritage Foundation* empfahl der Bush-Administration nach dem 11.
September 2001 die Bildung einer hemisphärischen Koalition gegen das
internationale Verbrechen. Die USA müssten ihren südlichen Nachbarn dabei
behilflich sein, ihre Migrationskontrollen und polizeilichen Untersuchungs-
methoden zu verbessern und ihre militärischen Geheimdienste zu professiona-
lisieren. Notwendig sei darüber hinaus ein Ausbau der US-amerikanischen
Geheimdienstkapazitäten in der Region, eine Forcierung der ALCA-
Verhandlungen, die Unterstützung demokratischer Institutionen sowie die
konsequente Isolierung von Staaten, die den Terrorismus unterstützen (Johnson 2001b).

---

5   Der Text der Konvention kann über die Homepage der OAS (www.oas.org) eingesehen
    werden.

In der Tat erfolgte nach den Terroranschlägen des 11. September ein weiterer Ausbau der US-amerikanischen Militär- und Geheimdienstaktivitäten in Lateinamerika. Dies sollte allerdings nicht darüber hinwegtäuschen, dass die militärische Präsenz der USA in Lateinamerika bereits unter Präsident Clinton in den 90er Jahren massiv ausgebaut wurde, auch wenn Clinton in seinen öffentlichen Erklärungen vor allem die Förderung von Demokratie und Marktwirtschaft betonte. Während die Wirtschaftshilfe der USA für Lateinamerika in den 90er Jahren massiv zurückging, überstieg die Militärhilfe mit ca. US$ 900 Mio. bereits im Jahr 2000 erstmals seit der „Allianz für den Fortschritt" wieder die Wirtschaftshilfe (ca. US$ 800 Mio.). Auch die Anzahl des in Lateinamerika tätigen US-Militär- und Sicherheitspersonals nahm deutlich zu (Isacson 2001). Die Entscheidung der USA, den „Krieg gegen die Drogen" in erster Linie mit militärischen Mitteln auszutragen, ließ die militärischen Trainings-, Ausbildungs- und Ausrüstungsmaßnahmen auf ein niemals zuvor bekanntes Ausmaß anwachsen. Hier konnte der „Krieg gegen den Terrorismus" nahtlos anknüpfen.

Nicht alle Länder Lateinamerikas waren von der veränderten Situation nach den Attentaten des 11. September gleichermaßen betroffen. Veränderungen ergaben sich zunächst in erster Linie für Mexiko, Kolumbien, Venezuela und für Kuba. Noch während des Präsidentschaftswahlkampfes von 1999 hatte der spätere Präsident Bush erklärt, die Beziehungen mit Mexiko würden für die USA in Zukunft den gleichen Stellenwert einnehmen wie die zu Kanada und Großbritannien. Als Präsident führte George W. Bush seine erste Auslandsreise nach Mexiko. Umgekehrt absolvierte auch der neugewählte mexikanische Präsident Fox seinen ersten Staatsbesuch in den USA. Der damalige Außenminister Castañeda setzte sich für eine Vertiefung der bilateralen Beziehungen ein und bemühte sich um ein Migrationsabkommen, durch das eine Ausweitung der Gastarbeiter-Programme mit zeitlich befristeten Visa erreicht und der Status von Millionen von Mexikanern geregelt werden sollte, die ohne Papiere in den USA leben. Nach dem 11. September war von einer Liberalisierung der Grenzkontrollen zunächst keine Rede mehr. Vielmehr verschärften die USA infolge der terroristischen Bedrohung die Grenzkontrollen und postierten fast 1.000 zusätzliche Nationalgardisten an ihrer Südgrenze. Die Maßnahmen führten zu erheblichen Verzögerungen bei der Abfertigung von Menschen und Gütern und wurden zu einer erheblichen Belastung für den beiderseitigen Handel. Zudem litt Mexiko, das ca. 90% seines Handels mit den USA abwickelt, ganz besonders unter den rezessiven Auswirkungen der Attentate auf die US-Wirtschaft. Nicht zuletzt das lahmende Tourismusgeschäft und die sinkenden *remesas* der in den USA lebenden Mexikaner wirkten sich negativ auf die wirtschaftliche Entwicklung Mexikos aus.

Im März 2002 unterzeichneten die Präsidenten Bush und Fox dann ein Abkommen, mit dem versucht werden sollte, die konkurrierenden Ziele von höheren Sicherheitsstandards einerseits und einer größeren Effizienz der

Grenzkontrollen andererseits miteinander zu versöhnen. Erreicht werden soll dies durch einen verbesserten Austausch von geheimdienstlichen und polizeilichen Informationen und durch eine Modernisierung der Grenzinfrastruktur. Dazu gehört die Einführung maschinenlesbarer Personalausweise für regelmäßige Grenzgänger, von Röntgengeräten zur schnelleren Kontrolle von LKW-Frachten und von Schnelltrassen für bereits in Mexiko kontrollierte LKWs (Treat 2002). Die Unterzeichnung eines neuen Einwanderungsabkommens stand zwar einstweilen nicht bevor, aber die Gespräche darüber wurden wieder aufgenommen. Überhaupt sorgen Mexikos geographische Nähe zu den USA, die Mitgliedschaft in der NAFTA und die Existenz einer großen – und weiter wachsenden – mexikanischstämmigen Bevölkerungsgruppe in den USA dafür, dass sich die bilaterale Zusammenarbeit zwischen beiden Ländern trotz des „Krieges gegen den Terrorismus" auch in Zukunft nicht ausschließlich auf sicherheitspolitische Aspekte reduzieren dürfte. Die Themen der bilateralen Agenda – von Einwanderungs- und Grenzfragen über die Korruptionsbekämpfung bis hin zur Drogenbekämpfung – sind auch für die USA von zu großer Bedeutung, um Mexiko angesichts der neuen internationalen Situation keine angemessene Beachtung mehr zu schenken.

Die Politik der USA gegenüber Kolumbien änderte sich nach den Terroranschlägen des 11. September insofern, als es zuvor – zumindest formal – keine Unterstützung für die Aufstandsbekämpfungsmaßnahmen der kolumbianischen Regierung gab, da dies offiziell als innerkolumbianisches Problem galt. Nach den Terroranschlägen nahm die US-Regierung die beiden wichtigsten kolumbianischen Guerilla-Organisationen, die FARC (*Fuerzas Armadas Revolucionarias de Colombia*) und die ELN (*Ejército de Liberación Nacional*), sowie die Dachorganisation der paramilitärischen Kräfte, AUC (*Autodefensas Unidas de Colombia*), in die Liste der weltweit gefährlichsten Terrororganisationen auf. Die Trennungslinie zwischen Drogenbekämpfung und Aufstandsbekämpfung verschwand, und im Juli 2002 hob auch der US-Kongress entsprechende Einschränkungen auf. Nach dem Scheitern des Friedensprozesses unter Präsident Pastrana und der Wahl des *hardliners* Álvaro Uribe zum neuen kolumbianischen Präsidenten im Mai 2002 verstärkte sich die Zusammenarbeit zwischen den US-Streitkräften und dem kolumbianischen Militär weiter. Unter anderem sicherten die USA Kolumbien die Lieferung von zehn Kampfhubschraubern zur Aufstandsbekämpfung und die Ausbildung von ca. 4.000 Soldaten durch US-Spezialisten zu. Dabei geht es nicht zuletzt um den Schutz von Ölpipelines vor Angriffen durch die Guerilla (*The New York Times*, 4.10.2002). Insgesamt ist aufgrund der veränderten Situation nach dem 11. September für die kommenden Jahre mit einer weiteren Verstärkung des direkten US-Engagements in Kolumbien zu rechnen.

Gegenüber der venezolanischen Regierung von Hugo Chávez schlug die US-Regierung nach dem 11. September 2001 eine härtere Gangart ein. Chávez hatte die USA bereits zuvor mehrfach herausgefordert. Seine antikapitalistischen Tiraden, sein demonstrativ gutes Verhältnis zum kubanischen Staatschef Fidel Castro und die Unterstützung Kubas durch die Lieferung von billigem venezolanischem Öl, seine Staatsbesuche in Libyen und im Irak, seine Weigerung, US-Flugzeugen die Erlaubnis zu erteilen, venezolanisches Territorium im Zusammenhang mit der Drogenbekämpfung zu überfliegen, und seine Bemühungen, die Organisation Erdöl Exportierender Länder (O-PEC) von höheren Förderquoten und damit einer Senkung der Ölpreise abzubringen, wurden in den USA mit wachsendem Missfallen registriert. Trotzdem hatten sich die USA, für die Venezuela aufgrund seiner Ölreserven von großer ökonomischer und strategischer Bedeutung ist, in den ersten Amtsjahren von Chávez darum bemüht, diesen mehr an seinen – nicht ganz so radikalen – Taten als an seinen Worten zu messen. Nach dem 11. September änderte sich dies zumindest teilweise. Stärker als zuvor äußerten Mitglieder der US-Regierung jetzt offene Kritik am undemokratischen Verhalten des venezolanischen Präsidenten. Zwar stritt die USA jede Verwicklung in den fehlgeschlagenen Putschversuch gegen Chávez im April 2002 ab, sie signalisierte jedoch gleichzeitig, dass sie eine mit demokratischen Mitteln herbeigeführte Ablösung von Chávez sehr begrüßen würde.

Für die Kuba-Politik der USA bedeuteten die Ereignisse des 11. September 2001, dass alle Mutmaßungen über eine mögliche weitere Lockerung der Embargo-Politik verstummten. Vor den Terrorangriffen hatten sich US-Unternehmer vermehrt für eine Aufhebung des Embargos eingesetzt, und auch die öffentliche Meinung in den Vereinigten Staaten zeigte sich aufgeschlossener gegenüber einem derartigen Schritt. Präsident Bush selbst hatte sich allerdings bereits im Wahlkampf für eine Aufrechterhaltung des Embargos ausgesprochen und zu Beginn seiner Amtszeit sogar eine Verschärfung ins Auge gefasst. Zudem besetzte er einige wichtige außenpolitische Posten mit Vertretern der *Cuban Americans*, deren Stimmen ihm den überaus wichtigen Wahlsieg in Florida gesichert hatten. Im Mai 2002 kündigte Bush eine „neue" Kubapolitik an, die jedoch im Wesentlichen eine Fortsetzung der bisherigen Linie bedeutete. Er stellte ein Ende der Handels- und Reisebeschränkungen in Aussicht, wenn die 2003 in Kuba anstehenden Wahlen frei, geheim und fair seien und marktwirtschaftliche Reformen durchgeführt würden. Da zumindest zu Lebzeiten Fidel Castros nicht mit derartigen Entwicklungen zu rechnen ist, scheint eine teilweise oder gar vollständige Aufhebung des US-Embargos gegen Kuba angesichts der gegenwärtigen internationalen Situation sehr unwahrscheinlich.

Schlussbemerkungen

Blickt man aus heutiger Perspektive auf jene Prognosen zurück, die zu Beginn der 90er Jahre im Hinblick auf die zukünftigen Beziehungen zwischen den USA und Lateinamerika aufgestellt wurden, so zeigt sich, dass weder die Optimisten, die sich nach dem Ende der bipolaren Weltordnung das rasche Zusammenwachsen des Kontinents zu einer hemisphärischen Gemeinschaft – einher gehend mit ständig zunehmender politischer und wirtschaftlicher Übereinstimmung – erhofften, noch die Pessimisten, die entweder einen wachsenden und ungebremsten Interventionismus der USA oder, ganz im Gegenteil, deren zunehmendes Desinteresse an den Nachbarn im Süden befürchteten, eindeutig Recht behalten haben. In der ersten Hälfte der 90er Jahre entwickelten sich die Beziehungen innerhalb der westlichen Hemisphäre so kooperativ wie kaum jemals zuvor. Bereits in der zweiten Hälfte des Jahrzehnts trübten jedoch zunehmende wirtschaftliche Krisensymptome, politische Rückschläge sowie wachsende Zweifel der Lateinamerikaner an der Vorgehensweise Washingtons in Handels-, Migrations- und Drogenangelegenheiten die Harmonie. „Der Honeymoon geht zu Ende", schrieb Peter Hakim, Präsident des *Inter-American Dialogue*, zu Beginn des Jahres 2001 (Hakim 2001).

Es bleibt festzuhalten, dass sich die Beziehungen zwischen den USA und Lateinamerika trotz aller in den 90er Jahren zu beobachtenden Harmonie manchmal auf dünnem Eis bewegen. Die nach wie vor existierenden gravierenden Asymmetrien innerhalb der Hemisphäre hinsichtlich politischer, ökonomischer und militärischer Machtpotenziale erschweren eine konstruktive Zusammenarbeit genauso wie der US-amerikanische Hang zum Unilateralismus und die Schwierigkeiten der lateinamerikanischen Länder „mit einer Stimme" zu sprechen. Wie dünn der Wertekonsens ist und wie schnell unter einer freundschaftlichen Oberfläche in Lateinamerika wieder anti-amerikanische Gefühle aufbrechen können, haben auch die Reaktionen auf die Terroranschläge des 11. September in vielen lateinamerikanischen Gesellschaften gezeigt (Kurtenbach 2001).

Die Terrorangriffe in New York und Washington am 11. September 2001 machten mehr als ein Jahrzehnt nach dem Ende des Kalten Krieges erneut die Sicherheitspolitik zum zentralen Aspekt der US-Außen- und Lateinamerikapolitik. Aber Lateinamerika sei schließlich kein Hort anti-amerikanischer terroristischer Aktivitäten, sondern eine fast ausschließlich von demokratischen und an guten Beziehungen zu den USA interessierten Regierungen beherrschte Region, schrieb Susan Kaufman Purcell im September 2002. Der Kampf gegen den Terrorismus sei daher in der westlichen Hemisphäre durchaus kompatibel mit einer Stärkung von Demokratie, Marktwirtschaft, Freihandel und politischer Zusammenarbeit (Kaufman Purcell 2002: 17f.). Es bleibt zu hoffen, dass sie Recht behält.

Literaturverzeichnis

Atkins, George P. (1997): Encyclopedia of the Inter-American System. Westport, Connecticut/London.

Atkins, George P. (2001): Handbook of Research on the International Relations of Latin America and the Caribbean. Boulder, Colorado/Oxford.

Barbosa, Rubens A. (2001): A View from Brazil. In: The Washington Quarterly 24 (2001) 2, S. 149-157.

Barry, Tom (2002): A Strategy Foretold, Foreign Policy in Focus, Policy Report, October 2002, www.fpif.org/papers/foretold.html, zuletzt besucht am 4.11.2002.

Bernal, Richard L./Bryan, Anthony T./Fauriol, Georges A. (2001): The United States and Caribbean Strategies. Three Assessments (CSIS Americas Program, Policy Papers on the Americas Volume XII, Study 4). Washington, D.C.

Bierling, Stephan (2001): Der Einfluss der Latinos auf Amerikas Außenpolitik. In: Internationale Politik 2001 (9), S. 39-44.

Bulmer-Thomas, Victor/Dunkerley, James (Hrsg.) (1999): The United States and Latin America: The New Agenda. Cambridge, Massachusetts/London.

Calcagnotto, Gilberto/Nolte, Detlef (2000): Das Treffen der südamerikanischen Präsidenten in Brasilia: Markstein der Integration oder Show-Veranstaltung einer aufkommenden Regionalmacht? In: Brennpunkt Lateinamerika Nr. 17 (2000), S. 181-188.

Dent, David W. (1999): The Legacy of the Monroe Doctrine. A Reference Guide to U.S. Involvement in Latin America and the Caribbean. Westport, Connecticut/London.

Fauriol, Georges A./Weintraub, Sidney (2001): The Century of the Americas: Dawn of a New Century Dynamic. In: The Washington Quarterly 24 (2001) 2, S. 139-148.

Gilderhus, Mark T. (2000): The Second Century. U.S. – Latin American Relations Since 1889. Wilmington.

Grabendorff, Wolf (2001): Die Lateinamerika-Politik der USA unter der Lupe. In: Internationale Politik 56 (2001) 9, S. 31-38.

Graham, Bob/Scowcroft, Brent et al. (2000): Toward Greater Peace and Security in Colombia. Forging a Constructive U.S. Policy, Report of an Independent Task Force, Sponsored by the Council on Foreign Relations and the Inter-American Dialogue. New York.

Hakim, Peter (2001): The Uneasy Americas. In: Foreign Affairs 80 (2001) 2.

Huenemann, Jon E. (2000): The U.S. Trade Relationship with Mexico: Where It Has Been and Where It Should Go (CSIS Americas Program, Policy Papers on the Americas), Washington, D.C., 2000.

Inter-American Dialogue (2000): A Time for Decisions: U.S. Policy in the Western Hemisphere. A report of the Sol M. Linowitz Forum, Washington, D.C., 2000.

Isacson, Adam (2001): Militarizing Latin American Policy, Foreign Policy in Focus Vol. 6, No. 21, Mai 2001.

Johnson, Stephen (2001a): A New U.S. Policy For Latin America: Reopening the Windows of Opportunity. Washington, D.C. (The Heritage Foundation Backgrounder No. 1409).

Johnson, Stephen (2001b): U.S. Coalition Against Terrorism Should Include Latin America, Washington, D.C. (The Heritage Foundation Backgrounder No. 1489).

Kaufman Purcell, Susan (2002): U.S. Foreign Policy since September 11th and its Impact on Latin America. Paper prepared for a conference on "Power, Asymmetry and International Security", Buenos Aires, September 6, 2002.

Kurtenbach, Sabine (2001): Lateinamerika nach dem 11. September 2001. In: Brennpunkt Lateinamerika, Nr. 19 (2001), S. 201-208.

LaRosa, Michael/Mora, Frank O. (Hrsg.) (1999): Neighborly Adversaries. Readings in U.S.-Latin American Relations. Lanham.

Lowenthal, Abraham F. (1990): Partners in Conflict. The United States and Latin America in the 1990s. Revised Edition. Baltimore, Maryland/London.

Lowenthal, Abraham F. (2001): Estados Unidos y Latinoamérica en el Siglo XXI. In: Archivos del Presente 6 (2001) 23, S. 81-96.

Mitchell, Christopher (1974): Dominance and Fragmentation in U.S. Latin American Policy. In: Cotler, Julio/Fagen, Richard R. (Hrsg.): Latin America and the United States: The Changing Political Realities. Stanford, California, S. 176-204.

Nolte, Detlef (2001): Bye-bye Brazil, hello Uncle Sam? Südamerika zwischen MERCOSUR und ALCA. In: Brennpunkt Lateinamerika, Kurzinfo VIII vom 2.1.2001.

Nolte, Detlef/Calcagnotto, Gilberto (2001): Der III. „Gipfel der Amerikas" in Quebec. Viel Lärm um nichts? In: Brennpunkt Lateinamerika Nr. 9 (2001), S. 93-104.

Rielly, John (Hrsg.) (1999): American Public Opinion and U.S. Foreign Policy 1999. Chicago.

Robert, Stephen et al. (2001): A Letter to the President and a Memorandum on U.S. Policy Toward Brazil. Statement of an Independent Task Force Sponsored by the Council on Foreign Relations. New York.

Rudolf, Peter (2002): Wie der 11. September die amerikanische Außenpolitik verändert hat. Bilanz nach einem Jahr. Berlin (SWP-Aktuell 33).

Schirm, Stefan A. (1997): Kooperation in den Amerikas: NAFTA, MERCOSUR und die neue Dynamik regionaler Zusammenarbeit. Baden-Baden.

Schoultz, Lars (1998): Beneath the United States. A History of U.S. Policy Toward Latin America. Cambridge, Massachusetts/London.

Shifter, Michael (2001): United States – Latin American Relations: Preparing for the Handover. In: Current History, February 2001.

Shifter, Michael (2002): A Shaken Agenda: Bush and Latin America, in: Current History, February 2002, S. 51-57

Smith, Peter H. (2000): Talons of the Eagle. Dynamics of U.S.-Latin American Relations. 2. Auflage, New York/Oxford.

The White House (2002): The National Security Strategy of the United States of America, September 2002.

Therrien, Melissa/Ramírez, Roberto R. (2001): The Hispanic Population in the United States: March 2000, Current Population Reports, P20-535. U.S. Census Bureau, Washington, D.C.

Treat, Jonathan (2002): Intelligente Grenze, in: ila 257, 2002, S. 36-38.

Zoellick, Robert B. (2001): Free Trade and the Hemispheric Hope. Prepared Remarks of Robert B. Zoellick, U.S (2001). Trade Representative, Council of the Americas, Washington, D.C., May 7, 2001 (http://www.ustr.gov/speech-test/-zoellick_2.html).

Klaus Bodemer

Die interamerikanischen Beziehungen im Zeichen einer Neuausrichtung der amerikanischen Sicherheitsstrategie

Mit den terroristischen Attacken auf die Zwillingstürme des *World Trade Center* und das Pentagon, von George W. Bush als „Pearl Harbour des 21. Jahrhunderts" apostrophiert (zit. nach Woodward 2002: 37), änderten sich die Parameter, Prioritäten und Strategien der amerikanischen Außenpolitik grundlegend. Wie in den Zeiten der Hochphase des Kalten Krieges rückten erneut sicherheitspolitische Überlegungen ins Zentrum des außen- (und innen)politischen Interesses. Damit war insbesondere das interamerikanische Sicherheitssystem angesprochen. An die Stelle des Kampfes gegen den Rivalen Sowjetunion trat nunmehr der „Kampf gegen den Terrorismus". Ihm wurden fortan alle anderen außenpolitischen Prioritäten untergeordnet. Das zehn Jahre dauernde „ordnungspolitische Interregnum" (Ernst Otto Czempiel) war damit zu Ende. Während für Clinton Multilateralismus bedeutete, dass die Vereinigten Staaten eine besondere Verantwortung hatten bei der Schaffung und Unterstützung der internationalen Institutionen, die die Ausübung der unbestrittenen US-Hegemonie erleichterten, war die Definition des „nationalen Interesses" durch die neokonservativen *Hardliner* der Außenpolitik-Equipe, die nunmehr das Sagen hatten, eine ganz andere. Nach der Überzeugung der Sicherheitsberaterin Condoleezza Rice lag es in der Konsequenz der privilegierten US-Position in der Welt, die eigenen Positionen nicht mit denen anderer Akteure abstimmen zu müssen, sondern sie unilateral durchsetzen zu können (Rice 2001), was in den Worten William Kristols, eines der führenden neokonservativen Ideologen, Herausgeber des einflussreichen *Weekly Standard*, bedeutete, „bezüglich der eigenen Ziele expansiver zu sein und bei ihrer Implementierung mit mehr Nachdruck vorzugehen" (zit. nach The New York Times, 31.3.2002). Im außenpolitischen Entscheidungsprozess lief dies auf die Stärkung der Exekutive und hier insbesondere des Präsidenten und seines engeren Führungsteams auf Kosten des Kongresses hinaus (Rudolf 2002).

Konzeptionelle Konsequenz des neuen Feindbildes war eine Neuausrichtung der US-amerikanischen Sicherheitsstrategie. Sie war eine Reaktion auf die als traumatischer Schock erlebten Ereignisse des 11. September, wenngleich ihre Grundlagen bereits unter Clinton gelegt worden waren. An die Stelle von *Containment*, Abschreckung und massiver Vergeltung als Basisgrundsätzen des Kalten Krieges traten nunmehr die im Januar 2002 in einer Rede des US-Präsidenten an die Nation erstmals angekündigte, im Juni desselben Jahres bei einem Auftritt in der Militärakademie Westpoint weiter ausgeführte und schließlich im September 2002 offiziell verkündete neue „Nationale Sicherheitsstrategie der Vereinigten Staaten" (The White House 2002). Sie legt die Grundsätze fest, nach denen die USA die Neuordnung der Welt zu betreiben gedenkt. So soll die angestrebte Aufrechterhaltung ihrer militärischen Übermacht die USA befähigen, „die Hoffnung auf Demokratie, Entwicklung, freie Märkte und freien Handel in jeden Winkel der Erde zu tragen". „Schurkenstaaten", die Massenvernichtungswaffen besitzen oder erwerben wollen und damit die nationale Sicherheit der USA gefährden, soll erforderlichenfalls mit „antizipatorischer Selbstverteidigung" und „präemptiven Handlungen" entgegengetreten werden. Welche Staaten dies sind, wann zu handeln ist und mit welcher Koalition (von „willigen" Staaten) welche Maßnahmen zu ergreifen sind, entscheidet allein die US-Regierung. Das Prinzip der Souveränität, das seit dem Westfälischen Frieden von 1648 die Staatengemeinschaft bestimmte, hat damit aus der Sicht der amerikanischen Regierung nur noch eingeschränkte Gültigkeit. Im Kern geht es bei der Bush-Doktrin um eine nunmehr ohne jegliche Rücksichtnahmen auf andere Akteure expansiv ausgelegte, globale Pax Americana mit dem Ziel, eine internationale Struktur zu schaffen, in der amerikanische Normen universell gelten, und zu deren Durchsetzung nötigenfalls sogar ein Verstoß gegen das Völkerrecht und die Prinzipien der Vereinten Nationen in Kauf genommen wird (Birling 2003: 245).

Welche Konsequenzen hatten die neuen außen- und sicherheitspolitischen Akzentsetzungen für die Länder südlich des Rio Grande, wie wurde die neue, nunmehr ohne Rücksicht auf multilaterale Bündnisloyalitäten unverhüllt artikulierte *hegemonic presumption* auf lateinamerikanischer Seite wahrgenommen und beantwortet?

Folgt man der vorherrschenden wissenschaftlichen und politischen Debatte und den Schlagzeilen der internationalen Presse, so ist Lateinamerika jener Subkontinent, der von den traumatischen Ereignissen des 11. September und ihren Auswirkungen mit Abstand am geringsten betroffen ist. Bei näherem Hinsehen zeigt sich jedoch, dass die terroristischen Attacken auf das *World Trade Center* und das Pentagon auch südlich des Río Grande sehr wohl deutliche Spuren hinterließen und zu neuen Akzentsetzungen in den hemisphärischen Beziehungen führten. Zur Untermauerung dieser Feststellung sollen im Folgenden zwei Aspekte näher beleuchtet werden: 1. die Widerspiegelung der Ereignisse des 11. September im interamerikanischen System; 2. Reaktionen und Auswirkungen der Terrorakte in ausgewählten Ländern der Region.

Die Widerspiegelung des 11. September im interamerikanischen System

In den Jahrzehnten der Blockkonfrontation standen im Mittelpunkt der hemisphärischen Sicherheitspolitik nahezu ausschließlich die klassischen sicherheitspolitischen Bedrohungen, vor allem zwischenstaatliche Konflikte. Mit dem Ende der bipolaren Welt verlor die bislang gültige Konzeption hemisphärischer Sicherheit jedoch ihre Daseinsberechtigung. Mit dem Ende des zentralamerikanischen Konflikts, dem Übergang von Militärregimes zu Demokratien, der Ausbreitung nicht-militärischer, „neuer" Gewaltphänomene (Waffenschmuggel, Drogenhandel und organisierte Kriminalität, Migration, Umweltzerstörung und Naturkatastrophen) und im Zuge eines erweiterten Sicherheitsbegriffs beherrschten nunmehr Fragen der menschlichen Sicherheit, der regionalen militärischen Kooperation und Integration, der vertrauensbildenden Maßnahmen sowie der Beteiligung an internationalen Friedensmissionen zunehmend die interamerikanische Sicherheitsagenda. An die Stelle der kollektiven Verteidigung trat nunmehr die kollektive Sicherheit.

Die Attentate in New York und Washington führten zu neuen Akzentsetzungen. Dabei konnte die Bush-Administration freilich nicht verhindern, dass die von ihr favorisierte Fokusverengung auf die Terrorismus-Problematik von den lateinamerikanischen Regierungen so nicht mitgetragen wurde; sie vielmehr ergänzend und mit Erfolg die Agenda um Fragen eines umfassenderen Sicherheitsverständnisses und dessen institutionell-organisatorische Konsequenzen erweiterten. Damit wurde eine Reformdebatte weitergeführt, die bereits unter Präsident Clinton begonnen hatte. So hatten die Staats- und Regierungschefs auf dem auf dem ersten Gipfel der Amerikas in Miami (Dezember 1994) die Einberufung einer speziellen Konferenz über die Gefahren des nationalen und internationalen Terrorismus vereinbart. Diese fand dann im April 1996 in Lima statt. In einem Aktionsplan kam man überein, internationale Konventionen zur Terrorismusbekämpfung zu unterzeichnen und zu ratifizieren, die nationalen Gesetzgebungen anzupassen, Informationen über Terrorismusbekämpfung auszutauschen sowie die bilaterale, regionale und internationale Kooperation zu stärken. Auf der Folgekonferenz 1998 in Mar del Plata wurde das Interamerikanische Komitee gegen den Terrorismus (*Comité Interamericano contra el Terrorismo*, CICTE) gegründet. Seine Aufgabe war es, gemeinsame Aktionen der Terrorismus-Bekämpfung vorzubereiten und deren Umsetzung zu koordinieren.

Auf dem zweiten Gipfel der Amerikas in Santiago de Chile (April 1998) erging der Auftrag an die Organisation der Amerikanischen Staaten (*Organización de Estados Americanos*, OEA), in ihrer Kommission für Hemisphärische Sicherheit (*Comisión para la Seguridad Hemisférica,* CSH) Bedeutung, Reichweite und Auswirkungen der Konzepte internationaler Sicherheit zu analysieren mit dem Ziel, gemeinsame Kriterien für ein von allen getragenes, angepasstes Sicherheitskonzept zu formulieren und Wege zur Stärkung der bestehenden sicherheitspolitischen Institutionen zu eruieren. Die Ergebnisse sollten dann auf einer Sonderkonferenz über Sicherheit im Jahre 2004 diskutiert werden (Soriano 2002: 1).

In der Folgezeit fanden vier Sitzungen statt. Dabei standen insbesondere vier Teilthemen im Zentrum: die so genannten „neuen" (bzw. nicht-traditionellen) Bedrohungen; konzeptionelle Fragen; Vorschläge zur Reform des 1947 gegründeten Interamerikanischen Beistandspakts (*Tratado Interamericano de Asistencia Recíproca*, TIAR), auch bekannt als Rio-Pakt und der Interamerikanischen Verteidigungs-Junta (*Junta Interamericana de Defensa*, JID),[1] sowie die künftige Rolle der Organisation der Amerikanischen Staaten (OEA), und in ihr des CSH.

Auch auf dem dritten Gipfel der Amerikas in Quebec (April 2001) nahm die hemisphärische Sicherheit einen breiten Raum ein. Die Teilnehmerstaaten verpflichteten sich, die Arbeit des CICTE aktiv zu unterstützen.

Zeitgleich zu den Anschlägen in New York und in Washington berieten die Außenminister der OEA in Lima über die Verabschiedung der „*Interamerikanischen Demokratie-Charta*". Sie verurteilten die Anschläge umgehend, versicherten der amerikanischen Regierung ihre Solidarität und vereinbarten für den 19. September die Einberufung einer Sondersitzung in Washington. Auf Bitten des US-Außenministers Colin Powell wurde die Charta per Akklamation verabschiedet. Auf Initiative von Brasilien und Argentinien traten die Außenminister am 21. September in ihrer Funktion als Konsultativorgan des Rio-Vertrags zusammen. Dabei wurde unter Berufung auf Art. 3 des Vertrags festgestellt, dass die Terroranschläge auf die USA als Angriff gegen alle amerikanischen Staaten zu verstehen seien und dass in Übereinstimmung mit den Bestimmungen des Rio-Vertrags und gemäß dem Prinzip der kontinentalen Solidarität alle Vertragsstaaten des Rio-Vertrags effektiven gegenseitigen Beistand leisten sollten. In der Schlussresolution des Treffens wurden alle Staaten der Region aufgerufen, 1. effektive Maßnahmen zu ergreifen, damit terroristische Organisationen nicht auf ihrem Territorium operieren können, womit sie sich mitschuldig machten würden, 2. die Kooperation bei der Bekämpfung des Terrorismus zu stärken und 3. den Kampf gegen den Terrorismus auf der Grundlage des Respekts vor den Gesetzen, Menschenrechten und demokratischen Institutionen zu führen (Einzelheiten s. www.oas.org). Die Form der Unterstützung – außer der Verhaftung von Personen, die der Beteiligung an den Anschlägen vom 11. September verdächtigt wurden – wurde offen gelassen.

Schon die Frage, ob der Beistandsfall des TIAR festgestellt werden sollte, war in den Hauptstädten Lateinamerikas höchst umstritten. Es sei in die-

---

1   Die JID wurde 1942 geschaffen mit dem Ziel, die amerikanischen Republiken durch die Erstellung von Studien und Empfehlungen auf Verteidigungsaufgaben vorzubereiten.

sem Zusammenhang daran erinnert, dass der TIAR, 1947 auf Drängen Washingtons von allen Staaten der Region unterschrieben, und der Strategie der Eindämmung des Kommunismus verschrieben, nach der Raketenkrise in Kuba 1962 in eine lange Phase der Lethargie eintrat. Der Vertrag erlaubt den Teilnehmerstaaten zu intervenieren, wenn einer von ihnen angegriffen wird. Im Unterschied zum NATO-Vertrag (Art. 5) enthält der TIAR jedoch keine Bestimmung zur Beistandsverpflichtung. Spätestens mit dem Falkland/Malvinas-Krieg (1982) war das Vertragswerk definitiv überholt. Damals hatten sich nicht nur die USA, sondern gerade auch der Nachbar Chile zur großen Überraschung und Verärgerung der Militärjunta in Buenos Aires nicht auf die Seite des OEA-Partners Argentinien gestellt, sondern – in einem Fall offen, im anderen Fall versteckt – für Großbritannien Partei ergriffen.

Anfang der 90er Jahre kam es vor allem infolge interner Entwicklungen in einigen Ländern zu einer, wenn auch verhaltenen, Wiederbelebung der TIAR-Debatte. So startete Argentinien als Reaktion auf die Attentate auf die israelische Botschaft 1992 und die *Asociación Mutual Israelita Argentina* (AMIA) 1994 eine Initiative zur Wiederbelebung und Reform der OEA, unterstützt in diesem Bestreben von Chile. Beide taten dies in der Absicht, das Vertragswerk den veränderten Sicherheitsbedingungen anzupassen, die operativen Kapazitäten zu stärken und durch eine breite Unterstützung durch die Vertragsstaaten zu legitimieren.

Am entschiedensten widersetzte sich Venezuela solchen Wiederbelebungsversuchen. Die Tageszeitung *El Nacional* nannte zwei Gründe, die gegen eine Aktivierung des TIAR sprachen. Erstens handle es sich bei den Terroranschlägen nicht um den Angriff eines Staates, sondern einer terroristischen Gruppe, wodurch eine wesentliche Voraussetzung für Beistand im Rahmen des Rio-Vertrags nicht gegeben sei. Zweitens werde durch die Einberufung des TIAR die OEA gespalten, da von den 34 OEA-Mitgliedern nur 23 auch TIAR-Vertragsstaaten seien (El Nacional, 19.9.2001). Präsident Hugo Chávez, der sich neben Fidel Castro als Wortführer der Opposition gegen den nordamerikanischen Hegemonieanspruch verstand, sprach sich für die Auflösung des Rio-Vertrags aus, er sei „anachronistisch" und ungeeignet zur Bekämpfung neuer sicherheitspolitischer Bedrohungen wie der Armut und des Drogenhandels. Stattdessen schlug er vor, eine neue Sicherheitsdoktrin zu formulieren. Auf der 4. Konferenz der Verteidigungsminister der Amerikas im Oktober 2000 in Manaus regte er dementsprechend eine neue Sicherheitsstruktur ohne Beteiligung der Nordamerikaner an, blieb mit diesem radikalen Vorschlag jedoch isoliert.

Auf Distanz zum TIAR ging schließlich auch Mexiko. Präsident Fox, um internationalen Protagonismus bemüht, schlug in seiner Rede vor der OEA am 6. September 2001, d.h. nur wenige Tage vor den terroristischen Selbstmordeinsätzen in New York und Washington, vor, ein „neues System der Sicherheit" in den Amerikas zu etablieren, das u.a. den neuen Herausforderungen (wirtschaftlicher Rückschritt, transnationale organisierte Kriminalität, Umweltzerstörung u.a.) Rechnung trage. Die mexikanische Regierung war es dann auch, die sich als Antwort auf den 11. September gegen die Feststellung des Bündnisfalls des TIAR aussprach. Exakt ein Jahr später, am 6. September 2002 und damit wenige Tage vor dem ersten Jahrestag des 11. September sollte Präsident Fox dann seine Ankündigung wahr machen und aus dem TIAR austreten (Financial Times, 8.9.2002). Dies geschah zu einem Zeitpunkt, als Präsident Bush sich in seinem Kampf gegen das Regime in Bagdad massiv um eine Reaktivierung der Anti-Terror-Koalition bemühte.

Mit ihren Handlungsempfehlungen vom 21. September bestätigten die Außenminister der OEA in gewisser Weise die militärische Ausrichtung der Terrorismus-Bekämpfung, womit sie ganz auf der Linie des überkommen TIAR-Konzepts lagen. Auf seiner Sondersitzung am 15. Oktober 2001 sprach sich das CICTE für die Bildung einer operativen Struktur zur Vorbeugung, Bekämpfung und Eliminierung jeder Form von Terrorismus aus. Kritische Beobachter äußerten die Befürchtung, dass dies auf die Einrichtung eines polizeilichen und militärischen Mechanismus hinauslaufe, während das CICTE seinem Auftrag nach doch eher eine Art „Koordinierungsrat", ein interamerikanisches Netzwerk der Sammlung und des Austauschs einschlägiger Informationen sein müsste. Sie erinnerten ergänzend daran, dass das CICTE den Direktiven des Komitees für Terrorismusbekämpfung der Vereinten Nationen folgen müsse, wie sie vor allem in der UN-Resolution 1373 formuliert sind. In ihr werden eine Reihe konkreter Verhaltensnormen gegenüber dem Terrorismus festgelegt, die ein ganzes Bündel nicht-militärischer Maßnahmen in den Bereichen Zollbestimmungen, Migration, Auslieferung, illegaler Waffenhandel, Kontrolle von Finanzströmen und gemeinsame Verhaltensregeln für den Polizeieinsatz einschließen.

Auch die Teilnehmer des 11. Iberoamerikanischen Gipfels in Lima Ende November 2001 teilten diese kritische Position. Sie verpflichteten sich auf der Basis jener Kriterien, die in der „Politischen Deklaration gegen den Terrorismus" der Vereinten Nationen niedergelegt waren, in der Terrorismus-Bekämpfung im Rahmen des Rechts zu bleiben und die regionalen und internationalen Verträge zu respektieren.

Als letzter Beleg für die grundsätzliche Verurteilung des Terrorismus und eine generelle Solidaritätsbekundung sei schließlich der ALCA-Prozess erwähnt. So verabschiedeten die Handelsminister auf ihrem 9. Treffen in Managua eine Resolution, in der sie den Terrorangriff vom 11. September schärfstens verurteilten. Sie versicherten zugleich, dass durch ihn die Zeitplanung und Agenda der Verhandlungen und der wirtschaftliche Integrationsprozess nicht beeinträchtigt werde.

Reaktionen und Auswirkungen in der Region

Trotz einhelliger Solidaritätsbekundungen unmittelbar nach den Attentaten und der Einstimmigkeit der Beschlüsse auf regionaler Ebene, gab es zwischen den einzelnen Staaten erhebliche Positionsunterschiede (zum Folgenden s. Kurtenbach 2003: 25 ff). Während einige Regierungen die USA bedingungslos unterstützten, verbanden andere ihre Solidaritätsbekundungen mit Einschränkungen. Diese traten mit der wachsenden zeitlichen Distanz zu den Attentaten immer stärker hervor und sollten schließlich in der Irak-Krise zu zwei getrennten Lagern führen.[2] Vor allem die regionalen Führungsmächte sahen sich aufgefordert, innerhalb der Region wie gegenüber der US-Regierung Farbe zu bekennen.

Während sich die lateinamerikanischen Regierungen aus diplomatischer Rücksichtnahme mehrheitlich mit Kritik am unilateralen Kurs der US-Regierung zurückhielten, reagierten die Bürger nahezu durchgängig distanziert bis ablehnend. Dies überrascht zunächst angesichts der Tatsache, dass die Sympathiewerte – was das Verhältnis zu den USA betrifft – in den 90er Jahren in den lateinamerikanischen Zivilgesellschaften deutlich nach oben gegangen waren. So äußerten nicht weniger als 70% der befragten Lateinamerikaner und Lateinamerikanerinnen im *Latinobarómetro* im Jahr 2001 eine positive Meinung über den nördlichen Nachbarn gegenüber lediglich 53% im Jahre 1995. Auf überwiegende Ablehnung stieß vor allem ein militärisches Vorgehen der USA. Nach einer weltweiten *Gallup*-Umfrage vom 14.-17. September 2001 in 30 Ländern unterstützte in den drei berücksichtigten lateinamerikanischen Ländern – Argentinien, Ecuador und Peru – weltweit der geringste Prozentsatz, weniger als 10%, militärische Aktionen der USA gegen Terroristen, 60% forderten von ihrer Regierung eine neutrale Haltung gegenüber den USA, nur 32% waren für die Unterstützung der Entscheidungen der US-Regierung (Informe Oppenheimer, El Nuevo Herald, 20.1.2001; La Nación, 19.11.2001).

Nicht wenige Bürger erinnerten schließlich daran, dass der 11. September im lateinamerikanischen Kollektivgedächtnis mit einem anderen traumatischen Ereignis assoziiert wurde: dem Putsch Pinochets gegen die Regierung Allende. Angesichts der inzwischen umfassend dokumentierten US-Beteiligung an dem Putsch gegen einen demokratisch gewählten Präsidenten kam es vereinzelt sogar zu Bekundungen einer gewissen Schadenfreude. Schließlich bot auch die vom US-State Department veröffentlichte Liste der *Foreign Terrorist Organizations* (FTO) Anlass zu Kontroversen. Fünf der dreißig hier genannten Organisationen agieren in Lateinamerika, davon drei in Kolumbien (FARC, ELN und AUC) und zwei in Peru (*Sendero Luminoso* und der MRTA). Allein die Tatsache, dass es unterschiedliche Definitionen von Ter-

---

2 Die interamerikanische Debatte über den US-Einsatz im Irak muss hier aus Platzgründen ausgespart bleiben.

rorismus gibt und somit auch die Liste der Gruppierungen, die es zu bekämpfen gilt, variiert, dürfte in den kommenden Jahren innerhalb der Region wie zwischen dieser und dem nördlichen Hegemon zu Konflikten führen.

Mexiko – Verschärfung partieller Konflikte, aber keine Gefährdung der privilegierten Beziehungen

Wichtigster Partner Washingtons in Lateinamerika ist sowohl de facto wie im politischen Diskurs der Bush-Administration Mexiko. Kein Land auf der Welt beeinflusst das Alltagsleben der Amerikaner so stark wie der südliche Nachbar, von keinem Land ist dieser wiederum so abhängig wie von den Vereinigten Staaten. Nach einer langen Periode konfliktbeladener Beziehungen hatte sich das beiderseitige Verhältnis seit den 80er Jahren spürbar verbessert. Einen ergänzenden Schub erfuhren die Beziehungen mit dem Inkrafttreten des NAFTA-Vertrags. Heute ist Mexiko zweitwichtigster Handelspartner der USA, nach Kanada. In den letzten 10 Jahren verdreifachten sich die US-Exporte nach Mexiko (von US$ 45 Mrd. auf US$ 165 Mrd.) bei einem jährlichen Wachstum von beachtlichen 15% (Hakim 2002: 131). Auch die Zusammensetzung veränderte sich dramatisch: Heute sind 90% der mexikanischen Exporte verarbeitete Produkte[3]. Annähernd 350.000 Mexikaner steuern jedes Jahr die USA an. Über 80% der mexikanischen Exporte gehen in den US-Markt, während der beachtliche Umfang an US-Investitionen und Geldüberweisungen der *mexicano americanos* von jährlich US$ 8 Mrd. in den letzten Jahren erheblich zur guten Performanz der mexikanischen Wirtschaft in den Jahren 1995-2000 (jährliches Wachstum: 5,5%) beigetragen haben.

Trotz der spürbaren Intensivierung der wirtschaftlichen Beziehungen zwischen Mexiko und seinem nördlichen Nachbarn im Gefolge des NAFTA-Prozesses hörten die Dispute in Handels- und anderen wirtschaftlichen Fragen in der zweiten Hälfte der 90er Jahre jedoch keineswegs auf, sie konnten nunmehr aber im Rahmen des Streitschlichtungssystems der NAFTA institutionell kanalisiert und damit entschärft werden. Auch für andere Konfliktthemen wie Migration, Drogenhandel, Umweltzerstörung und Wasserrechte existieren institutionelle Mechanismen.

Mit dem Wahlsieg von Vicente Fox, einem ehemaligen Coca Cola-Manager, verabschiedete sich Mexiko 2001 von 70 Jahren autoritärer Vergangenheit unter der Einparteienherrschaft der PRI. Die damit eingeleitete Demokratisierung in Verbindung mit der bereits unter Carlos Salinas eingeleiteten wirtschaftlichen Öffnungspolitik erleichterten die Beziehungen zu dem

---

3   Obwohl ein Großteil der Produkte in den *maquiladoras* der nördlichen Grenzregionen gefertigt wird, ist der Umfang der nationalen Wertschöpfung gering.

nördlichen Hegemon. Bush sprach bereits in seiner Wahlkampagne von einer „*special relationship*" zwischen beiden Ländern, vergleichbar der mit Kanada und Großbritannien.

An Gewicht für die US-Diplomatie gewann die Regierung Fox auch durch ihre Süd-Politik. So versuchten Fox und sein Außenminister Castañeda, gestützt auf ihre engen Kontakte zu den USA, die Beziehungen zu den Staaten Latein-amerikas und der Karibik zu intensivieren. Durch den *Plan Puebla Panamá* wurden ehrgeizige Infrastrukturprojekte anvisiert, die das südliche Mexiko mit dem zentralamerikanischen und karibischen Raum enger vernetzen sollten. Im Kolumbien-Konflikt bemühte sich die mexikanische Diplomatie um eine Beschleunigung der Friedensverhandlungen. Gegenüber den Mercosur-Staaten bekundete Fox sein Interesse an einer stärkeren Zusammenarbeit und einer Brückenfunktion im ALCA-Prozess, traf damit aber bei Brasilien, der konkurrierenden lateinamerikanischen Führungsmacht, auf keine Gegenliebe.

Ungeachtet der gewachsenen Interdependenzen zwischen Mexiko und seinem nördlichen Nachbarn auf wirtschaftlichem, politischem und gesellschaftlichem Gebiet sind die bilateralen Beziehungen jedoch noch immer von erheblichem beiderseitigem Misstrauen und einer Reihe ungelöster Konflikte geprägt. In wirtschaftlichen Fragen werfen sich beide Seiten Verletzungen des NAFTA-Vertrags vor. Das Misstrauen des US-Kongresses in Fragen der Migration und des Drogenhandels hat auch nach dem Ende der PRI-Herrschaft keineswegs nachgelassen. Viele Kongress-Abgeordnete prangern die endemische Korruption und die Indifferenz mexikanischer Behörden in Sachen Drogenbekämpfung an. Die Mexikaner ihrerseits fühlen sich durch das jährliche, von der Anti-Drogenbehörde DEA durchgeführte Zertifizierungsverfahren gedemütigt.

Die mexikanischen Reaktionen auf die Terrorattacken waren ambivalent. Dabei überraschen weniger der teilweise antiamerikanische Grundton bei einem Teil der politischen und intellektuellen Elite,[4] als die reservierte Haltung des US-Freundes Fox, der noch eine Woche vor den Attentaten Washington besucht hatte. Weder kam es in Regierungskreisen und Öffentlichkeit zu Schweige- oder Gedenkveranstaltungen, noch an öffentlichen Gebäuden zu Trauerbeflaggung. Im mexikanischen Senat wurde Außenminister Castañeda von Vertretern der PRI, PRD und der Partei der Grünen lautstark wegen seiner Solidaritätsbekundung kritisiert, ihm die Verletzung der nationalen Souveränität vorgeworfen und sein Rücktritt gefordert. Selbst die Regierungspartei PAN warnte vor einer unkritischen Unterstützung der USA. Noch kritischer war die Stimmung in der Bevölkerung: Nach einer Umfrage

---

4 Bei einer telephonischen Umfrage der Zeitung *Reforma* am 28. September 2001 unter 850 Erwachsenen gaben 51% an, viel oder etwas Sympathie für die Vereinigten Staaten zu haben, 47% wenig Sympathie oder keine (Reforma, 29.9.2002). Bezieht man weitere Umfragedaten mit ein, wird deutlich, dass die antiamerikanischen Einstellungen vor allem in den unteren Schichten anzutreffen sind (Einzelheiten s. Moreno 2002: 95-98 und Alfaro 2002).

der Zeitung *Reforma* verlangten 73% der Befragten, dass sich die Regierung neutral verhalte (Reforma, 29.9.01). Sollte eine derartige Position jedoch negative Folgen für den Handel mit den USA haben, sank diese Quote allerdings auf 55%. Angesichts der kritischen Reaktionen in den USA sah sich Fox Anfang Oktober genötigt, nach Washington und New York zu reisen, um Präsident Bush und führenden Politikern seine volle Solidarität zu versichern. Sein Sicherheitsberater Adolfo Aguilar Zínser sicherte ergänzend die Bereitschaft seiner Regierung zur Bildung eines gemeinsamen nordamerikanischen Sicherheitsregimes zu (El Nuevo Heraldo, 4.10.01; Hakim 2002: 138). Konkret diskutiert wurde nach dem 11. September über gemeinsame Sicherheitsstandards an den Grenzen und auf Flughäfen. Aus diesen Kontakten könnten sich direkte Gespräche und Verhandlungen in anderen politischen Materien ergeben, wodurch die Integration im Rahmen der NAFTA über Handelsfragen hinaus einen neuen Schwung erhalten könnte (Kurtenbach 2002: 105).

Während auf der politischen Ebene in der Frage der Drogenbekämpfung und der organisierten Kriminalität in jüngster Zeit durchaus Übereinstimmungen auszumachen sind, gilt dies nicht für das äußerst sensible Thema Migration. Für Mexiko hatte die Migration in den Norden bereits seit den 80er Jahren die Funktion eines Sicherheitsventils. Entsprechend wünscht sich die mexikanische Regierung völlige Bewegungsfreiheit, vergleichbar dem freien Fluss von Gütern und Kapital, die US-Regierung hingegen eine gesetzlich verankerte, selektive Zuwanderung bei grundsätzlich geschlossener und überwachter Grenze. In den Jahren einer boomenden US-Konjunktur wurde der Migrationskonflikt gemildert durch die gestiegene Nachfrage nach billigen mexikanischen Arbeitskräften. Mit dem Absturz der US-Konjunktur und dem Anstieg der heimischen Arbeitslosigkeit kam diese Nachfrage jedoch ab 2000/01 zum Erliegen. Um die für Mexiko unbefriedigende Situation zu überwinden, schlug Präsident Fox nunmehr eine gemeinsame Grenzüberwachung vor, ein Angebot, das bislang kein mexikanischer Präsident gewagt hatte.

Zur Jahresmitte 2001 zeichneten sich in der Grenzfrage Verhandlungsfortschritte ab. Die Vertiefung der Rezession und die Ereignisse des 11. September leitete dann jedoch in der zweiten Jahreshälfte eine für Mexiko negative Trendwende ein. Die sicherheitspolitische Aufladung der Migrationsproblematik gab jenen Aufwind, die sich für mehr Kontrollen und Restriktionen aussprachen. Dabei konnten sich die staatlichen Stellen in den USA, die derartige Maßnahmen propagierten, auf die Mehrheit der Bevölkerung stützen. Nach einer vom nordamerikanischen Zentrum für Migrationsstudien veranlassten Umfrage waren 72% der befragten US-Bürger der Meinung, dass eine Verstärkung der Grenzkontrollen und eine striktere Anwendung der Einwanderungsgesetze mithelfen würden, künftige terroristische Attacken zu vermeiden. 74% derer, die antworteten, waren davon überzeugt, dass die Regierung auf dem Gebiet der Grenzkontrolle nicht genügend tue (Andreas 2002: 168).

In den Monaten nach dem Terrorakt sorgte das Sicherheitstrauma für eine neue Klasse von Handelsbeschränkungen. Die Verschärfung der Kontrollen hatten dabei nicht nur schwerwiegende ökonomische Folgen in Mexiko, sondern auch beim NAFTA-Partner Kanada (Andreas 2002: 172f). Dabei zeichnet sich die Tendenz ab, dass sich die neue Migrationspolitik mehr und mehr der Anti-Drogen-Politik angleicht, mithin die Eingliederung in die Anti-Terrorismus-Koalition zur Voraussetzung für eine entsprechende „Zertifizierung" wird (Waller Meyers/Papademetriou 2002: 179). Präsident Fox scheint dies verstanden zu haben und die entsprechenden ersten Konsequenzen gezogen zu haben. So wurden direkt nach dem 11. September Hunderte von Personen aus dem Vorderen Orient und dem Fernen Osten verhaftet und verhört. Die Regierung brachte im Kongress ein neues Gesetz über die Aktivitäten des Geheimdienstes ein und bot an, die Bankkonten von des Terrorismus verdächtigten zu überprüfen. Eine Datenbank über Einwanderung ist im Aufbau, neue Geräte zur Ermittlung gefälschter Dokumente sollen beschafft werden. Eine verstärkte Kooperation – so die offizielle Version – sei auch schon deshalb angebracht, weil Millionen von Mexikanern in den Vereinigten Staaten lebten, und somit die Wahrscheinlichkeit, dass eines Tages auch Mexikaner Opfer terroristische Attacken würden, groß sei (Andreas 2002: 174).

Aus der Sicht der USA ergibt sich zusätzlich die Notwendigkeit, mehr über die große Zahl der illegal im Lande lebenden Mexikaner zu wissen. Zu diesem Zweck empfehlen Waller Myers und Papademetriou eine Registrier-Kampagne als eine konzertierte Aktion „um die Immigranten, die über keine Aufenthaltsgenehmigung verfügen, mit den entsprechenden Dokumenten auszustatten" Die Autoren warnen zugleich vor den fatalen Folgen einer auf polizeiliche Kontrollmaßnahmen reduzierten Immigrationspolitik für die Ökonomien beider Länder (Waller Meyers, Papademetriou 2002: 183).

Seit dem 11. September stellt sich das Problem der Vereinbarkeit von Sicherheit und Migration im nordamerikanisch-mexikanischen Verhältnis und darüber hinaus in der NAFTA insgesamt mit aller Schärfe (Gratius 2002: 158 ff). Während Mexiko vor allem Interesse an möglichst offenen Grenzen und einer vertraglichen Regelung der Einwanderung hat, spiegelt die Grenzproblematik auf Seiten der USA zwei unterschiedliche, in der Praxis kollidierende Interessen wider: einerseits Freihandel und billige (meist illegale) Arbeitskräfte aus Mexiko, andererseits die Undurchlässigkeit der Grenzen im Zeichen der Terrorismus- und Drogenbekämpfung. Um letzteres zu erreichen unterzeichneten die USA mit Kanada und Mexiko im März 2002 zwei Grenzvereinbarungen, die drei nur schwer kompatible Ziele erreichen sollen: die Verbesserung der Infrastruktur und Kontrollmöglichkeiten an den Grenzen, die Sicherung des freien Warenverkehrs und eine strikte Kontrolle des Personenverkehrs. Vor allem letzteres steht diametral dem mexikanischen Interesse an einer vertraglichen Regelung der mexikanischen Einwanderung entgegen. Wie dieser Konflikt zu lösen ist, bleibt abzuwarten. Während Kanada für die

Kontrollinteressen der USA Verständnis hat, stößt die Initiative in Mexiko mehrheitlich auf Unverständnis. Die Kontrolle der 3500 Meilen langen Grenze zu den USA würde nach überschlägigen Berechnungen etwa 7000 US-amerikanische Sicherheitsbeamte erfordern, ein äußerst kostspieliges Unterfangen, dessen Erfolg eher unwahrscheinlich ist. Susanne Gratius liefert die Begründung: Strengere Grenzkontrollen würden bedeuten, dass die zurzeit 4-6 Millionen illegal in den USA lebenden Mexikaner „aufgrund der geringen Chancen einer erneuten Rückkehr in die USA zu *permanent residents* werden. Eine von Fox geforderte Legalisierung ihres Status würde es ihnen einerseits ermöglichen, zwischen den USA und Mexiko zu pendeln, und andererseits dürften sich dadurch ihre derzeitigen Niedriglöhne und damit auch die Geldüberweisungen nach Hause erhöhen. Dies wiederum würde auch der mexikanischen Wirtschaft nutzen" (Gratius 2002: 158).

Das zweite Anliegen der Regierung Fox bezieht sich auf die prinzipielle Regulierung der mexikanischen Einwanderung in die USA. Ein erster Vorschlag, der von beiden Seiten vor dem 11. September erörtert wurde, sah die zeitweise Einreise von jährlich 500.000 mexikanischen Arbeitern in die USA vor. Nach dem 11. September wurde dieser Vorschlag jedoch – trotz der großen Nachfrage des *Agrobusiness* in den Südstaaten nach billigen Saisonarbeitern – nicht weiter verfolgt. Angesichts der vorherrschenden Sicherheitsparanoia in den USA ist die Entscheidung wohl auf absehbare Zeit zugunsten „geschlossener Grenzen" gefallen.

Die wirtschaftlichen und sozialen Auswirkungen des 11. September auf den südlichen Nachbarn waren vielfältig und in der Summe eindeutig negativ, was die reservierte Haltung eines Großteils der mexikanischen Öffentlichkeit erklärt. Da waren zum einen jene Mexikaner, die im *World Trade Center* arbeiteten und bei den Attacken ihr Leben ließen. Für die in den USA Residierenden hatte die Reduktion von Arbeitsplätzen in der *Maquiladora*-Industrie, in Hotels, Restaurants und der Bauindustrie gravierende wirtschaftliche und soziale Folgen. Vergleichbare Auswirkungen hatte die sinkende Nachfrage nach wenig qualifizierten Saisonarbeitern. Jedoch auch hier gilt, wie im Falle Argentiniens, dass der 11. September einen Trend verstärkte, dessen Anfänge weiter zurückliegen. Die enge Verflechtung beider Volkswirtschaften miteinander und mit dem Weltmarkt brachte es mit sich, dass die mexikanische Wirtschaft von der Rezession in den wichtigsten Exportmärkten hart getroffen wurde. Entsprechend gingen die mexikanischen Exporte im zweiten Halbjahr 2001 drastisch zurück, desgleichen die Geldüberweisungen der *mexicanos* aus den USA und der Tourismus.[5] Verschärfte Grenzkontrollen führten zu erheblichen Verzögerungen an den Grenzen, wodurch die Montageindustrie dazu übergehen musste, ihre Strategie des *just in time* aufzugeben und für wichtige Vorprodukte Lager anzulegen (Molana/Starr 2002:

---

5 Rund 80% der ausländischen Touristen kommen aus den USA.

70f). Dadurch und infolge der gestiegenen Transportkosten verteuert sich die Produktion in Mexiko, wodurch die ortsansässigen Unternehmen einen wichtigen Wettbewerbsvorteil verlieren.

Die als unmittelbare Reaktion auf die Attentate von der US-Regierung verfügte kurzfristige Schließung der gemeinsamen Grenzen wurde in der mexikanischen Öffentlichkeit als Schock erlebt. Mittelfristig bleibt abzuwarten, welche direkten oder indirekten Auswirkungen die gesteigerten Sicherheitsmaßnahmen in den USA auf die dort lebenden illegalen mexikanischen Einwanderer haben. Die zögerlichen Solidaritätsbekundungen nach dem 11. September und die antiamerikanischen Proteste tragen auch nicht dazu bei, bei dem nördlichen Nachbarn den Glauben an eine effektive gemeinsame Grenzkontrolle zu bestärken. Dennoch: Auf mittlere Sicht werden die wirtschaftlichen Aussichten Mexikos von der Mehrzahl der Beobachter eher positiv eingeschätzt und die Überzeugung geäußert, dass die ambivalente Haltung der Regierung Fox in Fragen der Anti-Terror-Koalition die bislang guten Beziehungen beider NAFTA-Partner kaum dauerhaft beeinträchtigen dürften (Hakim 2002; Molana/Starr 2002). Für diese Sicht der Dinge spricht zum einen das Gewicht der durch den NAFTA-Prozess und den Regierungswechsel vertieften wirtschaftlichen und politischen Beziehungen, zum anderen die offensichtliche Einschätzung von *Wall Street*, dass Mexiko sich von den anderen *emergent countries* unterscheidet und nach wie vor einen sicheren Ort für ausländische Direktinvestitionen darstellt. Schließlich lässt der Rückgang des transpazifischen Handels aufgrund der gestiegenen Transportkosten und der wachsenden Sicherheitsbedenken erwarten, dass sich die transnationalen Unternehmen neue Produktionsstandorte suchen, wobei in diesem Fall Mexiko mit seiner Nähe zum US-Markt gut positioniert ist (Molana/Starr 2002. 72).

Für eine positive Einschätzung der Entwicklung der nordamerikanisch-mexikanischen Beziehungen spricht abschließend, dass weder den Demokraten noch den Republikanern daran gelegen ist, bei künftigen Wahlen die Stimmen der *mexicanos* zu verlieren, die zwei Drittel der wahlberechtigten *latinos* ausmachen.[6] In der Migrationsfrage dürfte allerdings angesichts des noch lange nachwirkenden Schocks des 11. September sowie der Angst vor unbemerkt einreisenden Terroristen und neuen Terroranschlägen an eine Liberalisierung der Einwanderungspolitik der USA nicht zu denken sein – ganz zum Leidwesen der mexikanischen Regierung, die das Migrationsventil aus sicherheits- und wirtschaftspolitischen Gründen[7] dringend benötigt.

---

6 Die Bush-Regierung hat die *latinos* zur strategischen Wählergruppe für die Präsidentschaftswahlen 2004 erklärt (Hoffmann 2003: 118).

7 Die *mexico americanos* überweisen jährlich zwischen US$ 7 Mrd. und 8 Mrd. in ihre Heimat und damit eine Summe, die dem Wert der jährlich getätigten ausländischen Direktinvestitionen entspricht.

Da auch der US-Regierung an einem Scheitern der Regierung Fox und der Rückkehr der Dinosaurier der PRI nicht gelegen sein kann, dürften sich beide Seiten wohl auf mittlere Sicht aufeinander zu bewegen. Eine Politik geschlossener oder doch zumindest effektiv überwachter Grenzen, wie sie seitens der USA als spontane Reaktion auf den 11. September diskutiert wurde, erweist sich schon aufgrund der demographischen Befunde als illusorisch. Natur und Dynamik der nordamerikanischen Beziehungen mit Mexiko und dem Karibischen Becken sind einzigartig, der US-Einfluss auf politischem, wirtschaftlichem und kulturellem Gebiet als Folge von Migrationsprozessen, des Ausbaus der Kommunikationsnetze und der Verkehrsinfrastruktur sowie des Tourismus überwältigend. Auf der anderen Seite haben die weiter anwachsenden mexikanischen, zentralamerikanischen und karibischen Diasporas in den Vereinigten Staaten die Konturen der Beziehungen der USA zu seinen südlichen Nachbarn nachhaltig und irreversibel verändert.

Brasilien – Zwischen politischen Solidaritätsbekundungen und der Suche nach relativer Autonomie

Geographisch und geopolitisch ist Brasilien eingebunden in das La Plata-Becken und den Mercosur-Verbund. Im Gefolge des 11. September geriet insbesondere das Länderdreieck zwischen Argentinien, Brasilien und Paraguay ins Blickfeld US-amerikanischer Ermittler. In der kleinen brasilianisch-paraguayischen Grenzstadt Ciudad del Este, schon immer eine Hochburg der organisierten Kriminalität, des Schmuggels und Menschenhandels, sollten – so der Vorwurf der US-Regierung – arabische Fundamentalisten und Bin Laden-Helfer operieren. Der Rauschgift- und Waffenhandel sei fest in ihrer Hand. Zudem gingen die Bombenattentate auf jüdische Einrichtungen in Buenos Aires in den Jahren 1992 und 1994 auf ihr Konto. Auch der argentinische Innenminister der *Alianza*-Regierung, Ramón Mestre, vertrat die These, im Grenzgebiet befänden sich „schlafende Zellen". Bewiesen wurden diese Verdächtigungen bislang nicht. Als Reaktion auf den 11. September installierte die argentinische Luftwaffe am Dreiländereck ein Radarsystem und stationierte Flugzeuge vom Typ *Mirage* und *Pucará*. Ergänzend wurden wenige Tage nach den Attentaten über 1000 Soldaten an der Grenze zusammengezogen und Spezialeinheiten der argentinischen Polizei in das Gebiet geschickt. Schließlich bildeten die Sicherheitskräfte der drei Länder im Rahmen des CICTE ein gemeinsames Kommando, um das Dreiländer-Dreieck zu kontrollieren (Kurtenbach 2002).
Auch die brasilianische Regierung reagierte auf die US-Vorwürfe. Obwohl sie die Existenz von terroristischen Zellen im eigenen Land leugnete, verab-

schiedete sie einen Geheimplan, der unter der Koordination des Geheimdienstes *Abin* (*Agencia Brasileira de Inteligencia*) die Überwachung der islamischen Gemeinden in São Paulo, Curitiba und Foz do Iguaçu (an der Grenze zu Paraguay und Argentinien) vorsah (Folha de São Paulo, 14.10.2001). Mit der Erklärung, dass der Geheimdienst keine Indizien gefunden habe, die auf den Aufenthalt von Terroristen im Lande hindeuteten, wies der Chef des brasilianischen Sicherheitskabinetts, General Alberto Cardoso, Anfang November 2001 die von US-Seite geäußerten Verdächtigungen zurück (Jornal do Brasil, 6.11.2001). Präsident Cardoso erneuerte am 10. November vor der Generalversammlung der Vereinten Nationen seine Unterstützung für die Militärschläge in Afghanistan und erklärte, dass Brasilien bereit sei, afghanische Flüchtlinge aufzunehmen (O Estado do São Paulo, 11.11.2001).

In der brasilianischen Öffentlichkeit wurde der US-amerikanische Kreuzzug gegen die „Achse des Bösen" distanziert bis kritisch aufgenommen. In einer Meinungsumfrage lehnten Anfang November 67,3% der Bevölkerung die amerikanische Reaktion auf die Terroranschläge ab (Jornal do Brasil, 6.11.2001). Eine scharfe Reaktion kam auch von kirchlicher Seite. So verabschiedeten 23 lateinamerikanische Bischöfe, darunter 17 aus Brasilien, eine Erklärung, in der sie die Bomben auf Afghanistan als Terrorismus bezeichneten, der von Regierungen praktiziert werde, die sich als demokratisch, zivilisiert und christlich darstellten (O Estado de São Paulo, 23.10.2001). Neben zahlreichen Leitartikeln der großen Tageszeitungen stellten auch verschiedene Politiker unterschiedlicher Couleur die Ursachen des Terrorismus in den Vordergrund ihrer Kommentare. Luiz Inácio Lula da Silva, Ehrenpräsident der Arbeiterpartei PT, vertrat schließlich die Ansicht, dass die US-Hegemonie von den Zivilgesellschaften und den Regierungen Lateinamerikas neu hinterfragt werden müsse (Zero Hora, Porto Alegre, 7.10.2001).

Die Konsequenzen aus den Ereignissen vom September für die brasilianische Verteidigungspolitik skizzierte wenige Monate nach den Attentaten der brasilianische Verteidigungsminister Geraldo Quintão. Deren Prioritäten seien nach dem 11. September neu zu definieren. Dabei sei das Verhältnis zu den USA entscheidend. Hier gehe es nicht um Konfrontation, sondern um mehr Gleichgewicht und Autonomie. Vergleichbar der Rolle Deutschlands und Frankreichs bei der Herausbildung einer europäischen Verteidigungspolitik außerhalb der NATO, komme Brasilien in Lateinamerika gemeinsam mit Argentinien eine Führungsrolle zu. Dabei legten die veränderten Lageparameter eine zunehmende Regionalisierung der Verteidigungspolitik nahe. Laut Verfassungsauftrag ziele diese auf die Förderung des Friedens und die Bekämpfung des Terrorismus. Die Solidarität mit den USA konkretisiere sich hier insbesondere in politischer Unterstützung, sie sei jedoch nicht bedingungslos, dürfe das vorrangige Ziel, die regionale Integration, nicht verletzen. Insgesamt sei angesichts der neuen Bedrohungen und Herausforderungen (Menschenrechtsverletzungen, organisierte Kriminalität, Umweltzerstörung) ein konzertiertes Vorgehen verschiedener Institutionen gefordert. Mit dem 1999 geschaffenen Verteidigungsministerium werde diese Koordination ebenso erleichtert wie die Abstimmung der Verteidigungspolitik mit befreundeten Nationen (Quintão 2001).

Neben außen- und sicherheitspolitischen Überlegungen wurde die Reaktion der brasilianischen Regierung auf den 11. September wesentlich mitbestimmt von gesamtwirtschaftlichen Lageparametern. Zur Erinnerung: Zur Bekämpfung der horrenden Inflation hatte der damalige Finanzminister Cardoso 1994 die brasilianische Währung an den Dollar gebunden, im Unterschied aber zur argentinischen 1:1-Bindung des Peso an den US-Dollar den Real in einer Bandbreite floaten lassen. Parallel dazu wurde die Wirtschaft gemäß dem Imperativ des so genannten „Konsens von Washington" nach außen geöffnet, die Importzölle herabgesetzt und der Kapitalfluss über die Grenzen erweitert. Allerdings flossen viel mehr Geld und Waren ins Land hinein als hinaus mit dem Ergebnis, dass die Verschuldung sprunghaft anstieg.

Im Februar 1999 verfügte die Regierung ohne Absprache mit den Mercosur-Partnern eine Abwertung des Real um rund 40% mit dem Ergebnis, dass die brasilianischen Exporte zulegten und die Wirtschaft insgesamt in eine Ruhephase mit bescheidenem Wachstum eintrat, das jedoch 2001 mit der Energiekrise im Gefolge einer extremen Trockenheit weitgehend zum Stillstand kam. Der wirtschaftliche und politische Kollaps im Nachbarland Argentinien (Dezember 2001), mit dem die brasilianische Wirtschaft im Rahmen des Mercosur aufs engste verbunden war, schwappte schließlich zur Jahresmitte 2002 auch auf Brasilien und Uruguay über. Der Ansteckungseffekt führte zu einer sich beschleunigenden Real-Entwertung, einem Kurs-Absturz an den Börsen, einem massiven Rückzug von Auslandskapital und einem sprunghaften Anstieg der in- und ausländischen Verschuldung. Hinzu kam die Ungewissheit über den Ausgang der Präsidentschafts- und Kongresswahlen im Oktober. Im Ergebnis kam es zu einer der schwersten Vertrauenskrisen der letzten Jahre. Der internationale Finanzmarkt bestrafte das Land mit dem massiven Abzug kurzfristiger Gelder und mit extrem hohen Risiko-Aufschlägen. Ausländische Banken und Börsenbroker reduzierten den Brasilien-Anteil in ihren Investitionsportfolios. Die Rating-Agentur *Moody's* stufte das Länderrisiko Brasiliens Mitte des Jahres 2002 von „positiv" auf „negativ" herunter. Manche Analysten prophezeiten dem Land sogar das Schicksal Argentiniens, was angesichts der ausgewogenen Wirtschaftsstruktur des Landes, des freien Wechselkurses und der vorbildlich funktionierenden Zentralbank allerdings eine unangemessene Übertreibung war (so Peter Rösler in: Die Welt, 21.6.2002).

Unbestritten ist, dass es Brasilien zunehmend schwerer fällt, seine horrenden ausländischen Schulden – sie machen inzwischen 44,9% des Bruttoinlandsprodukts aus – zu bedienen.[8] Dazu bedürfte es eines konstant hohen

---

8   Im Jahr 2001 sind US$ 32 Mrd., 2002 US$ 26 Mrd. an Auslandsverbindlichkeiten fällig.

ausländischen Kapitalzuflusses und/oder hoher Exportüberschüsse. Ersterer ist infolge der seit Jahren anhaltenden weltweiten Rezession, der massiven Kapitalvernichtung durch Finanzskandale in den USA und der Folgekosten des Terrorismus, letzteres – der Zugang zu den Märkten des Nordens – durch den anhaltenden Protektionismus der Industrieländer weiterhin beeinträchtigt. Vor allem die in jüngster Zeit in den USA und der EU beschlossenen umfangreichen Agrarsubventionen, Dumping-Aufschläge und sonstigen Markzugangshemmnisse treffen die brasilianischen Exporteure hart und haben zu massiven politischen und zivilgesellschaftlichen Protesten geführt.[9] Die brasilianische Regierung betrachtet diese Agrarsubventionierungen zu Recht als einen eklatanten Verstoß gegen den freien Welthandel. Sie kündigt vor der Welthandelsorganisation ein entsprechendes Verfahren an und unterstreicht, dass es ohne eine Öffnung des US-Agrarmarkts und einen Abbau der Subventionen keine gesamtamerikanische Freihandelszone geben werde.

Mit ihrer protektionistischen Politik sendet die US-Regierung eindeutig die falschen Signale nach Brasilien (und nicht nur dahin). Sie unterminiert die Position jener Politiker vor Ort, die für eine Öffnung und Liberalisierung ihrer Länder eintreten. Im Falle Brasiliens leistete sie damit ironischerweise indirekt Wahlhilfe für den PT-Präsidentschaftskandidaten Luiz Inácio Lula da Silva. Als dem Land schließlich im August 2002 die Zahlungsunfähigkeit drohte, kam der IWF mit einem 30 Milliarden-Kredit, der bislang umfangreichsten Rettungsaktion in der Geschichte des Fonds, zu Hilfe. Wirtschaftliche und politische Motive standen hinter dieser spektakulären, in den USA und anderswo höchst umstrittenen Rettungsaktion. Während das widerborstige, politisch und wirtschaftlich eher unbedeutende Argentinien abgestraft wurde und mit seinen Problemen von IWF und der US-Regierung weitgehend allein gelassen wurde, sah dies bei dem *global player* Brasilien, das seinen Schuldendienst stets pünktlich beglichen hatte, anders aus. Hier sorgte sich der IWF nicht zuletzt um die durch Rezession und Finanzskandale geschwächte US-Konjunktur: Brasilien ist schließlich ein wichtiger Absatzmarkt für US-Produkte. Eine Pleite in diesem Land wäre eine Gefahr für den gesamten südlichen Kontinent und drohte auch Mexiko, den wichtigsten lateinamerikanischen Partner der USA, in den Abgrund zu ziehen. Auch europäische Banken blickten besorgt nach Brasilien, hatten sie doch über 300 Milliarden Euro an Lateinamerika verliehen.

---

9 So werden die US-amerikanischen Farmer mit Hilfe der im Mai 2002 verabschiedeten Farm Bills im Verlauf der nächsten 10 Jahre Preis-Subventionen in Höhe von insgesamt US$ 190 Mrd. erhalten. Das sind 80% mehr als die bis dahin gezahlten Gelder zur Unterstützung des US-Agrarpreisniveaus. Zusätzlich wurden Sonderprogramme verabschiedet, die ebenfalls die Einkommen der Farmer erhöhen. Addiert ergeben sich für die nächsten 10 Jahre Agrarsubventionen von US$ 411,9 Mrd. Das bedeutet, dass die US-Farmer im Durchschnitt über die Hälfte ihres Einkommens vom Steuerzahler erhalten.

Als Fazit kann festgehalten werden: Die gesamtwirtschaftliche Entwicklung Brasiliens in den letzten Jahren, wie sie hier in groben Zügen skizziert wurde, macht deutlich, dass die wirtschaftlichen Auswirkungen der Terrorattacken des 11. September einen bereits vor diesem magischen Datum sich abzeichnenden Negativtrend verstärkten und – im Unterschied zum Nachbarland Argentinien – eher indirekt und zeitlich gestreckt waren. Insgesamt stehen Brasilien harte Zeiten bevor. Sein Verhältnis zu den USA dürfte, stärker noch als bislang, von einer Mischung aus Rivalität (bezüglich der Führungsrolle im südlichen Lateinamerika, Mercosur versus ALCA), Konfrontation (wegen des US-Protektionismus) und – vor allem diplomatischer – Kooperation bestehen. Mit diesem Strategiemix fügen sich die Beziehungen zwischen den beiden *global players* ein in die neuere außenpolitische Linie des brasilianischen Außenministeriums *Itamarati*, die José Augusto Guilhon Albuquerque als „partizipativ-konfliktiv" charakterisierte (Albuquerque 2001: 7).

Zu einer so engen Beziehung, wie sie zwischen den Vereinigten Staaten und Mexiko existiert, dürfte es im Falle Brasiliens schon wegen der geographischen Lage nicht kommen. Beide Mächte sind jedoch aufeinander angewiesen. Ohne brasilianische Unterstützung in Fragen der hemisphärischen Beziehungen – vom ALCA-Prozess, den WTO-Verhandlungen, der Situation in Kolumbien bis zur Bekämpfung des internationalen Terrorismus und des Drogenhandels – kann die US-Regierung keine Fortschritte in den hemisphärischen Beziehungen erwarten. Brasilien seinerseits ist nicht stark genug, um die regionalen und hemisphärischen Beziehungen ausschließlich nach seinem Ambitionen zu gestalten, es hat aber Chips genug, um in entscheidenden, die USA interessierenden Fragen, seinen Einfluss geltend zu machen und gegebenenfalls seinen Interessen zuwiderlaufende Entwicklungen zu verhindern (ebenso Hakim 2002: 140 f.). Darin liegt für das Land durchaus eine Chance. Sie konstruktiv zu nutzen wird nicht zuletzt mit darüber entscheiden, ob das Land seinen subregionalen Führungsanspruch politisch einlöst und dieser von seinen lateinamerikanischen Nachbarn auch respektiert wird.

In Fragen des Interamerikanischen Sicherheitssystems und seiner Reform vertritt Brasilien die Position, dass – ungeachtet des Gewichts „neuer" Bedrohungen und sicherheitspolitischer Herausforderungen – die militärische Seite der Sicherheit nicht vernachlässigt werden dürfe, auf die Besonderheiten jeden Landes zu achten sei, die Prinzipien der Souveränität und Nichteinmischung nicht verletzt werden dürften und insgesamt auch jene „weichen" Faktoren in die Debatte einbezogen werden müssten, die üblicherweise mit dem Konzept der „menschlichen Sicherheit"[10] assoziiert würden. Zwar ran-

---

10 Das Konzept der „menschlichen Sicherheit" wurde erstmals im „Bericht über menschliche Entwicklung" der UNDP 1994 definiert und schließt zwei Dimensionen ein: Sicherheit vor chronischen Bedrohungen wie Hunger, Krankheit und Unterdrückung und – zweitens – Schutz vor plötzlich auftretenden gravierenden Beeinträchtigungen des täglichen Lebens im Bereich Wohnen, Beschäftigung (u.a.).

gierten die organisierte Kriminalität und der Drogenhandel an erster Stelle der neuen Bedrohungen, ihre Bekämpfung sei jedoch in erster Linie Sache der jeweiligen Regierungen. (Soriano 2002: 3). Außerdem wehrt sich die brasilianische Seite gegen den Einbau militärischer Institutionen in das Interamerikanische System und damit gegen eine Änderung des Verhältnisses zwischen der OEA und der JID. Dies schließe jedoch nicht aus, die JID mit neuen Kompetenzen auszustatten. Der TIAR sei im Übrigen nicht mehr zeitgemäß und repräsentiere mit seiner selektiven Mitgliedschaft nicht die gesamte Region. Schließlich unterstreicht die brasilianische Seite, dass der CSH als einziges Organ über das Mandat verfüge, strukturelle Veränderungen im interamerikanischen Sicherheitssystem vorzuschlagen und zu diskutieren (Soriano 2002: 3).

Angesichts eines eher distanzierten Verhältnisses der brasilianischen Regierung zu den Vereinigten Staaten überrascht es auf den ersten Blick, dass ausgerechnet von ihr die Initiative zur Reaktivierung des TIAR ausging. Vier strategische Überlegungen dürften hierfür in erster Linie verantwortlich sein: Zum einen wollte sich die Regierung Cardoso von der konkurrierenden Führungsmacht Mexiko distanzieren, die einerseits von Bush als wichtigster Partner eingestuft wurde, andererseits aber mit der Ankündigung von Präsident Fox wenige Tage vor den Terrorattacken, sich aus dem TIAR zurückzuziehen, riskierte, ihren NAFTA-Partner USA zu verärgern. Zum anderen wollte man eine *free rider*-Situation vermeiden. Im Rahmen einer kollektiven Position bzw. Aktion im Rahmen der OEA sollten alle Mitgliedsländer eingebunden und somit gefährliche Alleingänge verhindert werden. Die brasilianische Regierung verstand drittens ihre Initiative als ein positives Signal in Richtung Washington, das den Bemühungen Cardosos, die Führungsrolle Brasiliens im südlichen Lateinamerika weiter auszubauen (s. hierzu Calcagnotto/Nolte 2002) und den ALCA-Prozess zu verzögern, mit wachsendem Misstrauen begegnete. Schließlich verpflichtete eine symbolische Geste dieser Art die Regierung Cardoso auch zu nichts. Grundsätzlich ging es dem brasilianischen Präsidenten um ein eigenständiges Auftreten Südamerikas gegenüber dem Hegemon im Norden. Präsident Bush warnte er vor Überreaktionen im Anti-Terror-Kampf und dem untauglichen Versuch, Guerillatruppen wie die kolumbianische FARC in einen Topf mit Gruppen wie der Al Quaida zu werfen. Eine militärische Unterstützung lehnte er ab. Damit befand er sich in Übereinstimmung mit einer klaren Mehrheit der Bevölkerung (79% der Befragten, La Tercera, 30.9.01).

Argentinien – Von den „relaciones carnales" ins Vergessen?

Auch in Argentinien lösten die Attentate des 11. September Entsetzen und Betroffenheit aus. Entsprechend bekundete ein Großteil der Politiker und der lokalen Presse ihre Solidarität mit den USA und ihr Mitgefühl mit den Opfern und ihren Angehörigen. Dennoch sprach sich eine Mehrheit von 72% der Bevölkerung gegen eine argentinische Truppenbeteiligung in einer von den USA geführten antiterroristischen Koalition aus (Página 12, 15.9.2001). Trotz dieser reservierten Haltung in der Bevölkerung und des eher abgekühlten Verhältnisses zu Washington erklärte sich Präsident Duhalde nach dem 11. September bereit, eigene Truppen zur Bekämpfung des Terrorismus zur Verfügung zu stellen (Clarín 15.9.01), obwohl die US-Regierung einen derartigen Wunsch gegenüber keiner südamerikanischen Regierung geäußert hatte. Dahinter stand wohl weniger Überzeugung als vielmehr das Kalkül, mit dieser Geste bei der führenden Weltmacht, die bei den internationalen Finanzorganisationen, insbesondere dem IWF, über erheblichen Einfluss verfügte, Punkte zu sammeln.[11]

Wie im Falle Brasiliens sind die Auswirkungen des 11. September auf die argentinische Wirtschaft nur im Gesamtzusammenhang der Entwicklung der letzten Jahre angemessen zu beurteilen. Nach Jahren der Stagnation und eines wirtschaftspolitischen Zick-Zack-Kurses unter Alfonsín war die argentinische Wirtschaft während der ersten Amtszeit seines Nachfolgers Menem wieder auf Wachstumskurs geraten. Mit dem Konvertibilitätsplan, der die nationale Währung (Peso) im Verhältnis 1:1 an den US-Dollar band, gelang es, die Hyperinflation zu besiegen. Die anziehende Inlandsnachfrage, gestiegene Agrargüter- und Rohstoffpreise auf dem Weltmarkt, die Belebung der Weltkonjunktur sowie der Anstieg der Exporte im Rahmen des Mercosur kurbelten das Wachstum an, ausländisches Kapital strömte ins Land. Mit der Mexiko-Krise 1995, der Rezession in den Industrieländern und weltweit sinkenden Rohstoffpreisen schlitterte die argentinische Wirtschaft über eine Phase der Stagnation ab 1997/98 dann in eine Rezession, aus der das Land erst in jüngster Zeit wieder langsam herausfindet. Externe Verstärker waren die Krisen in Asien (1997), Russland (1998) und Brasilien (1999, Abwertung des Real). Auch der Export verlor an Dynamik und trug wenig zum Wachstum bei. Verarbeitete Industriegüter konnten sich (aufgrund ihres geringen Technologiegehalts und ihres durch den Wechselkurs bedingten hohen Preises) bestenfalls auf dem Regionalmarkt, nicht jedoch auf dem Weltmarkt behaupten. Der Preisverfall an den Rohstoffmärkten, der überbewertete Peso sowie der Protektionismus in den favorisierten Exportmärkten ließen die Exporteinnahmen schrumpfen.

---

11   Als Fußnote sei erwähnt, dass dieses Kalkül bereits zu den Zeiten der „*relaciones carnales*" unter Menem nicht aufgegangen war (s. Bodemer 2002).

Zur Zeit der terroristischen Attentate befand sich die argentinische Wirtschaft bereits im vierten Jahr in einer Rezession. Infolge des Vertrauensverlusts der ausländischen Gläubiger und Investoren ging der externe Kapitalzustrom dramatisch zurück. Nunmehr rächte sich, dass das chronische Haushalts- und Zahlungsbilanzdefizit über Jahre nicht mit inländischen Ersparnissen oder/und Exportüberschüssen, sondern mit geborgtem (ausländischem und inländischem) Geld bezahlt worden war.

Auch im Verhältnis zu den Vereinigten Staaten (hierzu ausführlich Bodemer 2002a und 2002b) war seit dem Ende der 90er Jahre ein Wandel zu verzeichnen. Dieses Verhältnis war in den Jahren der Menem-Regierung, insbesondere während dessen erster Amtszeit, besonders eng gewesen (,,*relaciones carnales*"). Im Golfkrieg hatte Argentinien als einziges lateinamerikanisches Land zur Unterstützung der USA zwei Fregatten entsandt. Mehrfach hatte die argentinische Diplomatie in den Vereinten Nationen die nordamerikanische Position aktiv unterstützt, so in der Frage der Menschenrechte in Kuba und der Demokratieförderung in Haiti. Die US-Regierung ihrerseits revanchierte sich mit der Verleihung des Status eines ,,besonderen Verbündeten außerhalb der NATO" – einem allerdings eher symbolischen Akt. Argentinien galt außerdem in Washington lange Jahre als Musterknabe bezüglich der wirtschaftlichen und politischen Orthodoxie im Rahmen des Washington Konsens. In der zweiten Regierungsperiode Menems verschlechterten sich die wirtschaftlichen Eckdaten sukzessive, mehrten sich die Anzeichen, dass die weitere Beibehaltung des Stabilitätsankers *currency board* einen zu hohen Preis hatte. Das hilflose Lavieren der Regierung de la Rúa (1999-2001) ließ in der internationalen Finanzwelt dann endgültig Zweifel aufkommen, ob Argentinien in der Lage war, den Schuldendienst für über US$ 130 Mrd. Auslandsverbindlichkeiten aufzubringen und die Wirtschaft wieder auf Wachstumskurs zu bringen. Um einen drohenden *default* abzuwenden, griff der IWF im Dezember 2000 der Regierung mit einem Mega-Kredit noch einmal unter die Arme. Er konnte damit jedoch die rasante wirtschaftliche Talfahrt ebenso wenig aufhalten wie dies der Regierung durch die Berufung von Domingo Cavallo, dem Vater des Konvertibilitätsplans, zum Superminister gelang. Der Rückgriff auf externe Kredite zur Begleichung der fälligen externen und internen Verbindlichkeiten löste keines der strukturellen Probleme, verlängerte vielmehr lediglich die Zündschnur. Als schließlich das System mit der Aufgabe der Dollar-Peso-Parität und dem erzwungenen Rücktritt der Regierung de la Rúa Ende 2001 kollabierte und das Land trotz verstärkter Reformbemühungen der Übergangsregierung Duhalde mehr und mehr in einen Zustand der Anomie und Unregierbarkeit abzugleiten drohte, verlor Washington die Geduld und überließ, frustriert von der Reformunfähigkeit der politischen Klasse, das Land seinem Schicksal. Ohne den 11. September hätte der Fall Argentinien – so viel lässt sich mit David Rothkopf, einem ehemaligen Mitarbeiter der Clinton-Administration, begründet vermuten – auf

der politischen Agenda der US-Regierung – einen anderen Stellenwert eingenommen. So aber wurde aus der – wirtschaftspolitisch durchaus zu rechtferti-
genden – Nicht-Intervention (Verweigerung eines weiteren *bail-out* zur Ver-
meidung eines *moral hazard*) Inaktivität. Sie verschlimmerte die Situation
zusätzlich und ist nur schwer zu verteidigen, schon gar nicht im Lichte des im
August 2002 der brasilianischen Regierung gewährten großzügigen Rettungs-
pakets von 40 Milliarden US-Dollar, der bislang größten Kredittranche in der
60-jährigen Geschichte des IWF.

Zusammenfassend lässt sich sagen, dass der 11. September zwar keine direkten Auswirkungen auf die argentinische Wirtschaft hatte, in Verbindung
mit der lahmenden Weltkonjunktur, der nach wie vor stagnierenden US-
Ökonomie und der Krise des Regionalbündnisses Mercosur jedoch den wirtschaftlichen Niedergang des Landes am Río de la Plata weiter beschleunigte.

Direkte Auswirkungen hatte der 11. September auf die argentinische Migrationspolitik. So brachte die Regierung Duhalde im Kongress einen Gesetz-
entwurf ein, der das Eindringen terroristischer Elemente in argentinisches
Territorium verhindern sollte, womit die Regierung einer Bitte der Vereinigten Staaten und der Vereinten Nationen nachkam. Der Entwurf sieht die unmittelbare Abschiebung illegaler Immigranten vor, zudem strafrechtliche
Verfolgung von Personenhandel, Drogenhandel und Geldwäsche.

Eine weitere Folge des 11. September und der von der US-Regierung initiierten antiterroristischen Maßnahmen ist schließlich die Verschärfung der
Visabestimmungen für argentinische Bürger durch die Administration Bush.

In der sicherheitspolitischen Reformdebatte der letzten Jahre über die
Zukunft des Interamerikanischen Sicherheitssystems unterscheidet die argentinische Seite klar zwischen Fragen der Sicherheit und der Verteidigung. Ein
reformiertes, den veränderten Kontextbedingungen angepasstes Sicherheitskonzept müsse Fragen der Demokratie, der Menschenrechte und der Entwicklung einbeziehen, was eine multidimensionale Definition von Sicherheit imp-
liziere, mithin soziale, wirtschaftliche, ökologische, politische und militärische Aspekte einschließe. Der Einzugsbereich sicherheitspolitischer Maßnahmen ist damit weit gesteckt und umfasst neben dem traditionellen Feld
militärischer Fragen, die keineswegs vernachlässigt werden dürften, die Bereiche Drogenhandel, Terrorismus, Fundamentalismus, Verbreitung von Massenvernichtungswaffen, organisierte Kriminalität, Waffenhandel und Migration. Was die institutionelle Seite betrifft, so hält Argentinien weder die JID,
noch den TIAR für geeignete Instrumente, um mit den neuen Bedrohungen
fertig zu werden. Das einzige legitimierte und geeignete Organ für die Reformdebatte sei der CSH (Soriano 2002).

Chile – Politische Solidarität ohne bindende Verpflichtungen

Chile, die mit Abstand am stärksten international verflochtene Ökonomie Lateinamerikas, wurde von der jüngsten weltweiten Rezession mit am stärksten getroffen, konnte diese jedoch dank der Diversifizierung seiner Partner, seiner soliden wirtschaftlichen Fundamente und seiner politischen Stabilität am besten abfedern. Dennoch haben der Preisverfall des Kupfers und die rezessionsverstärkenden Effekte des 11. September bei den wichtigsten Handelspartnern Chiles in Asien, den USA und Europa zu erheblichen Einbußen bei den chilenischen Exporten geführt. Sie konnten durch die Peso-Abwertung nur teilweise aufgefangen werden. Positiver Nebeneffekt der Abwertung und einer Inflation von lediglich 4,1% war allerdings, dass die Wettbewerbsfähigkeit chilenischer Exportprodukte weiter zulegte (Molana, Starr 2002: 76 ff).

Auf der politisch-diplomatischen Ebene schloss sich auch die chilenische Regierung nach dem 11. September den von der Mehrzahl der lateinamerikanischen Regierungen geäußerten Solidaritätsbekundungen an. Sie versuchte darüber hinaus, eine aktive diplomatische Rolle zu spielen. Als turnusmäßiger Sprecher der Rio-Gruppe regte Präsident Lagos ein Sondertreffen der Außenminister an, um das weitere Vorgehen abzustimmen. Ein solches Treffen kam allerdings nicht zustande. Die Entsendung eigener Truppen wurde in der Öffentlichkeit sehr kontrovers diskutiert, allerdings von einer Mehrheit von 62% abgelehnt (La Tercera, 16.9.2001). Auch die Regierung schloss einen solchen Schritt explizit aus.

In der multilateralen interamerikanischen Sicherheitsdebatte spricht sich auch die chilenische Seite für den Einschluss der neuen sicherheitspolitischen Herausforderungen in ein reformuliertes Konzept von Sicherheit aus, warnt jedoch zugleich davor, dieses Konzept allzu sehr auszuweiten und die traditionellen Fragen der Sicherheit zu vernachlässigen. Vorrang verdienten der Drogenhandel und der Terrorismus; beiden Herausforderungen sei jedoch auf Länderebene mit angepassten Strategien zu begegnen. Bezüglich der interamerikanischen Institutionen teilt Chile die Auffassung Brasiliens und Argentiniens, dass weder der TIAR, noch die JID den gegebenen Herausforderungen entspreche und die CSH das adäquate Organ für die Reformdebatte sei (Soriano 2002: 2f).

Auf dem Weg zu einem hemisphärischen Sicherheitssystem?

Bereits während der zweiten Amtszeit Clintons, verstärkt seit dem Amtsantritt von Bush Jr. besteht ein wachsender interamerikanischer Konsens, dass das aus den Zeiten des Kalten Kriegs überkommene Interamerikanische Sicherheitssystem einer Reform bedarf, die den veränderten nationalen, hemisphärischen und globalen Kontextfaktoren und den neuen sicherheitspolitischen Herausforderungen Rechnung trägt. In der in verschiedenen Arenen geführten einschlägigen Debatte, an der neben den Vereinigten Staaten (und Kanada) insbesondere die Länder Argentinien, Brasilien, Chile und Mexiko beteiligt sind, kam es in den Verhandlungsrunden der zurückliegenden Jahre zu einer Reihe von Übereinstimmungen. Neben Konsensbereichen ist jedoch auch bis heute eine Reihe von Themen auszumachen, die kontrovers beurteilt werden und in der Vergangenheit zu variablen Koalitionsbildungen geführt haben. Resümierend kann hierzu festgehalten werden, dass angesichts der Bandbreite und Komplexität der neuen sicherheitspolitischen Herausforderungen und der Divergenzen darüber, wie mit diesen Herausforderungen konstruktiv umzugehen ist, die Chancen für eine von allen „Mitspielern" akzeptierte hemisphärische Sicherheitskonzeption auch nach zwei Jahren Bush-Regierung, trotz einer insgesamt weniger ideologisch aufgeladenen Debatte, kaum besser stehen als am Ende der zweiten Amtszeit Clintons. Die „Nationale Sicherheitsstrategie" vom 20. September 2002 – Ausdruck der radikalsten Neuausrichtung der US-amerikanischen Außenpolitik seit dem Ende des Zweiten Weltkriegs –, die kontroverse Debatte über den dritten Irak-Krieg und seine machtpolitischen und völkerrechtlichen Konsequenzen, schließlich das von der Bush-Administration als Affront empfundene Abstimmungsverhalten der nicht ständigen Sicherheitsratsmitglieder Chile und Mexiko in der Irak-Frage tun ein übriges, dass das interamerikanische Klima rauer geworden ist und in Lateinamerika die Zweifel wachsen, ob Washington über die Themen Anti-Terrorismus und Drogen hinaus noch substantielles Interesse an der Region hat. Auch die jüngste Entwicklung in Sachen Handelspolitik kann hier nicht gegensteuern. Zwar ist mit der Gewährung der *Trade Promotion Authority* (ehemals *Fast Track*) im US-Kongress im Juli 2002 eine wichtige Hürde im FTAA-Verhandlungsprozess genommen; die Zunahme protektionistischer Forderungen und Praktiken und die verhärteten Fronten zwischen den USA, der EU, Japan und der Dritten Welt am Vorabend der WTO-Tagung in Cancún (September 2003) stimmen jedoch eher skeptisch, dass der FTAA-Prozess, wie in Quebec 2001 vereinbart, bis 2005 erfolgreich abgeschlossen werden kann. Es wird so von den weiteren Akzentsetzungen der US-amerikanischen Außenpolitik generell, der Lateinamerikapolitik im Besonderen abhängen, ob die verschiedenen Reforminitiativen im interamerikanischen System in ein weniger hierarchisches, konsens-orientiertes regionales Sicherheitssystem münden oder ins Leere laufen. Fest steht jedenfalls, dass die Zukunft der interamerikanischen Beziehungen in erheblichem Maße davon geprägt sein wird, wie die beteiligten Akteure eine solche neue kontinentale Sicherheitsstruktur definieren, institutionell verankern und ressourcenmäßig ausstatten.

Literaturverzeichnis

Albuquerque, José Augusto Guilhon (2001): A ALCA na política externa. In: Política Externa, Nr. 2, S. 1-9.

Alfaro, Alfonso (2002): Del acuerdo tácito a la relación abierta. Los ricos también lloran. In: Foreign Affairs en español, Vol. 2, 1, S. 144-164.

Andreas, Peter (2002): La redefinición de las fronteras estadounidenses después del 11 de septiembre. In: Foreign Affairs en español, Vol. 2, 1, S. 165-175.

Birle, Peter (2003): „Vom Ende des Kalten Krieges zum 'Krieg gegen den Terrorismus': Neuere Tendenzen in der Lateinamerikapolitik der USA". In: Bodmer, Klaus/Gratius, Susanne: Zwischen Regionalismus und Globalisierung: Lateinamerika im internationalen System. Opladen: Leske + Budrich, S. 127-150.

Birling, Stephan (2003): Geschichte der amerikanischen Außenpolitik von 1917 bis zur Gegenwart. München.

Bodemer, Klaus (2002a): Auf dem Weg zu einer Normalität. Die Außenpolitik der Regierung Menem zwischen pragmatischem Bilateralismus, neuen Integrationsimperativen und sicherheitspolitischen Arrangements. In: Birle, Peter/ Carreras, Sandra (Hrsg.): Argentinien nach 10 Jahren Menem. Frankfurt, S. 183-212.

Bodemer, Klaus (2002b): Argentinische Außenpolitik: Die schwierige internationale Positionierung einer Macht zweiter Ordnung. In: Bodemer, Klaus/ Pagni, Andrea/ Waldmann, Peter (Hrsg.): Argentinien Heute. Politik, Wirtschaft, Kultur. Frankfurt, S. 403-434.

Calcagnotto, Gilberto/ Nolte, Detlef (2002): Südamerika zwischen US-amerikanischer Hegemonie und brasilianischem Führungsanspruch. Konkurrenz und Kongruenz der Integrationsprozesse in den Amerikas. Frankfurt.

Gratius, Susanne (2002): Acht Jahre NAFTA: Vom Freihandelsabkommen zur Nordamerikanischen Gemeinschaft? Brennpunkt Lateinamerika, Nr. 15 (2002).

Hakim, Peter (2002): Dos formas de ser global. In: Foreign Affairs en español, Vol. 2, 1, S. 130-141.

Hoffmann, Bert (2003): Die Lateinamerikanisierung der USA. 38,8 Millionen Latinos in den USA: Kurze Erkundung einer neuen Macht. In: Brennpunkt Lateinamerika Nr. 12 (2003).

Kurtenbach, Sabine (2002): Lateinamerika und der 11. September 2001 – Rückkehr zu den Konfliktlinien des Kalten Krieges. In: Nord-Süd-aktuell. Jg. XV, H. 1, S. 103-110.

Kurtenbach, Sabine (2003): El nuevo escenario de (in)seguridad en América Latina ¿Amenaza para la democracia? In: Bodemer, Klaus (Hrsg.): El nuevo escenario de (in)seguridad en América Latina ¿Amenaza para la democracia? Caracas, S. 11-37.

Molana, Walter/ Starr, Pamela, K. (2002): La perspectiva económica en América Latina después del ataque. In: Foreign Affairs en español, Vol. 2, 1, S. 65-85.

Moreno, Alejandro (2002): La opinión pública latinoamericana y EE.UU. In: Foreign Affairs en español, Vol. 2, 1, S. 65-85.

Quintão, Geraldo (2001): O Brasil e as políticas de defesa no mundo pós-11 de setembro. In: Konrad Adenauer-Stiftung (Hrsg.): Segurança e soberania. Cuadernos Adenauer. Jg. 2, 5, S. 9-15.

Rice, Condoleezza (2001): La promoción del interés nacional. In: Foreign Affairs en español, Vol. 1, 1, S. 127-146.

Rudolf, Peter (2002): Wie der 11. September die amerikanische Außenpolitik verändert hat. Bilanz nach einem Jahr. SWP-Aktuell, 33.

Soriano, Pablo (2002): Mirando hacia la conferencia especial sobre seguridad de 2004. Redefinir las instituciones de seguridad en el Continente Americano. http://www.americapolicy.org/briefs/2002/sp-0211seguridad_body.html

The White House (2002): The National Security Strategy of the United States of America. Washington D.C., September.

Waller Meyers, Deborah / Papademetriou, Demetrios G. (2002): Un nuevo contexto para la relación migratoria de México y Estados Unidos. In: Foreign Affairs en español, Vol. 2, 1, S. 176-185

Woodward, Bob (2002): Bush at war. New York.

Kirsten Westphal

Die strategische Partnerschaft zwischen der Europäischen Union und Lateinamerika: Konkretes Handlungsmodell oder nur Vision?

Einführung

Eine strategische Partnerschaft für das 21. Jahrhundert war das erklärte Ziel des ersten Gipfels der Staats- und Regierungschef der Europäischen Union und Lateinamerikas und der Karibik am 28./29. Juni 1999 in Rio de Janeiro.[1] Gleichzeitig wurden Verhandlungen zwischen der Europäischen Union und dem MERCOSUR, dem engsten Partner in Lateinamerika, über die erste Assoziation zwischen zwei Regionen aufgenommen.[2] Die anvisierte strategische Partnerschaft wäre in ihrer Breite und Intensität ein wichtiger Baustein im Mosaik der Außenbeziehungen der Europäischen Union. Aus lateinamerikanischer Sicht war dabei vor allem entscheidend, dass in die Dokumente ein Wandel von Wirtschaftshilfe hin zu Handelsliberalisierung aufgenommen wurde. Das legt eine besondere Beziehung zwischen der Europäischen Union und dem lateinamerikanischen Subkontinent nahe, die im Folgenden in ihrer Substanz hinterfragt werden soll.

Dies ist auch deshalb sinnvoll, weil knapp drei Jahre später der Nachfolge-Gipfel in Madrid am 17./18. Mai 2002 auf den ersten Blick kaum greifbare Ergebnisse für den Aufbau der anvisierten strategischen Partnerschaft (EU-ROLAT 4-5/2002) brachte. Drängende Probleme wie die Sicherheitslage in Kolumbien oder die desolate Wirtschaftslage in Argentinien fanden keinen Niederschlag in konkreten Programmen oder Maßnahmen. Damit stellte sich die Frage nach dem Fundament der Beziehungen und den dahinterstehenden Interessenlagen umso dringlicher.

Der folgende Artikel beleuchtet die anvisierte strategische Partnerschaft aus dem Blickwinkel der Europäischen Union. Aufgrund des asymmetrischen

---

[1] Die Ergebnisse dieser Studie basieren auf dem Forschungsprojekt: „Relations between the European Union and Latin America: Biregionalism in a Changing Global System" an der Justus-Liebig-Universität Gießen, Institut für Politikwissenschaft, finanziert von der Volkswagen-Stiftung.

[2] Die hier zitierten Dokumente finden sich auf der Homepage der Europäischen Kommission unter http://www.europa.eu.int/comm/world/lac/

Beziehungsgeflechts eines Nord-Süd-Verhältnisses muss immer noch davon ausgegangen werden, dass die EU „als Seniorpartner" und Referenzmodell weitgehend die Vorgehensweise und das Tempo in den Beziehungen bestimmt. Andererseits folgt die EU in ihrem Aufbau von inter-regionalen Beziehungen politischen Zielen, die in den grundlegenden Dokumenten der Union wie dem Amsterdamer Vertrag formuliert worden sind. Dabei soll hier argumentiert werden, dass die Entwicklung einer gemeinsamen Außen- und Sicherheitspolitik zumindest schritt- und teilweise auch darauf ausgerichtet ist, sich künftig als globaler Akteur zu positionieren. Dabei spielt gerade die strategische Partnerschaft mit Lateinamerika eine wichtige Rolle, denn inter-regionale Kooperation ist mehr als nur eine Zweitwahlstrategie zu multilateraler Kooperation, obwohl beide von der EU propagierte Strukturmuster in den sich wandelnden internationalen Beziehungen sind. Multilaterale Kooperation in den UN oder der WTO soll entscheidend zu einer effektiven *global governance* beitragen. Inter-Regionalismus dient zusätzlich dem Export des europäischen Modells, was zum Status der Europäischen Union als Zivilmacht und so genannten *soft power* beiträgt: Extern, auf der Ebene der Verregelung und Institutionalisierung der internationalen Beziehungen und intern, in der Partnerregion und in ihren Mitgliedsländern, bei der Ausgestaltung der Demokratie, sowie des Wirtschafts- und Sozialsystems.

Die anvisierte strategische Partnerschaft hat insofern visionären Charakter, als deren Schaffung darauf zielt, globale Probleme in Kooperation zu identifizieren, gemeinsame Positionen zu formulieren, sowie Institutionen und Regime zur Bearbeitung und Steuerung globaler Interdependenzen zu entwickeln, die internationalen Beziehungen somit *strategisch* mit zu gestalten. Die umfassende politische und wirtschaftliche *Partnerschaft* würde also letztlich über eine inter-regionale Kooperation in einen *Bi-Regionalismus* münden. Dahinter steht die Vision, dass der globale Wandel nur gemeinsam bearbeitet werden kann. Bi-Regionalismus heißt, dass entlang gemeinsamer Positionen gemeinsame Handlungsstrategien partnerschaftlich verfolgt und umgesetzt werden. Die erarbeiteten Positionen sollen auch in internationalen Foren wie der UN oder Organisationen wie der WTO zur Stärkung einer multilateralen *global governance* durchgesetzt werden.

Die anvisierte strategische Partnerschaft ist insofern Handlungsmodell als in Rio eine 69-Punkte-Erklärung für die drei Felder (Politik, Wirtschaft und Bildung/Kultur/Soziales) verabschiedet wurde. Die in Rio gesetzten 55 Handlungsprioritäten wurden von der Arbeitsgruppe in Tuusula im November 1999 nochmals zu elf Hauptthemen der Kooperation zusammengefasst. Diese reichen von der Kooperation in internationalen Foren (Priorität 1), über den Schutz von Menschenrechten (2 und 3), die Kooperation beim Umweltschutz und den Kampf gegen Naturkatastrophen (4), gegen Drogen und illegalen Waffenhandel (5) bis hin zum Aufbau eines stabilen Finanz-, Wirtschafts- und Handelssystems (6 und 7), dem Aufbau einer Informationsgesellschaft

(10) und der Unterstützung für Kultur, Bildung, Wissenschaft und Technik (8, 9, 11). Entlang dieser elf Prioritäten werden Projekte, Programme und Veranstaltungen zwischen den beiden Regionen geplant.

Das Bewusstsein für die Probleme der anderen Region ist Grundvoraussetzung und kann nur über Dialog geschärft werden, die Identifikation gemeinsam zu bearbeitender Problemfelder und die Suche nach gemeinsamen Lösungen sind erst die weiteren Schritte. Dabei spielt der Zeitfaktor eine große Rolle. Vor diesem Hintergrund sind auch die 33 Punkte der Madrider Erklärung im Mai 2002 mit ihrer Konkretisierung der 69-Punkte-Erklärung von Rio positiv zu sehen.

Wie die Analyse der Beziehungen zeigen wird, sind vor allem der politische Dialog und die Felder der Entwicklungshilfe sowie der finanziellen und technischen Kooperation weit fortgeschritten. Hauptkonfliktfeld sind die Handelsbeziehungen. Hier steht einer Liberalisierung, wie sie von den lateinamerikanischen Ländern gefordert wird, vor allem die Gemeinsame Agrarpolitik der EU entgegen. Außerdem sind die Beziehungen der EU zu den einzelnen Subregionen und Ländern des lateinamerikanischen Subkontinents unterschiedlich ausgeprägt. Wirtschaftliche und politische Assoziationsabkommen wurden mit den beiden, politisch und vor allem ökonomisch bedeutsamen Staaten, Mexiko (2000) und Chile (2002) geschlossen, was der in EU-Dokumenten formulierten Priorität von regionaler Kooperation widerspricht.

Im folgenden Beitrag werden die konkreten Handlungsmuster der Europäer in den inter-regionalen Beziehungen analysiert. Die Analyse wird zeigen, dass die europäischen Mitgliedsländer in der EU erstens in vielen Politikfeldern miteinander noch keinen Konsens erzielt und noch keine gemeinsamen Positionen erarbeitet haben. Zweitens übersetzt sich diese Uneinigkeit im bürokratischen Zusammenspiel der EU-Institutionen in Widersprüche, in denen die Außenbeziehungen gefangen sind. Drittens reagiert die EU stärker auf die Politik der USA in Lateinamerika als sie selbst gestaltend agiert, was die anvisierte strategische Partnerschaft eigentlich nahe liegen würde. Die Stagnation im inter-regionalen Verhältnis zwischen der EU und Lateinamerika ist also auf die Binnenentwicklungen in den beiden Regionen zurückzuführen, die von Unsicherheiten und Krisen geprägt sind. Das wird in den Ausführungen über die wirtschaftlichen Beziehungen und die nationalen Egoismen deutlich werden. Damit stellt sich am Ende die Frage, inwieweit die anvisierte strategische Partnerschaft bereits den Rahmen für gemeinsame Handlungen setzt, oder gemeinsames Handeln bisher nur eine Vision ist.

Die Vision: Lateinamerika als strategischer Partner der EU?

Die angestrebte globale Rolle der EU und die Beziehungen zu Lateinamerika

Seit den Verträgen von Maastricht (1993) und Amsterdam (1997) ist eine Gemeinsame Außen- und Sicherheitspolitik erklärtes Ziel der EU. Eine gemeinsame EU-Außenpolitik existiert jedoch noch nicht. Vielmehr sind Brüche zwischen den EU-Mitgliedsstaaten wieder offener zu Tage getreten.[3] Da die Brüche innerhalb der Europäischen Union und ihrer Mitgliedsstaaten noch Thema sein werden, soll hier zunächst vom analytischen Konstrukt eines einheitlichen Akteurs „EU" ausgegangen werden, da sich daraus besondere Handlungslogiken ableiten lassen, auf die in letzter Konsequenz auch die Vision einer bi-regionalen strategischen Partnerschaft aufbaut.

Die Rolle der Europäischen Union bestimmt sich über die Beziehungen zu den USA, die sich über ein Spannungsverhältnis zwischen Kooperation und Konkurrenz konstituieren. Die transatlantischen Beziehungen bleiben für die Weltordnung zentral, aber mit einer anderen strukturellen Dynamik als noch vor zehn Jahren. Die ehemals enge Kooperation zwischen den USA und Europa wird getrübt von einer wachsenden wirtschaftlichen Konkurrenz und unterschiedlichen Perzeptionen der globalen Herausforderungen. So tragen verschiedene Faktoren zu einem wachsenden Spannungsverhältnis in einzelnen Politikfeldern bei, wenn auch grundlegende Interessen weiterhin geteilt werden. Die Politik der Europäer zeitigt dennoch Tendenzen einer Gegenmachtbildung zu den USA. Hier fallen auch die Interessenlinien mit den lateinamerikanischen Ländern zusammen, die über Beziehungen zu den europäischen Staaten versuchen, den traditionell hohen Einfluss der USA auf dem lateinamerikanischen Subkontinent auszubalancieren. Für die Europäische Union ist der lateinamerikanische Subkontinent gerade deswegen von strategischer Bedeutung, weil er sich in geographischer Distanz zur EU, aber geographischer Nähe zu den USA befindet.

Mit dem Ende des Kalten Krieges sind nicht nur die Machtverhältnisse von Grund auf verändert; spätestens seit den Anschlägen vom 11. September zeichnet sich auch eine Neugestaltung der internationalen Ordnung ab. Die USA verstehen sich als eine *indispensable nation*, die unabkömmlich in globalen Sicherheits- und Ordnungsfragen ist (Kagan 2002) und deren unangefochtene Machtstellung sich zunehmend in unilaterale Machtausübung übersetzt. In den Dokumenten zur EU-Außenpolitik wird eine alternative Konzeption der internationalen politischen Ordnung mit einem System aus multilate-

---

3 Stellvertretend sei hier auf die unterschiedlichen Positionen in der Irak-Krise, zur Stationierung der EU-Eingreiftruppe in Mazedonien oder bei der Zusicherung der Straffreiheit für US-Soldaten vor dem Internationalen Strafgerichtshof verwiesen.

raler Kooperation und internationaler „Verrechtlichung" der Beziehungen entwickelt, die sich diametral vom Gestaltungswillen und der Machtkonzeption der USA, wie sie die neue nationale Sicherheitsdoktrin vom 20. September 2002 widerspiegelt, unterscheidet. Dabei gründen sich die unterschiedlichen Ordnungskonzeptionen der USA und Europas auf die jeweilige Stärke: Im Falle der USA wird mit dem klassischen Instrument des Nationalstaats, dem herausragenden Militärpotential, operiert. Wiederum liegt es in der Machtlogik der Europäischen Union, die bisher militärisch noch von der Zusammenarbeit in der NATO und damit von den USA abhängt, die Projektion ihres Modells einer Zivilmacht über multilaterale Kooperation und institutionelle Verregelung zu suchen. Gleichzeitig würde eine erfolgreiche Ausweitung dieses Systems von Steuerung (*governance*) wiederum zu einer signifikanten Einschränkung der Handlungsfähigkeit und damit der Macht der USA beitragen.

Die transatlantischen Spannungen beruhen also auf einem Widerstreit zwischen internationalen Normen und staatlicher Macht als regulativen Instanzen, sowie zwischen Unilateralismus und Multilateralismus als Strukturdeterminanten der internationalen Beziehungen. Die EU übt ihre Regulierungsmacht global vor allem über eine institutionalisierte internationale Ordnung aus, da sie darüber Standards und Normen und damit die Agenda zentraler Politikbereiche setzen und kontrollieren kann. Während Europa auf das Kyoto-Protokoll, die Biowaffenkonvention und den Internationalen Strafgerichtshof als Projekte einer Institutionalisierung von bestehenden Interdependenzen setzt, zieht sich Washington aus diesen Projekten zurück und verfolgt eine *Pax Americana* mit einer Vormachtstellung als einzig verbleibende militärische Supermacht.

Dabei muss man sich bewusst machen, dass beide Konzeptionen, die der USA und die der EU, an das Prinzip staatlicher Souveränität rühren. Die politische Ordnung nach dem Bild der EU aber, die auf selektiver Bündelung und Abgabe von Souveränität und multilateraler Deutungsmacht beruht, braucht Partner, um der Ordnung zur Durchsetzung zu verhelfen. Als ein solcher bietet sich Lateinamerika an, denn beide Regionen weisen einen hohen Integrationsgrad auf. Die kleineren Länder gewinnen in beiden Regionen durch ihre Teilhabe, die über die Institutionalisierung von Verhandlungs- und Entscheidungsprozessen abgesichert wird, an Gewicht und Einfluss. Daher ist es rational, über Integration auch globale Handlungsfähigkeit zu suchen. Strategisch ist die anvisierte Partnerschaft zwischen der EU und Lateinamerika wegen ihrer strukturellen Bedeutung für die internationalen Beziehungen. Zum einen begegnet sie mit einer erhöhten Institutionalisierung der ohnehin mit der Globalisierung wachsenden Interdependenz, um damit die internationale Umwelt zu verregeln und zu steuern. Gleichzeitig verankert vor allem die EU auch die eigene (Macht)Position, in dem sie eine korrespondierende und benevolente Umwelt schafft.

Inter-Regionalismus ist aber auch deswegen für die EU mehr als eine Strategie der zweiten Wahl, weil sie der Seniorpartner in einem so strukturierten Beziehungsgeflecht ist. Sie ist der am stärksten integrierte und liberalisierte Raum der Welt und weist den höchsten Institutionalisierungsgrad auf. Zudem ist die Abhängigkeit Lateinamerikas auf dem Gebiet der politischen, ökonomischen und kulturellen Beziehungen von den etablierten Demokratien des Nordens/Westens höher als umgekehrt. Die EU kann daher die Regeln zur Teilhabe an und Integration in Transnationalisierungsprozessen wesentlich stärker (mit)bestimmen als ihr lateinamerikanischer Partner.

Die strategische Partnerschaft mit Lateinamerika als Instrument zur Projektion der Zivilmacht und *soft power* der EU

Das Konzept einer Zivilmacht umfasst die Ausstrahlungskraft, die sich mit zivilen Institutionen wie Menschenrechten, repräsentativer Demokratie und Rechtsstaatlichkeit verbindet. In den internationalen Beziehungen baut Zivilmacht auf Definitionsmacht auf, die universell gültige Normen und Werten formuliert. International gültige Werte, Regeln und Institutionen werden über multilateralen Konsens erarbeitet und definiert, internationales Recht wird über Kooperation (durch)gesetzt. Die Prozesshaftigkeit dessen verlangt nach multilateraler Kooperation und Verinstitutionalisierung dieser Prozesse, um zu globaler Steuerung und Einhegung von regionalen und globalen Konflikten beizutragen. Gleichzeitig sind in diese Prozesse unterschiedliche staatliche und nichtstaatliche Akteure involviert und Koordination findet auf verschiedenen Ebenen und Feldern statt. Eine partnerschaftliche Kooperation, wie sie die EU unter anderem mit Lateinamerika entwickelt, kann dabei auf das entstandene Beziehungsgeflecht von nichtstaatlichen und staatlichen Akteuren aufbauen, das über den politischen Dialog und horizontale Kooperationsprogramme entsteht.

Für die Beziehungen haben sich die gemeinsame Geschichte und die verschiedenen Migrationswellen als stärkendes Band erwiesen. Für die Ausübung der sogenannten *soft power* Europas, die Ausstrahlungskraft seiner Kultur und seiner ideellen Werte ist dies ein wichtiges Fundament. Dennoch verliert Europa als kultureller Rückbezugspunkt gegenüber der US-amerikanischen Kultur an Bedeutung. Gleiches gilt für die Bildung, denn lateinamerikanische EliteschülerInnen studieren an US-amerikanischen Highschools und Universitäten.

Inter-Regionalismus hat nicht nur eine internationale „externe" Komponente, sondern auch eine innerstaatliche Komponente. Lateinamerika ist insofern ein strategischer Partner, als beide Regionen versuchen, über regionale

Integrationsprozesse die klassischen Politikfelder Wohlfahrt und Sicherheit neu über die Bündelung und Abgabe von Souveränität zu bearbeiten. Die Mitgliedsstaaten der EU verbinden mit dem Integrationsprozess Erfahrungen von Wohlstand, Stabilität und Sicherheit. Das EU-Modell ist für die lateinamerikanischen Staaten aus zwei Gründen attraktiv. Die lateinamerikanischen Staaten suchen nicht nur ihr globales Gewicht über Integrationsprozesse zu stärken, sondern leiten aus dem zentralamerikanischen Friedensprozess positive Erfahrungen im Hinblick auf die Friedenssicherung und die Zusammenarbeit mit der damaligen Europäischen Gemeinschaft (San José-Prozess seit 1984) ab. Die Europäische Gemeinschaft war insbesondere in den 80er Jahren über Parteien, Parteistiftungen, Hilfsorganisationen etc. stark in den Aufbau des Parteiensystems, aber auch der Zivilgesellschaft involviert.

Außerdem sind der Handel und die Kooperation mit dem größten Wirtschaftsraum der Welt für Länder so attraktiv, dass sie dafür auch Änderungen in ihrem politischen und ihrem marktwirtschaftlichen System vornehmen. Die Beitrittsländer Osteuropas sind für diesen Zusammenhang ein Paradebeispiel, die um Einlass zu finden, die Kopenhagener Kriterien und den *Aquis Communautaire* umgesetzt haben. Die EU steht für Marktliberalisierung und ist damit ein „Mikrokosmos" für globale Liberalisierung. Gleichzeitig steht die EU für die Bewahrung eines sozioökonomischen Modells, das auf die Redistribution von Reichtum und Ressourcen zwischen Regionen, Ländern und sozialen Gruppen beruht.[4] Darin besteht auch ein Unterschied zum US-amerikanischen neoliberalen Wirtschaftsmodell.

Zumindest in den Strategiepapieren der Kommission hat die EU eine moderne soziale Entwicklungskonzeption formuliert, die auf die Verbreitung des Wohlstands setzt, die Bildung und den Austausch von Informationen als wesentlichem Bestandteil sieht und sie als fundamental für den Aufbau einer Zivilgesellschaft und einer *civil governance* begreift. Gesamtgesellschaftliche Wohlfahrt wird als unabdingbar für wirtschaftliche Stabilität und damit für politische Partizipation gesehen. In Lateinamerika zeichnet sich in der öffentlichen Meinung eine Abkehr vom neoliberalen Wirtschaftmodell des „Washington Consensus" ab. Das zeigen nicht zuletzt die Wahlen 2002 in Brasilien oder Ekuador, in denen Ignacio Lula da Silva und Lucio Gutiérrez als Sieger hervorgingen. Nach Jahren der Stagnation und der Handelskonflikte im MERCOSUR haben außerdem die Motoren der Integration, Brasilien und Argentinien, nach der argentinischen Krise neue Initiativen zu einer Revitalisierung des MERCOSUR gestartet (Gratius 2002).

Fasst man dieses zusammen, lässt sich die Schlussfolgerung ziehen, dass das europäische Modell für Lateinamerika durchaus eine hohe Attraktivität

---

4   Siehe Will Hutton (2002), der darauf verweist, dass in den europäischen Vorstellungen das Eigentum stärker als etwa in den USA mit sozialen Pflichten verbunden ist und darauf, dass in der europäischen Tradition der *res publica*, des Gesellschaftsvertrags, die Bürger in die Fürsorge für die Armen und Schwächeren eingebunden sind.

hat. Der „Export" des eigenen Modells liegt im Interesse der EU, da er die Zivilmacht der EU und damit ihre Position in den internationalen Beziehungen stärkt. Die anvisierte bi-regionale strategische Partnerschaft mit Lateinamerika ist deswegen ein wichtiger Baustein in der Gestaltung der EU-Außenbeziehungen. Die im nächsten Kapitel beschriebenen Beziehungen zwischen der EU und Lateinamerika zeigen jedoch, dass sich eine klare, einheitliche Politik wie sie eine *bi-regionale Partnerschaft* eigentlich implizieren würde, nur in einzelnen Teilbereichen nachzeichnen lässt. Außerdem bleibt die Politik der Europäer ambivalent und in Fragen wie der Liberalisierung des Agrarmarktes oder der GATS-Verhandlungen hinter ihren eigenen partnerschaftlichen Entwicklungskonzeptionen zurück. Dies geschieht insbesondere dann, wenn wirtschaftliche und strategische Interessen einzelner Mitgliedsstaaten und/oder Wirtschaftsakteure berührt sind. Im Hinblick auf die hinter der strategischen Partnerschaft mit Lateinamerika stehende Vision eines Bi-Regionalismus und einer Stärkung multilateraler Kooperation in den internationalen Beziehungen ist dann die Politik der Europäer letztlich häufig kontraproduktiv.

Die Beziehungen zwischen der EU und Lateinamerika

Der politische Dialog als solides Fundament

Die Harmonisierung und Angleichung von politischen Positionen der EU und Lateinamerikas während des Rio-Gipfels baute auf einen bereits bestehenden umfassenden politischen Dialog auf verschiedenen Ebenen und zwischen verschiedenen Partnern auf. Der politische Dialog mit der Region, den Sub-Regionalisierungsprozessen MERCOSUR, Andengemeinschaft und Zentralamerika sowie mit einzelnen Ländern wurde konsequent mit den Kooperationsabkommen der unterschiedlichen Generationen der 70er, 80er, 90er und den Assoziationen weiterentwickelt. Mittlerweile findet der politische Dialog in einem vielschichtigen Netzwerk der einzelnen Institutionen und Ebenen statt.

So startete der zweijährliche Interparlamentarische Dialog zwischen dem Lateinamerikanischen Parlament und dem Europäischen Parlament am 15.-17. Juli 1974 in Bogotá/Kolumbien. Der Dialog zwischen den beiden Regionen wird ergänzt durch den inter-ministeriellen Dialog, der mit der Deklaration von Rom am 20. Dezember 1990 zwischen der Europäischen Gemeinschaft und der Rio-Gruppe ins Leben gerufen wurde. Mit der Deklaration von Rio 1999 wurden auf dem ersten Gipfel neben den zweijährlichen Gipfeltreffen noch weitere Dialogforen auf der Ebene von Hohen Beamten und Diplomaten geschaffen.

Der Dialog zwischen der Europäischen Union und den Subregionen gründet auf ähnliche Strukturen. 1984 institutionalisierten die Europäische Gemeinschaft und die zentralamerikanischen Staaten den sogenannten San José-Dialog. Heutzutage besteht der Dialog aus einem inter-parlamentarischen, einem inter-ministeriellen Dialog und verschiedenen Foren auf Diplomatenebene. Auch mit der Andengemeinschaft besteht ein Dialog, der aber nicht alle Ebenen umfasst. Der Dialog mit dem MERCOSUR besteht seit der Gründung 1991 und wurde 1995 institutionalisiert. Ähnlich wie im Dialog mit Mexiko und Chile wurden Treffen auf verschiedenen Ebenen entlang der Kooperationsabkommen der unterschiedlichen Generationen und schließlich des Assoziationsabkommens aufgebaut.

Zusammenfassend lässt sich sagen, dass der politische Dialog zwischen 1974 und 1983 in den Interparlamentarischen Konferenzen eine Plattform war, um die Demokratie und Menschenrechte in Opposition zu den Militärdiktaturen und den Menschenrechtsverletzungen zu verteidigen, und dabei zur Isolation und Verurteilung der Regime beizutragen. Zwischen 1984 und 1991 war der nun auf verschiedene Ebenen und Foren erweiterte Dialog darauf gerichtet, die demokratische Transition zu unterstützen, sowie das Schuldenproblem und die ökonomische Krise zu lösen. Ein besonderer Erfolg, der auch die anderen Dialogprozesse vorantrieb, war der zentralamerikanische Friedensprozess auf der Basis der Initiativen der Contadora-Gruppe und des Friedensvertrags von Esquipulas. Seit den 90er Jahren hat sich die Agenda ausdifferenziert. Sie umfasst neben den Themen der Konsolidierung der Demokratie und den Menschenrechten auch solche der sozialen Entwicklung, globalen Wirtschaft und Finanzen. Seit den 80er und verstärkt den 90er Jahren ist die Unterstützung der Europäischen Union für Regionalisierungsprozesse auf dem lateinamerikanischen Subkontinent ein wichtiges Thema.

Der politische Dialog kann insofern als Fundament der Beziehungen gesehen werden, da er erstens die Agenda für die Fortentwicklung der Beziehungen setzt. (Dies gilt insbesondere auch für den Interparlamentarischen Dialog, der den Verhandlungen der Regierungsinstitutionen zumeist einen Schritt voraus ist und die Aufnahme neuer Themen fordert). Zweitens bietet der Dialog ein beständiges, institutionalisiertes Netzwerk für den Austausch und die Abstimmung von Positionen. Drittens kann der institutionalisierte Dialog „auf gleicher Augenhöhe" dazu beitragen, die Asymmetrie in den Beziehungen zu mildern. Der Dialog veranlasst schließlich beide Seiten zu klaren Positionierungen bei spezifischen Problem- und Fragestellungen. Dies gelingt der Europäischen Union aufgrund ihrer Erfahrung bei der Bündelung von Interessen und der Abstimmung von Positionen leichter.

Kooperation als Schritt hin zu Globaler Steuerung

Mehr noch als der Dialog dient die Kooperation dem „Export" des EU-Modells. Die Kooperationspolitik basiert auf dem Art. 177 des Amsterdamer Vertrages zur Schaffung der Europäischen Gemeinschaft.[5] Die Beziehungen der EU mit Lateinamerika werden getragen von der politischen Agenda, wie sie in den Dokumenten der EU formuliert sind, in denen regionale Kooperation eine Priorität bei der Finanzierung von finanzieller und technischer Hilfe und ökonomischer Kooperation mit Entwicklungsländer ist (Council Regulation 443/92, Proposal Council Regulation COM 2002 340final).

Die längste Tradition hat die politische Kooperation auf den Feldern pluralistische Demokratie und Menschenrechte. Konkret bedeutete dies in den 70er und 89er Jahren die Unterstützung für politische Parteien, Bewegungen und Nichtregierungsorganisationen gegen die Militärdiktaturen. Die dadurch entstandenen Kontakte bildeten zweifelsohne eine stabile und breite Basis für die weitere politische Zusammenarbeit. Sie sind neben den über Migrationswellen entstandenen engen personellen Verbindungen auch der Grund für die nach dem europäischen Vorbild ausgestalteten politischen Systeme und die Nähe der politischen Normen und Werte.

Noch heute bildet der Kampf für und der Schutz der Menschenrechte ein wichtiges generelles entwicklungspolitisches Ziel (Com(2000)670final). Die Durchsetzung der Menschenrechte macht einen Großteil der Kooperation mit der Andenregion und Zentralamerika aus. Sie findet sich auch im Rio-Aktionsplan, in den elf Prioritäten von Tuusula und im *Madrid Commitment* wieder. Ein anderer Schlüsselbereich ist die Zusammenarbeit auf dem Gebiet der Konsolidierung der Zivilgesellschaft und der Herstellung einer repräsentativen, pluralistischen und rechtsstaatlichen Demokratie. Die Europäische Union unterstützt in diesem Zusammenhang den Aufbau eines unabhängigen Rechtssystems, aber auch die Schaffung stabiler politischer Institutionen. Damit soll auch der herrschenden sozialen Ungleichheit begegnet werden.

Die EU verfolgt damit eine Kooperation, die auf den Aufbau eines steuerungs- und regulierungsfähigen (*capable state*) Staates mit starken, unabhängigen Institutionen gerichtet ist, der als Grundvoraussetzung für die Lösung von nationalen, regionalen, aber auch globalen Problemen gesehen wird und damit als unabdingbarer Partner gebraucht wird. Die EU unterhält zum Beispiel zwei laufende mehrjährige Programme „Demokratie und Menschenrechte" für die Andenregion und Zentralamerika. Ein anderes Beispiel für diese Politikpriorität sind die Wahlbeobachtungsmissionen der EU in Peru (2001), Nikaragua (2001) und Ekuador (2002).

---

5   Er formuliert als vorrangige Ziele 1) die nachhaltige wirtschaftliche und soziale Entwicklung, 2) die vorsichtige und schrittweise Integration in die Weltwirtschaft und 3) den Kampf gegen Armut (vgl: Official Journal C 340, 10.11.1997, p. 137-308).

Sogenannte „Horizontale Programme" unterhält die EU zur Unterstützung der Zivilgesellschaft und vor allem zum Aufbau zivilgesellschaftlicher *transregionaler* Kontakte. Laufende und gerade verabschiedete Programme umfassen die Hochschulkooperation (ALFA und neuerdings ALßAN), die Kooperation kleiner und mittelständischer Unternehmen (AL-Invest), die Kooperation zwischen Städten (URB-AL), den Informationsaustausch der Handelskammern (ATLAS) und die Allianz für die Informationsgesellschaft (@LIS).

Die große Schere von Arm und Reich in Lateinamerika gefährdet sowohl politische Partizipation auf breiter Ebene als auch die wirtschaftliche Stabilität. Soziale Integration und die Beseitigung der sozialen Heterogenität sind ein weiterer zentraler Punkt, der als fundamental für die politische Partizipation und wirtschaftliche Stabilität gesehen wird. So ist im „Regionalen Strategie-Dokument Lateinamerika" (Dokument IP/02/598) die Beseitigung von sozialen Ungleichgewichten eine der vier Prioritäten, für die allein zwischen 2002 und 2006 30 Millionen Euro vorgesehen sind. Das Geld fließt in Gesundheitsprojekte und Vorsorgekampagnen insbesondere in der Andenregion und der Karibik.

Die EU ist außerdem immer noch der größte Geldgeber in der offiziellen Entwicklungshilfe. Der Hauptanteil der Humanitären Hilfe fließt nach Zentralamerika und in die Andengemeinschaft. In der Regionalen Strategie ist die Prävention von Naturkatastrophen, aber auch die Implementierung von Rehabilitationsmaßnahmen und der Wiederaufbau nach Naturkatastrophen eine Priorität (Dokument IP/02/598). Die Projekte sind vor allem für Zentralamerika von Bedeutung, wo die meisten Finanzressourcen (250 Millionen Euro) in das regionale Projekt für die Rekonstruktion Zentralamerikas fließen.

Seit den 1990er Jahren sind Umweltfragen ein Bestandteil der Kooperation. Alle Abkommen mit lateinamerikanischen Ländern und Regionen der sogenannten dritten Generation enthalten ein Bekenntnis zu nachhaltiger Entwicklung und so haben sich die Ausgaben für Projekte im Bereich Umweltschutz und nachhaltige Entwicklung gegenüber den 1980er Jahren in den 1990er Jahren verdoppelt. 10% aller Gelder für finanzielle und technische Hilfe sollen in den Umweltschutz fließen. Ein Pilot- und Vorzeigeprojekt ist seit den 90er Jahren das international initiierte Pilotprojekt zur Erhaltung des tropischen Regenwaldes in Brasilien (PPG 7) (Annual Report on the Implementation of the European Commission's External Assistance, Latin America 2000: 131). Auch in Ekuador zum Beispiel gibt es Umweltprojekte, die von der EU finanziert werden. Im Bereich der multilateralen Kooperation wird insbesondere dem Kyoto-Protokoll Aufmerksamkeit geschenkt, das von der EU als wichtiger Beitrag zur *global governance* in Klimafragen gesehen wird.

Ein Feld, das in der Kooperation künftig an Gewicht insbesondere dann gewinnen kann, wenn sie zu einer strategischen Partnerschaft ausgebaut wird, ist die Sicherheitspolitik. Drei Faktoren tragen zu dieser Einschätzung bei: Erstens hat die Europäische Union positive eigene Erfahrungen bei der Eindämmung von Konflikten auf dem europäischen Kontinent gemacht. Dies gilt für die Mitgliedsstaaten selbst, deren Erfahrungen aus dem zweiten Weltkrieg stark dazu beitrugen, eine friedliche Zukunft in enger Kooperation zu suchen, aber auch über die Integrationsgemeinschaft nach Osten hinaus, wo während des Kalten Krieges vertrauensbildende Maßnahmen etwa im Rahmen des Helsinki-Prozesses und der Konferenz für Sicherheit und Zusammenarbeit in Europa (KSZE/OSZE) einen Wandel durch Annäherung brachten. Zweitens hat sich die internationale Sicherheitslage nach den Anschlägen in New York und Washington am 11. September 2001 allgemein verändert und verlangt nach neuen sicherheitspolitischen Initiativen. Drittens ist seitdem auch in der EU die Terrorismusbekämpfung ein zentrales Thema. Auch die EU-Mitgliedsstaaten müssen dabei das Problem der Prävention und mögliche Tendenzen einer „Versicherheitlichung", des Ausbaus eines Sicherheitsstaates, der an den Grundfesten des liberalen Rechtsstaates rührt, bearbeiten.

Auf dem Rio-Gipfel kündigten die Staatschefs an, konkrete Vertragswerke wie den Vertrag über die Nichtverbreitung von Atomwaffen, den Atomwaffen-Teststopp-Vertrag, die Konvention über chemische und biologische Kampfstoffe sowie das Verbot von Antipersonenminen zu unterstützen. Auch der Kampf gegen die Weiterverbreitung von Kleinwaffen ist ein wichtiges Feld der Kooperation. Im Rahmen einer weiter gefassten Sicherheitskooperation spielen neue Bedrohungen wie die illegale Produktion von und der Handel mit Drogen eine zentrale Rolle. Sie sind eng verknüpft mit dem Kampf gegen den Handel mit Kleinwaffen, den internationalen Terrorismus, transnationale Verbrechen und Geldwäsche. Damit hat sich in den 1990ern die europäische Position der lateinamerikanischen Sicht angeschlossen, dass das Drogenproblem Lösungen sowohl vom Produzenten- als auch vom Konsumentenland erfordert; ein Beispiel übrigens für die Bedeutung des inter-regionalen Meinungsaustausches. Konkret gewährt die EU unter dem „Generalisierten Präferenzsystem" der Andenregion und Zentralamerika Handelsvorteile, um ihre Produktion und ihren Export zu diversifizieren. Außerdem finanziert die EU Drogenpräventionsprogramme in neun Ländern. Im Hinblick auf die Karibik wurde 1996 der sogenannte Barbados-Aktionsplan entwickelt, um auf dem Gebiet der Drogenbekämpfung zusammenzuarbeiten. 1999 wurde der sogenannte Panama-Plan verabschiedet, der einen inter-regionalen Rahmen für Kooperation und Koordination im Bereich der Drogenbekämpfung schafft. Für Kolumbien aber, das eines der dringlichsten Sicherheitsprobleme der Region hat, sind keine konkreten sicherheitspolitischen Initiativen der EU entwickelt worden, obwohl der Terrorismus und die internationale Sicherheitslage eines der Hauptthemen des Madrider-Gipfels war.

Zusammenfassend lässt sich sagen, dass die Kooperationsprojekte und Programme die Situation in den Ländern und Regionen widerspiegeln, für die sie entwickelt worden sind. Mit der Andenregion und Zentralamerika dominieren Projekte zur Drogenbekämpfung. Mit Zentralamerika und der Karibik

Projekte zum Wiederaufbau sowie zur Bekämpfung und Früherkennung von Naturkatastrophen. Im Cono Sur spielt die institutionelle Unterstützung für den Integrationsprozess im MERCOSUR eine große Rolle, darüber hinaus schlägt sich auch die Bedeutung der Region als Wirtschaftspartner in den Verhandlungen zur ersten inter-regionalen Assoziation nieder.

Insgesamt spiegelt die politische Kooperation der Europäischen Union mit Lateinamerika die europäische Variante der zivilen Machtprojektion wider. Europäische Regierungssysteme und gesellschaftliche Verfasstheit werden als Modelle gesehen und die sie tragenden Normen, Werte aber auch politische Institutionen und Rechtselemente exportiert. Unterstützt werden insbesondere Mittlerinstanzen zwischen Gesellschaft und Staat wie politische Parteien, gesellschaftliche Gruppierungen, aber auch Gewerkschaften und Industrieverbände. Diese benötigen für ihre Arbeit das oben erwähnte institutionelle Set. Für die sich schrittweise entwickelnde gemeinsame Außenpolitik der Europäischen Union ist dies eines der wirksamsten zivilen Instrumente. Es ist gleichzeitig ein entscheidender Baustein bei dem Ziel, auch ein globaler Akteur zu werden. Die Europäische Union als Zivilmacht übt Macht diesseits ihres „Herrschaftsbereichs" darüber aus, dass sie die Umwelt nach ihren Regeln strukturiert. Dieses Modell der Machtausübung verlangt zum einen nach dem Ausbau von Institutionen, die diese Ausübung erst garantieren, zum anderen nach Konsensfindung und Konflikthegung.

Die Beziehungen auf wirtschaftlichem Gebiet

Auch die Kooperation im wirtschaftlichen Bereich reflektiert die Strategie der Europäischen Union, ihr auf Konsens und Kooperation beruhendes Modell einer globalen Steuerung durchzusetzen. Den Schwerpunkt legt sie dabei auf die Schaffung von Institutionen, die von der EU als für die Regulierung und Steuerbarkeit der globalen Wirtschaft und Finanzen als wichtig angesehen werden. Dabei kommt der regionalen Kooperation nach dem Scheitern der WTO-Runde im November 1999 in Seattle besondere Bedeutung zu, die auch nach der Initiierung der neuen WTO-Runde in Doha 2001 nicht wirklich vernachlässigt werden kann.

Dementsprechend hat der Rio-Gipfel drei Aktionsfelder in der wirtschaftlichen Kooperation identifiziert: 1) die internationale Finanzstruktur und die Einführung des Euro; 2) Verhandlungen über multilaterale und bilaterale Handelsliberalisierung; und 3) die Herausforderungen und Möglichkeiten der Globalisierung und Entwicklung, auch im Hinblick auf regionale Integration. Diese Agenda spiegelt ganz deutlich die Präferenzen der Europäischen Union wider, die auf institutionellem Wandel und Strukturreformen nach europäischem Vorbild liegen. Die EU hat in diesem Zusammenhang Kooperation und

Konsultationen als wichtigste Voraussetzung für eine stabile und dynamische Weltwirtschaft definiert.

Mit der Unterstützung für soziale Sicherungsmaßnahmen und Arbeitsstandards wird auch das Modell des „Rheinischen Kapitalismus" exportiert, in dem den sozialen Akteuren wie Gewerkschaften, aber auch Industrieverbänden eine Rolle als Vermittler zugewiesen wird. Damit wird auch eine Form von sozialer Entwicklung exportiert, die dem lateinamerikanischen Subkontinent als Region mit den höchsten sozialen Unterschieden ein politisches Programm auferlegt. Dass dabei auch Arbeitsplätze im Norden vor billigerer Konkurrenz aus dem Süden geschützt werden, sollte als durchaus intendierte Nebenwirkung gesehen werden.

Die andere Komponente des „Institutionen-Exports", die auch den europäischen Firmen den Zugang zu den lateinamerikanischen Märkten erleichtert, ist die Einführung von technischen Normen, Standards, ökonomischen Regeln und Wirtschaftsstrukturen. Die Einflussnahme im MERCOSUR ist dafür das herausragendste Beispiel. Seit dem Inter-Institutionellen Abkommen von 1992 zur Unterstützung des Integrationsprozesses im MERCOSUR hat die EU solch technische Hilfe geleistet. Das Inter-Regionale Rahmenabkommen über Kooperation von 1995 war dann der Startschuss für ausführliche Verhandlungen über die Handels- und Wirtschaftsbeziehungen und den Austausch von Informationen (vgl: Sánchez-Bajo 1999). Damit wurden technische Normen und agro-industrielle und industrielle Standards harmonisiert. Besondere Unterstützung kam kleinen und mittelständischen Unternehmen zu. Die Verhandlungen zur Erleichterung von Geschäftsbeziehungen (*Business Facilitation Measures*), zur Liberalisierung von Dienstleistungen und zum Schutz des geistigen Eigentums im Rahmen der Assoziationsverhandlungen mit dem MERCOSUR dienen insbesondere dem Erhalt, Schutz und Ausbau der Marktposition der europäischen Firmen. Für die Europäischen Unternehmen ist der Markt des Südens wie der Subkontinent insgesamt zu einem wichtigen Produktions- und Investitionsstandort geworden, der zeitweise sogar Asien als Investitionsziel Nummer eins abgelöst hat.

Die Rahmenbedingungen für Investitionen haben sich mit den Strukturreformen von Deregulierung, Privatisierung und Liberalisierung sowie mit der Stabilisierung der Währungen zunächst in den 90er Jahren verbessert. Erst die Krise in Argentinien und die Flaute in der Weltwirtschaft brachten einen Einbruch bei den Direktinvestitionen. Auch wenn US-amerikanische Investitionen immer noch höher sind, haben die Europäer doch in der zweiten Hälfte der 1990er in ähnlichen Größenordnungen investiert und damit ihre Investitionen verzehnfacht (UNCTAD 2001; ECLAC 1999/2000). Die Auslandsdirektinvestitionen aus Europa konzentrieren sich im MERCOSUR, allen voran in Brasilien, gefolgt von Argentinien und dem assoziierten Mitglied Chile. Europäische Firmen waren vor allem an der Privatisierung in den Dienstleistungssektoren wie Telekommunikation, Banken, Versicherungen, Energieversorgung etc. beteiligt, während sich US-amerikanisches Kapital in arbeitsintensiven Industrien konzentriert (IRELA 17/5/1999, 8).

Für Lateinamerika wird die Attraktivität des europäischen Modells immer stärker eingeschränkt und diskreditiert von der Asymmetrie der Handelsbeziehungen, die ein typisches Nord-Süd-Gefälle widerspiegeln. Das europäische Herangehen „Hilfe statt Handel" / *Aid not Trade* (Parlamento Europeo 1999) wird von den lateinamerikanischen Ländern immer stärker kritisiert. Während die EU nach den USA der wichtigste Handelspartner für den lateinamerikanischen Subkontinent ist, ist der Anteil Lateinamerikas an den europäischen Importen nicht signifikant gestiegen. Der Anstieg machte 3,3% jährlich in den 1990ern aus, während die EU-Exporte jährlich um 9,2% stiegen (EUROSTAT 1999; IMF 2000/2001). 1990 exportierte die EU Waren im Wert von US$ 21,565 Mio. nach Lateinamerika, im Jahr 2000 hatten die Waren einen Wert von US$ 50,183 Mio. Die EU-Importe aus Lateinamerika hatten 1990 einen Wert von US$ 34,437 Mio. und im Jahr 2000 von US$ 44,855 Mio. Während also die EU 1990 noch ein Minus von US$ 12,873 Mio. in der Handelsbilanz mit Lateinamerika hatte, kehrte sich der Trend bereits 1993 um. Im Jahr 2000 erwirtschaftete die EU aus dem interregionalen Handel noch einen Überschuss von US$ 5,328 Mio. (EUROSTAT 1999 und 2001). Außerdem ist der regionale Anteil Lateinamerikas in den letzten Jahrzehnten an den Gesamtimporten der EU am stärksten gefallen. Hinzu kommt die Asymmetrie in der Struktur der gehandelten Güter, Lateinamerika exportiert hauptsächlich Rohstoffe und wenig arbeitsintensive Produkte, während es aus der EU arbeits- und technologieintensive Güter importiert. Da Lateinamerikas Exporteinkünfte außerdem auf einigen wenigen Gütern basieren, ist der Subkontinent in den Handelsbeziehungen mit seinen europäischen Partner stark von der Verschlechterung der sogenannten *terms of trade* betroffen. Außerdem hat keines der Exportgüter auf dem Europäischen Markt eine strategische Position oder einen strategischen Anteil. Der Hauptgrund für das beschriebene Ungleichgewicht liegt in der immer noch protektionistischen Agrarpolitik der EU.

Die Analyse des Beziehungsgeflechts hat gezeigt, dass die Wirtschaftsbeziehungen die Geschwindigkeit und das Ausmaß der Weiterentwicklung der Partnerschaft bestimmen. Dabei sind sie auch für die Ausdifferenzierung der Beziehungen in bilaterale und sub-regionale Abkommen maßgeblich, zumal die Länder und Subregionen einen unterschiedlichen Entwicklungsstandard haben. Dabei reflektieren sie nicht nur die Politiken in der EU, sondern auch das Versagen der lateinamerikanischen Länder, eine gemeinsame Agenda zu entwickeln und die regionale Integration voranzutreiben.

Die Wirtschaftsbeziehungen zwischen der Europäischen Union und den lateinamerikanischen Partnern werden von den nationalen Industrien vorangetrieben, aber von den starken nationalen Agrarlobbies blockiert. Die EU bestimmt als ein Hauptakteur der Weltwirtschaft außerdem die Prinzipien, Regeln und Normen für die inter-regionale Wirtschaftskooperation, die den Eintritt in den lateinamerikanischen Markt erleichtern oder eröffnen, während sie auf der anderen Seite eigene sensible Wirtschaftssektoren protektioniert und den Zutritt zu eigenen Märkten wie dem Agrarmarkt erschwert. Dies lässt sich deutlich an der Landkarte der bestehenden Assoziationsabkommen ablesen. Das Assoziationsabkommen mit Mexiko wurde beschleunigt, nachdem Mexiko 1994 Mitglied des Nordamerikanischen Freihandelsabkommens (NAFTA) geworden war und europäische Unternehmen an Boden zu verlieren drohten. Außerdem lockte der Zugang zum nordamerikanischen Markt europäische Unternehmen. 2000 bereits war das Abkommen unter Dach und Fach. 1995 schloss die EU mit dem MERCOSUR ein Rahmenabkommen, das auf eine inter-regionale Assoziation abzielte. 1996 folgte ein solches Rahmenabkommen auch mit dem assoziierten MERCOSUR-Mitglied Chile. Der Beginn der Verhandlungen über eine Handelsliberalisierung mit beiden Partnern war das konkreteste Ergebnis des Rio-Gipfels 1999. Beim Gipfel in Madrid 2002 wurde ein Abkommen mit Chile geschlossen, aber nicht mit dem MERCOSUR. Dieses, obwohl ein rascher Abschluss der Assoziationsverhandlungen und ein Abbau der EU-Einfuhrbeschränkungen für Agrarprodukte mittelfristig zur Erholung der argentinischen Wirtschaft beitragen könnte (Grabendorff 2002b: 62). Die Gründe dafür sind vielschichtig und reichen von den erschwerten Verhandlungen mit mehreren Ländern bis hin zu der ökonomischen und politischen und damit auch institutionellen Krise des MERCOSUR. Dennoch ist auffällig, dass wieder ein individueller Partner mit einem Assoziationsabkommen angebunden wurde, der für die Europäische Industrie sehr attraktiv ist, in engen Beziehungen zu den USA steht und außerdem mit seinen Agrarprodukten nicht in starker Konkurrenz zu den Europäern steht. Die Krisensituation im MERCOSUR und insbesondere des Agrarproduzenten Argentinien hätte europäische Partner ja auch und gerade zu Importerleichterungen bewegen können.

Zusammenfassend lässt sich sagen, dass die Beziehungen der EU mit Lateinamerika ein Mosaik bilden, für das die strategische Partnerschaft den Rahmen stellt. Die inter-regionalen Beziehungen dienen dem Austausch von Informationen, Perzeptionen und Lösungsstrategien. Die Entwicklung gemeinsamer Positionen und Institutionen ist erst die nächste Stufe. Dabei ist aber zu betonen, dass dieses Forum als Wert an sich gesehen werden sollte und dass dessen Weiterentwicklung schlichtweg Zeit benötigt.

In den Handelsbeziehungen wird allerdings die Zerrissenheit und Ambivalenz der Europäischen Politik sichtbar, die sich auf der einen Seite zu Multilateralismus, Institutionalisierung und Verregelung bekennt, auf der anderen Seite aber wegen nationaler Egoismen und mangelnder Konsensfindung blockiert ist. Die auf der einen Seite geäußerten Bekenntnisse zu sozial nachhaltiger Entwicklung und Umverteilung werden im konkreten Fall konterkariert, wenn der Nutzen anonym bleibt, Kosten aber von Gruppen im nationalen

Machtkampf politisiert und instrumentalisiert werden können. Die Politik der EU, auf der einen Seite in der WTO Handelsvergünstigungen für die unterentwickeltsten Länder (LLDCs) zu fordern, auf der anderen Seite einem als strategisch bezeichnetem Partner wie dem MERCOSUR in einer Krisensituation nicht mit Importquoten zu helfen, spiegelt wider, dass das Spannungsverhältnis in den Mitgliedsländern der EU noch nicht gelöst worden ist. Dies rührt an die Frage der Reform und der Erweiterung der Europäischen Union, aber auch an die Frage nationaler Souveränität. Solange die Europäischen Staaten ihre Agrarpolitik nicht reformiert, wie auch ihre Meinungsverschiedenheiten über Markt- und Sozialstaatsmodelle nicht beigelegt haben, solange behindert dies eine nachhaltige und soziale Entwicklungskonzeption, die auf Integration beruht. Solange werden auch die inter-regionalen Wirtschaftsbeziehungen eine umspannende, umklammernde Partnerschaft verhindern.

Einfluss- und Störfaktoren im partnerschaftlichen Handlungsmuster

Das „Transatlantische Dreieck"

Lateinamerika ist die Region, in der die USA und die EU mit ihren unterschiedlichen regionalen Integrationskonzepten – der von den USA bis 2005 geplanten Gesamtamerikanischen Freihandelszone (ALCA) auf der einen und den Assoziationsverhandlungen zwischen EU und MERCOSUR sowie der strategischen Partnerschaft auf der anderen Seite – konkurrieren. Die politische und soziale Stimmungslage in Lateinamerika sowie die jüngsten Wahlsiege linker Parteien und Bewegungen in Brasilien und Ekuador reflektieren eine Ablehnung des US-amerikanischen neoliberalen Wirtschaftsmodells. Auch die Schrumpfung des Dollar-Raumes mit der Abkopplung des Argentinischen Peso vom Dollarkurs spricht eigentlich für eine Favorisierung einer wachsenden Rolle der EU und des Projekts einer strategischen Partnerschaft. Die EU zieht daraus jedoch noch keine Vorteile. Auf dem Zweiten Regionalen Gipfeltreffen des MERCOSUR und der Andengemeinschaft in Guayaquil haben die Staatschefs die EU sogar aufgefordert, eine aktivere Rolle zu spielen und damit eine Alternative zu amerikanischen Projekten wie der NAFTA, der APEC und insbesondere zur geplanten Gesamtamerikanischen Freihandelszone zu bieten.

Anstatt aber die Initiative zu ergreifen, scheint die Politik der EU stärker auf US-amerikanische Initiativen zu reagieren. Denn die EU hat das Assoziationsabkommen mit Mexiko erst unter Druck ausgehandelt, nachdem Mexiko 1994 Mitglied in der NAFTA geworden war und sich die Anteile der EU am mexikanischen Auslandshandel zwischen 1994 und 1997 fast halbierten. Auch Chile hat inzwischen ein Freihandelsabkommen mit den USA unterzeichnet, ein Grund mehr, weswegen die Verhandlungen zwischen der EU und Chile schneller als mit dem MERCOSUR zu Ende geführt worden sind.

Sogar die Verhandlungen mit dem MERCOSUR, dem viertgrößten Markt und engstem regionalen Partner der EU werden mit Blick auf die geplante Schaffung einer Gesamtamerikanischen Freihandelszone geführt. Die ALCA-Verhandlungen wurden 1994 initiiert, seit 1998 geführt, 2001 revitalisiert und sollen bis 2005 abgeschlossen sein (Bouzas/Svarzman 2002). Die EU- MERCOSUR Verhandlungen zu einer Inter-Regionalen Assoziation wurden 1995 anvisiert, 1999 begonnen und dauern noch an. Die Unterbreitung eines EU-Verhandlungsangebots im Juli 2001 über eine über zehn Jahre laufende Liberalisierung wurde als Fortschritt gewertet (Bulletin Quotidien Europe, Brussels Nr. 8000, Juli 2001, S. 7). Ein Jahr später trafen sich die Kommissare Patten und Lamy mit den Verhandlungspartnern des MERCOSUR, um der Unterstützung für ein umfassendes Handelsabkommen über Güter, Dienstleistungen und Investitionen, Regelungen und Standards, sowie sanitären und phytosanitären Maßnahmen Ausdruck zu verleihen. Interessanterweise geschah dies vier Tage bevor Präsident George Bush vom Kongress am 27. Juli 2002 durch die *trade promotion authority* zu Verhandlungen über die ALCA autorisiert wurde.

Das Konkurrenzverhältnis mit den USA setzt also Anreize, die eigenen Projekte zu verzögern oder voranzutreiben. Dabei darf aber nicht übersehen werden, dass Fortschritte auch durch Grabenkämpfe in der EU selbst behindert werden, die damit aber den allgemeinen politischen und wirtschaftlichen Interessen an einer Assoziation und damit an einem Ausbau der Marktposition und der politischen Partnerschaft zuwiderlaufen.

Ökonomische Interessenlagen und nationale Egoismen

Das Zusammen- und Gegeneinanderspiel ökonomischer Interessen in der EU hat den Verlauf der Verhandlungen gerade mit dem MERCOSUR stark beeinflusst. Mit dem wachsenden Handels- und Investitionsvolumen ist auch das Interesse europäischer Firmen an Lateinamerika gestiegen.

Die EU hat gegenüber Lateinamerika insbesondere das Interesse, die gemeinsame Währung, den Euro, als Alternativwährung zum Dollar zu stärken. Außerdem entspricht es der Logik, auch im wirtschaftlichen Bereich eine multilaterale Verregelung von Handel und Finanzen zu voranzutreiben. Die Projektion europäischer Wirtschaftsmacht jenseits des EU-Raumes bedeutet aber nicht nur die anonyme Verregelung von Marktbeziehungen, sondern auch und insbesondere die Durchsetzung von europäischen Regeln, Rechtsnormen und technischen sowie Verbraucherstandards, um europäischen Firmen den Eintritt in den lateinamerikanischen Markt zu erleichtern.

Zusammenfassend lässt sich sagen, dass sich die ökonomischen Interessen vor allem darauf richten, den lateinamerikanischen Markt für europäische Investitionen, Produktion, aber auch den Absatz von technologie- und arbeitsintensiven Gütern zu sichern und zu erhalten. Dies ist bei den Assoziationsverhandlungen mit Mexiko sehr deutlich geworden. Europäische Firmen, die angesichts der Liberalisierung auf den europäischen Märkten verstärkter Konkurrenz ausgesetzt sind, suchen auf den lateinamerikanischen Märkten Fuß zu fassen, um die eigene Position und Marktmacht auf dem europäischen Kontinent zu erhalten. Gut positionierte Industrien in Europa befürworten den Freihandel und sehen inter-regionale Liberalisierung auch nur als Schritt zu Liberalisierung im Rahmen der WTO an. Allerdings kann die Konkurrenz der europäischen Firmen Assoziationsverhandlungen wie mit dem MERCOSUR dann erschweren, wenn einzelne europäische Länder bereits günstige Vertragsbedingungen z.B. für Investitionen geschlossen haben. Stärker noch als diese Barrieren aber wirken sich Interessen im europäischen Markt selbst aus, wenn es um Aufhebung von Handelsschranken oder Subventionen insbesondere im Agrarsektor geht. Die protektionistischen Interessen, insbesondere im Agrarsektor mit einer enormen Lobby ausgestattet, stehen diesen Interessen entgegen. Sie sind, wenn überhaupt, nur an selektiven, bilateralen Abkommen interessiert, die es erlauben, einzelne Sektoren auszuklammern (wie im Fall Mexikos) oder wie im Fall Chiles, keine wirkliche Konkurrenz zu europäischen Produzenten sind.

Während also die Interessen der lateinamerikanischen Länder mit den Interessen der EU bei der Projektion der globalen Rolle und der Stärkung multilateraler Kooperation weitgehend zusammenfallen, stehen sie beim Handel einflussreichen europäischen Teilinteressen gegenüber. Der europäische Markt bleibt für viele lateinamerikanische Agrarprodukte verschlossen. Die Reform der Agrarpolitik erweist sich wegen starker nationaler Agrarlobbies als schwer, obwohl sie schon wegen der 2004 anstehenden ersten Erweiterungsrunde um zehn Länder, aber auch wegen zahlreicher Lebensmittelskandale in der EU immer dringlicher wird. Eine Liberalisierung im Rahmen der Verhandlungen mit dem MERCOSUR wird kaum erfolgen. Eine Öffnung wäre wohl eher Beiprodukt einer Erweiterungsreform.

Mit dieser rückwärtsgewandten Politik beraubt sich die EU aber auch eines ganz entscheidenden Instruments, um ihr Modell von staatlicher Verfasstheit, sozialen Ausgleichs und allgemeinen Wohlstands, das als Grundkonstanten eines Systems multilateraler Kooperation propagiert wird, durchzusetzen. Die *soft power* und Zivilmacht EU verliert damit an Legitimation und Glaubwürdigkeit. Die Verbreitung allgemeinen Wohlstands in Europa ist nämlich eng an die Erweiterung und Liberalisierung der Märkte geknüpft. Somit blockieren partikulare und nationale Interessen auch die gemeinsame Politik und die Versuche der EU, zu einem einflussreichen globalen Akteur zu werden, dessen Definitionsmacht auch auf der Überzeugungskraft seines Modells beruht.

Binnenverhältnisse

Die Projektion der globalen Rolle der EU, die auf multilateraler Steuerung und Konflikthegung aufbaut, basiert auf der zweiten Säule der EU, der gemeinsamen Außen- und Sicherheitspolitik. Diese ist erst im Aufbau begriffen und geriert sich in einem komplexen Entscheidungsprozess, in dem die Nationalstaaten der EU immer noch das Sagen haben und sich die gemeinsame Linie auf den kleinsten gemeinsamen Nenner reduziert. Dieser kleinste gemeinsame Nenner bestimmt das Muster und die Geschwindigkeit der politischen Kooperation mit Lateinamerika, kommt aber erst zustande, wenn einzelne Mitgliedsstaaten eine Entscheidung suchen und sie in Verhandlungsprozessen herbeiführen. Ein Beispiel dafür lieferte die deutsche Ratspräsidentschaft, die knapp vor dem Rio-Gipfel 1999, auch wegen der Lobby des Bundes Deutscher Industrie, der an einem Assoziationsabkommen mit dem MERCOSUR sehr interessiert war und ist, im Rat noch ein Mandat für die Verhandlungen der Kommission mit dem MERCOSUR durchsetzte. Sonst hätte der Beginn der Verhandlungen auf dem Gipfel nicht beschlossen werden können.

Insbesondere die Außenbeziehungen der EU werden vom Rat, der Kommission und dem Parlament genutzt, um ihre jeweilige Position im institutionellen Gefüge der EU zu stärken. Die institutionelle Macht oszilliert zwischen der Kommission und dem Rat. Dies führt auch zu einem Konkurrenz- und Spannungsverhältnis zwischen dem dem Rat zugeordneten Hohen Repräsentanten der Gemeinsamen Außen- und Sicherheitspolitik, Javier Solana, und dem Kommissar für Außenbeziehungen, Chris Patten. Der Rat bleibt dabei Entscheidungsinstanz und „Agenda-Setter". Im Rat setzen sich verstärkt partikulare Interessen durch, da sich nationale Regierungen regelmäßig Wahlentscheidungen stellen müssen und deswegen stärker unter Druck gesetzt werden können. Der Intergouvernementalismus im Rat wird auch dadurch gegenüber dem Supranationalismus der Kommission weiter gestärkt, dass die großen Staaten unwillig sind, ihre außenpolitische Souveränität an supranationale Instanzen abzugeben. Auch das Verhandlungsmandat der Kommission für die Verhandlungen mit dem MERCOSUR wurde sehr vage gehalten, um die letzte Entscheidung bei den Regierungen zu belassen. Außerdem erfolgt die Annahme eines politischen und wirtschaftlichen Assoziationsabkommens nur über eine Einstimmigkeit im Rat.

Die Kommission wiederum kann als Antriebsmotor für verstärkte regionale Kooperation gesehen werden, ebenso wie sie als Motor der europäischen

Integration gilt. Dahinter steht zudem die Motivation, die eigene Position im EU-Institutionengefüge zu stärken. Die Kommission verfügt zudem über die exekutive Macht, Programme und Projekte zu implementieren. Außerdem ist sie der eigentliche Verhandlungsführer, wobei aber der Rat über seine Ausschüsse (insbesondere für Lateinamerika (COLAT) und für Handelsbeziehungen (133)) den Verlauf der Verhandlungen verfolgt.

Der Aufbau der Außenbeziehungen ist auch stark abhängig von relevanten und einflussreichen Advokaten. Traditionell ist Spanien an engen Beziehungen zu Lateinamerika interessiert, und die Idee zum ersten EU-Lateinamerika-Gipfel wurde 1996 vom spanischen Ministerpräsidenten José Maria Aznar geboren, und zusammen mit dem französischen Präsidenten Mitterand als gemeinsame Initiative 1997 in den Rat eingebracht.

Generell hat sich in den 90er Jahren das Interesse hin zu den zentral-, ost- und südosteuropäischen Länder verschoben, die AKP-Staaten verfügen generell über eine Lobby, Russland ist als Stabilitätspartner und Energielieferant entscheidend. Für Lateinamerika sind im Zeitraum 2003-2006 nur halb so viel Mittel vorgesehen (1270 Mio. Euro) wie für Asien (Proposal Council Regulation COM 2002 340final). Nach der Erweiterung der EU 2004 ist eher eine Abnahme der nationalen Interessen an Lateinamerika und der Karibik zu erwarten.

Diese Ausführungen verdeutlichen, dass das *bargaining* innerhalb der EU-Institutionen ein wichtiger Einflussfaktor ist. Zum einen, da sich die EU Position auf einen Minimalkonsens reduziert und die Suche nach einer gemeinsamen Position Zeit braucht. Zum anderen dauert aber auch die Umsetzung beschlossener Prioritäten, da die „strategische Partnerschaft" zwischen der EU und Lateinamerika über keinen eigenen Finanzierungsrahmen verfügt. Das heißt konkret, dass Gelder für Projekte, Treffen und Programme erst im gemeinsamen Budget, in den Mitgliedsstaaten oder über Co-Finanzierung akquiriert werden müssen.[6] Dabei kommt es oft zu einem Kompetenzgerangel innerhalb der Kommission. Die für die meisten Projekte zuständige Agentur *EuropeAid* agiert unter der Aufsicht eines Gremiums mit Chris Patten (Außenbeziehungen) als Präsident. Dem Gremium gehören außerdem die Kommissare für Entwicklung (Nielson), Erweiterung (Verheugen), Handel (Lamy) und Wirtschaft und Finanzen (Solbes) an. Nur die humanitäre Hilfe wird von ECHO koordiniert. Diese Struktur zeigt, dass der Bereich Entwicklungskooperation den Außenbeziehungen untergeordnet ist.

Die biregionale Kooperation, wie sie in der strategischen Partnerschaft anvisiert wird, stagniert deshalb auch wegen des mangelnden Konsenses der europäischen Mitgliedsländer untereinander, der nicht nur Fragen der Agrarpolitik, sondern auch die Zukunft der EU eng berührt. Nicht nur die latein-

---

6 Zudem sollte gemäß des Sinnes „Bi-Regionalismus" ein Teil der Finanzen für Projekte, Programme und Veranstaltungen auch von den lateinamerikanischen Staaten aufgewendet werden.

amerikanischen Länder, auch die EU befindet sich in einer schwierigen Situation. Ihre Wirtschaftsmacht, die vor allem in der Größe ihres Marktes liegt, befindet sich wegen der weltwirtschaftlichen Flaute in einer Krise. Schwerer aber noch wiegt der fehlende Konsens über die künftige Entwicklung der Europäischen Union, die eng an die Frage der Gestaltung staatlicher Souveränität rührt. Eine Konfliktlinie, die sich durch die Mitgliedsländer zieht, entzündet sich an der Frage von entweder weitergehender Integration mit stärkeren supranationalen Institutionen oder einer Wahrung und Stärkung von intergouvernementalen Mechanismen. Damit steht auch die interne Machtverteilung in Europa und seinen Institutionen in Frage. Eine weitere Konfliktlinie verläuft entlang der Ausgestaltung des transatlantischen Verhältnisses, das wiederum eng mit dem Aufbau einer eigenen Sicherheits- und Verteidigungspolitik und eigenen Eingreifkräften verbunden ist. Gerade das seit dem 11. September 2001 veränderte transatlantische Verhältnis hat für die hier interessierenden Entwicklungslinien offenbart, dass in Fragen der Ausgestaltung der globalen Rolle der EU und des Verhältnisses zu den USA kein Konsens besteht. Die Konfliktlinie verläuft durch die großen Mitgliedsstaaten Großbritannien, Frankreich und Deutschland. Die Irak-Krise hat bestehende Differenzen der Europäer über die Gemeinsamen Außen- und Sicherheitspolitik noch verschärft.

À la carte: Die Strategische Partnerschaft als Handlungsmodell und Vision

Folgende Ergebnisse lassen sich nach der Analyse formulieren. Die Konzeption einer strategischen Partnerschaft baut erstens auf dem Austausch von Informationen, Ideen und Einschätzungen auf, die Angleichung von Positionen erfolgt entlang des Minimalkonsenses, der zunächst, und wie wir für die EU gesehen haben, mit Themen- und Zeitbrüchen, auch erst in den Regionen erarbeitet werden muss. Der Zeithorizont dafür ist weiter als konkrete Interessen zur Durchsetzung benötigen, die daher häufig den Modus bestimmen. Die Schaffung einer biregionalen Partnerschaft erfolgt deswegen entlang einzelner Themenfelder und nur schrittweise „à la carte". Der im Rahmen der Partnerschaft initiierte politische Dialog trägt aber wesentlich dazu bei, die Themen, auf denen die strategische Partnerschaft aufbaut, auf der Agenda zu halten. Der Dialog ist daher per se von entscheidender Bedeutung, was häufig übersehen wird. Für eine strategisch umfassende Partnerschaft in Politik, Wirtschaft, Sicherheit und Kultur, die auf einer Werte- und Normengemeinschaft beruht, gibt es nur amorphe Antriebsmomente, insbesondere weil die EU in

Handelsfragen hinter der eigenen Wertedefinition zurückbleibt. Damit bleibt aber die Asymmetrie in den Beziehungen erhalten.

Im Beziehungsgeflecht sind konkrete Handlungsmuster bei die Konsolidierung der repräsentativen Demokratie, der Rechtsstaatlichkeit, der Menschenrechte und dem Aufbau einer Informationsgesellschaft sichtbar, darüber hinaus zeichnet sich eine „variable Geometrie" nach Partnern ab. Enge Partner sind individuelle Länder mit relativ starker Wirtschaft wie Mexiko und Chile. Diese Beziehungen sind zunächst einmal wichtige Bausteine für die strategische Partnerschaft, auch wenn enge natürliche Partner wie der MERCOSUR noch nicht über ein Assoziationsabkommen mit der EU verbunden sind. Die geplante Assoziation mit dem MERCOSUR bleibt aber der Schwerpunkt der biregionalen Beziehungen und damit auch so etwas wie ihr Testfall. Die Andengemeinschaft und Zentralamerika wenden sich auch über die verstärkte Amerikanisierung ihrer Eliten immer stärker den USA zu. Hier hat außerdem das sogenannte „Bananenregime" der EU negative öffentliche Meinungen provoziert, die kaum durch das Generalisierte Präferenzsystem aufgewogen wurden. Die Frage der Öffnung europäischer Agrarmärkte wird von den lateinamerikanischen Staaten zur Feuerprobe des europäisch-lateinamerikanischen Verhältnisses stilisiert. Angesichts der prekären Wirtschaftssituation in Lateinamerika und der akuten Wirtschaftskrise in Argentinien im Besonderen wird die passive Haltung der EU auch zu einem Menetekel, das über der strategischen Partnerschaft schwebt.

Zweitens hängt die Ausgestaltung von der Entwicklung im Binnenverhältnis der Europäischen Union ab und davon, wie viel Bedeutung einer Gemeinsamen Außenpolitik als Grundvoraussetzung einer strategischen biregionalen Partnerschaft beigemessen wird. Die unklaren Binnenverhältnisse in der EU behindern bisher den Aufbau einer strategischen Partnerschaft. Dieses rührt drittens eng an die Frage des transatlantischen Verhältnisses und damit der vorherrschenden Strukturdeterminanten der internationalen Beziehungen, die sich zwischen den beiden Polen unilateraler Machtausübung und multilateraler Kooperation entwickeln. Die strategische Partnerschaft steht für die Vision einer Neuordnung der internationalen Beziehungen, die auf multilateraler Kooperation und Bearbeitung globaler Probleme setzt. Als Handlungsmodell im Wechsel auf eine Zukunft mit verstärkter globaler multilateraler Kooperation, die nur über Zeit entlang der Ausbildung gemeinsamer Positionen entstehen kann, ist sie ein zentraler Bestandteil der EU-Außenbeziehungen. Wie oben argumentiert wurde, ist Lateinamerika deswegen ein strategischer Partner, weil es sich wegen seines Integrationsgrades sozusagen als Multiplikator anbietet, um das europäische auf Konsensfindung und Kooperation beruhende Verhandlungs- und Entscheidungsmuster zu externalisieren und exportieren, multilateraler Kooperation damit zu globaler Bedeutung zu verhelfen und daraus Ansätze zu *global governance* zu entwickeln. Mit einer Abkehr von der vertieften Integration und gemeinsamer Außenpolitik würden die europäischen Mitgliedsländer mit der Betonung nationaler Souveränität auch unilateraler Machtpolitik Vorschub leisten.

Für den Aufbau einer strategischen Partnerschaft zwischen der EU und Lateinamerika ist dies deswegen von tiefgreifender Bedeutung, weil sie eben nicht einer nationalstaatlichen Logik und Machtpolitik unterliegt, sondern auf der Stärkung von regionaler Integration und multilateraler Kooperation aufbaut. Wenn diese Mechanismen und Logiken im Binnenverhältnis EU stocken, greifen sie auch in den internationalen Beziehungen nicht mehr. Vielmehr tragen dann europäische Staaten zur Kultivierung klassischer Machtpolitik bei. Solange bleibt auch eine biregionale strategische Partnerschaft nur Vision.

Literaturverzeichnis:

Bahahona de Brito, Alexandra (Hrsg.) (2001): Forging a New Multilateralism: A View from the European Union and Merosul. Lisboa.

Bouzas, Roberto/Svarzman, Gustavo (2002): ALCA: Donde está y hacia dónde va? In: Comentario internacional, Nr. 3, 1/2002, S. 75-108.

CELARE (1998): Primera Cumbre, América Latina y el Caribe – Unión Europea, Santiago de Chile, 1998.

--- (2002): Documentación de Base 2001. Santiago de Chile.

CEPAL (1999): América Latina en la agenda de transformaciones estructurales de la Unión Europea. In: Temas de Conyuntura, 1999.

De Busturia Gimeno, Daniel (2000): La Unión Europea e Iberoamérica: referencia y globalización. In: Círculo de Empresarios, Boletin 65, Iberoamérica y Espana en el umbral de un nuevo siglo, Junio 2000, S. 131-168.

European Decision-Making towards Latin America: A policy approach of a visionary partnership or anachronistic North-South relations? In: Seidelmann, Reimund/ Grabendorff, Wolf: The Relations between the European Union and Latin America: Bi-regionalism in a Changing Global System, Baden-Baden, (im Erscheinen).

EUROSTAT (1999): External and Intra-European Union Trade, Statistical Yearbook 1999. Luxemburg.

--- (2001): Außen- und Intrahandel der Europäischen Union: Monatliche Statistiken. Luxemburg, Oktober 2001.

EU-Rio Group (2000): Vilamoura Declaration, 24.2.2000, Press Release: 35 (24-02-2000) – Press 48 – Nr. 6449/00.

ECLAC (2000): La Inversión Extranjera Directa en América Latina y el Caribe 1999/2000. Santiago de Chile.

Grabendorff, Wolf (2000): El potencial y los desafíos de la nueva integración en América Latina y su relación con la Unión Europea. In: Círculo de Empresarios, Boletin 65, Iberoamérica y Espana en el umbral de un nuevo siglo, Junio 2000, S. 95-129.

--- (2002a): MERCOSUR and the European Union: From Cooperation to Alliance? In: Roett, Riordan (ed.) (2002): MERCOSUR, Regional Integration, World Markets, S.95-109.

--- (2002b): Politische Krise und Reformperspektiven. In: Dieter, Heribert/ Grabendorff, Wolf/van Schrepenberg, Jens (2992): Argentinien: Wege aus dem Staats-
bankrott, SWP Studie S22, Juni 2002, S. 55-63.
Gratius, Susanne (2002a): Warum stagniert der MERCOSUR? Die politisch-
institutionelle Dimension der Krise. In: Lateinamerika Analysen 1, S. 137-158.
--- (2002b): América Latina y Europa ante la Cumbre de Madrid: Intereses, Conflictos
y Espectivas. In: Análisis e Informaciones No 6, Marzo 2002.
--- (2002c): El Proyecto deL ALCA visto desde Europa. Santiago, FES Chile.
Hutton, Will (2002): The World We' Re In. London.
IRELA (1996): Europa – América Latina, 20 Anos de Documentos Oficiales (1976-
1996). Madrid.
--- (1999a): The Rio Summit: Towards a Strategic Partnership?, Madrid, 30.7.1999.
--- (1999b): Base Document, XIV European Union – Latin America Interparliamenta-
ry Conference. Madrid.
--- (2000a): The Mexico-EU Free Trade Agreement: The Cornerstone of a Full Partnership, Madrid, 21.3.2000.
--- (2000b): Central America and the European Union: Forging a New Partnership,
Madrid, 21.2.2000.
--- (2000c): The European Union-Mercosur Negotiations: The Long Road to Trade
Liberalisation, Madrid, 5.5.2000.
--- (2000d): Base Document, The European Union and the Rio Group: The Biregional
Agenda, Madrid, 2000.
Joint Communiqué of the XVIth Ministerial Conference of the San José Dialogue,
22.2.2000 and Joint Press Release Ministerial Meeting between the European
Union, the Mercosur, Chile and Bolivia, 23.2.2000 (www.portugal.ue-2000.pt/-
uk/news/execute/ news.asp?id=87)
Kagan, Robert (2002): Mission Ewiger Friede. In: Die Zeit, Nr. 29, 11. Juli 2002, S. 9.
Leiva, Patrico (Hrsg.) (1999): Una Asociación estratégica para el siglo XXI. Santiago
de Chile.
Page, Sheila (1999): The relationship between the EU and Mercosur, in: The Interna-
tional Spectator, No. 3, July-September 1999, S. 92-108.
Parlamento Europeo (1999): 25 años de co-operación interparlamentaria entre la
Unión Europea y América Latina (Documento de Trabajo), Serie Política 3/1999.
Sánchez-Bajo, Claudia (1999): The European Union and Mercosur: A Case of Iner-
Regionalism. In: Third World Quarterly, 20.5.1999, S. 927-941.
Schirm, Stefan A. (1999): Globale Märkte, nationale Politik und regionale Kooperati-
on in Europa und den Amerikas, 1999.
Seidelmann, Reimund/Grabendorff, Wolf: The Relations between the European Uni-
on and Latin America: Biregionalism in a Changing Global System. (Im Erschei-
nen).
Taccone, Juan José/Nogueira, Uziel (ed.) (2000): Mercosur Report 1999-2000, Nr. 6.
Westphal, Kirsten: Biregionalism – Projecting a new order? European Union's relations with Latin America. In: Seidelmann, Reimund/Grabendorff, Wolf: The Relations between the European Union and Latin America: Biregionalism in a Changing Global System. (Im Erscheinen).

Jörg Faust

Lateinamerika und das pazifische Asien[1]

1. Einleitung

Die Diskussion um den Beginn eines Pazifischen Jahrhunderts (vgl. Cumings 1994) hat angesichts der ökonomischen und politischen Krisen in Südostasien und Nordostasien neue Impulse erhalten. Die vielfach euphorischen und oftmals undifferenzierten Prognosen der Apologeten einer Überlegenheit asiatisch-pazifischer Wertvorstellungen und politisch-ökonomischer Ordnungsmuster erfahren nunmehr eine deutliche Relativierung. Hingegen kommt eher kritischen Interpreten der asiatischen „Wirtschaftswunderregion" größeres Gewicht zu. Die offensichtlichen strukturellen Defizite innerhalb einzelner Staaten des pazifischen Asien werden sich in diesem Zusammenhang auch auf die Diskussion um die Dynamik transpazifischer Wirtschaftsverklammerungen auswirken. Denn bei dem „Gemurmel von einem Pazifischen Jahrhundert" (Mols 1996a: 87) ist zu berücksichtigen, dass jenes besagte Weltmeer eben nicht nur die Gestade asiatischer Länder, sondern auch große Teile der westlichen Hemisphäre umspült. Während die Interdependenz zwischen den USA und den asiatischen Pazifikanrainern sowie die Beziehungen zwischen den Vereinigten Staaten und den lateinamerikanischen Gesellschaften eine kontinuierliche Aufarbeitung erfahren haben, sind die Verflechtungen zwischen den lateinamerikanischen und den asiatisch-pazifischen Staaten hingegen aufgrund ihrer oftmals untergeordneten Bedeutung bislang recht selten thematisiert worden.

Seit dem Ende der letzten Dekade erfuhr der asiatisch-pazifische Raum eine nachhaltige Aufwertung innerhalb außenpolitischer Strategieentwürfe lateinamerikanischer Regierungen (vgl. Guttman/Laughlin 1990; Orrego Vicuña 1989). Aufgrund der erfahrenen hohen Interdependenz-Verwundbarkeit bot sich jene Region angesichts der Ökonomisierung lateinamerikanischer Außenpolitiken vor allem als Diversifizierungspotential gegenüber traditionellen Inter-

---

1   Dieser Aufsatz entstand vor dem Hintergrund eines von der Volkswagen-Stiftung geförderten Forschungsprojektes zu den Beziehungen zwischen Lateinamerika und Asien (Homepage: www.politik.uni-mainz.de/latinamerica-asia). Unter pazifischem Asien werden im Folgenden die Regionen Nord- und Südostasiens subsumiert, die Begriffe Raum und Region werden synonym benutzt.

aktionsregionen wie den USA oder Europa an.[2] Vor diesem Hintergrund ist es
das Anliegen des vorliegenden Beitrags, Ursprung und Entwicklung der ökonomischen und politischen Beziehungen zwischen Lateinamerika und dem
pazifischen Asien nach dem Ende des Ost-West-Konfliktes darzustellen.
Hierbei ist erstens zu hinterfragen, inwiefern sich aus den für den Subkontinent relevanten Transformationsprozessen für die Gestaltung der Außenbeziehungen Handlungsspielräume eröffnet haben, die eine substantielle Intensivierung der Beziehungen zwischen beiden Regionen ermöglichen. Zweitens
gilt es zu analysieren, inwiefern die Staaten Lateinamerikas solche Handlungsspielräume gemäß ihrer rhetorischen Strategievorgaben auch tatsächlich
zu nutzen wussten. Mithin zielt dieser Beitrag angesichts der spärlichen Beschäftigung mit dem Thema in der deutschen Lateinamerikaforschung eher
auf eine erste Bestandsaufnahme der Beziehungen als auf einen multikausal
angelegten Erklärungsversuch über die Ursachen des spezifischen Verlaufs
dieser Beziehungen.[3]

Um sich einer Antwort auf diese Fragen zu nähern, wird zunächst die historische Dimension der Verbindungen zwischen beiden Regionen thematisiert. Mit Blick auf die den Subkontinent tangierenden Transformationsprozesse und unter Berücksichtigung des historischen Legats werden dann die
formulierten Interessen lateinamerikanischer Staaten gegenüber den Staaten
bzw. Volkswirtschaften des asiatisch-pazifischen Raumes herausgearbeitet.
Hiervon ausgehend erfolgt eine Bestandsaufnahme der neueren ökonomischen und politischen Verbindungen, wobei sowohl auf bi- als auch auf multilaterale Aspekte der Beziehungen eingegangen wird. Im letzten Teil der Untersuchung soll schließlich der Versuch unternommen werden, einige alternative Szenarien für die zukünftige Ausprägung der politischen und wirtschaftlichen Verklammerungen zwischen beiden Regionen zu entwerfen.

2. Historisches Legat und das Interesse Lateinamerikas am pazifischen Asien

Die ersten Beziehungen zwischen Lateinamerika und einzelnen Teilen des
asiatisch-pazifischen Raums reichen bis in das 16. Jahrhundert zurück, als
von dem spanischen Vizekönigreich Mexiko die Philippinen kolonialisiert
wurden. Die eingerichtete Schifffahrtsroute Acapulco-Manila bestand über

---

2   Unter einer Diversifikationsstrategie wird das Bestreben eines Staates verstanden, mittels
     einer neuen oder veränderten Politikfeldgestaltung die Beziehungen zu anderen Regionen
     auszubauen, zu welchen bisher nur rudimentäre Verknüpfungen bestanden haben (vgl.
     Faust 2001: 43).
3   Zu einem solchen Erklärungsversuch vgl. Faust 2001, 2002.

zwei Jahrhunderte und diente der spanischen Krone als Handelsweg nach China. Mit dem Aufkommen des Merkantilismus, dem Niedergang Spaniens und der Entdeckung neuer Schifffahrtswege verlor die Achse Manila–Acapulco aber ihre Bedeutung, und 1815 wurde die ehemals lukrative Route eingestellt (Chaunu 1959; Jara 1979: 39). In den folgenden Jahren blieben die Kontakte zwischen den Ländern des pazifischen Asien und den jungen Republiken Lateinamerikas angesichts deren Schwierigkeiten bei der Konsolidierung von Staatlichkeit auf ein Minimum reduziert. Eine Ausnahme bildete lediglich Chile, dessen Handelsflotte im 19. Jahrhundert zeitweilig zu einer der wichtigsten im Pazifik gehörte und dessen Salpetermonopol zur Errichtung von Handelsbüros in Asien führte (Salazar Sparks 1986: 67 ff.; Saavedra-Rivano 1993: 192).[4] Ende des 18. Jahrhunderts waren es dann Japan und China, mit denen mehrere lateinamerikanische Staaten wie etwa Mexiko, Chile, Brasilien, Peru oder Argentinien Beziehungen in Form von Freundschafts- und Handelsverträgen aufnahmen.[5] Ging es den asiatischen Staaten dabei primär um die volle Anerkennung ihrer Souveränität durch „westliche" Staaten, so erhofften sich die jungen Republiken Lateinamerikas vor allem ökonomische Vorteile aus intensivierten Handelsbeziehungen. Ungefähr zur gleichen Zeit setzte eine erste Welle asiatischer Migration nach Lateinamerika ein. Diese bestand aus chinesischen Lastenarbeitern, welche die durch die Abschaffung der Sklaverei erhöhte Nachfrage nach billigen Arbeitskräften im Bergbau und auf den Plantagen befriedigen sollte (Connelly/Cornejo 1992). Eine zweite, wesentlich kleinere Gruppe asiatischer Einwanderer waren Koreaner, die seit der Jahrhundertwende vor allem aufgrund der ökonomischen Misere sowie drohender politischer Verfolgung auswanderten. Von zahlenmäßig und kulturell wesentlich größerer Bedeutung als die chinesische und die koreanische Einwanderung war dagegen die japanische Migration nach Lateinamerika. Diese setzte im letzten Viertel des 19. Jahrhunderts ein, endete erst in den 60er Jahren des 20. Jahrhunderts und konzentrierte sich vor allem auf Brasilien, Peru und Mexiko (Kunimoto 1993: 103). So lebte in Lateinamerika und hier besonders in Brasilien noch in den 80er Jahren die größte Gemeinschaft von Japanern bzw. Personen japanischer Abstammung außerhalb Japans.

Doch trotz dieser ethnisch-kulturellen Brücken rückte mit Beginn des 20. Jahrhunderts das pazifische Asien immer stärker aus dem Blickfeld lateinamerikanischer Außenpolitik. Dies geschah vor allem aufgrund der sich kon-

---

4   In Chile entwickelte sich als einzigem Land des Subkontinents bereits während des *nation-building*-Prozesses ein enger politischer Bezug zum Pazifischen Becken heraus. Geopolitisch inspiriert und dem realistischen Paradigma verhaftet, stellte die Pazifikküste, so der außenpolitische Vordenker Diego Portales, den zentralen geostrategischen Vorteil Chiles in einer damals als feindlich perzipierten Nachbarschaft (Argentinien, Bolivien, Peru) (Salazar Sparks 1986: 67ff.).

5   Argentinien und Chile verkauften im Anschluss schweres Kriegsgerät an Japan, welches im chinesisch-japanischen Krieg (1894-95) und im russisch-japanischen Krieg (1904-1905) eingesetzt wurde (Japanisches Außenministerium 1998).

solidierenden Hegemonialstellung der USA, der im Anschluss an die Welt-wirtschaftskrise erfolgten Implementierung binnenmarktorientierter Entwick-lungsstrategien und der Subregion inhärenter politischer und sozialer Proble-me. Die internationalen Beziehungen der meisten lateinamerikanischen Staa-ten beschränkten sich meist auf die Verbindungen mit den unmittelbaren Nachbarn, auf die Einbindung in ein asymmetrisches interamerikanisches System, auf bilaterale Beziehungen mit den USA und auf formalistische Handlungsmuster in internationalen Organisationen (Klaveren 1991b: 10).

Eine Veränderung lateinamerikanischer Außenpolitiken setzte erst in den 60er und 70er Jahren ein, als einige Staaten des Subkontinents zu Protagonis-ten einer globalen, entwicklungspolitischen Debatte wurden. Über internatio-nale Dialogforen kam es zu einer ersten Phase diplomatischer Beziehungsin-tensivierung mit einigen Staaten des pazifischen Asien. Doch auch während der Hochzeit des lateinamerikanischen *Tercermundismo* wurde das pazifische Asien kaum als eine Region wahrgenommen, sondern nur die Beziehungen zu einzelnen Staaten wie Indonesien, Indien oder der Volksrepublik China erfuh-ren eine gewisse außenpolitische Aufwertung. Die Annäherungsversuche brachten aber nicht die ursprünglich erwartete Intensivierung technologischer Kooperation und wirtschaftlicher Verbindungen, sondern verblieben zumeist auf einer Ebene rhetorischer Solidaritätsbekundungen, politischer Absichtser-klärungen oder vager Rahmenabkommen.[6]

Mit dem Beginn der *década perdida* verschwand der asiatisch-pazifische Raum dann zunächst wieder aus den regionalstrategischen Überlegungen lateinamerikanischer Entscheidungsträger. Zum einen ging durch die verän-derte Entwicklungsstrategie der *tercermundistische* Nexus weitgehend verlo-ren, und zum anderen mussten die Staaten Lateinamerikas ihre verbleibenden politischen Verhandlungsressourcen auf die Bewältigung der Schuldenkrise und die politischen Transitionsprozesse konzentrieren. Die lateinamerikani-sche Ausnahme war hierbei Chile, das erst 1989 von der dritten Welle der Demokratisierung erfasst wurde. Die Militärregierung sah das pazifische Asien mit seinen vielfach ebenfalls autoritär strukturierten Herrschaftsord-nungen als eine *Exit-Option* aus der zunehmenden internationalen Isolierung des Andenstaates. Nachdem die geopolitisch-ideologisch inspirierte, diploma-tische Offensive der Pinochet-Regierung jedoch einige Rückschläge erleiden musste, erfolgte eine Konzentration auf die ökonomische Ebene der Bezie-hungen (Muñoz 1986: 224ff.; Barrios 1994: 14).[7] Im Falle Nippons verdich-

---

6 Dies gilt insbesondere für die Volksrepublik China. Hatte Chile bereits 1970 diplomatische Beziehungen zur VR China aufgenommen und hatten 1971 schon sieben lateinamerikani-sche Länder für die Aufnahme der Volksrepublik in die UN gestimmt und den entspre-chenden Ausschluss Taiwans gefordert, so wirkte sich das hieraus in den Folgejahren ent-stehende diplomatische Beziehungsgeflecht kaum auf andere Bereiche aus (Matta 1991: 349ff.; Mora 1997: 42).

7 Maßgeblich für die daraufhin einsetzende Intensivierung gegenseitiger Handelsbeziehun-gen waren die rohstofforientierte Exportstrategie und die Komplementarität der chileni-

teten sich die Außenwirtschaftsbeziehungen im Handels- und Investitionsbereich mit Lateinamerika bereits seit den 60er Jahren (Horisaka 1993). Die politische Begleitung der ökonomischen Verbindungen ging jedoch im Wesentlichen von der japanischen Regierung aus, welche die Internationalisierungsstrategien japanischer Unternehmen unterstützte. Die wirtschaftliche Krise in Lateinamerika und der damit einhergehende japanische Vertrauensverlust in die Region, sowie der parallel hierzu stattfindende Reallokationsprozess japanischen Kapitals im asiatisch-pazifischen Raum reduzierte die relative Bedeutung Lateinamerikas allerdings deutlich. Anders war dies hinsichtlich der politischen Behandlung der Schuldenfrage, bei der sich die japanische Politik zunächst an die US-amerikanischen Leitlinien angepasst hatte, spätestens mit dem Miyazawa-Plan von 1987 aber zum Befürworter einer eher progressiveren Schuldenpolitik wurde, deren maßgebliche Komponenten nach anfänglicher Ablehnung auch Eingang in die US-Politik, sprich den Brady-Plan fanden (Anderson 1989: 203ff.; Kreft 1995: 240).

Waren weite Teile der 80er Jahre somit trotz der chilenischen und japanischen Ausnahmen auch ein *verlorenes Jahrzehnt* für die Beziehungen zwischen dem pazifischen Asien und Lateinamerika, so änderte sich dies spätestens mit der Epochenwende von 1989. Aus lateinamerikanischer Perspektive wurden die Integrationsbestrebungen der Europäischen Gemeinschaft als diskriminierende Blockbildung empfunden, die Hinwendung zu den Transformationsgesellschaften Osteuropas als Signal einer sich verringernden kulturellen und entwicklungspolitischen Beachtung des Subkontinents aufgefasst (Klaveren 1991a: 107). Die Aufmerksamkeit, die dem Bedeutungszuwachs des asiatischen Pazifikraumes durch europäische und nordamerikanische Akteure gewidmet wurde, bestärkte die Wahrnehmung einer drohenden Peripherisierung Lateinamerikas. Angesichts einer solchen Gefahr und einer veränderten, auf Exportorientierung und Weltmarktintegration zielenden Außenwirtschaftspolitik rückte der asiatisch-pazifische Raum nun verstärkt in die langfristig-strategischen Überlegungen lateinamerikanischer Entscheidungsträger (Faust/Mols 1998). Der hierbei implizite Diversifizierungsgedanke bekam eine weitere Aufwertung durch die herausragende internationale Stellung der USA.

„In forging a Pacific Strategy for the 1990's, Latin America desires a powerful counterbalance to the United States. At the same time, however, it does not want to trade one dependency for another" (Guttman/Laughlin 1990: 170).

Die spezifischen Interessen lateinamerikanischer Staaten an einer Intensivierung der Beziehungen zum asiatischen Pazifikraum waren angesichts der mangelnden Relevanz sicherheitspolitischer Bezugspunkte besonders auf der außenwirtschaftlichen Ebene zu verorten. Hierbei kann sowohl auf der Außenhandels- wie auch auf der Ebene des Kapitalverkehrs zwischen quantitati-

---

schen Außenhandelsstrukturen mit denjenigen Japans und den vier Tigervolkswirtschaften Hongkong, Singapur, Südkorea und Taiwan.

ven und eher qualitativen Zielkomponenten unterschieden werden. Handels-
politisch sollte die veränderte Importstruktur in vielen asiatischen Volkswirtschaften genutzt, und damit die regionale Streuung lateinamerikanischer Exporte vorangetrieben und über Exportüberschüsse die Stabilisierung der Leistungsbilanzen gefördert werden. Ein qualitativer Aspekt zielte dagegen darauf, die Möglichkeiten intra-industriellen Handels zwischen beiden Regionen
auszuschöpfen, um damit verbundene Produktivitäts- und Technologievortei-
le zu realisieren (Dae 1993). Im Bereich des Kapitalverkehrs wurde angesichts des hohen externen Kapitalbedarfs lateinamerikanischer Volkswirtschaften eine Erhöhung der asiatisch-pazifischen Investitionszuflüsse angestrebt. Hierbei sollten die auf lateinamerikanischer Seite erfolgte Marktöffnung für ausländische Investitionen sowie die im internationalen Vergleich
hohen Sparaufkommen und Leistungsbilanzüberschüsse vieler asiatisch-
pazifischer Volkswirtschaften investitionsfördernd instrumentalisiert werden.

Ökonomische Zieldimensionen der Diversifizierung

	Außenhandel	Kapitalverkehr
Quantitative Aspekte	Leistungsbilanzstabilisierung, Handelsstreuung	Reduktion externen Kapitalbedarfs, Investitionsstreuung
Qualitative Aspekte	Technologietransfer → Wettbewerbsfähigkeit	Technologietransfer, Modernisierungsfinanzierung → Wettbewerbsfähigkeit

Die angestrebte Strategie verdeutlicht in diesem Sinne den Wandel lateinamerikanischer Außenpolitik aufgrund der mit einem neuen Entwicklungsmodell
einhergehenden Veränderung von Staatlichkeit. Außenpolitik in einer sich
ökonomisch entgrenzenden Staatenwelt veränderte sich hin zu einem eher
integrativen Konzept im Sinne „Internationalisierender Politik" (Czempiel
1996: 11), das die strategiekonforme Verknüpfung unterschiedlicher Politikfelder auf nationaler und internationaler Ebene erfordert. Betrachtet man etwa
die Ambitionen der lateinamerikanischen Pazifikanrainer hinsichtlich ihrer
angestrebten Brückenkopfstellung zwischen Lateinamerika und Asien, so
mussten die diplomatischen Anstrengungen mit entsprechenden Bemühungen
im Bereich der nationalen Infrastrukturpolitik oder mit Aspekten transnationaler Politik einhergehen. Gleichzeitig spielte für diese Staaten auch die regionale und subregionale Integration auf dem Subkontinent eine wichtige Rolle
für die Asien-Pazifik-Politik, schaffte diese doch die institutionellen Voraussetzungen für die angestrebte Brückenkopfstellung zwischen Asien und Lateinamerika. Um angesichts des Primats ökonomischer Zielsetzungen die
notwendige Verknüpfung transnationaler und politischer Akteure beider Regionen zu erreichen, verwundert es weiterhin auch nicht, dass viele der lateinamerikanischen Pazifikanrainer der Mitgliedschaft in transpazifischen Kon-

zertationsforen wie dem *Pacific Economic Cooperation Council* (PECC) und der 1989 ins Leben gerufenen *Asia Pacific Economic Cooperation* (APEC) große Bedeutung zumaßen. Da diese multilateralen Foren unterschiedliche Interessengruppen aus Politik und Gesellschaft zusammenführen, sollte eine lateinamerikanische Teilnahme zur Überwindung gegenseitiger Fremdheit beitragen und Einblick in die ökonomischen und politischen Strukturen des asiatisch-pazifischen Raumes gewähren, um somit Erwartungssicherheit und Marktzutrittschancen zu fördern. Eine weitere multilaterale Perspektive eröffnete sich 1999 mit der Gründung eines exklusiven asiatisch-lateinamerikanischen Kooperationsforums, dem *Foro de Cooperación América Latina Asia del Este* (FOCALAE), das eine gering institutionalisierte Plattform zur Intensivierung politischer, wirtschaftlicher und kultureller Beziehungen darstellt.

3. Die Außenwirtschaftsbeziehungen zwischen Lateinamerika und dem pazifischen Asien

Wie aus dem vorhergehenden Kapitel ersichtlich wurde, stand eine Ausweitung der Außenwirtschaftsbeziehungen im Mittelpunkt des lateinamerikanischen Interesses.[8] Richtet man dabei den Blick auf die Entwicklung des Außenhandels der wichtigsten lateinamerikanischen Ökonomien mit dem pazifischen Asien, so fand zwar eine starke Intensivierung nach absoluten Ziffern statt, doch verlief diese meist zuungunsten der lateinamerikanischen Volkswirtschaften. Bereits vor der Asienkrise verzeichneten bis auf Chile und Peru alle wichtigen Volkswirtschaften ein Handelsdefizit mit dem pazifischen Asien. Die Asienkrise der Jahre 1997 und 1998 führte zur Verschärfung dieser Situation und eine Trendwende setzte auch in den Jahren nach der Krise mit Ausnahme Chile nicht ein. Erstmals manifestierte sich die makroökonomische Problematik dieses Ungleichgewichts im *Tequila-Jahr* 1994. Bewegten sich die Anteile asiatischer Produkte an den gesamten Importen etwa in Mexiko, Kolumbien und Argentinien jeweils unter 10%, so betrug das Defizit mit dem pazifischen Asien im Falle Argentiniens ca. 15% des gesamten Handelsbilanzdefizits, im Falle Kolumbiens 30% und im Falle Mexikos gar über 32% (IMF Trade Statistics). Diese Entwicklung lässt sich auf die anhaltende Existenz hoher Handelsbarrieren seitens der asiatisch-pazifischen Volkswirtschaften zurückführen und auf die stärkere Handelsliberalisierung in Lateinamerika.[9]

---

8   Vgl. zur Entwicklung der Außenwirtschaftsbeziehungen zwischen Lateinamerika und dem pazifischen Asien im Überblick Kuwayama et al. 2000.

9   Dies wird am Beispiel Brasiliens besonders deutlich, wo der stetige Rückgang des Handelsüberschusses mit Asien-Pazifik einherging mit der im lateinamerikanischen Vergleich erst spät einsetzenden Liberalisierung des Außenhandels und der Aufwertung der brasilianischen Währung im Zuge der Umsetzung des *Plano Real*.

Betrachtet man die relative Bedeutung des Handels mit dem pazifischen Asien für die lateinamerikanischen Ökonomien, so zeigt sich ebenfalls eine disparate Situation. Ländern wie etwa Chile, Ekuador oder Peru, deren Exportstrukturen noch maßgeblich auf Rohstoffen und Commodity-Gütern beruhten, gelang es aufgrund deren Kompatibilität mit den Importstrukturen entwickelter asiatisch-pazifischer Volkswirtschaften, ihren relativen Ausfuhranteil in das pazifische Asien zu erhöhen. Die hohe Konjunkturabhängigkeit dieser Produkte führte jedoch auch dazu, dass Chile und Peru von der Asienkrise direkt am stärksten betroffen waren, da die Nachfrage ihrer typischen Exportprodukte in Folge der Rezession in vielen asiatischen Ökonomien drastisch zurückging. Volkswirtschaften, deren Exportsektoren eher einen Wandel hin zu industriell gefertigten Produkten vollzogen haben, wie Mexiko oder auch Brasilien, hatten hingegen größere Schwierigkeiten, asiatische Märkte mit nicht traditionellen Exporten zu durchdringen. Besonders Mexikos proklamierte Handelsoffensive gegenüber Asien scheiterte (vgl. Faust/Franke 2002).

Japan ist nach wie vor der wichtigste Importeur lateinamerikanischer Güter und die Struktur lateinamerikanischer Exporte zeigt eine Dominanz von Agrar- und Fischereiprodukten, Rohstoffen sowie Commodity-Gütern. Umgekehrt stammten die wichtigsten japanischen Exportgüter nach Lateinamerika aus der Automobilbranche, der Elektronikindustrie, dem Maschinenbau und der Chemieindustrie.[10] Ähnliche Strukturen des Außenhandels lassen sich auch für andere wichtige asiatisch-pazifische Handelspartner Lateinamerikas wie etwa Südkorea, die Volksrepublik China oder Taiwan feststellen. Am dynamischsten haben sich die Außenhandelsbeziehungen zwischen Lateinamerika und den chinesischen Märkten entwickelt, welche für Argentinien und Peru zeitweise noch von größerer Bedeutung waren als Japan. Die Liberalisierung des lateinamerikanischen Außenhandels im Zusammenspiel mit oftmals unredlichen Handelsstrategien der Volksrepublik China führte aber auch dazu, dass beispielsweise die Leichtindustrie in einigen Ländern Lateinamerikas unter den preisgünstigen chinesischen Exporten zu leiden hatte. Mitte der 90er Jahre kam es zu offenen Handelskonflikten zwischen der Volksrepublik einerseits sowie Brasilien, Kolumbien und Mexiko andererseits, welche die Beitrittsverhandlungen Chinas mit der WTO zusätzlich verkomplizierten. Hieraus wird ersichtlich, dass sich aus der Öffnung zum pazifischen Asien für einige Länder des Subkontinents nicht nur eine Chance ergab, sondern vielmehr auch ein Risiko für konfliktträchtige Nullsummenspiele um positive Handelsbilanzen. Ebenfalls kontrovers beurteilen lässt sich der im Hinblick auf eine Asien-Pazifik-Strategie vielfach implizite Diversifizie-

---

10 Die Exportzahlen berücksichtigen hierbei nicht den Schiffsexport Japans nach Lateinamerika, der alleine 35% der gesamten japanischen Ausfuhren ausmachte. Dieser kann größtenteils aber als fiktives Geschäft betrachtet werden, da es hierbei meist nur darum ging, japanische Schifffahrtsunternehmen unter panamesischer Flagge zu registrieren (Kagami 1998: 25-26).

rungsgedanke. Hierbei ist besonders zwischen den Ländern des Cono Sur einerseits und denjenigen Zentralamerikas und Mexikos andererseits zu unterscheiden (vgl. Gutiérrez 1997). Während im südlichen Lateinamerika die Handelsintensivierung mit Asien vor allem aufgrund der dynamischen intraregionalen Wirtschaftsverklammerung zeitweise eine regionale Streuung des Außenhandels nach sich zog, gilt dies nicht für Mexiko und die übrige mesoamerikanische Region. Hier wurde die funktionale Integration mit dem nordamerikanischen Markt vielfach über asiatische Importe verstärkt, die nicht auf die zentralamerikanischen Binnenmärkte zielten, sondern vielmehr als Vorprodukte für die auf den US-Markt gerichtete Fertigung dienten.

Eine ähnliche Entwicklung kann auch im Hinblick auf asiatische Direktinvestitionen (DI) nach Lateinamerika konstatiert werden. So ist zwar eine absolute Zunahme zu verzeichnen, die relative Bedeutung asiatischer DI reduzierte sich jedoch für die meisten lateinamerikanischen Staaten. Die absolute Zunahme des interregionalen Handels sowie die Reformen in Lateinamerika wirkten sich positiv auf die asiatischen Direktinvestitionen aus.[11] In umgekehrter Richtung waren dagegen nur wenige lateinamerikanische Handelsunternehmen in Asien vertreten, ein Indikator dafür, dass die oftmals noch geringe Organisationskomplexität nicht-traditioneller Exportunternehmen zu der bis dato mangelhaften Penetration lateinamerikanischer Fertigprodukte in asiatische Märkte beigetragen hat. Hinsichtlich der getätigten Direktinvestitionen in anderen Branchen engagierten sich asiatische Unternehmen stark in Primärsektoren lateinamerikanischer Volkswirtschaften, um sich den Zugang zu strategisch wichtigen Rohstoffquellen zu sichern. Bedingt setzte eine relative Verschiebung hin zur Errichtung von Fertigungsanlagen im industriellen Sektor ein (Horisaka 1993; Gutiérrez 1997). Deren Produktion richtete sich in zunehmendem Maße auf lateinamerikanische oder US-amerikanische Absatzmärkte und wurde oftmals durch Komponenten asiatischer Provenienz unterstützt, ein weiterer Grund für die bessere Performanz asiatischer Exporteure in Lateinamerika. Bezüglich der Herkunft halten japanische Unternehmen noch immer den Löwenanteil asiatischer Direktinvestitionen (vgl. Mitsubishi Research Institut 1996).[12] Neben Panama und der Karibik konzentrierten sich diese Investitionen vor allem auf Brasilien, Mexiko, Peru, Argentinien und Chile. Damit lässt sich auch mit Blick auf die DI eine Teilung des Subkontinents konstatieren (Gutiérrez 1997: 12ff.). Werden in Südamerika

---

11 Bereits um 1990 hatten alle maßgeblichen Handelshäuser Japans (Sogo Shoshas) Repräsentanzen in Lateinamerika errichtet. Mittlerweile kann auch eine starke Präsenz koreanischer und chinesischer Handelshäuser konstatiert werden (Stallings 1992: 26; Taik Hwan 1997).

12 Bis 1994 flossen allerdings über 64% japanischer Direktinvestitionen in die Steuerparadiese der Karibik oder nach Panama (Japanisches Außenministerium 1998). Problematisch ist weiterhin, dass diese Daten nur Trends angeben, weil asiatische Investitionen oftmals von US-Tochtergesellschaften getätigt werden, was eine genaue Quantifizierung der tatsächlichen Investitionsströme erschwert.

vor allem Brasilien und bedingt auch Argentinien und Chile als strategische Investitionsstandorte angesehen, so gilt ähnliches für Mexiko in der mesoamerikanischen Region. Durch die Etablierung der Nordamerikanischen Freihandelszone und die Handelserleichterungen zwischen den USA und einigen zentralamerikanischen Staaten dient jene Subregion zunehmend als Produktionsstätte für asiatische Unternehmen, die von dort aus amerikanische Märkte bedienen (vgl. Faust/Franke 2002). Neben Japan sind vor allem koreanische und in begrenzterem Umfang auch chinesische sowie in einigen Fällen südostasiatische Unternehmen in Lateinamerika tätig geworden. Koreanische Konglomerate (*Chaebols*) dehnten ihre aggressive Investitionstätigkeit hauptsächlich in die Schwellenländer Argentinien, Brasilien und Mexiko aus und finanzierten Großprojekte von insgesamt mehreren Milliarden Dollar in der Automobil- und Elektronikindustrie (Gutiérrez 1997: 9ff., Kim 2000). Vielfach siedelten sich im Rahmen solcher Projekte auch angestammte Zulieferer aus Korea, Taiwan und der Volksrepublik China an. Die Asienkrise und der darauf folgende Restrukturierungsprozess koreanischer Großunternehmer hatten jedoch eine deutlich negative Wirkung auf deren Investitionstätigkeit in Lateinamerika.

Wenngleich das Interesse asiatischer Unternehmen bis gegen Ende der 1990er Jahre an Lateinamerika gestiegen war, so ist die relative Bedeutung asiatischer DI in Lateinamerika dennoch zurückgegangen.[13] Dies hat zum einen damit zu tun, dass die ökonomischen Restrukturierungsprozesse in Japan, Korea und Südostasien die Mittel potentieller Investoren aus Asien begrenzten und diese sich vor allem auf China konzentrierten. Zum zweiten waren asiatische Investoren nur in geringem Maße an Investitionen im Dienstleistungsbereich interessiert, so dass die Privatisierungsprozesse in diesen Bereichen vor allem zu Gunsten europäischer und nordamerikanischer Direktinvestoren verliefen. Drittens ist die wieder zunehmende politische wie ökonomische Instabilität in Lateinamerika für die Zurückhaltung asiatischer Investoren verantwortlich. Eine stärkere Dynamik asiatischer Direktinvestitionen dürfte weiterhin von der Zukunft interregionaler Handelsabkommen abhängig sein. Sollte sich die FTAA bzw. eine Freihandelszone zwischen dem MERCOSUR und der Europäischen Union konkretisieren, so werden die hierdurch induzierten Reallokationsprozesse von produktivem Kapital und die stärkere internationale Einbettung lateinamerikanischer Volkswirtschaften auch asiatische Unternehmen anlocken.

---

13 Dies bestätigt auch eine Umfrage der Boston Bank vom August 1997. Über zwei Drittel der befragten chinesischen, koreanischen und südostasiatischen Führungskräfte waren der Meinung, dass Investitionen ihrer Firmen in Lateinamerika zukünftig zunehmen würden. Als attraktivste Standorte wurden hierbei Brasilien, Argentinien, Mexiko und Chile genannt (Boston Bank 1997).

4. Die politische Dimension der Beziehungen

Betrachtet man die Entwicklung der politischen Beziehungen zwischen beiden Regionen, so fällt hierbei die Beziehungsintensivierung auf hoher und höchster diplomatischer Ebene auf, die einen Ausbau staatlicher Repräsentanzen in der jeweiligen Region nach sich zog und zumindest in Lateinamerika mit dem Auf- und Ausbau von auf Asien ausgerichteten Forschungsinstituten einherging. Das meist ökonomisch motivierte politische Interesse asiatisch-pazifischer Staaten zeigt sich ebenfalls an der sprunghaft angestiegenen Reiseaktivität von politischen Entscheidungsträgern seit dem Dekadenwechsel. Neben regelmäßigen Visiten japanischer Regierungsmitglieder waren es der malaysische Premierminister Mahathir, Indonesiens Präsident Suharto, der chinesische Premier Li Peng, die Präsidenten Yang Shangkun und Jiang Zemin, Südkoreas Präsidenten Roe Tae Woh und Kim Young Sam oder die Regierungsspitze Singapurs um Lee Kuan Yew und Goh Chok Tong, um nur einige der prominentesten asiatischen Politiker zu nennen, die oft mehrmals und mit großen Delegationen den lateinamerikanischen Subkontinent besuchten. Es verwundert daher nicht, dass 1997 auf dem Jahrestreffen des PECC in Santiago de Chile Gastredner Fernando Henrique Cardoso die neue Dynamik der Beziehungen zwischen Asien und Lateinamerika hervorhob. Malaysias Premierminister Mahathir Mohamad sprach bei gleichem Anlass zum wiederholten Male von der Notwendigkeit, eine neue Form von Süd-Süd-Kooperation zwischen Südostasien und Südamerika zu etablieren, welche die als negativ wahrgenommenen Begleiterscheinungen der Globalisierung reduzieren könne (Boletín Colpecc No. 11, 1997). Erscheint somit bei einem ersten Blick eine Übereinstimmung lateinamerikanischer und asiatisch-pazifischer Vorstellungen im Hinblick auf die interregionale Kooperation als naheliegend, so erweist sich dies bei genauerem Hinsehen jedoch als Trugschluss. Zwar kann als übergeordnete Klammer das gegenseitige Interesse an der Intensivierung ökonomisch motivierter Beziehungen im weitesten Sinne herangezogen werden. Doch die inter- und intraregionale Divergenz hinsichtlich politischer Ordnungsmuster, sozioökonomischem Entwicklungsstand und internationalen Rahmenbedingungen wirkten sich teilweise stark unterschiedlich auf die Art und Weise des Aufeinanderzugehens aus.

Japan, Südkorea und Taiwan

Mit Blick auf Japan, Korea und Taiwan, war Japan aufgrund seines ökonomischen Gewichts noch immer das politisch wichtigste Land für die meisten lateinamerikanischen Staaten. Die politischen Interessen lateinamerikanischer Staaten waren entsprechend stark auf privatwirtschaftliche oder entwicklungspolitische Themen gerichtet. Angesichts der entwicklungsstrategischen Veränderungen auf dem Subkontinent schien auch die japanische Regierung an einer, die transnationalen Verknüpfungen begleitende Stärkung der politischen Beziehungen interessiert und förderte lateinamerikanische Anregungen zu deren stärkerer Institutionalisierung. Konkrete Ergebnisse waren etwa politische Abstimmungsmechanismen auf multilateraler Ebene, die sich zumeist mit den Auswirkungen polit-ökonomischer Veränderungen auf die Beziehungen zwischen Lateinamerika und Japan befassten.[14] In einigen Fällen bekam das Verhältnis zwischen Japan und lateinamerikanischen Staaten auch durch persönliche Beziehungen und kulturelle Verbindungen über die in Lateinamerika lebenden japanischen Minderheiten neue Impulse. Angesichts des neuen Interesses am pazifischen Asien erfuhr dieser kulturelle Nexus auch eine Aufwertung im Bewusstsein lateinamerikanischer Eliten. Am offensichtlichsten wurde dies im Falle Perus, da sich dort mit Alberto Fujimori die interkulturelle Verbindung und das politische Interesse an der Region in der Person des Staatspräsidenten vereinigte. Aber auch in Venezuela, wo Präsident Carlos Andrés Pérez den Geschäftsführer von Toyota Venezuela als persönlichen Berater engagierte und in Brasilien, wo schon länger Verbindungen zwischen der japanischen Minderheit, japanischen Geschäftsleuten und politischen Entscheidungsträgern bestanden, wirkte sich dies positiv auf die Beziehungen zu Japan aus (Horisaka/Stallings 1994: 135 und 137).[15]

Obwohl somit auch eine politische Intensivierung der Beziehungen zwischen Lateinamerika und Japan stattgefunden hat, waren japanische Regierungen bislang weit davon entfernt, hierdurch die Priorität der japanisch-US-amerikanischen Beziehungen in Frage zu stellen. Solange die beiden für Japan in Lateinamerika strategisch relevanten Themen – der Panamakanal und die partielle Versorgung der japanischen Wirtschaft mit lateinamerikanischen Rohstoffen – keine Interessendivergenz mit den USA hervorrufen, ist daher auch für die Zukunft seitens Nippons keine aktive Förderung lateinamerikani-

---

14 Am Rande der jährlichen UN-Hauptversammlung findet seit 1989 ein Treffen der Außenminister der Rio-Gruppe und des japanischen Außenministers statt (Yopo 1991: 322). Seit 1995 gibt es ein jährliches Treffen auf Ministerebene zwischen Japan und den MERCOSUR-Mitgliedern. Gleichfalls wurde im Juni 1994 ein jährliches Treffen leitender Beamter aus den Wirtschaftsministerien der Mitglieder der Rio-Gruppe und des *Ministry of Trade and Industry* (MITI) initiiert. Seit 1993 bzw. 1995 finden Gesprächskreise mit der CARICOM-Gruppe und den Staaten des Zentralamerikanischen Gemeinsamen Marktes statt (Japanisches Außenministerium 1997). Ähnlich ist auch das Anfang der 90er Jahre erhöhte japanische Engagement in der Interamerikanischen Entwicklungsbank zu bewerten, wo Japan sein Stimmpotential auf 5% der Gesamtstimmen erhöhte und sich nach den USA als wichtigster außerregionaler Anteilseigner etablierte (Tussie 1995: 22f.).

15 Die interkulturelle Komponente sollte jedoch nicht überbewertet werden, berücksichtigt man etwa die negative Wirkung, welche das Geiseldrama in der japanischen Botschaft in Lima sowie Entführungen japanischer Geschäftsleute in Brasilien und Mexiko auf die Einstellungen japanischer Unternehmer hinsichtlich der politischen und ökonomischen Attraktivität des Subkontinent hatte.

scher Diversifizierungsbestrebungen zu erwarten.[16] Entsprechend neutral verhielt sich die japanische Diplomatie bislang mit Blick auf divergierende Positionen zwischen den USA und lateinamerikanischen Staaten bezüglich des Ineinandergehens von regionaler und gesamthemisphärischer Integration. So verharrte die japanische Diplomatie mit Rücksicht auf die Beziehungen zu den USA in einer indifferenten Position, was die Etablierung einer südamerikanischen Freihandelszone (SAFTA) anging, obwohl diese aus der Perspektive japanischer Unternehmen einer schrittweisen NAFTA-Erweiterung nach US-amerikanischen Spielregeln vorzuziehen wäre. Auch in der bilateralen Agenda überwog besonders dort eine zurückhaltende Lateinamerikapolitik, wo die lateinamerikanischen Handlungsspielräume gegenüber den USA eng begrenzt waren (Horisaka 1996: 202).

Mit Rücksicht auf die strategische Anbindung an die USA ist auch die Lateinamerikapolitik Südkoreas und Taiwans als sehr zurückhaltend zu bewerten, da hier noch deutlicher als im Falle Japans die politische Bedeutung Lateinamerikas in keiner Relation zu derjenigen der US-amerikanischen Sicherheitsgarantie und den nordamerikanischen Absatzmärkten stand. Mit Ausnahme der Verhandlungen über eine Freihandelszone mit Chile entwickelten die südkoreanischen Regierungen bislang kaum Vorstellungen über die politische Gestaltung der Beziehungen zu Lateinamerika.[17] Für Taiwan waren dagegen Zentralamerika und die Karibik von hoher politischer Relevanz. Circa die Hälfte der Staaten, welche die chinesische Insel als souveränen Staat anerkennen, stammt aus diesen Teilen des Subkontinents und wurde im Gegenzug für ihre diplomatische Treue mit reichlich Entwicklungshilfe belohnt.[18] Außer jenen, für einige lateinamerikanische Kleinstaaten wichtigen politischen Beziehungen zu Taiwan, hatte die große Mehrheit der politischen Entscheidungsträger anderer Staaten des Subkontinents dagegen kaum konkrete politische Anknüpfungspunkte jenseits rein ökonomisch motivierter Beziehungsintensivierung zu Taiwan und Korea identifiziert. Im Hinblick auf den Konflikt zwischen der Volksrepublik China und Taiwan hielten die meisten lateinamerikanischen Staaten trotz der Demokratisierung auf dem chinesischen Inselstaat an den diplomatischen Beziehungen zu Peking fest, verharr-

---

16 Vielmehr ist Lateinamerika für die japanische Außenpolitik geeignet, die proklamierte internationale Kooperationswilligkeit etwa im Bereich der Entwicklungshilfe und Demokratieförderung unter Beweis zu stellen und sich somit gegenüber den USA als *team-player* in einer veränderten Weltordnung zu profilieren (Stallings/Székely 1993: 22).

17 Chile wurde aus koreanischer Perspektive offiziell in den Status eines „wichtigen außerregionalen Partners" erhoben, den außer dem Andenstaat nur noch Kanada und Australien besitzen.

18 Taiwan ist für die meisten dieser Staaten der wichtigste Entwicklungshilfegeber. 1995 versprach etwa eine taiwanesische Delegation, innerhalb der nächsten Jahre eine weitere Milliarde US\$ zu investieren. Andererseits versuchte die Volksrepublik China über multilaterale Mechanismen, politischen Druck auf diese Staaten auszuüben, indem sie etwa die UN-Friedensmissionen nach Haiti und Guatemala blockierte, und erst nach starken diplomatischen Bemühungen seitens der USA und auch Mexikos von ihrem Standpunkt abrückte (Mora 1997: 50).

215

ten aber ansonsten in einer neutralen Position. Generell waren auf der Ebene der Sicherheitspolitik kaum nachvollziehbare Interessen noch realpolitische Kapazitäten für ein lateinamerikanisches Engagement in der nordostasiatischen Region zu erkennen.[19] Gleichzeitig bot der Pragmatismus Japans, Südkoreas und Taiwans in deren außerasiatischen Wirtschaftsbeziehungen kaum einen Ansatzpunkt für eine politisch motivierte Süd-Süd-Kooperation, so dass sich die diplomatischen Beziehungen bislang maßgeblich auf eine Begleitung der transnationalen Verknüpfungen konzentrierten.

Volksrepublik China und Südostasien

Das Potential für einen Ausbau der politischen Beziehungen zur Volksrepublik China und den südostasiatischen Entwicklungsländern schien zumindest zu Beginn der Dekade dagegen recht vielversprechend. Zwar spielten die Beziehungen zu den USA auch für diese Staaten sowohl in der Sicherheitspolitik wie auch in der Außenwirtschaftspolitik eine wichtige Rolle. Im Falle der Volksrepublik China und bei einigen südostasiatischen Staaten war hingegen eine eigenständigere und stärker auf die Kooperation zwischen Entwicklungsländern angelegte Diplomatie festzustellen als dies für Taiwan, Südkorea oder gar Japan galt. Insofern bot das Selbstverständnis erstgenannter Staaten als Teil der Entwicklungsländer, deren Abgrenzungsversuche vom US-amerikanischen Zivilisationsparadigma sowie deren Widerstand gegen einen von außen oktroyierten Neoliberalismus Anknüpfungspunkte für eine intensivierte politische Zusammenarbeit mit lateinamerikanischen Staaten. Im Falle der Volksrepublik China verstärkte die chinesische Regierung ihre diplomatischen Beziehungen zu Lateinamerika im Anschluss an die Niederschlagung der Studentenproteste im Jahre 1989, um die befürchtete internationale Isolierung zu reduzieren (Mora 1997: 35). Mexiko, Brasilien, Argentinien, Chile, Peru und Kuba waren hierbei die Staaten von größtem Interesse für China, welche

---

19   Eine Ausnahme ist jedoch die Mitgliedschaft von Chile und Argentinien in der *Korean Peninsula Economic Development Organization* (KEDO). KEDO ist eine internationale Organisation deren Aufgabengebiet speziell auf Nordkorea gerichtet ist. Auslöser war der Rückzug Nordkoreas aus dem Atomwaffensperrvertrag 1993 und die daraufhin intensivierten Verhandlungen mit den USA, die 1994 zur Verabschiedung des Genfer Nuklearabkommens zwischen beiden Staaten führte. Darin wurde der Verzicht Nordkoreas auf ein eigenes Nuklearprogramm sowie die Rückkehr zum Atomwaffensperrvertrag festgelegt. Im Gegenzug verpflichteten sich die USA zu Öllieferungen bzw. zur Errichtung von Leichtwasserreaktoren. Auf Grundlage des Vertrages wurde 1995 KEDO gegründet. Unter Beteiligung der USA, Japans, Südkoreas und einem Vertreter der EU (seit 1997) als Mitgliedern des Exekutivrates und Hauptfinanciers des KEDO-Programms sowie Argentinien, Australien, Chile, Finnland, Indonesien, Kanada, Neuseeland, Polen und der Tschechischen Republik ist es vor allem die Aufgabe des KEDO-Konsortiums, den Austausch nordkoreanischer Reaktoren gegen Öllieferungen der USA und dem Aufbau von Leichtwasserreaktoren zu regeln und überwachen (vgl. www.kedo.org).

denn auch angesichts des bestehenden wirtschaftlichen Beziehungspotentials die autoritäre Herrschaftsordnung der Volksrepublik kaum kritisierten (Feng Xu 1994: 156ff.). Ähnliches ist für die autokratischen Staaten Südostasiens festzustellen, die um die Dekadenwende Lateinamerika erstmals als mögliche politische „Partnerregion" wahrnahmen. Wenngleich dies innerhalb der um Diversifizierung bemühten lateinamerikanischen Staaten zunächst auf Gegenliebe stieß und innerhalb der WTO, der UNCTAD oder der G-15 teilweise gemeinsame Positionen im Hinblick auf die Industrieländer vertreten wurden, stellten sich jedoch mit steigender Kenntnis über die jeweils andere Region auch bedeutende Interessengegensätze heraus. Einerseits eröffnete das ökonomische Nullsummenspiel um internationale Absatzmärkte und positive Leistungsbilanzen auch Konfliktpotentiale, und vor allem lateinamerikanische Staaten drängten aufgrund ihrer Handelsbilanzdefizite stärker auf eine Öffnung der genannten asiatischen Volkswirtschaften. Andererseits wurde das, wenngleich zögerliche Voranschreiten des gesamthemisphärischen Regionalismus von der Volksrepublik und den südostasiatischen Staaten nicht nur mit Freude beobachtet, da sich die lateinamerikanischen Staaten zunehmend als ernsthafte Konkurrenten um Direktinvestitionen und die nordamerikanischen Absatzmärkte profilieren konnten. Auch haben die meisten lateinamerikanischen Gesellschaften seit den frühen 80er Jahren insgesamt tiefgreifendere politische und ökonomische Reformen erlebt als Südostasien vor 1997 oder in politischer Hinsicht die Volksrepublik China. Insofern verfolgten viele Regierungen des Subkontinents eine pragmatischere Außenpolitik als in den 60er und 70er Jahren, die weder in einer Wertedebatte verstrickt war, noch idealistische Strategien zur Veränderung des Weltwirtschaftssystems propagierte. Dies wirkte sich entsprechend auf die Süd-Süd-Beziehungen aus. Die lateinamerikanischen Länder, so etwa der Chinese Feng Xu (1994: 158), würden nicht mehr wie in den 70er Jahren mit einer Stimme sprechen, eine geschlossene Süd-Süd-Kooperation wäre hierdurch nur schwer möglich. Staaten wie beispielsweise Argentinien oder Chile intensivierten oder initiierten zwar die militärische Kooperation mit der Volksrepublik China, Malaysia und Thailand und beteiligten sich an multilateralen Kooperationsforen der Entwicklungsländer. Ansonsten verfolgten sie aber ähnlich wie Südkorea, Singapur und Taiwan eine äußerst pragmatische Außenpolitik ohne *tercermundistische* Ambitionen. Mexiko, lange Zeit einer der lautesten Apologeten der Süd-Süd-Kooperation, distanzierte sich seit der Amtszeit von Salinas de Gortari von seiner ehemals „revolutionären" Rhetorik und verabschiedete sich offiziell mit dem OECD-Beitritt aus der Gruppe der 77.

Die pragmatischere Außenpolitik lateinamerikanischer Regierungen kann neben strukturellen Transformationszwängen auch auf die Machtverschiebungen innerhalb einzelner Gruppen außenpolitisch relevanter Entscheidungsträger in vielen lateinamerikanischen Staaten zurückgeführt werden. Parallel zu dem außenwirtschaftlichen Politikwechsel haben hierbei die aus den eher marktwirtschaftlich eingestellten Wirtschafts-, Planungs-, und Finanzministerien stammenden Technokraten einen Bedeutungsaufschwung gegenüber oftmals noch traditionell eingestellten diplomatischen Eliten der Außenministerien erfahren. In vielen Staaten wie beispielsweise Peru, Kolumbien oder auch Argentinien besteht aufgrund dieser konkurrierenden Politikvorstellungen innerhalb der jeweiligen Administrationen daher noch kein grundsätzlicher Konsens über die konkrete Gestaltung der politischen Beziehungen zum asiatisch-pazifischen Raum. Möglichkeiten staatlicher Einflussnahme im Sinne eines Aufbaus organisatorischer Steuerungskapazitäten durch die strategiekonforme Verknüpfung innen- und außenpolitischer Problemfelder, welche eine Intensivierung transnationaler Verklammerungen im gewünschten Sinne gefördert hätten, blieben durch jene intra-administrativen Meinungsunterschiede vielfach ungenutzt. Die spezifischen Interessen lateinamerikanischer Staaten an einer Intensivierung der bilateralen, politischen Beziehungen zu Staaten des pazifischen Asien variierten mit dem bislang eingeschlagenen ökonomischen Reformpfad sowie der jeweiligen Zusammensetzung außenpolitischer Entscheidungsträger. Deutlich wurde hierbei, dass dort wo zwischen den Eliten ein stabiler Konsens über ein politisches und ökonomisches Entwicklungsmodell herrschte, wie etwa in Chile, sich dies positiv auf die Umsetzung einer konsistenten Asien-Politik umsetzte. Analog hatten die innenpolitischen Konflikte um die konkrete Ausgestaltung politischer und ökonomischer Entwicklungsstrategien in den meisten anderen Staaten Lateinamerikas eine negative Auswirkung auf die Kohärenz der jeweiligen Asien-Pazifik-Politiken (vgl. Faust 2002).

Transpazifische Kooperationsforen

Eine Mitgliedschaft in den ökonomisch orientierten, transpazifischen Kooperationsforen APEC, PECC und PBEC stellte für die am pazifischen Asien interessierten lateinamerikanischen Entscheidungsträger aus Politik und Wirtschaft eine Möglichkeit dar, sich in die länderübergreifenden Netzwerke des asiatisch-pazifischen Raumes einzugliedern, um somit eine effizientere Asien-Pazifik-Politik zu fördern.[20] Gleichzeitig bot eine Mitgliedschaft in der APEC eine Partizipation an der zukünftigen institutionellen Gestaltung transpazifischer Wirtschaftsverklammerungen. Die Mitgliedschaft Mexikos in der APEC

---

20 Lateinamerikanische APEC-Mitglieder sind Mexiko seit 1993, Chile seit 1994 und Peru seit 1998. Im PECC, der von geringerem politischen Stellenwert ist, gleichfalls aber als Koordinationsgremium Entscheidungsträger aus Politik, Wirtschaft und Wissenschaft zusammenführt und in seinen Arbeitsgruppen eng mit der APEC verwoben ist, sind neben Chile und Mexiko noch Kolumbien und Peru vertreten; Ekuador ist um eine Mitgliedschaft bemüht und besitzt bislang Beobachterstatus. Der rein privatwirtschaftlichen Organisation des *Pacific Basin Economic Cooperation* (PBEC) gehören dagegen alle hier genannten lateinamerikanischen Staaten an.

war aufgrund der durch die Zugehörigkeit zu NAFTA implizierten strategischen Anbindung an die USA für letzteren Staat wünschenswert und konnte bereits 1993 durchgesetzt werden. Für die ebenfalls an einer APEC-Mitgliedschaft interessierten Staaten Argentinien, Brasilien, Chile, Ekuador, Kolumbien und Peru gestaltete sich eine Mitgliedschaft jedoch äußerst schwierig (vgl. Faust 2002). Einerseits waren die USA nicht daran interessiert, eine größere Anzahl lateinamerikanischer Staaten in einem Dialogforum zuzulassen, indem möglicherweise gemeinsame asiatische und lateinamerikanische Interessen ein Gegengewicht zu Positionen der Vereinigten Staaten bilden. Zweitens bestand die Befürchtung der anglophonen Staaten Australien, Kanada, Neuseeland und den USA, dass eine Erweiterung der auf konsensualer Entscheidungsfindung angelegten APEC um lateinamerikanische Mitglieder eine tiefere Institutionalisierung des Kooperationsmechanismus aufgrund zunehmender Interessenheterogenität verhindern könnte. Letztlich votierten alle APEC Mitglieder gegen eine Partizipation Brasiliens und Argentiniens, weil diese Staaten keinen direkten Zugang zum Pazifischen Ozean besaßen. Dass es 1994 Chile gelang, Vollmitglied zu werden und auch Peru 1998 aufgenommen wurde, war der diplomatischen Hartnäckigkeit dieser Staaten, dem Anstieg ihrer wirtschaftlichen Verklammerung mit der Region und der Unterstützung der asiatischen Mitglieder zu verdanken. Insbesondere die Mehrheit der südostasiatischen Staaten verfolgt hierbei die Strategie, über eine Erhöhung der Mitgliedzahl die Heterogenität innerhalb der APEC zu erhöhen und damit die rasche Errichtung einer pazifischen Freihandelszone zu verhindern.

Im Hinblick auf die lateinamerikanische Partizipation in den transpazifischen Kooperationsforen ergibt sich ebenfalls ein heterogenes Bild. Während die mexikanische Regierung bislang in den spezifischen Arbeitsgruppen der APEC und des PECC nur geringes Engagement zeigte, spielten diese für Chile und für Peru eine wichtige Rolle. Angesichts des von allen Teilen der politischen Elite geteilten Interesses an einer Brückenkopfstellung zwischen Asien und dem MERCOSUR, erfolgte eine konstruktive und effiziente Zusammenarbeit innerhalb der APEC und zwischen den einzelnen chilenischen Verwaltungseinheiten, was durch die prestigeträchtige Vergabe des PECC-Gipfels von 1997 sowie dem Jahrestreffen des PBEC 1998 belohnt wurde. Chile und mit Einschränkungen Peru scheinen bislang allerdings die einzigen lateinamerikanischen Länder zu sein, welche die technischen Vorteile einer aktiven Mitarbeit in den Arbeitsgruppen zu nutzen wussten und dementsprechend auch damit begonnen haben, innenpolitische Problemfelder wie etwa Infrastrukturmaßnahmen auf ihre Asien-Pazifik Strategie auszurichten. Gleichwohl waren die für Chile negativen Beeinträchtigungen durch die Asienkrise Grund dafür, sich wieder stärker mit Europa als Zielregion außenwirtschaftlicher Diversifizierung zu befassen, betrugen der Anteil der Exporte nach Asien doch vor der Krise weit über 30%. In Kolumbien und Mexiko dagegen waren die intra-administrativen Meinungsunterschiede und Koordinationsschwierigkeiten innerhalb der staatlichen Exekutive eine wichtige Ursache für die geringe Partizipation in den Kooperationsmechanismen. Trotz dieser Schwierigkeiten und der Asienkrise gelang es auf Initiative Chiles und Singapurs 1999, ein multilaterales Dialogforum zu etablieren, das sich ausschließlich mit den Beziehungen zwischen Lateinamerika und Asien befasst. Dieses *Foro de Cooperacion América Latina – Asia del Este* (FOCALAE) sieht regelmäßige Treffen zwischen hochrangigen Ministerialbeamten vor, aus welchen bi- und multilaterale Projekte zur Intensivierung der gegenseitigen Beziehungen hervorgehen sollen.

5. Zusammenfassung und Ausblick

Die Intensivierung der interregionalen Beziehungen zwischen Lateinamerika und dem pazifischen Asien seit dem Ende des Ost-West-Konfliktes verdeutlicht einerseits, dass sich für die Staaten Lateinamerikas angesichts der internen und internationalen Transformationen des ausgehenden 20. Jahrhunderts neue Handlungsspielräume für eine Asien-Pazifik-Politik ergeben haben. Die aus lateinamerikanischer Perspektive allenfalls ambivalente Entwicklung dieser Beziehungen lässt jedoch Zweifel aufkommen, ob diese veränderten Handlungsspielräume auch adäquat genutzt wurden, da die mit dem Ausbau der Beziehungen verbundenen Diversifizierungsziele lediglich von Chile erreicht wurden.

Die aus dem historischen Legat beider Regionen resultierende gegenseitige kulturelle Fremdheit ist hierbei nur eines, wenngleich mittel- bis langfristig überwindbares Hindernis. Denn zumindest auf der Ebene politischer, wirtschaftlicher und intellektueller Eliten hat die in den letzten Jahren zunehmende Auseinandersetzung mit dem pazifischen Asien zu einer differenzierteren Wahrnehmung geführt, welche die notwendige Voraussetzung für eine intensivere und komplexere Kommunikation gesellschaftlicher Entscheidungsträger ist. Auch die 1997 ausgebrochene Asienkrise hat dazu geführt, dass angesichts sich vielfach ähnelnder struktureller Probleme ein intensivierter Gedankenaustausch gerade seitens der am meisten betroffenen Staaten gewünscht wird. Jenseits der zu überbrückenden kulturellen Distanz und der durch die Asienkrise hervorgerufenen Kommunikationspotentiale gilt es aber vor allem, die Unterschiede innerhalb der jeweiligen Regionen zu berücksichtigen, um überhaupt alternative Entwicklungsmöglichkeiten hinsichtlich der zukünftigen Beziehungen entwerfen zu können. In Bezug auf den nördlichen Teil Lateinamerikas stellt die mittlerweile nur kaum revidierbare Verklammerung mit den USA ein schwer überwindbares Hindernis für außenpolitische Diversifizierungsambitionen dar. Mexiko, die übrigen zentralamerikanischen

Staaten und die karibische Inselwelt haben einen Grad an Interdependenz-Verwundbarkeit mit der US-Volkswirtschaft erreicht, der dem pazifischen Asien kaum mehr als eine zweitrangige Rolle bei der Gestaltung ihrer Außenbeziehungen zukommen lassen wird. Kolumbien, Ekuador und Peru dagegen könnten ihre Beziehungen zu Asien weiter ausbauen, so ihre Administrationen jenseits rhetorischer Interessenbekundung tatsächlich dazu übergehen, ein integriertes, auf länderspezifische Erfordernisse ausgerichtetes Pazifikkonzept zu erstellen und zu dessen Umsetzung auch die notwendigen politischen Ressourcen bereitstellen. Trotz der teilweise noch mangelnden Konkretisierung außenpolitischer Vorstellungen ist bei jenen Pazifikanrainern aber zumindest mittelfristig eine erkennbare asiatisch-pazifische Politikdimension zu erwarten, wenn diese Länder ihre innenpolitischen Probleme in den Griff bekommen.

Sieht man von dem chilenischen Sonderfall ab, so wird für die Cono Sur-Länder und Brasilien im Hinblick auf die Ausdehnung ihrer Beziehungen zu Asien vieles davon abhängen, inwieweit es den MERCOSUR-Mitgliedern gelingt, ihre integrationspolitischen Vorstellungen dergestalt umzusetzen, dass hieraus der neu gewonnene Handlungsspielraum gegenüber den USA nicht wieder verloren geht (Smith 1996). Doch auch bei einem Fortschreiten des Integrationsprozesses nach lateinamerikanischen Vorstellungen könnte Europa über eine weitere Institutionalisierung der Wirtschaftbeziehungen seine Präsenz im südlichen Lateinamerika wieder verstärken und damit die asiatisch-pazifische Bedeutung relativieren. Dass lateinamerikanische Entscheidungsträger in den letzten Jahren wieder verstärkt ihre Hoffnungen auf den Ausbau der lateinamerikanisch-europäischen Beziehungen setzen, hängt auch von der im pazifischen Asien vorgefundenen Heterogenität zusammen. Angesichts der tiefgreifenden Transformationsprozesse im pazifischen Asien, die durch die ökonomischen Turbulenzen noch an zusätzlicher Dynamik gewonnen haben, ist die Europäische Union für Lateinamerika ein ungleich kalkulierbarerer Partner als die meisten Staaten des pazifischen Asien. Wie Manfred Mols zu Recht konstatiert, ist Lateinamerika wohl auf absehbare Zeit von keiner vitalen Bedeutung für die meisten asiatisch-pazifischen Staaten, „wohl aber ein interessanter und vermutlich an Bedeutung gewinnender Subkontinent von primär ökonomischer Attraktion" (Mols 1996b: 18). Eine konkrete Vorstellung wie sich die auf die USA gerichtete Politik mit einem weiteren Zugehen auf Lateinamerika verbinden lässt, ist aber in vielen asiatischen Ländern noch nicht klar zu erkennen. Immerhin zeigt jedoch das Interesse Japans, Koreas und Singapurs an bilateralen Freihandelsabkommen mit ausgewählten lateinamerikanischen Staaten, dass es im handelspolitischen Bereich auf bilateraler Ebene zu einer stärkeren Institutionalisierung kommen könnte.

Weiterhin ist von Relevanz, dass die im Zuge der Asienkrise notwendigen politischen und ökonomischen Reformen neben einer mittelfristigen Aufweichung *tercermundistischer* Rhetorik innerhalb einiger asiatischer Staaten auch das entstandene ökonomische Beziehungsgefüge zu Lateinamerika beeinträchtigen könnten. Deutlich wurde bereits, dass der Wachstumsrückgang in vielen asiatisch-pazifischen Ländern mit einem Sinken der Importnachfrage vor allem nach Rohstoffen einhergeht, was kurz- und mittelfristig negative Konsequenzen für typische, auf Asien gerichtete Exportprodukte Lateinamerikas hatte. Die aufgetretenen Zahlungsbilanzschwierigkeiten sowie die finanziellen Probleme vieler asiatischer Großunternehmen, allen voran die koreanischen *Chaebols*, dürften weiterhin eine vorsichtigere internationale Expansion nach sich ziehen. Ob die zu erwartende, selektivere Investitionstätigkeit dabei aber Lateinamerika in überproportionalem Maße trifft, ist angesichts der schwankenden Attraktivität des Subkontinents nicht zu erwarten. Langfristig ist mit einer Beschleunigung von Liberalisierungs- und Deregulierungsmaßnahmen innerhalb asiatisch-pazifischer Volkswirtschaften zu rechnen, die jene Märkte auch für nicht traditionelle lateinamerikanische Exportprodukte öffnen dürfte. Der durch den IWF, die US-Regierung und andere führende Industrienationen ausgeübte Druck auf asiatische Entwicklungsländer mag zwar aus entwicklungspolitischen Gründen nicht unbedenklich erscheinen, eröffnet aus lateinamerikanischer Sicht aber neue Exportperspektiven. Insofern soll abschließend die Prognose gewagt werden, dass trotz kurzfristig möglicherweise negativer Beeinträchtigungen durch die Asienkrise die langfristigen Perspektiven für die Beziehungen zwischen dem pazifischen Asien und den südamerikanischen Pazifikanrainern bzw. Argentinien und Brasilien eher Anlass zu vorsichtigem Optimismus geben.

Notwendige Voraussetzung für die effiziente Nutzung der sich ergebenden Beziehungspotentiale ist allerdings, dass sich die lateinamerikanischen Entscheidungsträger aus Politik und Wirtschaft unter Berücksichtigung der Transformationsdynamik im asiatisch-pazifischen Raum auf stringente, die jeweiligen länderspezifischen Erfordernisse berücksichtigende Strategiekonzepte einigen. Zwar ist eine ganze Reihe von lateinamerikanischen Staaten dabei, eine asiatisch-pazifische Komponente in ihre Außen- und Außenwirtschaftspolitik zu integrieren. Doch im Hinblick auf die Frage nach der effizienten Nutzung von Handlungsspielräumen durch politische und gesellschaftliche Entscheidungsträger ist vielfach noch keine Interessenkonformität im Hinblick auf die konkrete Ausgestaltung einer Asien-Pazifik-Strategie und deren operativer Umsetzung festzustellen. Die diesbezügliche Ausnahme bleibt bislang Chile und sie verdeutlicht, dass angesichts des Ineinandergehens von Innen- und Außenpolitik nur dann eine erfolgreiche Umsetzung angestrebter außenpolitischer Visionen möglich ist, wenn die maßgeblichen Eliten über homogene Interessen verfügen, bei welchen historische und kulturelle Bezugspunkte mit rationalen Kosten-Nutzen-Kalkülen zu einer einheitlichen Asien-Pazifik-Politik zusammengefügt werden.

Literaturverzeichnis

Anderson, Stephen J. (1989): Las visiones japonesas de América Latina en la Cuenca del Pacífico. In: Portales, Carlos (Hrsg.): El mundo en transición y América Latina. Buenos Aires, S. 187-224.

Ariff, Mohamed (1996): Outlooks for ASEAN and NAFTA Externalities. In: Nishijima, Shoji/Smith, Peter H. (Hrsg.): Cooperation or Rivalry. Regional Integration in the Americas and the Pacific Rim. Boulder u. Oxford, S. 209-224.

Barrios, Harald (1994): Die chilenische Außenpolitik unter der Regierung Aylwin. Politikergebnisse und Strukturdefekte des Entscheidungsprozesses. Arbeitspapier Nr. 12, Lateinamerikaforschung des Institutes für Politische Wissenschaft der Universität Heidelberg, Heidelberg.

Boletín Colpecc No. 11 Dezember 1997, Consejo Colombiano de Cooperación en el Pacífico; Veröffentlichungen der kolumbianischen PECC-Sektion, Bogotá.

Boston Bank (1997): Investment opportunities in Latin America. Unveröffentlichte Umfrage der Bank Boston unter 1000 Führungskräften aus der VR China, Hongkong, den Philippinen, Singapur und Südkorea hinsichtlich asiatischer Investitionstätigkeit in Lateinamerika. Durchgeführt im August 1997.

Chaunu, Pierre (1960): Les Philippines et le Pacifique des Ibériques. Paris.

Connelly, Marsela: Cornejo Bustamente, Romer 1992: China – América Latina. El Colegio de México, Mexiko D.F.

Cumings, Bruce (1994): What is a Pacific Century – and How Will We Know When It Begins? In: Current History Vol. 93/587, S. 401-406.

Czempiel, Ernst-Otto (1996): Die Disziplin Internationale Beziehungen und die Bestimmung ihres Gegenstandes. In: Knapp, Manfred/Krell, Gert (Hrsg.): Einführung in die Internationale Politik. München u. Wien, S. 3-26.

Dae Won Choi (1993): The Pacific Basin and Latin America. In: CEPAL Review No. 49, S. 21-40.

Faust, Jörg (2002): Latin America, Chile and Pacific Asia. Interests, Policy-Networks and Successful Diversification (MS).

--- (2001): Diversifizierung als außenpolitische Strategie. Chile, Mexiko und das pazifische Asien. Opladen.

---/Mols, Manfred (1998): Latin America and the Asia-Pacific. A new pattern of international relations. Institute of Political Science/ University of Mainz/ Germany, Working paper series No. 28, Mainz.

---/Franke, Uwe (2002): Attempts at Diversification – Mexico and the Pacific Asia. In: The Pacific Review, Vol. 15, Nr. 2, S. 299-324.

Feng Xu (1994): China and Latin America after the Cold War's End. In: Lowenthal, Abraham/Treverton, Gregory (Hrsg.): Latin America in a New World. Boulder, San Francisco u. Oxford, S. 150-165.

Gutiérrez, Hernán (1997): Asian Conglomerates and Regionalism in the Southern Cone of Latin America. Unveröffentlichtes Arbeitspapier des im Februar an der University of California San Diego veranstalteten Symposiums Latin America and the Pacific Rim. San Diego.

Guttman, William L./ Laughlin, Scott D. (1990): Latin America in the Pacific Era. In: The Washington Quarterly. Vol. 13, No. 2, S. 169-181.

Horisaka, Kotaro (1996): Political Options for Japan: Confronting U.S. Regional Strategy. In: Nishijima, Shoji/Smith, Peter (Hrsg.): Cooperation or Rivalry? Regional Integration in the Americas and the Pacific Rim. Boulder u. Oxford, S. 192-208.

--- (1993): Japan's Economic Relations with Latin America. In: Stallings, Barbara/Székely, Gabriel: Japan, the United States, and Latin America, Baltimore, S. 49-76.

---/Stallings, Barbara (1994): Japan and Latin America in the 1990s. In: Lowenthal, Abraham/Treverton, Gregory (Hrsg.): Latin America in a New World. Boulder, San Francisco u. Oxford, S. 126-149.

Japanisches Außenministerium im Internet: www2.nttca.com:8010/infomofa/amistad/latin.htm, Januar 1998

Jara, Álvaro (1979): Las conexiones e intercambios americanos con el oriente bajo el marco imperial español. In: Orrego Vicuña, Francisco/Echeverría Duco, Gloria (Hrsg.): La comunidad de pacífico en perspectiva. Bd. 1, Santiago, S. 35-72.

Kagami, Mitsuhiro (1998): Japan and Latin America. Discussion Papers. Development Studies Department, Institute of Developing Economies, Tokyo.

Kim, Won-Ho (2000): East Asian-Latin American Economic Relations. A Korean Perspective after the International Financial Crisis, paper presented to the UN Economic and Social Commission for Asia and the Pacific seminar on Interregional Cooperation in Trade and Investment between Asia and Latin America, Bangkok, February 15-16, 2000.

Klaveren van, Alberto (1991): Europa y América Latina: entre la ilusión y el realismo. In: Foro Internacional Vol. XXXII No.1, S. 84-112.

--- (1991b): Die internationalen Beziehungen Lateinamerikas in den achtziger Jahren. In: Nohlen, Dieter (Hrsg.): Demokratie und Außenpolitik in Lateinamerika. Opladen, S. 9-36.

Kreft, Heinrich (1995): Japan und Lateinamerika: Intensivierung der Beziehungen. In: Pohl, Manfred (Hrsg.): Japan 1994/95 – Politik und Wirtschaft. Hamburg, S. 226-246

Kunimoto, Iyo (1993): Japanese Migration to Latin America. In: Stallings, Barbara/Székely, Gabriel (Hrsg.): Japan, the United States, and Latin America. Baltimore, S. 99-121.

Kuwayama, Mikio/Mattos, José Carlos/Contador, Jaime (2000): Trade and investment promotion between Asia-Pacific and Latin America: Present position and future prospects. CEPAL (ECLAC) International Trade and Development Finance Division working paper No. 9, Santiago de Chile.

Lingle, Christopher (1996): The end of the beginning of the 'Pacific Century'? Confucian corporatism and authoritarian capitalism in East Asia. In: The Pacific Review Vol. 9 No.3, S. 389-4099

Matta, Javier E. (1991): Chile y la República Popular China 1970-1990. In: Estudios Internacionales Vol. XXIV No. 95, S. 347-367.

Mitsubishi Research Institute (Hrsg.) (1996): Research on the Medium- and Long-Term Prospect for Direct Investment in Chile. Santiago de Chile.

Mols, Manfred (1996a): Vor dem pazifischen Jahrhundert? In: Jahrbuch für Politik Bd. 2/96, S. 87-106.

--- (1996b): Lateinamerika und Asien: Ein neues Beziehungsmuster in der internationalen Politik. In: Aus Politik und Zeitgeschichte B48-49/96, S. 12-18.

Mora, Frank O. (1997): The People's Republic of China and Latin America: From Indifference to Engagement. In: Asian Affairs Vol. 24 No. 1, S. 35-58.

Muñoz, Heraldo (1986): Las Relaciones Exteriores del Gobierno Militar Chileno. Santiago de Chile.

Nishijima, Shoji/Smith, Peter (Hrsg.) (1996): Cooperation or Rivalry? Regional Integration in the Americas and the Pacific Rim. Boulder u. Oxford.

Orrego Vicuña, Francisco (1989): Pacific Cooperation: The View from Latin America. In: Pacific Review Vol. 2. No. 1, S. 57-716.

Pangestu, Mari/Stephenson, Sherry (1996): Evaluation of Uruguay Round commitments by APEC members. In: Borja, Bijit/Pangestu, Mari (Hrsg.): Priority Issues in Trade and Investment Liberalisation. Implications for the Asia Pacific Region. Singapur, S. 43-76.

Reiss, Stefanie (2000): Discovery of the Terra Incognita: Five Decades of Chinese Foreign Policy towards Latin America. Working Paper/ Universität Mainz/ Projektgruppe Lateinamerika Asien, www.politik.uni-mainz.de/latinamerica-asia. Mainz.

Saavedro-Rivano, Neantro (1993): Chile and Japan: opening doors through trade. In: Stallings, Barbara/Székely, Gabriel (Hrsg.): Japan, the United States, and Latin America - toward a trilateral relationship in the western hemisphere. Baltimore, S. 191-209.

Salazar Sparks, Juan (1986): Chile y la Comunidad del Pacífico. Santiago

Smith, Peter (1996): Introduction. Cooperation or Rivalry. In: ders./Nishijima, Shoji (Hrsg.): Cooperation or Rivalry? Regional Integration in the Americas and the Pacific Rim. Boulder u. Oxford, S. 1-7.

Stallings, Barbara (1992): Las relaciones comerciales de Latinoamérica con Japón. In: Cono Sur. Vol. XI, Nr. 2, S. 23-28.

---/Székely, Gabriel (1993): The New Trilateralism: The United States, Japan and Latin America. In: dies. (Hrsg.): Japan, the United States and Latin America. Baltimore, S. 3-48.

Suisheng Zhao (1996): China's Perceptions of NAFTA. In: Nishijima, Shoji/Smith, Peter (Hrsg.): Cooperation or Rivalry? Regional Integration in the Americas and the Pacific Rim. Boulder u. Oxford, S. 225-242.

Taik-Hwan Jyoung (1997): Korean Investments in Latin America. Working Paper written under the auspices of the Project on Latin America and the Pacific Rim at the University of California, San Diego.

Tsunekawa, Keiichi (1995): Latin America's Place in Asia-Pacific Cooperation. In: Japan Review of International Affairs. Summer 1995, S. 259-265.

Tussie, Diana (1995). The Interamerican Development Bank. London.

Yopo, Mladen (1991): Japan – Latin America: Taking Advantage of Mutual Space and Opportunities. In: Journal of Interamerican Studies and World Affairs. Vol. 33, No. 2, S. 59-87.

Dirk Messner

Lateinamerikas Rolle in der neuen Weltpolitik

Die lateinamerikanische Globalisierungsdiskussion wird noch immer stark auf die Frage der ökonomischen Außenöffnung des Kontinents und deren Folgen reduziert. Doch im Globalisierungsprozess entgrenzen sich nicht nur ökonomische Austauschbeziehungen, auch die Politik internationalisiert sich zunehmend. Die neue Weltpolitik läuft auf die Herausbildung einer *Global Governance*-Architektur hinaus, deren konkrete Gestalt die Handlungsspielräume der Nationalstaaten im 21. Jahrhundert ähnlich stark beeinflussen wird wie die Dynamik der Weltwirtschaft. Welche Rolle kann und wird Lateinamerika in diesem globalen Szenario spielen?

Globalisierung ist ein universeller Prozess, der alle Gesellschaften, Nationen und Ökonomien erfasst. Globalisierung ist kein neues Phänomen, aber die Qualität der Globalisierung und ihre Reichweite haben sich im Verlauf der vergangenen zwei Dekaden tiefgreifend verändert. Die Weltwirtschaft, bis zum Fall der Berliner Mauer in zwei weitgehend entkoppelte ökonomische Systeme geteilt, ist zu Beginn des 21. Jahrhunderts ein globales System in das alle nationalen Ökonomien eingebunden sind; Kommunikation, Informationsaustausch, Wissenstransfers, Geldzirkulation und -wäsche emanzipieren sich im Zeitalter des Internet von nationalstaatlichen Begrenzungen und sind weltumspannender Natur; private Akteure, multinationale Unternehmen wie Nichtregierungsorganisationen, sind zu wichtigen Mitspielern der Weltpolitik geworden, so dass die Vorstellungen von der internationalen Politik als Arena der Staatenwelt brüchig wird; die natürliche Umwelt ist ein globales System und viele Umweltprobleme sind daher immer zugleich lokale und Weltprobleme; der 11. September 2001 hat erstens schlagartig die Verletzlichkeit der globalen Infrastruktur (des Luftverkehrs, der Energieversorgung, der Kommunikationssysteme) verdeutlicht und zweitens sichtbar gemacht, das selbst über die innere Sicherheit der mächtigsten Nation der Erde in jedem Winkel der Welt (im Hindukusch, im Sudan oder in Hamburg, wo die Anführer der Terroristen sich auf den Anschlag vorbereiteten), entschieden werden kann. Die großen Weltprobleme des 21. Jahrhunderts (wie Klimawandel, Stabilität der internationalen Finanzmärkte/der Weltwirtschaft, Staatenzerfall und transnationaler Terrorismus, weltweite Armut, Umgang mit der Gentechnologie und ihren moralischen Herausforderungen) sind ohne eine engere Kooperation zwischen OECD und Entwicklungsländern nicht zu lösen. Die Globalisierung zwingt dazu, über Politik in den Kategorien einer „Weltinnenpolitik" nachzudenken. Globale Interdependenzen, Weltprobleme und grenzüberschreitende Entwicklungsdynamiken überfordern die Nationalstaaten und zwingen die Politik, ihre Institutionen, Instrumente und Leitbilder den neuen globalen Rahmenbedingungen anzupassen. Vor diesem Hintergrund entwickelt sich ab Mitte der 90er Jahre, ausgehend von dem Bericht der *Global Governance Commission* mit dem Titel „Our global Neighbourhood" (1995), in Politik und Wissenschaft eine intensive Diskussion über die Chancen und Grenzen einer Politik der Gestaltung der Globalisierung. Die Debatte über *Global Governance* fragt nach der Zukunft der Politik unter den Bedingungen der Globalisierung: Wie können durch die Verzahnung von nationalstaatlicher Politik und von *Global Governance* grenzüberschreitende Probleme und Weltprobleme gelöst werden? Kann es gelingen, der Globalisierung eine (soziale, ökologische und demokratische) Richtung zu geben oder muss die Politik vor den Eigendynamiken einer globalen Ökonomie kapitulieren? „Ist die Erde noch regierbar?" wird in einem 1995 veröffentlichten Bericht an den *Club of Rome* gefragt (Dror 1995).

Die Globalisierung betrifft alle Nationen, doch die *Global Governance*-Diskussion fand in den vergangenen Jahren vor allem in der OECD-Welt statt. Eine zentrale Intention dieses Artikels ist es daher, die *Global Governance*-Debatte Richtung Süden zu öffnen. Die lateinamerikanische Sicht auf Globalisierungsfolgen verdeutlicht, dass es zwar einerseits universelle Trends gibt, die alle Nationen betreffen (z.B. Erosion nationaler Souveränität, Internationalisierung vieler Politikfelder), zugleich jedoch die konkreten Wirkungen der Globalisierung auf Nationalstaaten und deren Möglichkeiten zur Mitgestaltung der Globalisierung in Abhängigkeit von ihrer ökonomischen Basis, ihrer technologisch-wissenschaftlichen Leistungsfähigkeit, ihrer territorialen Größe, ihrer Bevölkerungszahl sowie ihres weltpolitischen Gewichts natürlich enorm variieren. Welche Vorstellungen zur Gestaltung der Globalisierung, der Weltpolitik und Weltwirtschaft des 21. Jahrhunderts, zu Chancen und Risiken von *Global Governance* werden vor diesem Hintergrund in Lateinamerika diskutiert? Gibt es eine spezifische lateinamerikanische Sicht auf die Zukunft von *Global Governance* als Antwort auf die Herausforderungen der Globalisierung?

Fallstricke auf dem Weg zu einer kooperativen *Global-Governance*-Architektur aus der Sicht Lateinamerikas

In einem Forschungsprojekt des Institutes für Entwicklung und Frieden arbeiten die überwiegend lateinamerikanischen Autoren die aus ihrer Perspektive zentralen weltpolitischen Blockaden für *Global Governance* heraus (Maggi/ Messner 2002). Deutlich wird, dass es durchaus so etwas wie eine „lateinamerikanische Perspektive" auf die Probleme des Übergangs von der „Epoche der Nationalstaaten" zum „Zeitalter von Globalisierung und *Global Governance*" gibt.

In den *Global Governance*-Konzepten der OECD-Welt wird stets die Notwendigkeit der Verdichtung der Kooperation zwischen Nord und Süd betont, weil nur so Weltprobleme gelöst, Interessendivergenzen ausgeglichen sowie internationale Stabilität und Frieden gesichert werden könnten (Commission on Global Governance 1995; Kaul et al. 1999; Young 1999; Messner 2000; Nuscheler 2000; Nye/Donahue 2000; Kennedy/Messner/Nuscheler 2002). Ist ein solches politisches Projekt realitätstauglich? Wie steht es aus lateinamerikanischer Perspektive um die Kooperationsbedingungen in der Weltpolitik? Als roter Faden zieht sich durch die Beiträge der lateinamerikanischen Autoren das Argument, das zentrale Strukturen in Weltpolitik und Weltwirtschaft die Herausbildung einer kooperativen *Global Governance*-Architektur auf der Grundlage eines „New Deal" zwischen Industrie- und Entwicklungsländern erschweren. Die Ausgangsbedingungen für globale Kooperation unter Einschluss von Entwicklungs- und Schwellenländern sind aus dieser Perspektive alles andere als günstig. Wenn es im 21. Jahrhundert im Rahmen von *Global Governance* nicht nur um friedliche Koexistenz, sondern darüber hinaus um gemeinsame Problemlösung in einer global vernetzten Welt geht, müssen sich die Beziehungen zwischen Industrie- und Entwicklungsländern tiefgreifend verändern. Drei Dimensionen sind von besonderer Bedeutung:

1) Soziale Polarisierungen in der globalen Ökonomie

Die soziale Polarisierung nimmt weltweit immer weiter zu. Die aktuellsten Untersuchungen (Banko 1999) zeigen, dass der Verteilungs-Index für die Weltgesellschaft, der globale *Gini*-Index, 1988 bei 62,5 lag. Er hat sich bis 1993[1], also innerhalb von nur fünf Jahren, auf den Wert 66 verschlechtert (zum Vergleich: OECD: 34, Subsahara-Afrika 45, Lateinamerika 48). Eine Trendumkehr ist nicht absehbar. Ein Fünftel der Weltbevölkerung und etwa 30% der lateinamerikanischen Bevölkerung haben keinen Zugang zu saube-

---

[1] Dies sind die aktuellsten Zahlen, was zeigt, dass wir noch immer nicht gelernt haben, umfassend in globalen Kategorien zu denken.

rem Trinkwasser, Basisgesundheitsdiensten und Grundbildung. Zugleich sinken weltweit die Investitionen der Industrieländer in die Entwicklungskooperation. Wie lange kann eine global vernetzte Welt dieses Maß an sozialer Polarisierung, Zerklüftung und Ausgrenzung aushalten? Und, fragt insbesondere Enrique Dussel (Dussel 2002), kann vor dem Hintergrund dieser sozialen Asymmetrien globale Kooperation überhaupt gelingen, ist nicht zunehmende Konfrontation viel wahrscheinlicher – z.B. Konflikte um Wasserressourcen und andere knappe Umweltgüter, Gewalteskalationen infolge von Staatenzerfall, regionale Instabilitäten durch wachsende Migrationsströme? Welchen Einfluss haben schwache Regierungen ökonomisch rückständiger Länder gegenüber multinationalen Unternehmen und den Regierungen der Industrieländer? Ist ein kooperatives *Global Governance*-Projekt in einer Welt überhaupt möglich, in der Ungleichheiten in und zwischen Ländern immer mehr zunehmen (Somavía 2002; Ffrench-Davis 2002)? Ist nicht ein Minimum an globaler sozialer Gerechtigkeit Grundvoraussetzung für Stabilität und gleichberechtigte Kooperation in der Weltpolitik?

Die lateinamerikanischen Autoren formulieren grundlegende Fragen, auf die politische Antworten gefunden werden müssen, wenn *Global Governance* eine Chance haben soll: Wie kann ein internationaler Prozess in Gang gesetzt werden, um das beschleunigte soziale Auseinanderdriften der Welt zu stoppen? Die *Shaping the 21st Century*-Initiative der OECD-Länder, mit der bis 2015 eine Halbierung der weltweiten Armut erreicht werden soll, wird sicher Makulatur bleiben, wenn der Trend der Reduzierung der Mittel für die internationale Entwicklungskooperation nicht radikal umgekehrt werden kann. Wie könnte eine soziale Weltmarktwirtschaft aussehen? Welche politischen Institutionen müssen geschaffen werden, um der Polarisierungsdynamik der globalen Märkte entgegenzuwirken? Dieser Fragenkomplex könnte ein wichtiges gemeinsames Feld europäisch-lateinamerikanischer Dialoge und weltpolitischer Initiativen sein. Doch in den Beiträgen der lateinamerikanischen Autoren werden – angesichts realer und sich beschleunigender sozialer Polarisierungstrends in der Weltwirtschaft und weitgehender weltpolitischer Tatenlosigkeit in diesem Feld – Zweifel daran laut, ob die Industrieländer überhaupt Interesse an einem „Global New Deal" haben könnten.

2) Asymmetrische Machtverteilung in der Weltpolitik

Die Machtverhältnisse in der Weltpolitik ähneln oligarchischen Machtkartellen. In den wichtigen Institutionen der Weltordnung, deren Entscheidungen lateinamerikanische und andere Entwicklungsländer in besonderer Weise betreffen, werden die relevanten Weichenstellungen von kleinen OECD-Clubs wahrgenommen. Daraus resultiert in vielen Entwicklungsländern ein Grundgefühl politischer Deklassierung, Zweitrangigkeit und Ausgrenzung. Während in nationalen Gesellschaften Machtkartelle durch Recht und Demokratie kontrolliert, eingehegt und zivilisiert werden, gilt in der Weltpolitik und ihren zentralen Organisationen noch weitgehend die Logik der Machtpolitik. Stephany Griffith-Jones (2002) verdeutlicht das Problem des Ausschlusses von Vertretern aus Entwicklungsländern am Beispiel der Verhandlungsrunden und globalen Clubs, in denen nach der Asienkrise über die zukünftigen Kernelemente der Architektur der internationalen Finanzmärkte beraten wird. Miguel Lengyel und Diana Tussi (2002) argumentieren, das auch in der WTO, in der formal jedes Land über eine Stimme verfügt, Mitsprachemöglichkeiten ungleich verteilt sind und selbst größere lateinamerikanische Länder Probleme haben, Entscheidungsfindungsprozesse genau nachzuvollziehen, geschweige denn diese signifikant zu beeinflussen. Eine kooperative *Global Governance*-Strategie muss daher letztlich auf Machtteilung, Abbau von Übermacht und Privilegien der Industrieländer sowie politische Gleichberechtigung ausgerichtet sein. US-amerikanische konservative Politiker wie Jesse Helms, Pat Buchanan und Jeane Kirkpatrick haben diese implizite Logik der *Global Governance*-Diskussion längst begriffen, wenn sie „*Global Governance* als einen Anschlag auf die US-amerikanische Souveränität" bekämpfen. Doch bisher bleibt die Weltpolitik in zentralen Bereichen noch der tradierten Macht- und Interessenpolitik der Vergangenheit verhaftet. *Global Governance*-Strukturen, die sich an einem „Weltgemeinwohl" und „gemeinsamen globalen Interesse" orientieren, entstehen nur langsam.

3) Globale Sprachlosigkeit

Dialoge, Gesprächsfäden und Verständigungsprozesse zwischen Europa und Lateinamerika sind in der vergangenen Dekade eher ausgedünnt als vertieft worden. Die Agenda gemeinsamer Themen wird immer länger, wie Georg Boomgaarden, langjähriger Beauftragter der deutschen Regierung für Lateinamerikapolitik, zeigt (Boomgaarden 2002), doch die Mittel für auswärtige Kulturpolitik, Außen- und Entwicklungspolitik sind in den europäischen Ländern rückläufig – trotz der Globalisierungsrethorik der politischen Klassen. Wie sollen gemeinsame Interessen, verbindende Werte sowie politische und soziale Kompromisse in der Weltpolitik zustande kommen, wenn es an Gelegenheiten und Foren fehlt, in denen gelernt werden kann, die Welt auch durch die Augen der anderen zu sehen? *Global Governance* ist auf eine globale Kooperationskultur angewiesen, aber von Seiten vieler Industrieländer dominiert gegenüber Lateinamerika eher Desinteresse und Indifferenz (Dussel 2002; Griffith-Jones 2002; Somavía 2002; Domínguez 2002). Hugo Calderón (2002) betont darüber hinaus zu Recht, dass auch die lateinamerikanischen Eliten die Zeichen der Epoche des Globalismus noch nicht erkannt hätten und die Bedeutung internationaler Kooperation zur Bewältigung von Globalisierungsfolgen in Lateinamerika weitgehend unterschätzt wird.

Aus diesen drei weltpolitischen Kernproblemen entstehen eine Reihe weiterer „Sekundärprobleme", die sich wechselseitig verstärken:

Erstens verstehen viele lateinamerikanische Akteure *nationale Souveränität* aufgrund der Machtasymmetrien in der Weltpolitik als letztes Bollwerk gegen überbordende externe Einflussnahme (Maggi 2002). Die Übertragung nationalstaatlicher Souveränität zugunsten inter- oder supranationaler Organisationen, deren Dynamik schwache Akteure kaum beeinflussen können, wird aus dieser Perspektive nicht als Instrument zur Stärkung der Problemlösungsfähigkeit der Politik, Antwort der Nationalstaaten auf die Herausforderungen der Globalisierung oder Lösungsformel zur Bewältigung von Weltproblemen wahrgenommen, sondern vor allem als Bedrohung nationaler Handlungsfähigkeit und Unabhängigkeit. Diese Grundwahrnehmung wurde in den vergangenen zwei Dekaden nicht zuletzt durch die Erfahrungen mit den Strukturanpassungsprogrammen von IWF und Weltbank massiv verstärkt (Ffrench-Davis 2002). Wenn zugleich auch die Industrieländer, insbesondere die mächtigsten unter ihnen, dazu tendieren, auf ihre eigene Handlungsfähigkeit und Unilateralismus zu vertrauen, statt sich im Rahmen eines kooperativen Multilateralismus auf ein System geteilter Souveränitäten und gemeinsamer Problemlösung einzulassen, wird *Global Governance* paradoxerweise zugleich gerade durch die stärksten und die schwächsten Nationalstaaten blockiert. Globalisierungsprozesse, deren Reichweite territoriale Grenzen durchbrechen, werden dann unbeherrschbar. Statt „global governance with global government" (Czempiel/Rosenau 1992) würden sich dann „national governments with governance capacities" (Brock 2001) durchsetzen.

Zweitens wird in den Beiträgen der lateinamerikanischen Autoren ein *Misstrauen gegenüber der universalistischen Rhetorik der Global Governance-Diskurse* artikuliert (Dussel 2002; Somavía 2002; Stuart 2002). In der vom Süden forcierten Debatte um die Neue Weltwirtschaftsordnung in den 70er Jahren ging es um eine Veränderung weltwirtschaftlicher und -politischer Strukturen zugunsten der Entwicklungsländer. In der nun vom Norden ausgehenden *Global Governance*-Diskussion seit Mitte der 90er Jahre wird wieder über globale Strukturveränderungen nachgedacht. Folgt man der Rhetorik des Diskurses, so geht es um die gemeinsame Bewältigung von Weltproblemen, den Schutz von *Global Public Goods* und die Interessen der Weltgemeinschaft. Doch der Verdacht liegt nahe, dass *Global Governance*-Bedarf aus der Perspektive von Industrieländern vor allem dort auftaucht, wo Globalisierungsprozesse Eigeninteressen berühren, während Globalisierungsfolgen für Entwicklungsländer und Weltprobleme, die vor allem schwächere Gesellschaften betreffen, mit weniger Nachdruck thematisiert oder gar bearbeitet werden: Solange die Industrieländer in der WTO für Sozial- und Arbeitsnormen streiten, aber zugleich die entwicklungspolitischen Ressourcen zur Armutsbekämpfung reduziert werden (Somavía 2002), liegt der Verdacht nahe, dass es den Industrieländern weniger um soziale Dimensionen der Globalisierung als um neue Formen des Protektionismus geht; wenn Vertreter von Entwicklungsländern in den zentralen Foren, in denen über die Zukunft der internationalen Finanzmärkte beraten und entschieden wird, deren Wirkungen insbesondere die Ökonomien der Entwicklungsländer tangieren, ausgeschlossen bleiben (Griffith-Jones 2002; Ocampo 2002), dann wird diese elitäre und exklusive Form von *Global Governance* mit guten Gründen als Dominanzkartell zurückgewiesen; wenn sich die Industrieländer um die Klimaveränderungen sorgen und Entwicklungsländer zu Ressourceneffizienz und den Schutz „unserer gemeinsamen Weltnaturreserven" (z.B. des lateinamerikanischen Regenwaldes) auffordern, zugleich aber im Rahmen der WTO die Privatisierung des Umgang mit genetischen Ressourcen der letzten Regenwälder vorantreiben, von der viele Entwicklungsländer massive ökologische und ökonomische Nachteile befürchten, leidet die Glaubwürdigkeit der Industrieländer in der Weltpolitik.

Drittens bauen – worauf vor allem Enrique Dussel (2002) insistiert –, kooperative *Global Governance*-Strategien auf der Idee eines „ideellen Weltgemeinwohls" auf und betonen daher besonders die Existenz und Bedeutung „gemeinsamer Interessen" im Zeitalter globaler Vernetzung, während Interessenkonflikte zuweilen ausgeblendet werden. Doch jede moderne Gesellschaft ist durch vielfältige Interessendivergenzen charakterisiert; dies gilt erst recht in der ökonomisch, sozial und politisch enorm fragmentierten Weltwirtschaft und -gesellschaft. Die lateinamerikanischen Autoren verdeutlichen, dass *konfligierende Interessen beim Namen genannt werden müssen*, weil nur auf dieser Grundlage Interessenausgleich und die Schaffung gemeinsamer Interessen gelingen können.

Viertens ist *Global Governance* auf *funktionstüchtige und legitimierte internationale Organisationen und Regime* angewiesen. Doch hier tun sich zwischen Industrie- und Entwicklungsländern *divergierende Legitimationszuschreibungen* auf. Die mächtigsten Weltorganisationen, wie Weltbank und IWF, werden eindeutig durch die Interessen der Industrieländer, nicht selten der USA im Alleingang, geleitet. Ihnen fehlt es daher gerade in den Entwicklungsländern, in denen ihre Politiken am wirkungsmächtigsten sind, häufig an politischer und sozialer Legitimation (Ffrench-Davis 2002; Griffith-Jones 2002). Internationale Organisationen, in denen Entwicklungsländerinteressen stärker zum Tragen kommen, wie die ILO oder die UNCTAD, gelten als zahnlose Tiger und werden von den Industrieländern kaum ernst genommen. Die *Global Governance*-Architektur muss daher zukünftig auf dem Prinzip der Chancengleichheit aufbauen und Partizipations- und Mitwirkungsmöglichkeiten für alle beteiligten Akteure sichern. Gelingt dies nicht, sind die Legitimationsdefizite vieler internationaler Organisationen nicht aus der Welt zu schaffen – und *Global Governance* letztlich zum Scheitern verurteilt.

Fünftens stellen die skizzierten globalen Asymmetrien und „die Schatten der Weltpolitik des 19. und 20. Jahrhunderts" aus lateinamerikanischer Perspektive kein günstiges Anreizsystem für *Global Governance* da. Sie blockieren aktive Formen der Integration Lateinamerikas in die entstehende *Global Governance*-Architektur und resultieren, wie insbesondere Hugo Calderón (2002) sowie Norbert Lechner und Pedro Güell (2002) zeigen, in *passiven Anpassungen lateinamerikanischer Länder an die neuen weltpolitischen Realitäten*. Diese Dynamik ist aus drei Gründen weder für Lateinamerika, noch für die OECD-Welt von Vorteil. Erstens verpassen die lateinamerikanischen Länder in vielen Bereichen die Chance, die globalen Regelwerke des beginnenden 21. Jahrhunderts mitzuprägen; sie werden zu *rule takers*. Zweitens führen Strategien passiver Anpassung an Prozesse der Weiterentwicklung von *Global Governance* dazu, dass in den nationalen Gesellschaften keine eigenständigen *Global Governance*-Kapazitäten entwickelt werden und damit lateinamerikanische Länder auch als starke Partner für die Industrieländer zur Gestaltung der Globalisierung ausfallen. Drittens wird es der zukünftigen *Global Governance*-Architektur an Legitimation und Leistungsfähigkeit mangeln, wenn ein großer Teil der Akteure nicht als handelnde Subjekte, sondern nur als betroffene Objekte in sie eingebunden ist.

Die Verweise der lateinamerikanischen Wissenschaftler auf manifeste Machtungleichgewichte und soziale Polarisierungen in Weltpolitik und Weltwirtschaft lassen auf den ersten Blick einige Parallelen zu „globalisierungskritischen Diskursen aus der Südperspektive" erkennen, in denen tradierte Kapitalismuskritiken und bekannte Nord-Süd-Dichotomien dominieren. Besonders prominent sind in diesem Kontext die Arbeiten von Martin Khor (2000) und Walden Bello (2001). Doch ein zweiter Blick zeigt, dass die Autoren des INEF-Projektes zwar (ähnlich wie Walden Bello und Martin Khor) kritisch gegenüber spezifischen Aspekten der Globalisierung sind und die kontraproduktiven Eigendynamiken eines neoliberalen Globalisierungspfades betont werden, jedoch ein Suchprozess dominiert, der auf die Gestaltung von Globalisierung setzt. Walden Bello und andere Globalisierungskritiker sehen demgegenüber keine oder nur marginale Spielräume für eine „Globalisierung jenseits des Neoliberalismus" und plädieren daher für ein Projekt der „De-Globalisierung". Die von ihnen vorgeschlagenen Strategien und Instrumente lesen sich wie eine Renaissance des – in der Praxis bereits gescheiterten – entwicklungspolitischen Denkens der 70er Jahre: binnenmarktorientierte Entwicklung hinter hohen Zollmauern, lokale Kreislaufwirtschaft als Alternative zur Weltmarktorientierung, Abkopplung von der Weltmarktdynamik.

Reaktionen auf den 11. September 2001

Das herausgearbeitete Konglomerat von Blockaden und Barrieren für *Global Governance* drückt sich auch in den lateinamerikanischen Reaktionen auf die Terroranschläge in den USA vom 11. September 2001 aus. Zwar taugt der 11.

September sicher nicht als Symbol einer explosiven Zuspitzung des Nord-Süd-Konfliktes, eines „Aufstandes der Verdammten dieser Erde" (Frantz Fanon), wie manche Beobachter meinten. Denn die Botschaften der Protagonisten des Terrornetzwerkes Al Qaida enthalten keine universalistischen Botschaften und zielen nicht auf die Mobilisierung von Solidarität in den Armutsvierteln Afrikas, Asien und Lateinamerikas. Die Rhetorik bin Ladens und der islamistischen heiligen Krieger kreist um Konflikte zwischen der arabisch-islamischen und der westlichen Welt. Dennoch spiegeln sich in den Reaktionen in Lateinamerika auf den 11. September die fragilen Tiefenstrukturen der Nord-Süd-Beziehungen. Die lateinamerikanische Öffentlichkeit reagierte auf die Terroranschläge unisono mit Entsetzen, Trauer und Mitgefühl (Kurtenbach 2001). Die Regierungen der Region erklärten nach und nach ihre Solidarität mit den USA. Doch in die ehrliche Trauer und die diplomatischen Schulterschlüsse mit dem großen Nachbarn im Norden, mischten sich zugleich Stimmen, die in den Industrieländern nicht überhört werden sollten, wenn zukünftig präventive und auf Kooperation basierende Außen-, Entwicklungs- und Sicherheitspolitik eine Chance haben sollen:

- „Klammheimliche Freude" über den „gelungenen" Anschlag auf die US-amerikanische „Arroganz der Supermacht" sowie die Selbstwahrnehmung von absoluter Überlegenheit und Unverletzlichkeit dominiert die Debatte über den 11. September nicht, aber sie schwingt oft unterschwellig mit. Für Aufregung sorgte eine entsprechende Stellungnahme, die ausgerechnet von der Vorsitzenden der „Mütter der Plaza de Mayo" in der argentinischen Zeitung *Página 12* (vom 10.10.01) veröffentlicht wurde.
- Hörbar sind zudem Stimmen, die mit Verweis auf die Rolle der USA in der Weltpolitik der vergangenen Jahrzehnte fragen, ob sich denn irgendjemand wundere, dass „so etwas irgendwann passieren musste". Die in der US-Öffentlichkeit aufgeworfene Frage „Why do they hate us?" wurde in vielen Kommentaren und Analysen lateinamerikanischer Medien aufgegriffen und beantwortet: Im lateinamerikanischen Gedächtnis sind viele traumatische Erinnerungen verhaftet, die mit der US-amerikanischen Außenpolitik verwoben sind.
- Immer wieder werden in den lateinamerikanischen Medien Brücken zwischen dem 11. September 1973, dem Putsch von Augusto Pinochet gegen die gewählte Regierung Allende, und dem 11. September 2001 geschlagen. Der bekannte chilenische Menschenrechtler Ariel Dorfman skizzierte in einem viel zitierten Artikel die Parallelen: Verunsicherung, Angst und Panik angesichts des Terrors gegen die Zivilbevölkerung in New York im Jahr 2001 und Santiago im Jahr 1973; die Mütter der *desaparecidos* in Chile und Lateinamerika sowie die Bilder der New Yorker, die in den Trümmern Manhattans mit Fotos ihrer Verwandten in Händen nach Überlebenden suchten. Aus diesen gemeinsamen Erfahrungen leitet Dorfman wechselseitiges Mitgefühl und die Hoffnung auf ge-

meinsame Anstrengungen zur Bekämpfung jeglicher Form des Terrors in der Weltpolitik ab und er verweist darauf, dass Gewalt, Repression und Terror sich in Lateinamerika oft aus US-amerikanischen Quellen speiste.

Die Reaktionen in anderen Weltregionen jenseits der OECD fielen im Übrigen durchaus ähnlich aus. Sie signalisieren Misstrauen sowie Verärgerung über die Selbstgerechtigkeit und -bezogenheit „des Westens", und sie zeigen, dass der Humus für eine weltumspannende Kooperationskultur noch dünn ist. Kofi Annan hat in seiner Neujahrsansprache zum Jahreswechsel 2002 diplomatisch auf diese Zusammenhänge hingewiesen: „Für viele Menschen in der Welt war 2001 nicht anders als 2000 oder 1999, denn sie leben weiterhin in Flüchtlingslagern, unter repressiver Herrschaft, mit Hunger oder mit Aids."

Herausforderungen für die europäisch-lateinamerikanischen Beziehungen

Die strukturellen Voraussetzungen für eine Weichenstellung von der hegemonial strukturierten Weltpolitik des 19. und 20. Jahrhunderts in Richtung einer kooperativen *Global Governance*-Architektur, verstanden als „Weltinnenpolitik", müssen demnach erst noch geschaffen werden. Es gilt, die skizzierten weltpolitischen Barrieren von *Global Governance* zu überwinden. Aus europäischer Perspektive sind vier Dinge wesentlich:

• Die „Logik internationaler Kooperation" ist bisher vor allem im Rahmen der EU, in der im Verlauf der vergangenen fünf Dekaden Vertrauens- und Kooperationsgrundlagen gewachsen sind, sowie im OECD-Raum, in dem eine Vielzahl gemeinsamer Institutionen ein Minimum an gleichgerichteten Politiken garantiert, tief verankert. Der lateinamerikanische Blick auf die Weltpolitik und die Herausforderungen von *Global Governance* verweist auf die durch signifikante politische und soziale Asymmetrien und partielles Desinteresse geprägten Beziehungen der Industrieländer zu Lateinamerika. Aus europäischer Perspektive besteht die Herausforderung also darin, die Kooperation zu Lateinamerika nicht nur im Sinne der Pflege von Kontinuitäten „weiterzuentwickeln", sondern sie auf eine den Anforderungen der Globalisierung angemessene qualitativ neue Stufe zu stellen (Boomgaarden 2002 und Ottone 2002).
• Die klassische Entwicklungspolitik, oft als „Einbahnstraßen-Kooperation" organisiert und häufig durch eine kooperationsbehindernde Belehrungskultur begleitet, kann keine Antworten auf die Fragen der Globalisierung geben. Die Herausforderung besteht darin, reziproke Formen der Kooperation zur Lösung gemeinsamer Probleme zu entwickeln (Boomgaarden

2002; Maggi 2002; Messner 2001, 2002). Dies kann nur gelingen, wenn die Außen-, Entwicklungs-, Technologie-, Wirtschafts- und Umweltpolitiken der europäischen Länder sowie der EU in Richtung Lateinamerika eng miteinander verzahnt werden (Eßer 1994, 1999).

- Soll eine engere Kooperation zwischen der EU und Lateinamerika im Kontext einer sich herausbildenden *Global Governance*-Architektur gelingen, sind Vorleistungen der Industrieländer notwendig, um die skizzierten *Global Governance*-Barrieren abzubauen und die Kooperationsbereitschaft der lateinamerikanischen Länder zu stärken. Hier geht es um Machtteilung, Chancengleichheit, Fairness und sozialen Ausgleich in Weltpolitik und -weltwirtschaft.
- Die Chancen für eine strategische *Global Governance*-Partnerschaft zwischen Lateinamerika und der EU sind besonders günstig, weil beide Kontinente ähnlichen Wertesystemen und kulturellen Normen verpflichtet sind und zudem die ökonomischen Beziehungen dicht, wenn auch ausbaufähig sind. Darüber hinaus befinden sich beide Weltregionen in einer durchaus ähnlich Situationen: Sowohl Lateinamerika als auch die EU sind auf der Suche nach ihrer Rolle in der Weltwirtschaft und -gesellschaft des 21. Jahrhunderts, woraus sich Spielräume für gemeinsame Lernprozesse und neue Allianzen ergeben.

Die von den lateinamerikanischen Autoren herausgearbeiteten Blockaden und Fallstricke auf dem Weg zu *Global Governance* verweisen darauf, dass der Übergang von der „Epoche der Nationalstaaten" zum Zeitalter von *Global Governance* und Weltinnenpolitik keinem Automatismus folgt. Die Globalisierungsprozesse führen zwar zu einer Erosion nationalstaatlicher Handlungsfähigkeit und die steigende Zahl von Weltproblemen können letztlich nur durch internationale Kooperation bewältigt werden, aber vielfältige strukturelle Beharrungskräfte erschweren den Zivilisationssprung in Richtung einer kooperativen Weltinnenpolitik. *Global Governance* muss daher ein politisches Reformprojekt sein. Es bleibt zu hoffen, dass die EU in ihrem Prozess der Neupositionierung in der Weltpolitik zu einem Motor einer kooperativen Weltinnenpolitik wird (Messner 2001).

Global Governance – Herausforderungen für die lateinamerikanische Politik

In welche Richtung bewegen sich die Suchprozesse der lateinamerikanischen Autoren des INEF-Projektes, wenn es um die Gestaltung der Globalisierung geht? Ergibt sich, ähnlich wie im Feld der Blockaden von *Global Governance*, eine einheitliche „lateinamerikanische Perspektive"?

Zunächst muss festgestellt werden, dass in Lateinamerika bisher kein dem europäischen (bzw. dem OECD-) *Global Governance*-Diskurs vergleichbarer wissenschaftlicher und politischer Diskussionsprozess existiert. In der *Global Governance*-Debatte im OECD-Raum herrscht die Wahrnehmung vor, die Globalisierung führe (in einer Vielzahl von Politikfeldern) zu einer tiefgreifenden Transformation der Politik und der Herausbildung einer *Global Governance*-Architektur, in der die Nationalstaaten ihre Rolle im Kontext einer verflochtenen Mehrebenenpolitik neu finden müssen. Die akademischen *Global Governance*-Diskurse führen tendenziell zu einer Integration von Ansätzen der Theorien internationaler Beziehungen (inklusive der Regimetheorien), Theorien der politischen Steuerung (*governance*-Theorien jenseits der klassischen Staatstheorien), Demokratietheorien (nun unter den Bedingungen der Globalisierung) sowie *Policy*-Analysen, die sich mit unterschiedlichsten Politikfeldern beschäftigen (Internationalisierung von Wirtschafts-, Umwelt-, Arbeitsmarkt-, Technologiepolitiken usw.). Die „*Global Governance*-Diskussionen" entwickeln sich also zu einem integrativen Referenzrahmen, in dessen Kontext lange unabhängig voneinander bearbeitete Forschungsfelder unter der Fragestellung der „Transformation der Politik unter Bedingungen der Globalisierung" neu aufeinander bezogen werden. Die politischen *Global Governance*-Debatten haben eine ähnlich umfassende Dynamik entwickelt. Sie bezogen sich zunächst auf engere entwicklungs- und außenpolitische Fragen – z.B. Reform der UN, Lösung von Verschuldungskrisen –, thematisieren jedoch zunehmend tiefergreifende Herausforderungen der Globalisierung für Politik und Nationalstaaten – z.B. Zukunft der Demokratie unter Bedingungen der Globalisierung; Internationalisierung nahezu aller Politikfelder; Reform nationalstaatlicher politischer Systeme unter Globalisierungsdruck – (vgl. z.B.: Enquete-Kommission „Globalisierung der Weltwirtschaft" des Deutschen Bundestages 2002).

Die lateinamerikanische Globalisierungsdiskussion und die Ansätze einer *Global Governance*-Debatte lassen sich demgegenüber wie folgt charakterisieren: *Erstens* ist der Globalisierungsdiskurs bisher sehr stark auf ökonomischen Dimensionen konzentriert und zudem in nur locker aufeinander bezogene Fachdiskurse aufgespalten (Diskussionen über Gestaltung der Weltwirtschaft; über Regionalprojekte á la MERCOSUR und NAFTA; Strategien zur Stärkung von Wettbewerbsfähigkeit usw.). Die Ergebnisse des INEF-Projektes unterstreichen *zweitens* die besondere Qualität der Herausforderung, die Globalisierungsprozesse für lateinamerikanische Gesellschaften implizieren. Diese ergibt sich vor allem aus der Gleichzeitigkeit institutioneller und ökonomischer Krisen und Instabilitäten in vielen Ländern der Region, schwierigen internen Strukturreformen (Strukturanpassungsprogramme, Staatsreformen usw.) sowie den parallel stattfindenden tiefgreifenden Veränderungen der Bedingungen nationalstaatlicher Politik in einer zunehmend global vernetzen Welt. *Drittens* besteht ein wesentlicher Unterschied zwischen lateinamerikanischen und europäischen Erfahrungen mit *Global Governance* darin, dass die lateinamerikanische Politik seit Anfang der 80er Jahre im Rahmen der Strukturanpassung massiv durch internationale Organisationen geprägt wurde und hieraus eine verständliche Skepsis gegenüber *Global Governance*-Strukturen entstanden ist. Es sind nicht zuletzt diese Erfahrungen der Fremdbestimmung und der geringen Möglichkeiten der Einflussnahme auf internationale Organisationen, aus denen die oben skizzierten „Blockaden und Fallstricke von *Global Governance*" im Wesentlichen abgeleitet sind. *Viertens* wird deutlich, dass die Wirkungen der Globalisierung auf die lateinamerikanische Politik von den Autoren sehr unterschiedlich eingeschätzt werden („Umbruch"-Interpretationen, z.B. von Hugo Calderón 2002; „Kontinuitätsthesen" von Ricardo Ffrench-Davis 2002) und zudem die jeweiligen Globalisierungsfolgen für so unterschiedliche Länder wie Brasilien, Chile und Bolivien tatsächlich enorm variieren, so dass noch kein einheitlicher Referenzrahmen entsteht, in dem politische Antworten Lateinamerikas auf die Globalisierung sichtbar würden.

Im Folgenden werden die wesentlichen Herausforderungen an die lateinamerikanische Politik im Zeitalter der Globalisierung, die in den Studien des INEF-Projektes herausgearbeitet und kontrovers diskutiert werden, rekapituliert.

Herausforderungen für die Nationalstaaten

In den Beiträgen, die sich mit der Zukunft der Nationalstaaten und ihrer Handlungsfähigkeit unter Bedingungen der Globalisierung beschäftigen, lassen sich vier Perspektiven unterscheiden:

Erstens arbeitet Ricardo Ffrench-Davis (2002) heraus, in welchen Bereichen der Wirtschafts- und Sozialpolitik auch weiterhin nationale Gestaltungsmöglichkeiten existieren. *Global Governance* spielt aus dieser Sicht nur eine untergeordnete Rolle. Internationale Politik und internationale Organisationen erscheinen als „externe Rahmenbedingungen", auf die lateinamerikanische Akteure nur wenig Einfluss haben. Weil dies so ist, werden die Antworten auf die Herausforderungen der Globalisierung im nationalen Rahmen gesucht. Wo *Global Governance* notwendig ist, sollte sie aus dieser Perspektive vor allem möglichst große Spielräume für nationale Politiken erhalten, also autonomieschonend sein.

Zweitens arbeiten insbesondere Norbert Lechner und Pedro Güell (2002) die kulturellen Folgen der Globalisierung heraus. Sie verweisen auf Formen sozialer Desintegration und die Auflösung kollektiver Identitäten in nationalen Gesellschaften. Sollen Antworten auf die Globalisierung gefunden werden, müssten aus dieser Perspektive Anstrengungen im Zentrum stehen, das kulturelle und soziale Kapital der Gesellschaften zu mobilisieren, um Steuerungsfähigkeit und soziale Integrationskraft zu entwickeln. Sie kritisieren, dass die lateinamerikanischen Diskussionen über *gobernabilidad* diese neuen Anforderungen an die *Governance*-Kapazitäten von Gesellschaften noch nicht thematisieren und stattdessen den Staatsdiskussionen der 70er und 80er Jahre verhaftet bleiben.

Drittens zeigt vor allem Imme Scholz (2002) am Beispiel der Umweltpolitik, das nationale Politik auch in Lateinamerika in vielen Bereichen nur noch im Kontext einer Mehrebenenpolitik verstanden und betrieben werden kann, in der lokale, nationale, regionale (MERCOSUR usw.) sowie internationale Politik systematisch aufeinander bezogen werden. Ihre Perspektive auf die Transformation der Politik geht über die Suche nach Möglichkeiten der Konservierung „nationaler Handlungsspielräume" hinaus und öffnet sowohl den Blick auf neue Herausforderungen (z.B. Aufbau von *Global Governance*-Kapazitäten auf lokaler und nationaler Ebene), als auch für neue Handlungskapazitäten (z.B. transnationaler Politik). Lokalisierung und Dezentralisierung, Stärkung nationaler Handlungsfähigkeit in einem veränderten globalen Kontext, Aufbau von *Global Governance*-Kapazitäten in den nationalen politischen Systemen sowie das Mitspielen in globalen Politikarenen werden zusammengedacht.

Viertens verdeutlichen die Arbeiten von Fernando Calderón und Christian Jetté (zu Optionen Boliviens in einer global vernetzten Welt), von Graciela Bensusán und Edmé Domínguez (jeweils zur Rolle Mexikos in der NAFTA) sowie von Ricardo Ffrench-Davis (zu ökonomischen Strukturreformen) die ungeheure Komplexität, die nationale Akteure lateinamerikanischer Gesellschaften im Globalisierungsprozess zu verarbeiten haben (Calderón/Jetté 2002, Domínguez 2002, Ffrench-Davis 2002). Die Verbindung schwieriger nationaler Reformprozesse (z.B. institutioneller Reformen; Umbau der Rechtssysteme; Reorganisation der Makroökonomie; Aufbau sozialer Sicherungssysteme) mit Versuchen der aktiven Verarbeitung von Globalisierungsfolgen, kann Gesellschaften an die Grenzen ihrer Leistungsfähigkeit führen. In diesen Beiträgen wird die Vielschichtigkeit und Fragilität der Reformprozesse in vielen lateinamerikanischen Ländern spürbar. Herkulesaufgaben müssen bewältigt werden:

- es gilt oft schwache nationale Institutionen umzubauen und die Leistungsfähigkeit des nationalen politischen Systems zu stärken;
- nationale Ökonomien müssen weltmarktfähig werden;
- verspätetes *nation building* geht einher mit der Erosion nationaler Handlungsspielräume durch die Globalisierung;
- *local, national* und *global governance* müssen zugleich reorganisiert und aufeinander abgestimmt werden.

Reform internationaler Organisationen

Die zunehmende Bedeutung internationaler Organisationen und Regime wird aus drei Perspektiven ausgeleuchtet, wobei auffällig ist, dass die Rolle der Vereinten Nationen in der Weltpolitik des 21. Jahrhunderts kaum Berücksichtigung findet:

Erstens mahnen Stephany Griffith-Jones (2002), José Ocampo (2002), Ernesto Ottone (2002) und Juan Somavía (2002) Reformen in den internationalen Organisationen an. Im Zentrum stehen Forderungen nach mehr Partizipations- und Einflussmöglichkeiten der Entwicklungsländer, Berücksichtigung der spezifischen Interessen unterschiedlicher Entwicklungsländergruppen (z.B. in der WTO oder dem Prozess der Reform der internationalen Finanzmärkte) sowie nach Regelbildungen, die die unterschiedliche Leistungsfähigkeit sehr verschiedener Länder berücksichtigen: Chancengleichheit, Fairness, Interessenausgleich lauten die Stichworte, die die Richtung von Reformen anzeigen sollten.

Zweitens betonen Diana Tussie und Miguel Lengyel sowie Claudio Maggi und Ben Ross Schneider die Notwendigkeit, in den lokalen und nationalen Institutionen *Global Governance*-Kapazitäten und Know-how aufzubauen, um überhaupt international mitspielen zu können. Noch, so die Kernaussage, sind die politischen Systeme und wichtige Akteursgruppen Lateinamerikas nur unzureichend auf Globalisierung und *Global Governance* vorbereitet.

Drittens macht insbesondere Hugo Calderón (2002) darauf aufmerksam, dass es bisher nur wenige Beispiele für Versuche einer aktiven Beeinflussung von Globalisierungsprozessen, von Reformagenden internationaler Organisationen und von *Global Governance* durch lateinamerikanische Akteure gibt. Sowohl die Dynamik und Bedeutung der Globalisierung als auch die Chancen der Einflussnahme auf internationaler Ebene würden unterschätzt.

Regional Governance

Regionale Kooperation und *Regional Governance* als Bausteine von *Global Governance* werden vor allem von den Autoren unterstrichen, die sich eine aktivere Rolle Lateinamerikas in der globalen Welt des 21. Jahrhunderts wünschen. Ana María Stuart (2002) und Hugo Calderón (2002) argumentieren, dass die lateinamerikanischen Länder nur Gewicht in der Weltpolitik gewinnen und zu Mitgestaltern der Globalisierung werden können, wenn sie ihre Leistungsfähigkeit und ihr internationales Verhandlungsgewicht durch regionale Kooperation bündeln und potenzieren. Als Leitbild dient beiden die Entwicklung der EU. In diesen Aufsätzen wird kritisch darauf hingewiesen, dass ein großer Teil der Eliten Lateinamerikas noch in den Kategorien der Epoche der Nationalstaaten denkt und handelt. Spielräume für internationale und regionale Kooperation würden daher nur unzureichend genutzt. Aus dieser Perspektive stellt der MERCOSUR, trotz aller Verwerfungen im Umfeld der Argentinien-Krise, das interessanteste Projekt dar, um zukünftig das Profil Lateinamerikas in Weltpolitik und Weltwirtschaft spürbar zu erhöhen.

Private Akteure in der Weltpolitik

Ben Ross Schneider (2002), Claudio Maggi (2002), Imme Scholz (2002) und Graciela Bensusán (2002) machen darauf aufmerksam, dass die Gestaltung der Globalisierung ohne die Beteiligung privater Akteure kein aussichtsreiches Projekt ist. Den neuen Akteuren der Weltpolitik, denen auch in den OECD-Diskursen zu *Global Governance* viel Aufmerksamkeit gewidmet wird, werden Demokratisierungs-, Kreativitäts- und Kontrollpotentiale zugeschrieben, die dazu beitragen könnten, staatliche sowie zwischenstaatliche Antworten auf Globalisierungsherausforderungen zu ergänzen. Nur im Zusammenspiel von Staaten-, Wirtschafts- und Gesellschaftswelt können tragfähige Lösungen auf die Herausforderungen der global vernetzten Welt gefunden werden. Insbesondere Ben Ross Schneider (2002) zeigt am Beispiel der Rolle der Unternehmerorganisationen unterschiedlicher Länder im Kontext von NAFTA und MERCOSUR, dass die Ausschöpfung und Ausweitung nationaler Handlungsspielräume in diesen internationalen Strukturen entscheidend vom Zusammenwirken privater und öffentlicher Akteure abhängen. Sichtet man die Beiträge in ihrer Gesamtheit, so spielen private Akteure jedoch nur eine untergeordnete Rolle. Die Weltpolitik des 21. Jahrhunderts und *Global Governance* werden von der Mehrzahl der Autoren in den Kategorien der Staatenwelt beschrieben.

Globale Politiknetzwerke

Neue Formen der internationalen Politik z.B. im Rahmen globaler Politiknetzwerke (Reinicke/Deng 2001) – wie der *Commission on Global Dams*, in der Unternehmen, Experten, NGOs und internationale Organisationen globale Standards für den Bau von Staudämmen entwickeln, oder der „Initiative zur Bekämpfung von Malaria", in der internationale Ärzteorganisationen, lokale NGOs und multinationale Unternehmen zusammenarbeiten –, spielen in den vorliegenden Beiträgen (im Gegensatz zu der *Global Governance*-Diskussion

242

im OECD-Raum) nur eine untergeordnete Rolle. Dieses Faktum korreliert mit
der Konzentration der meisten Beiträge auf ökonomische Aspekte der Globalisierung und die vorherrschende Fokussierung auf Staaten als zentralen Akteuren der Weltpolitik.

Dass diese neuen Kooperationsmuster, in denen *Public Private Partnership*-Netzwerke im Rahmen von Mehrebenenpolitiken agieren, in der lateinamerikanischen Diskussion bisher nur wenig Beachtung finden, mag mit der
spezifischen Interessenlage iberoamerikanischer Länder zu erklären sein. Aus
lateinamerikanischer Sicht sind die „klassischen" internationalen Organisationen und Regime wie Weltbank, IWF und WTO natürlich die zentralen Institutionen der Weltwirtschaft und -politik, während in der rasch wachsenden Zahl
globaler Politiknetzwerke scheinbar eher *soft issues* bearbeitet werden. In den
Arbeiten von Claudio Maggi (2002) zur Zukunft der Entwicklungspolitik
sowie von Imme Scholz (2002) zur Umweltpolitik wird jedoch veranschaulicht, dass diese neuen Kooperationsformen erstens auch in und für Lateinamerika in einer zunehmenden Zahl von Politikfeldern an Bedeutung gewinnen, zweitens die innovativen Kooperationsmuster nicht nur *soft issues*, sondern zentrale Politikbereiche betreffen – z.B. in der Umweltpolitik; im Kontext von Strategien zur Stärkung internationaler Wettbewerbsfähigkeit; in
Netzwerken der Weltwirtschaft, in denen soziale, ökologische und technische
globale Standards ausgehandelt werden – und sich drittens in globalen Poli-
tiknetzwerken Handlungsspielräume für lateinamerikanische Akteure ergeben
könnten, die bisher nicht genutzt werden.

Gibt es ein „lateinamerikanisches Leitbild von nationaler und globaler Entwicklung"?

Die Globalisierung erzwingt nicht nur institutionelle Innovationen und einen
Umbau der Architektur der Politik. Gesucht werden auch politische Leitbilder
für die Weltinnenpolitik des 21. Jahrhunderts und nationale Gesellschaften in
einer global vernetzten Welt. An welchen Zielen sollen sich globale und nationale Entwicklung zukünftig ausrichten? Lassen sich aus den Beiträgen dieses Bandes Elemente eines lateinamerikanischen Leitbildes für die globali-
sierte Welt herausdestillieren?

Alle lateinamerikanischen Autoren des INEF-Projektes interpretieren die
Globalisierung als Prozess der sukzessiven Verallgemeinerung und weltwei-
ten Durchsetzung der Basisinstitutionen der westlichen Moderne: Markt,
Demokratie, Rechtsstaat. Lateinamerikanische Antworten auf die Globalisie-
rung werden in diesem Rahmen gesucht. Ein spezifisch lateinamerikanisches
Projekt als Antwort auf die Globalisierung existiert derzeit nicht – weder mit

Blick auf nationale Entwicklung, noch in Bezug auf die Neuordnung der Weltpolitik und *Global Governance*. Dass in allen Arbeiten der Mitarbeiter des INEF-Projektes politische Handlungsspielräume auf nationaler und globaler Ebene jenseits eines kruden Neoliberalismus ausgeleuchtet werden, ist nicht unbedingt repräsentativ für Lateinamerika, sondern mag der Zusammensetzung des Projektteams geschuldet sein. Repräsentativ ist demgegenüber der Pragmatismus der Politikempfehlungen und die Verortung der Autoren irgendwo im breiten *Mainstream* „des Westens" und der innerwestlichen Debatte über Marktwirtschaft und Demokratie zwischen angelsächsischem Liberalismus und kontinentaleuropäisch geprägter „sozialer Demokratie und Marktwirtschaft".

Die Analysen der lateinamerikanischen Autoren verdeutlichen, dass im Rahmen von *Global Governance* die spezifischen Interessen von (lateinamerikanischen) Entwicklungsländern berücksichtigt werden müssen, sie verweisen auf die blinden Flecken der OECD-Diskussionen zur Zukunft von Weltpolitik und Weltwirtschaft. Aber ein lateinamerikanischer Gegenentwurf zu den globalen Entwicklungen des 21. Jahrhunderts wird nicht sichtbar. Lateinamerika befindet sich in dieser Hinsicht durchaus mit Europa in einem Boot, denn auch die europäischen Nationen und die EU tun sich schwer, so etwas wie ein europäisches Globalisierungsprojekt zu entwickeln.

Nicht vergessen werden sollte, dass Lateinamerika über große intellektuelle Potentiale verfügt, die mobilisiert werden müssten, wenn es in den kommenden Jahren um eine aktive Integration Lateinamerikas in die Weltwirtschaft und -politik geht. In den 60er und 70er Jahren gelang es den lateinamerikanischen Vordenkern, die weltweiten Debatten über Entwicklung und Weltwirtschaft nachhaltig zu prägen: im Rahmen der Dependenztheorien, der Theologie der Befreiung, der Diskussionen über eine „Neue Weltwirtschaftsordnung". Die CEPAL spielte in diesem Kontext eine fundamentale Rolle. Es bleibt abzuwarten, ob es zukünftig erneut gelingt, das intellektuelle Kapital Lateinamerikas zu bündeln, um die Globalisierung des 21. Jahrhunderts mitprägen zu können.

Ausblick

Die Diskussion über Lateinamerika in der Weltpolitik des 21. Jahrhunderts lässt sich wie folgt zusammenfassen:

Erstens gibt es so etwas wie eine lateinamerikanische Sicht auf die „Blockaden und Fallstricke von *Global Governance*", die von den *Global Governance*-Protagonisten „des Nordens" nicht ignoriert werden sollte. Die Analysen des INEF-Projektes verweisen auf Schwächen, „blinde Flecken" und offene Fragen der *Global Governance*-Diskurse innerhalb der OECD und der westlichen Außen- und Weltpolitik, auf die Antworten gefunden werden müssen, wenn *Global Governance* eine Chance haben soll.

Zweitens ist ein lateinamerikanisches Leitbild zur Gestaltung der Globalisierung nicht in Sicht. Sieben Fragen gehören auf die politische Agenda Lateinamerikas, wenn die *Global Governance*-Architektur des 21. Jahrhunderts mitgestaltet werden soll: 1) Was sind aus lateinamerikanischer Sicht die entscheidenden globalen Herausforderungen der kommenden Dekade(n)? 2) Welche Interessen sind für Lateinamerika vital, sehr wichtig bzw. wichtig, und wie werden die erwarteten globalen Problemlagen vor diesem Interessenhintergrund gewichtet (Prioritätensetzung)? 3) In welche Richtung sollen internationale und globale Prozesse beeinflusst werden (Zielsystem)? 4) Wo sind die entscheidenden Stellschrauben, um Gestaltungsspielräume nutzen und erweitern zu können (Handlungsstrategien)? 5) Welche internationalen Partnerschaften sind von Bedeutung, um die Spielräume Lateinamerikas in Weltpolitik und Weltwirtschaft möglichst optimal zu nutzen (aktive Außenpolitik)? 6) Welche Form regionaler Kooperation in Lateinamerika ist den neuen Herausforderungen angemessen (zwischen „MERCOSUR-isierung" und „NAFTA-isierung" des Kontinents)? 7) Welche institutionellen Innovationen und Reformen sind auf nationaler Ebene notwendig, um *Global Governance*-Kompetenzen aufzubauen.

Drittens ist auffällig, dass sich die OECD-Diskurse intensiv mit der Frage beschäftigen, wie Demokratie in der *Global Governance*-Architektur verankert werden kann. Im Zentrum dieser Diskussion steht das Problem, dass wesentliche Elemente und Grundlagen der nationalstaatlichen Demokratie nicht auf die globale Politik übertragbar sind (z.B. repräsentative Parlamente; Mehrheitsentscheidungen; Existenz einer politischen Öffentlichkeit; „Wir-Identitäten"; Zurechenbarkeit von Entscheidungen/*accountability*). Die OECD-Debatte dreht sich also im Kern um prozedurale Aspekte der Demokratie. Die lateinamerikanischen Autoren verweisen in ihrer Diskussion der Blockaden für ein kooperatives *Global Governance*-Projekt auf sozioökonomisch verursachte Demokratieprobleme und substantielle Fragen der Demokratie: tiefe soziale Fragmentierungen und soziale Ungleichheit sowie „oligarchische Machtstrukturen der Weltpolitik" werden erstens als Hemmnis für Chancengleichheit in der *Global Governance*-Architektur (sozioökonomische Blockaden) benannt sowie zweitens als Trends beschrieben, die dem „Geist der Kooperation und des Weltgemeinwohls" widersprechen (substantielle Fragen der Demokratie). Es scheint, als wenn sich in diesen beiden Suchprozessen zur Zukunft der Politik in der Weltgesellschaft die klassische Kontroverse zwischen „liberaler Demokratietheorie" (Betonung prozeduraler Mechanismen und formaler Rechtsgleichheit) und ihren Kritikern, die auf die sozioökonomischen Vorbedingungen für faktische Chancengleichheit verweisen (Minimum an sozialer Gerechtigkeit und Abbau faktischer Machtbarrieren als Grundlagen funktionsfähiger Demokratie) wiederholt. Vieles spricht dafür, zukünftig in der *Global Governance*-Diskussion die Suche nach demokratie-fähigen Institutionen und Mechanismen unmittelbar mit den Fragen nach dem Abbau von Machtprivilegien und nicht tragfähigen sozialen Verwerfungen in Weltwirtschaft und -gesellschaft zu verbinden. Dies entspräche zudem dem europäischen Konzept eines „zivilisierten, also sozial moderierten Kapitalis-mus".

Viertens wurde deutlich, dass die meisten Reformvorschläge, die in dem INEF-Projekt herausgearbeitet wurden, darauf abzielen, die nationalen Handlungsspielräume in der lateinamerikanischen Politik zu stärken. Auch Vorschläge zur Reform internationaler Organisationen werden vor allem unter dem Gesichtspunkt der Stabilisierung nationalstaatlicher Handlungsfähigkeit betrachtet. Die Überwindung der Grenzen des Nationalstaates und die Transformation nationalstaatlicher Politik unter Bedingungen der Globalisierung werden demgegenüber kaum diskutiert. Die Suchprozesse zur Gestaltung der Globalisierung bleiben also stark den Kategorien und Denkmustern der „Epoche der Nationalstaaten" verhaftet. „Globale Sichtweisen" (wie die von Juan Somavía (2002), Stephany Griffith-Jones 2002) und „Plädoyers für regionale Kooperation und Integration" (wie die von Hugo Calderón (2002) oder Ana María Stuart 2002) sind die Ausnahme. An diesem Punkt besteht eine auffällige Differenz zur *Global Governance*-Diskussion in den OECD-Ländern. Diese versuchen zu zeigen, dass die interne und die externe Souveränität und Handlungsfähigkeit der Nationalstaaten in vielen Politikfeldern nur noch durch die Verzahnung lokaler, nationaler, makroregionaler (EU, MERCO-SUR, etc.) und globaler Politik im Rahmen einer tragfähigen *Global Governance*-Architektur gewährleistet werden kann.

Fünftens konzentrieren sich die lateinamerikanischen Globalisierungsdis-kurse stark auf ökonomische Phänomene und Folgen der wirtschaftlichen Außenöffnung für den Kontinent. Der Trend der Internationalisierung nahezu aller Politikfelder wird bisher kaum diskutiert.

Sechstens wird deutlich, dass der lateinamerikanische *Global Governan-ce*-Diskurs, der in dem INEF-Projekt sichtbar wird, sich deutlich von radikalen Globalisierungskritiken abgrenzt, die eine „De-Globalisierung" empfehlen. Gesucht werden vielmehr Ansatzpunkte zur Gestaltung der Globalisierung. Die Autoren verweisen jedoch darauf, dass die Antworten Lateinamerikas auf die neuen Herausforderungen in Weltpolitik und Weltwirtschaft bisher passiv und reaktiv ausfallen. Im Kontext passiver *Global Governance*-Diskurse und reaktiver *Global Governance*-Strategien werden die nationalstaatlichen Handlungsspielräume oft überschätzt und die globalen Handlungsanforderungen und -möglichkeiten vernachlässigt.

Siebtens sind die politischen Systeme Lateinamerikas und die Eliten der Region noch nicht hinreichend auf die Herausforderungen von *Global Governance* vorbereitet. Die Gleichzeitigkeit von schwierigen internen Reformen (Staatsreformen, Umbau der Rechtssysteme, Aufbau sozialstaatlicher Strukturen usw.), nationalen Krisenprozessen und globalen Strukturveränderungen droht die Problemlösungskapazitäten mancher Länder des Kontinents zu überfordern.

Achtens ergeben sich vor diesem Hintergrund zahlreiche Anknüpfungspunkte für die Zusammenarbeit zwischen Lateinamerika und Europa mit dem Ziel der gemeinsamen Stärkung von *Global Governance*: a) Dialoge über die Ausrichtung der Globalisierung sind notwendig; b) konfligierende Interessen beider Regionen müssen thematisiert werden, damit gemeinsame Interessen und Formen des Interessenausgleichs entwickelt werden können; c) gemeinsame Anstrengungen sind erforderlich, damit die Prinzipien von Fairness, Machtteilung, sozialer Gerechtigkeit und Chancengleichheit in Weltpolitik und Weltwirtschaft sukzessive verankert werden können; d) Kooperationen und Allianzen in spezifischen Feldern von *Global Governance* (der Weltwirtschaftspolitik, der globalen Umweltpolitik usw.) sollten auf- bzw. ausgebaut werden; e) die europäische Entwicklungskooperation und verzahnte Außen-, Wirtschafts-, Technologie- und Umweltpolitiken sollten nachhaltig dazu beitragen, die *Global Governance*-Kompetenzen lateinamerikanischer Länder zu stärken. Im Vergleich mit den schwierigen Versuchen einer engeren Partnerschaft mit Afrika und Asien, bietet sich Lateinamerika aus Gründen kultureller, ökonomischer und politischer Nähe als strategischer Partner Europas in der Weltpolitik des 21. Jahrhunderts an. Es bleibt zu hoffen, dass diese Chance im beiderseitigen Interesse genutzt wird.

Literaturverzeichnis

Banko, Milanovic (1999): The True World Income Distribution, Policy Research Working Paper 2244, World Bank, Washington, D.C.

Bello, Walden (2001): Essays on Globalization and Resistance. Oakland.

Bensusán, Graciela (2002): Los sindicatos y la gobernanza global. In: Maggi, Claudio/Messner, Dirk (Hrsg.) 2002: Gobernanza Global. Una mirada desde América Latina. Caracas, S. 323-348.

Boomgaarden, Georg A. (2002): Perspectivas de la cooperación entre Alemania y América Latina. In: Maggi, Claudio/Messner, Dirk (Hrsg.) (2002): Gobernanza Global. Una mirada desde América Latina. Caracas, S. 117-154.

Brock, Lothar (2001): Globale Trends und Interdependenzen in der Weltpolitik. In: Hauchler, Ingomar et al. (Hrsg.): Globale Trends 2002. Frankfurt a.M., S. 379-401.

Calderón, Hugo (2002): El desarrollo de capacidades frente a la globalización y la gobernanza global. El caso de Chile. In: Maggi, Claudio/Messner, Dirk (Hrsg.) (2002): Gobernanza Global. Una mirada desde América Latina. Caracas, S. 93-104.

Calderón, Fernando/Jetté, Christian (2002): Elites en la globalización. La experiencia boliviana. In: Maggi, Claudio/Messner, Dirk (Hrsg.) (2002): Gobernanza Global. Una mirada desde América Latina. Caracas, S. 349-368.

Commission on Global Governance (1995): Our Global Neighbourhood. Oxford.

Czempiel, Ernst-Otto/Rosenau, James (Hrsg.) (1992): Governance without Government. Oxford.

Domínguez, Edmé (2002): El Tratado de Libre Comercio de América del Norte. Nuevo o viejo regionalismo. In: Maggi, Claudio/Messner, Dirk (Hrsg.) (2002): Gobernanza Global. Una mirada desde América Latina. Caracas, S. 295-322.

Dror, Yehezkel (1995): Ist die Erde noch regierbar? Bericht an den Club of Rome. München.

Dussel, Enrique (2002): Gobernanza global ante la creciente polarización territorial internacional? In: Maggi, Claudio/Messner, Dirk (Hrsg.) (2002): Gobernanza Global. Una mirada desde América Latina. Caracas, S. 69-78.

Enquete-Kommission „Globalisierung der Weltwirtschaft" des Deutschen Bundestages (2002): Globalisierung der Weltwirtschaft. Herausforderungen und Antworten. Berlin.

Eßer, Klaus (1994): Lateinamerika-Europa: Anforderungen an die Handels-, Investitions- und Entwicklungsbeziehungen. Berlin.

--- (1999): Neue Südpolitik Deutschlands. Aufgaben der Entwicklungspolitik im Rahmen einer substantiellen Partnerschaft mit Schwellenländern. Berlin.

Ffrench-Davis, Ricardo (2002): Reformas Económicas, globalización y gobernabilidad. In: Maggi, Claudio/Messner, Dirk (Hrsg.) (2002): Gobernanza Global. Una mirada desde América Latina. Caracas, S. 155-178.

Güell, Pedro/Lechner, Norbert (2002): La globalización y los desafíos culturales de la governanza. In: Maggi, Claudio/Messner, Dirk (Hrsg.) (2002): Gobernanza Global. Una mirada desde América Latina. Caracas.

Griffith-Jones, Stephany (2002): Incrementar la participación de los países en vías de desarrollo en la gestión financiera global. In: Maggi, Claudio/Messner, Dirk (Hrsg.) (2002): Gobernanza Global. Una mirada desde América Latina. Caracas, S. 211-217.

Kaul, Inge/Grunberg, Isabelle/Stern, Marc A. (Hrsg.) (1999): Global Public Goods. International Cooperation in the 21st Century. New York.

Kennedy, Paul/Messner, Dirk/Nuscheler, Franz (2002): Global Trends and Global Governance. London.

Khor, Martin (2001): Rethinking Globalization. Critical Issues and Policy Choice. London/New York.

Kurtenbach, Sabine (2001): Lateinamerika nach dem 11. September 2001. In: Brennpunkt Lateinamerika, Nr. 19 (2001).

Maggi, Claudio (2002): America Latina frente a la gobernanza global. ¿Qué rol puede jugar la cooperación técnica internacional? In: Maggi, Claudio/Messner, Dirk (Hrsg.) (2002): Gobernanza Global. Una mirada desde América Latina. Caracas, S. 267-280.

---/Messner, Dirk (Hrsg.) (2002): Gobernanza Global. Una mirada desde América Latina. Caracas.

Messner, Dirk (2000): Ist Außenpolitik noch Außenpolitik ...und was ist eigentlich Innenpolitik? Die Transformation der Politik in der Ära des Globalismus. In: PROKLA. Zeitschrift für kritische Sozialwissenschaft, No. 118, S. 123-150.

--- (2001): Kooperative Weltmacht Europa? In: Zeitschrift für internationale Politik und Gesellschaft. Bonn, S. 26-39.

Nuscheler, Franz (Hrsg.) (2000): Entwicklung und Frieden im 21. Jahrhundert. Bonn.

Nye, Joseph/Donahue, John D. (Hrsg.) (2000): Governance in a Globalizing World. Oxford.

Ottone, Ernesto (2002): Globalización y progresismo. Una mirada desde América Latina. In: Maggi, Claudio/Messner, Dirk (Hrsg.) (2002): Gobernanza Global. Una mirada desde América Latina. Caracas, S. 105-116.

Ocampo, José Antonio (2002): La reforma financiera internacional. Una agenda ampliada. In: Maggi, Claudio/Messner, Dirk (Hrsg.) (2002): Gobernanza Global. Una mirada desde América Latina. Caracas, S. 179-210.

Reinicke, Wolfgang (1998): Global Public Policy Networks. Washington, D.C.

Reinicke, Wolfgang/Deng, Francis (2001): The United Nations, Networks, and the Future of Global Governance. Ottawa.

Schneider, Ben Ross (2002): Política empresarial e integración regional. Actores empresariales y Estado en el Tradado de Libre Comercio de América del Norte y el Mercosur. In: Maggi, Claudio/Messner, Dirk (Hrsg.) (2002): Gobernanza Global. Una mirada desde América Latina. Caracas, S. 369-394.

Scholz, Imme (2002): Política ambiental y gobernanza global. Pespectivas posibles desde América Latina. In: Maggi, Claudio/Messner, Dirk (Hrsg.) (2002): Gobernanza Global. Una mirada desde América Latina. Caracas, S. 217-242.

Somavía, Juan (2002): Los desafíos de la globalización, del trabajo y del desarrollo social. In: Maggi, Claudio/Messner, Dirk (Hrsg.) (2002): Gobernanza Global. Una mirada desde América Latina. Caracas, S. 243-252.

Stuart, Ana María (2002): Una nueva institucionalidad para el Mercosur. In: Maggi, Claudio/Messner, Dirk (Hrsg.) (2002): Gobernanza Global. Una mirada desde América Latina. Caracas, S. 281-294.

Tussie, Diana/Lengyel, Miguel F. (2002): Países en vías de desarrollo y la Organización Mundial de Commercio. In: Maggi, Claudio/Messner, Dirk (Hrsg.) (2002): Gobernanza Global. Una mirada desde América Latina. Caracas, S. 253-267.

Young, Oran R. (1999): Governance in World Affairs. New York.

Roman Herzog

Lateinamerika in der neuen Kommunikationswelt

Durch die massive Ausbreitung der Neuen Informations- und Kommunikationstechnologien (NIKT) wurden in den vergangenen Jahren weltweit Entwicklungen eingeleitet, die wesentliche gesellschaftliche, politische und wirtschaftliche
Funktionsweisen und Bereiche grundlegend verändern könnten. Traditionelle
und neue Akteure stehen damit vor neuartigen Herausforderungen. Wie stellt
sich die Situation der neuen Informationswelt und -ökonomie in Lateinamerika
dar? Vor welchen Ausgangsbedingungen stehen die Menschen in den Ländern
des Subkontinents am Beginn des 21. Jahrhunderts und welche Rolle spielen
lateinamerikanische Akteure bei der derzeitigen Formulierung und Produktion
der neuen Weltinformationsordnung? Im Folgenden soll ein Überblick gegeben
werden über die wesentlichen Akteure, Themenbereiche und bisherigen Etappen
der Regulierung der NIKT sowie über die Bedingungen, Voraussetzungen und
Inhalte der NIKT-Nutzung in Lateinamerika mit dem Ziel, die Länder der Region in dieser neuen Kommunikationswelt zu verorten.

Konturen der neuen Kommunikationswelt

Im Gegensatz zu dem, was man als die „alte Kommunikationswelt" bezeichnen
könnte, kreist die „neue Kommunikationswelt" nicht mehr um die analogen
Medien (Radio, TV, Printmedien), sondern um die „neuen Medien", deren
gemeinsames Charakteristikum ihre digitale technologische Basis ist. Die wesentliche technologische Neuerung der NIKT ist die Umsetzung von Informationen in die binäre Computersprache (0 und 1) und die Zusammenführung der
verschiedenen Arten mediatisierter Informationsübermittlung: Text, Bild, Ton
und gesprochene Sprache – was oftmals mit dem Begriff Multimedia umschrie-
ben wird (Hamelink 1997: 3)[1]. Die Computer- und Telekommunikations-
basierte Informations- und Kommunikationsinfrastruktur des Internets ermöglicht hierbei die Übermittlung dieser digitalen Informationen und Kommunikation über große Distanzen in einem Umfang und einer Geschwindigkeit, die vor

---

1   Der Leiter des *Media Lab* am *Massachusetts Institute of Technology*, Nicholas Negroponte
(1995) weist zu Recht darauf hin, dass anstelle von „Multimedia", gerade aufgrund des Zusammenwachsens verschiedener Medien zu einem, besser von „Unimedia" zu sprechen sei.

251

wenigen Jahren noch undenkbar erschien. Diese Infrastruktur ist zu unterscheiden von den konkreten Nutzungsformen der Neuen Medien (E-Mail, World Wide Web, Chat, Online-Konferenzen, etc.). Sie sind es, denen heute allenthalben ein transformatives Potential zugeschrieben wird. Keine internationale Konferenz, kein Bericht, egal welcher internationaler Organisation, kommt heute ohne eine Betonung der Bedeutung des „Internets" aus. Wie bei vorhergehenden technologischen Innovationen, sollen heute die NIKT in allen Bereichen von der Telemedizin bis zum *E-Commerce* helfen, die grundlegenden Probleme der Menschheit lösen. Diese naive „Vision" wird in zahlreichen Berichten der letzten Jahre, etwa dem Weltentwicklungsbericht von 1998/99 „Wissen und Entwicklung" (Weltbank 1999), immer wieder betont.

Auch auf dem Milleniums-Gipfel der UNO im Herbst 2000 wurde dem Thema bei der Diskussion über die Konturen der neuen Architektur der Weltgemeinschaft ein zentraler Stellenwert eingeräumt:

„Das Internet ist das am schnellsten wachsende Kommunikationsinstrument in der Geschichte der Zivilisation und vielleicht das am schnellsten sich verbreitende. Die Konvergenz von Informationstechnologie, Internet und *E-Commerce* wird vielleicht einen ebensolch transformativen Charakter erlangen, wie die Industrielle Revolution. Sie wird die ökonomische Landschaft verändern und Organisationsstrukturen rekonfigurieren. Sie wird die Art und Weise verändern, in der viele Menschen arbeiten und leben." (Annan 2000: 12).

Aber der UN-Generalsekretär illustrierte in einem Gedankenspiel auch die Realität des *Global Village*: Wäre die Erde tatsächlich ein Dorf mit 1000 EinwohnerInnen, so würden 200 Menschen 86% des Reichtums auf sich vereinen. Das Durchschnittseinkommen betrüge US$ 6.000 aber 50% der DorfbewohnerInnen müssten von weniger als US$ 2 am Tag leben. 220 BewohnerInnen wären Analphabeten, weniger als 60 Menschen würden einen Computer besitzen und nur 24 von ihnen hätten einen Zugang zum Internet, wogegen die Hälfte der DorfbewohnerInnen in ihrem Leben noch niemals telefoniert hätte (Ebda. 14f.).

„Es existiert immer noch eine große digitale Kluft auf der Welt. Es gibt mehr Computer in den Vereinigten Staaten von Amerika als im Rest der Welt zusammengenommen und in Tokio existieren ebenso viele Telefonanschlüsse, wie in ganz Afrika" (Ebda. 32).

Um dieser digitalen Spaltung abzuhelfen rief Annan auf der Vollversammlung mit dem „United Nations Information Technology Service" (UNITeS) eine neue Unterorganisation ins Leben, die sich zu zahlreichen bereits existierenden internationalen Initiativen gesellt (UNITeS 2000).

Die Regierungschefs der G-8-Staaten rangen sich, nach dem Erlahmen ihrer Bemühungen zu Beginn der 90er Jahre (G-7: 1995), beispielsweise auf ihrem Gipfel im Juli 2000 in Okinawa zu einer „Charta der globalen Informationsgesellschaft" durch, die ebenfalls das Ziel formuliert, die digitale Spaltung zwischen Nord und Süd zu überwinden. Gegründet wurde dafür die „Digital Opportunity Taskforce" (*dot force*) (G-8: 2000), die insbesondere den Privatsektor dazu animieren will, die digitale Lücke zu schließen. Demgegenüber bezogen die Außenminister der G-77 auf ihrer Tagung im April 2000 in Havanna eine andere Position: „Die Spaltung muss geschlossen werden, aber nicht, indem dies dem Privatsektor überlassen bleibt, sondern durch die Einbeziehung der Vereinten Nationen" (G-77:2000). Gefordert wurden vermehrte Investitionen im Bildungsbereich und Maßnahmen, die dem *braindrain* und einer „Privatisierung des Wissens" vorbeugen, um eine effektive Ausübung des Rechts auf Entwicklung zu ermöglichen. Die Weltbank bot sich bereits 1996 als „starker Partner" für die Integration der Länder des Südens in die Weltinformationsgesellschaft an. In der „Information for Development"-Initiative wurden zahlreiche Projekte entwickelt; ein konkreter Nutzen oder Effekt ist bisher aber nur in wenigen Bereichen auszumachen und gleichzeitig ist mit einigen Großprojekten, etwa der „African Virtual University", erfolgreich demonstriert worden, wie der „Anschluss des Südens" besser nicht bewerkstelligt werden sollte (Weltbank: 1997). In neueren Initiativen, wie Beispielsweise dem Projekt „Softbank", arbeitet auch diese Organisation nunmehr direkt mit Privatunternehmen zusammen, um die klaffende Lücke zu schließen (Weltbank: 2000a).

Initiativen, den Segen der NIKT in den Ländern des Südens zu verbreiten, sind also nicht neu, auch wenn die Töne vorübergehend ein wenig leiser geworden waren. Bereits zu Beginn der 90er Jahre wurden in den genannten und weiteren Gremien vielfach die Bedeutung und das Potential der NIKT für die „Entwicklungsländer" hervorgehoben. Die allermeisten Bemühungen blieben allerdings Papier oder verebbten. Die heute erneut auf die Tagesordnung gelangenden Programme ähneln stark den alten Konzepten und es bleibt abzuwarten, welche tatsächlichen Effekte sie haben werden. In jedem Fall wird in den meisten Fällen weiterhin eine Reihe von Fehlern konzeptioneller Art begannen, wenn die „Dritte Welt" vor allem und – so scheint es – um jeden Preis „angeschlossen" werden soll, und dabei ungenügend oder gar nicht nach Sinn und Unsinn des Anschlusses, nach konkreten Inhalten und Anwendungen und nach der direkten Beteiligung der Akteure in den Ländern gefragt wird.

Über das Internet wurde de facto in den vergangenen zehn Jahren eine Bandbreite von Anwendungen erfunden, die kein anderes Kommunikationsmedium jemals hervorgebracht hat. Mit dem Diskurs, der behauptet, die NIKT würden unsere Lebensrealitäten von Grund auf verändern, wird jedoch eine quasi Natürlichkeit und damit Zwangsläufigkeit der Entwicklung suggeriert. Gleichzeitig wird ein enormer Anpassungsdruck konstruiert, demnach viele Länder den Anschluss zu verpassen drohen und damit von der Teilhabe an der künftigen Welt ausgeschlossen sein werden. Aus dem Blick gerät dabei, dass die entstehende globale Informations- und Kommunikationsordnung, die auf den NIKT basiert, das Produkt vielfältiger und bewusster Praktiken ist, bei denen sich die einzelnen Akteure mit ihren Interessen und Zielen und die Themenbereiche dieser Konstruktion durchaus verorten lassen.

Der transformative Charakter der NIKT scheint dennoch heute in vielen Bereichen augenscheinlich, auch wenn fundierte Untersuchungen über das tatsächliche Potential und die durch die Ausbreitung der NIKT ausgelösten konkreten Veränderungen noch Mangelware sind. Es lässt sich bisher zwar wissenschaftlich noch nicht systematisch nachweisen, welche positiven oder negativen Auswirkungen die NIKT insbesondere im wirtschaftlichen Bereich zeitigen (Pohjola 1999), aber

„es gibt zahlreiche Belege dafür, dass die IKTs eine bedeutende Rolle in den nationalen Volkswirtschaften und der internationalen Ökonomie spielen [...]. Anhand verschiedener Welthandelsindikatoren kann geschätzt werden, dass der Anteil der IKT-Industrie am gesamten Welthandel 10 bis 15% beträgt" (Hamelink 1999: 24, 27).

Die NIKT sind in zunehmendem Maße Funktionsbedingung und Transmissionsriemen der wirtschaftlichen Entwicklung. Sie sind Bestandteil und Wirkungsfaktor der gegenwärtigen Globalisierung von Politik und Wirtschaft und damit auch Schlüsselfaktoren der politischen und wirtschaftlichen Entwicklung der einzelnen Nationalstaaten geworden. Einzelne Bereiche der neu entstandenen Wirtschaftsbranche sind bereits zu heiß umkämpften Feldern geworden, etwa die Kontrolle des Zugangs zum Internet über Web-Portale. Vor dem Hintergrund der im Zuge der Globalisierung sich immens steigernden Konzentrationsprozesse transnationaler Unternehmen gewinnt dieses Faktum eine außerordentliche Brisanz (Unctad 2000; Schiller 2000).

Aber nicht nur die technische Infrastruktur des Internets wird im Zuge dieser wirtschaftlichen Entwicklung weltweit in Form von digitalen Telefonleitungen und Knotenpunkten vehement ausgebaut: Auch an der Konstruktion einer neuen organisatorischen Verwaltung und Betreuung der Informationstechnologie-basierten Gesellschaft wird seit geraumer Zeit gearbeitet. Eine „Internet"-Politik ist im Entstehen begriffen, nachdem bereits die Internet-basierte Wirtschaft unter dem Stichwort der *New* bzw. *E(lectronic)-Economy* Einzug in den Alltag vieler Menschen gefunden hat. Bis zum *E-Government* oder gar der *E-Society* scheint allerdings noch ein längerer Weg zurückzulegen zu sein. Die Konturen der entstehenden Internetordnung sind allerdings bereits auszumachen und damit auch der Platz der Länder des Südens in ihr.

Angesprochen sind durch die Entwicklungen alle Bereiche des gesellschaftlichen, politischen und wirtschaftlichen Lebens. Damit stehen die beteiligten Akteure auch vor neuen Herausforderungen der Gestaltung dieser Prozesse. Bei einem Versuch die Themen und Aspekte der NIKT-Regulierung analytisch zu ordnen, lassen sich idealtypisch vier Bereiche unterscheiden: a) die Regulierung der NIKT-Infrastruktur und Nutzungsvoraussetzungen, b) die Regulierung der gesellschaftlichen, c) der wirtschaftlichen sowie d) der politischen NIKT-Nutzung (s. Übersicht 1). Die einzelnen Aspekte der Themenbereiche greifen vielfach ineinander und können nur schwerlich isoliert behandelt, sondern müssen vielmehr in ihren Wechselwirkungen betrachtet werden.

Übersicht 1

Themenbereiche der NIKT-Regulierung

A) Regulierung der NIKT-Infrastruktur und der NIKT-Nutzungsbedingungen
1) Gewährleistung der Nutzungsvoraussetzungen (Bildung, Computer*literacy* etc.)
2) Reichweite des Nutzungszugangs (Nutzungsförderung insb. für gesellschaftlich, ökonomisch und geographisch Marginalisierte (*Universal Access*) und dessen Finanzierung)
3) Gestaltung der Nutzungskosten
4) Aufbau, Funktion(sgewährleistung), Verwaltung und Kontrolle der (inter)nationalen Internet-Infrastruktur

B) Regulierung der gesellschaftlichen NIKT-Nutzung
1) Datenschutz und Datensicherheit
2) Schutz der Privatsphäre (unautorisierte Verbreitung persönlicher Daten, elektronische Belästigung) und Persönlichkeitsrechte (Kryptographiepolitik, Recht auf Anonymität und informationelle Selbstbestimmung, Verleumdung, ungesetzliche Anzeigen, Schutz der kulturellen und menschlichen Würde (Gewalt, Pornographie) etc.)
3) Kinder- und Jugendschutz sowie Kinder- und Jugendrechte
4) Minderheitenschutz und -rechte (beleidigende Formen von Werbung, Blasphemie, Anstiftung zu „Ausländerhass" und ethnischer Diskriminierung, Gewalt)

C) Regulierung der wirtschaftlichen NIKT-Nutzung
1) Elektronischer Handel und Geschäftsverkehr (Bedingungen des Online-Handels, Ökonomische Sicherheit der Internetinfrastruktur, Digitale Signatur, Betrug, Kreditkartenmissbrauch etc.)
2) Steuern (Besteuerung des Internets bzw. einzelner Transaktionen)
3) Urheberrecht (Piraterie)
4) Wettbewerbspolitik (Wettbewerbsschutz und -rechte, Marktgestaltung, Monopolbildung, unlauterer Wettbewerb, etc.)
5) Verbraucherschutz und -rechte (Werbung (Spam), Verarbeitung, Weitergabe und Verkauf personenbezogener Daten, Haftung, Rückgaberecht etc.)

D) Regulierung der politischen NIKT-Nutzung
1) Partizipation (Transparenz, Informationszugang, politische Teilhabe (Wahlen/Petitionen/Abstimmungen etc.), Pluralismus, „elektronische Demokratie")
2) Entwicklung von Inhalten
3) Wahrung und Förderung kultureller Besonderheiten (Sprachen etc.)
4) Polizeiliche und geheimdienstliche Überwachung und Kontrolle
5) Computerkriminalität
6) Schutz nationaler Sicherheit (z.B. Aufforderung zu Straftaten, terroristische Aktivitäten, Anleitung für Anschläge und Bombenbau, illegale Drogenproduktion)

Zu all den genannten Themen finden seit Jahren jenseits programmatischer Erklärungen in zahlreichen Gremien von der G-7 über zahlreiche UNO-Organisationen bis zur OECD ausführliche Beratungen statt, in denen immer wieder deutlich wird, wie nationale und internationale Kompetenzen und Spezifika bei der Suche nach Lösungen in Konflikt geraten. Deutlich wird aber auch, dass die beteiligten Organisationen aus Politik, Wirtschaft und Gesellschaft jeweils unterschiedliche Auffassungen von der Art und Weise der Nutzung der NIKT haben. Drei unterschiedliche Pole der Diskussion lassen sich unterscheiden, die nicht notwendigerweise kompatibel sind: eine freie Nutzung des Internets unter gesellschaftlicher Verwaltung, eine kommerzielle Nutzung des Internets und eine staatlich regulierte und kontrollierte NIKT-Nutzung. Auffallend ist dabei, dass die bisher existierende Regulierung sowie die prioritären Diskussionsthemen eine starke Asymmetrie aufweisen: Die politischen Organisationen und die wirtschaftlichen NGOs betreiben in Übereinstimmung mit ihrer allgemeinen zumeist neoliberalen Orientierung eine relativ einseitige Politik im Interesse der Wirtschaftskonzerne und internationalen Finanz- und Wirtschaftsorganisationen. Die Wirtschaftswelt selbst gibt hierbei seit geraumer Zeit den Ton vor, und kaum eine der traditionellen politischen „Welt-Organisationen" stellt sich diesem Einfluss substantiell entgegen.

So rangiert heute ein selbst innerhalb der neuen Kommunikationswelt relativ junges Phänomen wie der elektronische Verkehr und Austausch von Waren und Dienstleitungen, genannt *E-Commerce*, bei fast allen Organisationen und Gremien an oberster Stelle der Prioritätenliste. Dahinter stehen Themen, die seit langer Zeit problematisiert wurden und im Interesse der Weltbevölkerung einer globalen Regelung bedürfen, wie etwa der Datenschutz oder der Schutz individueller Persönlichkeitsrechte. Lediglich die nicht-kommerziellen NGOs, die vielfach zu den Pionieren der NIKT-Nutzung zählen, bilden einen Gegenpol. Sie verfolgen mit dem Ausbau des Internets nicht zuallererst ökonomische, sondern politische, soziale und wissenschaftliche Zwecke. Wie schon im Falle der „Schwester" Globalisierung kommt es somit auch beim Thema Internet zu einem problematischen Ungleichgewicht in der Regulierung. Der vor allem von US-Regierung, der WTO und der OECD formulierte Konsens, dass der freie Markt selbst die beste Regulierungsinstanz der NIKT darstelle, wird dabei mehrheitlich unhinterfragt als Basis angesehen, auch wenn sich zunehmend Gefahren und Probleme dieser Prämisse offenbaren.

Innerhalb der Bemühungen um eine internationale Regulierung des Internets seit seiner kommerziellen Freigabe können bei einer ersten Betrachtung zwei Phasen unterschieden werden: Wurden in den Jahren 1994 bis 1997 in nationalen Alleingängen Modellfälle für Problemlösungen gesucht und erprobt, so setzt sich seit 1998 die Ansicht immer mehr durch, dass nationale Lösungen nicht weiterhelfen, sondern die vom Internet ausgehenden Phänomene und Probleme einer internationalen Ordnung bedürfen. Diese Erkenntnis speist sich vor allem aus der Tatsache, dass die NIKT theoretisch und in einigen Aspekten durchaus auch praktisch nicht länger an nationale Grenzen gebunden sind und damit eine nationale Regulierung grenzüberschreitender Phänomene, wie Internet-Kriminalität etc., keine Aussicht auf Erfolg besitzt. Diese Entwicklung sollte allerdings über einige Aspekte nicht hinwegtäuschen: Zum einen werden auch weiterhin in nationalen Regulierungsversuchen einzelner Teilbereiche Testballons gestartet, und zum anderen beraten und gestalten bereits seit den 80er Jahren Experten in einflussreichen Gremien vor allem der UNO, der G-7 und der OECD die Konturen der neuen Internetweltordnung. Ein bedeutender Gesichtspunkt ist auch, dass das Internet eine Erfindung der US-amerikanischen Regierung ist, die seit seinem Entstehen bis heute die wesentlichen Bedingungen und den Rahmen der Entwicklung definiert (Iriarte Ahon: 2000).

Der Auffassung, das Internet sei unreguliert und gerate erst seit einigen Jahren ins Blickfeld der Regierungen, muss somit widersprochen werden. Reguliert wird vielmehr in all den zuvor genannten Bereichen, und das seit langer Zeit. Im Folgenden sollen anhand der Themenkomplexe „Internet-Inhalte und Datenschutz", „Computerkriminalität" und *E-Commerce* einige Haupttendenzen der NIKT-Regulierung veranschaulicht werden.[2]

Der Zugang zum Internet und dessen Inhalte werden weltweit in unterschiedlichen, teilweise äußerst rigiden Arten kontrolliert. Globale und regionale Überwachungseinrichtungen ergänzen diese Maßnahmen auf drastische Weise, so dass der Harvard-Professor für Internet-Recht, Lawrence Lessig, zu dem Schluss kommt, dass das Internet den uneingeschränkten Zugang zu Informationen und die freie Meinungsäußerung nicht fördere, sondern durch die Entwicklungen der letzten Jahre ein Szenario konkrete Gestalt gewinnt, nach dem der Cyberspace statt dessen eine relativ perfekte, globale Kontrollinfrastruktur darstellt, die zur Einschränkung der Demokratie verwendet wird (Lessig 1999; Krempl 2000).

In fast allen Ländern der Welt finden umfassende Eingriffe in die Informationsfreiheit und die Persönlichkeitsrechte statt und werden immer unter der Berufung auf das kriminelle Potential des Internets legitimiert (Freedomhouse 2000). Auffällig ist, dass Regierungen und internationale Organisationen in diesem Zusammenhang zwar betonen, dass nationale Alleingänge zur Lösung dieses Problemkomplexes keinerlei Aussicht auf eine effektive Wirkung haben, dass es im Spannungsfeld zwischen Datenschutz und Zensur bisher allerdings kaum internationale Rahmenabkommen, wohl aber weltweit eine Vielzahl nationaler „Lösungen" gibt, die insgesamt in ihrem Zusammenspiel harmonisieren. Das Grundmuster dieser Regulierungsvarianten folgt drei

---

2   Aus Platzgründen kann hier nur recht kursorisch auf diese Themen eingegangen werden
    Eine detaillierte Analyse der genannten und weiterer Themenkomplexe der NIKT-Regulierung findet sich in Herzog 2000.

sich ergänzenden Tendenzen. Zum einen werden unter dem Stichwort der Providerverantwortlichkeit die Internetzugangsanbieter (*Internet Service Provider* – ISPs) für die Inhalte, zu denen sie Zugang ermöglichen, verantwortlich gemacht und in unterschiedlicher Form rechtlich zur Mitwirkung an der Zensur des Internets herangezogen. Das kann soweit gehen, dass die ISPs verpflichtet sind, den Sicherheitsbehörden und Geheimdiensten unaufgefordert einen direkten Zugriff auf die Daten der Internet-NutzerInnen zur Verfügung zu stellen, nicht nur auf deren persönliche Daten, sondern vor allem sämtliche Internetverbindungsdaten sowie abgesandte und empfangene E-Mails. Dieses Eingriffsmodell hat seine weitestgehende Variante in der BRD gefunden (DB 1997; Schulzki-Haddouti 1997a und 1997b). Zum zweiten wird versucht, durch das Einführen obligatorischer Filtersysteme auf zentralisierter (ISP) und/oder individueller (NutzerInnen) Ebene, die genutzten Inhalte im Netz zu zensieren. Vorreitergesetze wurden hierzu in den USA, Australien und Großbritannien erlassen (Medosch 1999; Rötzer 1999b; Moechel 1998). Drittens wird weltweit daran gearbeitet, die einzige effektive Möglichkeit sich gegen ungewollte Zugriffe auf persönliche Daten durch die Verwendung starker Verschlüsselung zu schützen entweder ganz zu verbieten oder dadurch zu unterlaufen, dass die dafür notwendigen geheimen Schlüssel bei offiziellen Behörden hinterlegt werden müssen, damit diese entschlüsseln können, was sie lesen können wollen (Rötzer 1999a). Zu diesen offenen Eingriffen in die Datenkommunikation kommen die langjährigen Bemühungen vieler Regierungen und Geheimdienste eine umfassende Überwachung der Informations- und Kommunikationsflüsse zu gewährleisten (Hager 1996, 1998; Wright 1998).

Parallel zu diesen Eingriffen in die Datenkommunikation lässt sich global ein eklatantes Ungleichgewicht zu den bisher fehlenden oder ungenügenden Rechten der BürgerInnen diagnostizieren, ihre persönlichen Daten zu schützen. Datenschutzbestimmungen sind zwar durch eine Reihe von Empfehlungen und Richtlinien der UNO und der OECD (OECD 1980, 1985; UNO 1990) international vorgegeben und erwünscht, national allerdings bisher ungenügend oder gar nicht umgesetzt. Nicht nur die Versuche des staatlichen Zugriffs, sondern insbesondere auch der seit Jahren wachsende und wirtschaftlich äußerst profitable Handel mit Persönlichkeitsdaten durch Unternehmen (*data mining*), insbesondere zur Erstellung von Kundenprofilen, macht den rechtlichen Schutz individueller Daten gegen Missbrauch notwendig.

In Lateinamerika bilden jene Länder, in denen in den 90er Jahren neue Verfassungen erarbeitet wurden, weltweit betrachtet eine regelrechte Avantgarde bezüglich der rechtlichen Stellung des Datenschutzes. Unter dem Stichwort der *Habeas Data* ist dieser gemäß den Prinzipien der OECD und der UNO in Argentinien (1994), Paraguay (1993) und Peru (1992)[3] beispielsweise auf der Ebene eines Verfassungsgrundrechts angesiedelt. Dennoch hapert es auch in diesen Ländern an der administrativen Umsetzung. Detailgesetzliche Ausführungen, die den Datenschutz praktisch werden lassen, werden dabei oftmals aufgrund mangelnden politischen Willens und durch die Lobbyarbeit der Datenbankunternehmen bisher erfolgreich verhindert (Iriarte 1998).

Die Referenzwerte der Diskussion über den Datenschutz in Lateinamerika sind neben den OECD- und UNO-Vorlagen die beiden konkurrierenden Modelle der USA und der EU (Bauza Reilly 1999). Ist die EU bemüht, einen umfassenden Datenschutz gerade auch für den ökonomischen Bereich einzuführen (EU 1998), so gelten in den USA auch sensible Persönlichkeitsdaten als Handelsware und ihr rechtlicher Schutz als Wettbewerbshemmnis. Die US-Regierung versucht seit einigen Jahren hartnäckig ein Modell der freiwilligen Selbstkontrolle im Bereich des Datenschutzes ohne übergeordnete Instanz zur Kontrolle der Einhaltung zu etablieren (*Safe Harbour Agreement*) (Rötzer 2000a und 2000b).

Das Thema der Zensur und des Datenschutzes bildet auch einen untrennbaren Bestandteil der allgemeinen Diskussion über „Computerkriminalität". Auch dieses Thema ist von oberster Priorität auf der Regulierungsagenda aller Staaten. Nicht zuletzt die diskursive Instrumentalisierung massiver Virenverbreitungen, wie im Frühjahr 2000, hat dazu geführt, dass die Bemühungen um eine globale Regulierung des Phänomens heute beschleunigt werden und die Globalisierung eines einheitlichen Strafrechts für unabdingbar erklärt wird. Dies wird in Gremien wie der G-8-Arbeitsgruppe zur Hightech Kriminalität (Schulzki-Haddouti 1999), dem Europarat (2000) oder der *United Nations Commission on Crime Prevention and Criminal Justice* (UNCJIN 2000) vorbereitet. Hierbei stehen Bemühungen um eine Ausweitung der Zugriffsmöglichkeiten nationaler Sicherheitsbehörden über die Grenzen des Nationalstaates hinaus zur Diskussion. Dabei lässt sich ein Diskurswandel diagnostizieren: Der Schwerpunkt hat sich verlagert von der Diskussion über individuelle Schutzrechte (Recht auf Intimität und Privatsphäre) hin zu einer Dominanz des Schutzes kommerzieller Eigentumsrechte.

Ein Hauptproblem in der bisherigen Debatte besteht darin, dass weder allgemein verbindlich definiert ist, was Informatik- oder Computerverbrechen sind, noch welche Delikte darunter im Einzelnen gefasst werden sollen. In Ermangelung bisheriger internationaler Übereinkünfte dominieren deshalb heute national sehr unterschiedliche Versuche der Konzeptionalisierung.

---

[3] Am explizitesten wird die *Habeas Data* als eigener Grundgesetzartikel in der peruanischen Verfassung definiert: „Toda persona tiene derecho: A que los servicios informáticos, computarizados o no, públicos o privados, no suministren informaciones que afecten la intimidad personal y familiar." (Artikel 2, Absatz 6, Verfassung Perus von 1993) (Iriarte 1999).

Einige Länder Lateinamerikas sind auch in diesem Bereich weit vorange-schritten. Peru etwa zählt neben den USA und der BRD weltweit zu den we-nigen Ländern, die eine explizite Gesetzgebung zur Computerkriminalität aufweisen (Viega 1999; Núñez 1999). Geahndet werden demnach mit Haft-strafen bis zu sechs Jahren die Delikte der Verletzung der Intimität durch (informations-)technische Hilfsmittel, des schweren Diebstahls durch elektro-nischen Vermögenstransfer, Telematik oder den Einsatz geraubter Passwörter und Schlüssel, des Verstoßes gegen (Software-)Autorenrechte, der Fälschung informationstechnischer Dokumente, des Betrugs in der Verwaltung juristi-scher Personen durch den Gebrauch der Informationstechnik und der Beschä-digung der Hardware. Auf gesamtamerikanischer Ebene wird derzeit ver-sucht, die verstreuten Einzelteile der Gesetzgebung zu bündeln und zu har-monisieren. Das peruanische Beispiel dient neben den Vorgaben der USA und der UNO hierbei als Leitlinie (Vizcaíno/Segnini 2000).

Am fortgeschrittensten ist die globale Harmonisierung der NIKT-Regulierungsthemen im Bereich des elektronischen Handels. Das Modellge-setz zum *E-Commerce* der Kommission der Vereinten Nationen für internati-onales Handelsrecht UNICTRAL von 1996 (UNICTRAL 1996) wurde unter direkter Einbeziehung der wesentlichen transnationalen Konzerne aus dem NIKT-Bereich und ihrer Lobbygruppen ausgearbeitet. Zwar bleibt es auf-grund seiner Allgemeinheit in wesentlichen Details zu unscharf und weist insbesondere bezüglich des Verbraucherschutzes große Lücken auf, dennoch dient der *Blueprint* den meisten Regierungen in Lateinamerika als Grundlage für die Formulierung nationaler Gesetze. Anfang 2000 standen in sieben Län-dern Gesetze zur Regulierung des *E-Commerce* vor der Verabschiedung oder wurden bereits verabschiedet. Ein Treffen auf Einladung der OAS und der *Business Software Alliance* (BSA) im September 1999 legte hierbei die Grundlagen für die Gewährleistung kontinentaler Homogenität im Sinne des UNICTRAL-Entwurfs (OAS/BSA 1999). Mit der Ausnahme Brasiliens wer-den allerdings in keiner der rechtlichen Verankerungen zum elektronischen Handel in Lateinamerika Werbung und Verbraucherschutz reguliert. Die bisherigen Regelungen zu diesen Themen erweisen sich als untauglich, um auf das Internet angewendet zu werden, da die Charakteristika der NIKT darin nur ungenügend erfasst werden.

Das Thema der Besteuerung der Internettransaktionen ist bisher nicht einheitlich reguliert. Auch in diesem Bereich konkurrieren die Regierungen der USA und der EU mit unterschiedlichen Konzepten. Favorisieren die Ver-einigten Staaten eine globale steuerfreie Handelszone, so drängen die EU-Staaten auf eine Rechtsgültigkeit und Anwendung der bestehenden Steuerge-setze im Cyberspace. Der für die Länder des Nordens inopportunste Vor-schlag zur Internetbesteuerung stammt allerdings vom Entwicklungspro-gramm der Vereinten Nationen UNDP. In ihrem Bericht über die menschliche Entwicklung von 1999 schlägt die Organisation vor, eine E-Mail- oder Bit-

Steuer einzuführen, um die notwendigen Milliardensummen zur Überwindung der digitalen Kluft zwischen Nord und Süd zu beschaffen. Eine minimale Abgabe von einem US-Cent für jede Hundertste E-Mail mit Anhang hätte nach Berechnungen der Autoren beispielsweise im Jahre 1996 US$ 70 Mrd. erbracht (UNDP 1999: 79). Die UNDP sah sich nach der lautstarken Kritik der Wirtschaftslobby an den Vorschlägen allerdings veranlasst, sich von der Studie zu distanzieren und darauf zu verweisen, bei dem Besteuerungsvorschlag handele es sich lediglich um die Idee der Autoren der Studie (Rötzer 1999c).

Anschlussbedingungen und Realität der NIKT in Lateinamerika

Wie sehen die realen Bedingungen der NIKT-Nutzung für die Bevölkerung in Lateinamerika aus? Seit 1998 werden in kontinuierlichen Abständen Nachrichten in Umlauf gebracht, die Lateinamerika als kommende Boom-Region des Internets ausmachen wollen. Es sind zumeist kommerzielle Unternehmen aus dem Bereich der *New Economy*, die Studien in Auftrag geben und darauf aufbauend Nachrichten lancieren, in denen das Potential der NIKT und der Wachstumsmarkt Lateinamerika hochgeredet werden. Sie besitzen ein besonderes Interesse an solchen optimistischen Szenarien, denn je größer die Wachstums- und Gewinnprognosen, desto höher steigen die Börsenwerte der Unternehmen, die den Boom herbeireden. Zwar ist Lateinamerika bezüglich des Wachstums der Internetzugangsrechner (Hosts) und der Internet-NutzerInnen seit 1998 die prozentual am schnellsten wachsende Region der Welt (Rao 2000). Beginnt das Wachstum allerdings auf einem niedrigen Niveau, sind dreistellige prozentuale Steigerungsraten durchaus nicht ungewöhnlich und in ihrer Aussagekraft über die tatsächlichen Nutzungszahlen und Nutzungsbedingungen von geringem Wert.

Den allermeisten Statistiken, die sich dem Thema der NIKT widmen, ist nicht nur aus diesem Grunde eine gesunde Portion Misstrauen entgegenzubringen: Sie basieren zudem zum überwiegenden Teil auf Schätzungen und deren statistischen Hochrechnungen. Verlässliche Daten sind vielfach Mangelware. Weder in den Ländern des Südens noch denen des Nordens weiß irgend jemand wirklich genau, wie viele installierte PCs, Hosts, Internet-Anschlüsse (*Accounts*) oder Internet-NutzerInnen es tatsächlich gibt, denn ihre Anzahl ist nicht wirklich verlässlich zu ermitteln.

Dennoch lässt sich in der Betrachtung einiger ausgewählter Indikatoren ein relativer Eindruck von den tatsächlichen „Anschlussvoraussetzungen" in Lateinamerika gewinnen. Die Nutzung des Internets ist an materielle und immaterielle Voraussetzungen geknüpft: Die Verfügung über einen Computer inklusive Modem, einen Telefonanschluss, eine verlässliche Stromversorgung und – sollen die ohnehin meist hohen Telefongebühren nicht in noch schwindelerregendere Höhen steigen – einen Internetzugangsanbieter (ISP) in der Nähe. Darüber hinaus ist die *Computerliteracy* ebenso wie die Alphabetisierung eine Grundvoraussetzung der Nutzung der neuen Medien.

Die Anzahl der Internet-Zugangsrechner, die halbjährlich von der InformatikerInnen-Organisation *Network Wizards* ermittelt wird, ist innerhalb der fragwürdigen Zahlenoperationen sicherlich noch die verlässlichste Größe, da sie auf einer elektronisch automatisierten Abfrage beruht, die allerdings auch ihre Tücken aufweist.[4] *Network Wizards* zählt die Hosts, die den jeweiligen „Top-Level-Domains" (TLDs) zugeordnet sind. Eine Top-Level-Domain ist das zwei- oder dreistellige Buchstabenkürzel am Ende einer Internet-Adresse (z.B. ».de« für Deutschland). Diese TLDs sind ausschließlich den einzelnen Ländern zugeordnet, bis auf sechs entscheidende Ausnahmen: Die TLDs für kommerzielle Unternehmen (xy.com), Organisationen (xy.org), Bildungseinrichtungen (xy.edu), Regierungsinstitutionen (xy.gov), Netzwerkorganisationen (xy.net) sowie für die von ihrer Größenordnung her eher zu vernachlässigenden internationalen Organisationen (xy.int) sind nicht einzelnen Ländern zugeordnet, sondern zumindest theoretisch global nutzbar. Faktisch werden diese TLDs jedoch fast vollständig in den USA genutzt. Dies liegt daran, daß diese sechs TLDs vor der gültigen Festlegung der länderspezifischen Top-Level-Domains in den USA eingeführt wurden und sich dort bis heute wesentlich größerer Beliebtheit erfreuen als die TLD für die USA ».us«. In den meisten Statistiken auf Grundlage der Zahlen von *Network Wizards* werden diese sechs TLDs daher den USA zugeordnet, auch wenn sicherlich ein geringer Teil der Adressen, insbesondere die von Unternehmen als lukrativ empfundene com-Domain, in anderen Ländern, vorwiegend der OECD genutzt wird. Der Zuordnung der sechs TLDs zu den USA folgend, ergibt sich das aus der folgenden Tabelle ersichtliche Bild der weltweiten Verteilung der Host-Rechner (Tabelle 1).

---

4   Der *Network Wizards Survey* zählt weltweit die Anzahl der Internet-Protokoll-Adressen (z.B. 123.456.789.), denen ein Name (z.B. www.XY.com) zugewiesen wurde. Das Hauptproblem ist hierbei, daß ein zugewiesener Name nicht zwangsläufig bedeuten muß, daß sich dahinter ein wirklich existierender Host-Rechner befindet. Vielfach werden beispielsweise einprägsame Namen für Internet-Adressen gehortet, um sie später zu verkaufen.

Tabelle 1

Weltweite Verteilung der Internet-Hosts

	Juli 1998		Januar 1999		Juli 1999		Januar 2000	
Hosts insgesamt	36.739.151	100%	43.229.694	100%	56.218.330	100%	72.398.092	100%
USA und Canada (inkl. TLDs -com, -org, -edu, -int, -net, -gov)	26.768.852	72,86%	31.610.729	73,12%	42.267.665	75,18%	54.847.646	75,76%
Europa (inklusive Kolonien)	5.907.851	16,08%	6.699.971	15,49%	7.694.347	13,69%	9.429.095	13,02%
Südost-asien	1.881.284	5,12%	2.462.641	5,70%	3.155.102	5,61%	4.020.976	5,55%
davon in Japan	1.352.200 (72%)	3,68%	1.687.534 (64%)	3,90%	2.072.529 (66%)	3,69%	2.636.541 (66%)	3,64%
ohne Japan	529.084	1,44%	775.107	1,80%	1.082.573	1,92%	1.384.435	1,91%
Australien und Neu-seeland	930.014	2,53%	934.738	2,16%	1.099.972	1,96%	1.375.866	1,90%
Osteuropa (inkl. Ex-SU-Repu-bliken)	506.742	1,38%	571.752	1,32%	702.920	1,25%	849.306	1,17%
davon in der Russi-schen Föderation (RF)	130.422 (25%)	0,36%	147.352 (26%)	0,34%	191.397 (27%)	0,34%	214.704 (25 %)	0,30%
ohne die RF	376.320	1,02%	424.400	0,98%	511.523	0,91%	634.602	0,87%

Fortsetzung Tabelle 1

Latein-amerika & Karibik	383.443	1,04%	486.795	1,13%	751.870	1,34%	1.153.497	1,59%
davon in Brasilien	163.890 (43%)	0,45%	215.086 (44%)	0,50%	310.138 (41%)	0,55%	446.444 (39%)	0,61%
ohne Brasilien	219.543	0,59%	271.709	0.63%	441.824	0,79%	707.147	0,98%
Nahen und Mittlerer Osten	141.009	0,39%	162.864	0,38%	194.700	0,35%	271.549	0,38 %
Afrika (inklusive Maghreb)	148436	0,40%	155.263	0,36%	151.949	0,26%	185.826	0,26%
davon in Südafrika	140.577 (94,7%)	0,38%	144.445 (93%)	0,33%	140.470 (92%)	0,24%	167.635 (90%)	0,23%
ohne Südafrika	7.859	0,02%	10.818	0,03%	11.479	0,02%	18.191	0,03%
Statistik-fehler	71.520	0,20%	144.888	0,34%	199.805	0,36%	264.331	0,37%

Quelle: Eigene Zusammenstellung und Berechnung auf Grundlage der Daten von *Network Wizards* (www.isc.org).

Augenscheinlich spiegeln sich in diesen Zahlen eben jene globalen Asymmetrien wider, die aus zahlreichen anderen Verteilungsstatistiken bekannt sind. Der Dominanz der westlichen Industrieländer, die insgesamt über 90% der weltweiten Hosts im Januar 2000 auf sich vereinen, stehen marginale Größen für die übrigen Regionen der Welt gegenüber. Mit einem weltweiten Anteil von 1,59% rangieren die Länder Lateinamerikas zwar knapp hinter den Staaten Südostasiens (ohne Japan) mit 1,91%, jedoch weit vor dem Nahen und Mittleren Osten mit 0,38% und Afrika mit 0,26%. Aussagekräftiger werden diese absoluten Zahlen bei der Berücksichtigung der Bevölkerungsgrößen. Kamen Ende 1998 9,9 Hosts auf 10.000 EinwohnerInnen in Lateinamerika, so waren es in Südostasien/Pazifik 3,2, in Afrika südlich der Sahara 2,7 und im Nahen Osten und nördlichen Afrika 1,3. In den Ländern der OECD lag der Durchschnitt im gleichen Zeitraum bei 378,6 Hosts auf 10.000 EinwohnerInnen (UNDP 2000: 201).

Die Bevölkerung in den Ländern Lateinamerikas ist also weitaus besser mit Internet-Hosts versorgt als die der übrigen Regionen der sogenannten „Dritten Welt" und eine ähnliche Situation lässt sich bezüglich der Telefonanschlüsse diagnostizieren (ITU 1999). Doch täuschen die globalen Statistiken über die Tatsache hinweg, dass sich innerhalb der jeweiligen Regionen extreme Gefälle zwischen den einzelnen Ländern ergeben. Auch wenn die Anzahl der Internet-Hosts etwas über die theoretische Zugangsmöglichkeit zum Internet aussagt, so besagt sie gar nichts über die Anzahl der NutzerInnen, die mit ihrem eigenen Account an die jeweiligen Hosts angeschlossen sind, also der Menschen, die das „Netz der Netze" tatsächlich nutzen. In keinem anderen Bereich der Internet-Infrastruktur existieren derart viele und extrem unterschiedliche Schätzungen, je nach vorsichtiger oder wagemutiger Ausrichtung der Berechnungen.

Die folgende Aufstellung (Tabelle 2) zeigt die wesentlichen primären Anschlussbedingungen – Telefonanschluss- und Internet-Hostdichte und die geschätzte Anzahl der Internet-NutzerInnen – für die einzelnen Länder Lateinamerikas und der Karibik Ende 1999. Als Grundlage wurden neben den Zahlen von *Network Wizards* die Angaben der ITU gewählt, wobei die Organisation bezüglich der Internet-NutzerInnen eher von den höchsten, als den mittleren Schätzungswerten ausgeht. Die Länder wurden nach dem prozentualen Anteil der das Internet nutzenden Bevölkerung aufgelistet.

Tabelle 2

Telefonanschluss-, Internet-Hostdichte und geschätzte Anzahl der Internet-NutzerInnen in Lateinamerika und der Karibik Ende 1999

	Bevölke-rung	Telefonanschlüsse		Internet-Hosts		Internet-NutzerInnen	
		absolut	pro 100 Einw.	absolut	pro 1000 Einw.	absolut	in % der Bev.
Uruguay	3.310.000	896.800	27,07	25.385	7,67	250.000	7,6
Antigua & Barbuda	70.000	34.000	46,80	225	3,21	4.000	5,5
Belize	240.000	31.600	13,75	276	1,15	10.000	4,3
Chile	15.020.000	2.753.000	18,57	40.190	2,68	625.000	4,2
Bahamas	300.000	111.200	36,90	4	0,01	12.000	4,1
Costa Rica	3.930.000	802.600	20,41	7.471	1,90	150.000	3,9
St. Lucia	150.000	40.400	26,57	13	0,09	5.000	3,4
Dominica	80.000	18.700	25,23	181	2,26	2.000	2,6
Mexiko	97.370.000	10.926.800	11,22	404.873	4,16	2.453.000	2,6
Argentinien	36.580.000	7.356.800	20,11	142.470	3,89	900.000	2,5
Brasilien	167.990.000	24.985.000	14,87	446.444	2,66	4.000.000	2,4
Jamaika	2.560.000	474.000	18,68	367	0,14	60.000	2,4
Barbados	270.000	113.000	42,18	68	0,25	6.000	2,2
Durch-schnitt			16,28		1,19		2,0
Grenada	90.000	27.500	29,78	3	0,03	2.000	1,9
Trinidad & Tobago	1.290.000	264.100	20,58	4.852	3,76	25.000	1,9
St. Vincent	110.000	21.000	18,79	0*	0*	2.000*	1,8*
Venezuela	23.710.000	2.585.900	10,91	14.281	0,60	400.000	1,7
Kolumbien	41.560.000	6.665.400	16,04	40.565	0,98	600.000	1,6
Panama	2.810.000	462.500	16,45	1.235	0,44	45.000	1,6
Peru	25.230.000	1.688.600	6,69	9.230	0,37	389.000	1,5
El Salvador	6.150.000	468.100	7,61	975	0,16	40.000	0,7
Guatemala	11.090.000	605.300	5,46	1.772	0,16	65.000	0,6
Kuba	11.160.000	433.800	3,89	169	0,02	60.000	0,5

Fortsetzung Tabelle 2

Guyana	860.000	64.000	7,49	16	0,02	3.000	0,4
Bolivien	8.140.000	471.900	5,80	948	0,12	35.000	0,4
Paraguay	5.360.000	297.000	5,54	1.660	0,31	20.000	0,4
Nikaragua	4.940.000	140.000	2,98	1.028	0,21	20.000	0,4
Dominikan. Republik	8.360.000	763.900	9,28	6.754	0,81	25.000	0,3
Honduras	6.320.000	279.200	4,42	119	0,02	20.000	0,3
Ekuador	12.410.000	1.129.500	9,10	1.922	0,15	20.000	0,2
Haiti	8.090.000	60.000	0,80	1	0,001	6.000	0,1
Surinam	420.000	70.800	17,05	0	0	0	0,0
Gesamt	505.970.000	65.042.400		1.153.497		10.254.000	

Quelle: Eigene Zusammenstellung und Berechnung auf Grundlage der Angaben der ITU (2000) und von *Network Wizards* (2000)

* Die ITU führt für St. Vincent die aufgelisteten NutzerInnenzahlen an, während *Network Wizards* bis Januar 2000 die Existenz eines Internetzugangsrechners in diesem Land nicht feststellen konnte.

Festgestellt werden kann zunächst, dass mit Ausnahme Surinams und der Karibikinsel St. Vincent heute alle Länder Lateinamerikas und der Karibik an die weltweiten Datennetze angeschlossen sind. Die Internethost- und Telefonanschlussdichte kann nicht generell in einen direkten Zusammenhang mit den geschätzten NutzerInnen des Internets gestellt werden. Auch bei einer höheren Anzahl von Hosts oder Telefonanschlüssen pro Bevölkerung kann es prozentual weniger NutzerInnen geben als in einem Land mit weniger Hosts pro Kopf und umgekehrt. Lediglich in den größeren und wirtschaftlich entwickelteren Ländern und in einigen relativ wohlhabenden Staaten der Karibik lässt sich eine relativ hohe Hostdichte feststellen. Die Konzentration der Infrastrukturen innerhalb der Region in wenigen Ländern ist eklatant: Die sechs Länder Argentinien, Brasilien, Chile, Kolumbien, Mexiko und Uruguay mit 70% der Bevölkerung Lateinamerikas vereinigen auf sich 70% der Telefonanschlüsse in Lateinamerika, aber 1.099.927 und damit 95% der lateinamerikanischen Internethosts. In ihnen leben 86% der Ende 1999 gut 10 Millionen Internet-NutzerInnen. Insgesamt gesehen nutzen allerdings lediglich 2% der Bevölkerung Lateinamerikas das Internet.

Im Vergleich zu den anderen Weltregionen wird deutlich, wie gering diese Anzahl der NutzerInnen ist: Von den im Juli 2000 von NUA (NUA: 2000) geschätzten 359,8 Millionen Internet-NutzerInnen weltweit entfielen mit 2,4 Millionen NutzerInnen 0,67% auf den Nahen und Mittleren Osten, mit 3,11 Millionen 0,87% auf Afrika, mit 89,43 Millionen 24,85% auf Asien und den

Pazifik, inklusive Japan, China und Indien, mit 94,22 Millionen 26,19% auf Europa und mit 157,24 Millionen 43,7% auf Nordamerika. Die 13,4 Millionen NutzerInnen aus Lateinamerika entsprechen 3,72% der weltweiten NutzerInnen, aber der Anteil Lateinamerikas an der Weltbevölkerung beträgt 8,4%.

Genaue Angaben über die tatsächlich installierten und genutzten Computer in einem Land sind ebenso wie die Zahlen über Internet-NutzerInnen lediglich Schätzwerte, die sich zwar soweit möglich an den Im- und Exportstatistiken orientieren, allerdings niemals die genaue Anzahl erfassen können. Gerade in den Ländern des Südens ist der Markt der aus verschiedenen neuen oder gebrauchten Einzelteilen zusammengesetzten Computer (Klone) um ein vielfaches größer als die Anzahl der – meist eingeführten – Komplettsysteme. Die Weltbank gibt für 1998 an, dass in Lateinamerika und der Karibik auf 1.000 EinwohnerInnen 33,9 PCs kamen, gegenüber 14,1 in Ostasien und der Pazifikregion, 9,9 im Nahen und Mittleren Osten und in Nordafrika und 7,5 in Afrika südlich der Sahara (Weltbank 2000b: 311).

Die Internet-Zugangsanbieter (ISP) lassen sich in öffentliche (meist Universitäten, Schulen etc.) sowie privatwirtschaftliche unterteilen. Ist der Zugang über öffentliche Provider meist kostenlos oder kostengünstig, so sieht dies bei den kommerziellen Dienstleistern schon anders aus. Die Durchschnittskosten für einen ISP in Lateinamerika betragen laut einer Studie des IABIN (1999) vom April 1999 bei einem unbegrenzten Zeitlimit US$ 36 pro Monat gegenüber US$ 20 in den USA. Untersucht wurden 215 der zu dieser Zeit rund 400 ISPs in ganz Lateinamerika. Hierbei variieren die Gebühren nicht nur zwischen, sondern auch innerhalb der einzelnen Länder extrem: In Brasilien liegt die Preisspanne beispielsweise zwischen US$ 18 und 58, einzelne Provider in Argentinien verlangen hingegen mehr als US$ 100 pro Monat, während in Peru, Brasilien und Mexiko Provider mit weniger als US$ 20 monatlich Durchschnittsgebühren der USA erreichen. Doch die monatlichen Gebühren für den Internet-Provider sind der geringere Teil der umfassenden Internet-Verbindungskosten: Die Telefongebühren fallen schwerer ins Gewicht. Diese werden vielfach als Haupthindernis für die Internet-Nutzung in Lateinamerika angeführt, da sie die Zugangskosten um ein Vielfaches der Providergebühren übersteigen: Die Telefongebühren machen als Hauptkostenfaktoren durchschnittlich 80% der Kosten des Internet-Zugangs aus.

In Lateinamerika sind die Telefongebühren durchgängig relativ hoch. Dort, wo in den letzten Jahren die Telekommunikationsunternehmen privatisiert wurden, sind die Kosten gestiegen und nicht etwa gesunken. Spezielle Tarife für die Internet-Nutzung sind in fast allen Ländern noch Mangelware. Der langsam einsetzende Wettbewerb in einigen Ländern führt zwar dazu, dass derzeit auch in Lateinamerika, ähnlich wie in der BRD, ein Preiskampf unter den Internetzugangsanbietern entbrannt ist. *Flatrates*, die eine zeitlich unbegrenzte Nutzung eines lokalen Telefonanschlusses bei einer niedrigen monatlichen Pauschale ermöglichen, sind dennoch auch Mitte 2000 kaum zu finden. Insgesamt lässt sich allerdings in vielen Ländern diagnostizieren, dass durch die Einführung privater Telekommunikationsmonopole und den mit einigen Jahren Verzögerung erst heute einsetzenden „Wettbewerb" Entwicklungshemmnisse in diesem Bereich geschaffen worden sind, insbesondere bezüglich der Preisbildung, die schwieriger auszuräumen sind, als vor der Privatisierung der Telekommunikationsunternehmen (Arnold 1999).

Schließlich bildet eine störungsfreie und gleichbleibend stabile Stromversorgung eine entscheidende materielle Voraussetzung für die Nutzung aller elektronischen Medien und davon kann in vielen lateinamerikanischen Ländern nicht die Rede sein. Stromunterbrechungen oder Totalausfälle sowie kontinuierliche Spannungsschwankungen sind in dieser Region zumindest zu bestimmten Jahres- und Tagesstoßzeiten äußerst häufig. Auch in diesem Bereich existieren kaum statistische Daten. Allgemein kann allerdings festgestellt werden, dass die Stromversorgung im ländlichen Raum wesentlich flächendeckender ist als vergleichsweise in Afrika oder Südostasien. Dennoch ist auch diese Größe länderspezifisch zu betrachten. In einem Land wie Peru besitzen beispielsweise durchschnittlich nur 44% aller Haushalte eine Anbindung an elektrische Leitungen, im ländlichen Bereich, wo 28% der Bevölkerung Perus leben, sogar nur 12%. Diese Defizite werden bisweilen durch Stromaggregate ausgeglichen, was die Versorgung allerdings in besonderem Maße teuer und damit exklusiv werden lässt (Torres 1999: 9).

Grundlegende Lese- und Schreibkenntnisse sind die wesentliche immaterielle Voraussetzung für den Gebrauch des Internets. Auch in diesem Bereich hat Lateinamerika innerhalb der Regionen der sogenannten „Dritten Welt" die besseren Ausgangsbedingungen. Zieht man als Indikator die zwar zu Recht umstrittene, aber zumindest einen interregionalen Vergleich ermöglichende Alphabetisierungsquote der Erwachsenen über 15 Jahren heran (Weltbank 2000c: 84), ergibt sich das folgende Bild: Lag die Alphabetisierungsquote in Afrika südlich der Sahara 1998 bei 68% unter den Männern und 61% unter den Frauen, so lag sie im nördlichen Afrika und dem Nahen Osten bei 74% der Männer und 52% der Frauen, gegenüber 91% der Männer und 78% der Frauen in Ostasien und dem Pazifik, und 89% der Männer und 87% der Frauen in Lateinamerika und der Karibik. Abgesehen von den sechs Staaten Dominikanische Republik, Honduras, El Salvador, Nikaragua, Guatemala und Haiti liegen die übrigen 26 Staaten Lateinamerikas und der Karibik allesamt oberhalb des Durchschnittswertes der Region Ostasien/Pazifik.

Die zumeist als eine Nutzungsvoraussetzung angeführte Kenntnis der englischen Sprache trifft zwar auch für Lateinamerika zu, durch die weite Verbreitung spanisch- und portugiesischsprachiger Inhalte im Internet allerdings in sehr viel geringerem Maße als in anderen Teilen der Welt, denn die spanisch- und portugiesischsprachige Internet-Gemeinde ist nach der anglo-amerikanischen eine der größten der Welt. Die Inhalte sind somit in Lateinamerika – und dies ist durchaus ein Spezifikum – nicht das Hauptproblem, wohl aber die Verfügung über die materiellen Zugangsvoraussetzungen.

Die Gesamtbetrachtung der zuvor aufgeführten Indikatoren verdeutlicht, dass die Bedingungen für eine Integration der Länder Lateinamerikas in die sich herausbildende „Informationsgesellschaft" zwar besser als in den anderen Regionen der „Dritten Welt" sind, der individuelle Anschluss allerdings einen exklusiven Luxus darstellt und der Minderheit der nationalen Eliten vorbehalten bleibt. Die aufgezeigten NIKT-spezifischen Ungleichgewichte kommen zu den bestehenden strukturellen Ungleichgewichten in Lateinamerika, wie die extreme soziale Schere, die Ungleichverteilung der Einkommen und des Wohlstands etc., hinzu, so dass insgesamt von sehr ungünstigen Ausgangsbedingungen gesprochen werden muss. Das Internet-Modell des Nordens, das auf dem individuellen Privatbesitzes an Computern mit Internetanschluss basiert, wird auf absehbare Zeit in Lateinamerika kein möglicher Weg sein. Der Markt für diese Individualnutzung der NIKT ist in Lateinamerika extrem begrenzt, auch wenn die großen Telekommunikations- und Internetunternehmen derzeit um dessen Erschließung konkurrieren und sich fast ausschließlich auf dieses Segment konzentrieren. Aus diesem Grunde sind alternative Formen der angepassten länderspezifischen Technologienutzung für Lateinamerika, wie auch für die Länder aus anderen Regionen des Südens, von größter Bedeutung, soll die Nutzung der NIKT der Bevölkerungsmehrheit und nicht nur den nationalen Eliten zur Verfügung stehen.

Ideen der gemeinschaftlichen Nutzung der Infrastrukturen, sei es über öffentlich geförderte Zugangsorte in kommunalen Einrichtungen, Bibliotheken, Schulen etc. oder aber in kommerziell betriebenen Telezentren, Cyber-Cafes oder *Cabinas Públicas* sind geeignet, den Zugang der Allgemeinbevölkerung sicherzustellen. Der Anschluss allein ist allerdings eher die zweite Frage. Bedeutender erscheint, wofür die NIKT unter den Lebensbedingungen der Bevölkerung in den Ländern Lateinamerikas überhaupt sinnvoll genutzt werden können. Die angeführten Zahlen verraten nichts, über die tatsächliche Nutzung des Internets, die Inhalte und deren Nutzen für die Bevölkerung. Erst der Einsatz der NIKT für die Lösung konkreter Probleme lässt aus ihnen ein Werkzeug zur Verbesserung der Lebenssituationen werden. Und obgleich in den Diskursen der großen internationalen „Entwicklungsorganisationen" der Einsatz der NIKT für die Verbesserung der zumeist schlechten Lebensbedingungen der Bevölkerungsmehrheiten vielfach gepriesen wird, sind die konkreten Beispiele anwendungsorientierter und angepasster Technologienutzung äußerst rar. Gleichwohl erscheint die These einsichtig, dass der Bedarf und Nutzen der NIKT in den Ländern Lateinamerikas weitaus größer sein mag, als in den Ländern des Nordens. Für Menschen, die bisher kaum elektronische Kommunikationsmöglichkeiten hatten, können die NIKT von wesentlich größerer Bedeutung sein, als für die meisten Menschen im Norden, die seit langem Telefon, Fax, TV und Radio zu ihren alltäglichen Informations- und Kommunikationsmedien zählen.

Internet wofür?

Sowohl bezüglich der gemeinschaftlichen Nutzung als auch hinsichtlich der Anwendungsformen und -inhalte lassen sich jenseits der verallgemeinernden und realitätsverzerrenden Statistiken einige herausragende Beispiele in Lateinamerika finden.

In akademischen, professionellen und politisch-sozialen Computernetzwerken, wie etwa dem „Network of Networks-Project", das vom kanadischen *International Development Research Center* (IDRC) unterstützt wird (www.idrc.ca), dem hemisphärenweiten interuniversitären Wissenschafts- und Informationstechnologie-Netzwerk RedHUCyT der OAS (www.redhucyt.oas.org/) oder dem Netzwerk der *Association for Progressive Communication* (www.apc.org), arbeiten viele Menschen und Organisationen bereits seit dem Ende der 80er Jahre und vor der Einführung des Internets in seiner heutigen Form erfolgreich zusammen. Der Informationsaustausch, der gegenseitige Kontakt und die Koordinierung gemeinsamer Aktivitäten über das Internet bildet ein heute unentbehrliches Arbeitselement. Auch die Süd-Süd-Kooperation ist in diesen Netzwerken stark ausgeprägt. Mit der Internet-Informationsagentur Pulsar für kommunitäre Radios werden beispielsweise weltweit Nachrichten und Programme zwischen Hunderten kommunaler Radiostationen, die in der *Asociación Mundial de Radios Comunitarias* (AMARC, www.amarc.org) zusammengeschlossen sind, ausgetauscht. Gleichzeitig strahlen diese meist gemeinschaftlich betriebenen Radiostationen auch ihr Programm über das Internet aus, so dass fast alle Programme in jedem beliebigen Teil der angeschlossenen Internet-Welt gehört werden können.

Eines der herausragendsten Beispiele gemeinschaftlicher und angepasster Internet-Nutzung stammt aus Peru. Das peruanische Wissenschaftsnetz RCP (http://ekeko.rcp.net.pe) entwickelte 1993 – angestoßen durch die mangelnde Telekommunikationsinfrastruktur vor allem auf dem Land und in Einsicht der Unmöglichkeit der Übertragung des Internet-Modells aus dem Norden – das Alternativmodell der *Cabinas Públicas* (http://cabinas.rcp.net.pe). Diese kollektiven Nutzungszentren verfügen jeweils über 20 PCs auf neuestem technischen Stand mit Internetanschluss und ein Schulungszentrum, in dem Interessierte professionell in der Anwendung der NIKT ausgebildet werden. Die Nutzungspreise in den *Cabinas* schwanken zwischen 50 Cents und US$ 1 pro Stunde. Zugleich wurden vom RCP in Zusammenarbeit mit der peruanischen Bevölkerung und mit ExpertInnen eine Vielzahl praxisrelevanter Inhalte und Anwendungen produziert, die in den *Cabinas* angeboten werden, u.a. *E-Commerce*-Lösungen für Kleinstunternehmen, Informationssysteme verschiedenster Art, z.B. für die Verbesserung der landwirtschaftlichen Produktion in den Andenregionen, Video-Konferenzen etc.

Was 1993 als Pilotprojekt begann, ist heute ein erfolgreiches „Unternehmensmodell". Die *Cabinas* wurden aufgrund fehlender Finanzmittel nicht vom RCP selbst aufgebaut, die Organisation hat lediglich das Konzept und die Inhalte der Nutzung entwickelt. Über ein Franchising Modell wurde diese Idee dann verbreitet. In Peru existierten Anfang des Jahres 2000 680 *Cabinas Públicas* für Menschen, die nicht über eigene PCs oder Telefonverbindungen verfügen. Mehr als 50% der vom RCP geschätzten 750.000 Internet-NutzerInnen in Peru wählt sich über diese *Cabinas* in das Internet ein. Diese kollektiven Nutzungsformen werden beispielsweise bei den oben ausgeführten Zahlenberechnungen nicht berücksichtigt, stellen aber in einigen Ländern Lateinamerikas eine nicht zu vernachlässigende Anzahl der Internetgemeinde dar. Mittlerweile sind die *Cabinas Públicas* auch zu einem Exportschlager geworden. In El Salvador baut der RCP gemeinsam mit der dortigen Regierung, aber unter zivilgesellschaftlicher Selbstverwaltung, 100 *Cabinas* auf. Organisationen aus Mauretanien und Togo haben den RCP um Assistenz beim Aufbau eines spezifischen, an ihre Länder angepassten Modells gebeten.

Ausblick

Dass das Internet bei der Lösung der bestehenden Probleme der Grundbedürfnissicherung in den Ländern des Südens helfen soll, erscheint auf den ersten Blick zweifelhaft: Internet gegen Hunger wirkt grotesk und bei der Betrachtung vieler Initiativen der internationalen Organisationen, etwa des Projekts NetAid der UNDP (www.netaid.org), das „extreme Armut" mit dem Internet bekämpfen will, berechtigterweise absurd. Initiativen wie die des RCP oder etwa die zahlreichen Initiativen der UNESCO (UNESCO 1999: 297f.) machen allerdings praktisch deutlich, dass und wie die NIKT erfolgreich für die wirtschaftliche und soziale Entwicklung in einem Land und zur Verbesserung der Lebensrealitäten der marginalisierten Bevölkerungsmehrheiten eingesetzt werden können.

Die Diskussion darüber, ob es nicht wichtiger sei, zunächst die Grundversorgung der Bevölkerung zu sichern, ob nicht etwa Bleistifte und Schulbücher Vorrang haben sollten vor dem Zugang zum Internet, geht am Kern des Problems vorbei. Es ist wichtig, mit kritischen Augen derzeit stattfindende Budgetverlagerungen zum NIKT-Ausbau zu Lasten anderer Bereiche zu verfolgen. Wenn beide Ebenen allerdings gegeneinander ausgespielt werden, ist niemandem geholfen, wird sich die elitäre Spaltung in den Ländern des Südens verfestigen und werden bestehende Ungleichheitsverhältnisse perpetuiert. In welchen Bereichen der Einsatz der NIKT auch und gerade für die Marginalisierten in Lateinamerika sinnvoll ist und sein kann, sollte allerdings von den Menschen selbst bestimmt werden, statt sie in großangelegten Programmen ans Netz anzuschließen und sich dann darüber zu wundern, dass dies die bestehenden Verhältnisse nicht verändert hat.

Der Ausbau der NIKT schreitet unweigerlich voran und die Geschwindigkeit der technischen Innovationen potenziert sich unaufhörlich: Internet 2, die drahtlose Kommunikation über leistungsfähige Mobilfunkfrequenzen wie UMTS und das elektronische Fernsteuern alltäglicher und komplexer Funktionsabläufe in Heim, Betrieb und Institution ebenso wie die Verlagerung von Verwaltungsabläufen und Rechnerfunktionen ins Internet (*shared computing*) sind keine Fantastereien mehr, sondern werden derzeit entwickelt und erprobt. Hierbei wird, je mehr die NIKT der reinen Kommerzialisierung preisgegeben werden, immer auch jede Menge Unsinn produziert und an Mann und Frau zu bringen versucht, etwa das WAP-Handy oder anderes „Spielzeug" für die ökonomisch potenten Käuferschichten in der „Ersten" und der „Dritten Welt". Über die NIKT wurde im vergangenen Jahrzehnt eine komplette Wirtschaftsbranche neu geschaffen, die zuallererst daran interessiert ist, Anwendungen zu erfinden, die sich verkaufen lassen, die allerdings nicht notwendigerweise sinnvoll zur Lösung drängender Probleme eingesetzt werden können. In jedem Fall werden diese Entwicklungen das Internet nachhaltig verändern.

Die Gefahr ist groß, dass diese Prozesse den Großteil der Menschheit ausschließen, und ebenso, dass insbesondere Menschen aus den Ländern des Südens „angeschlossen" werden, ohne nach Sinn und Nutzen zu fragen. Die naive Hoffnung über eine vermeintlich den neuen Technologien selbst innewohnende transformative Kraft scheint in diesem Zusammenhang grenzenlos zu sein. Angesichts dieses Sachverhalts gilt es einen doppelten Realismus zu entwickeln: Zum einen bezüglich Sinn und Nutzen der NIKT jenseits ihrer Kommerzialisierbarkeit und zum anderen hinsichtlich des Charakters der Entwicklung: Es handelt sich keineswegs um einen naturwüchsigen und zwangsläufigen Prozess, vielmehr sind Richtung, Geschwindigkeit und Ausmaß der NIKT-Entwicklung gestaltbar und werden de facto gestaltet.

„Ob das Potential der IKT erfolgreich zur Verbesserung der menschlichen Entwicklung genutzt werden wird hängt mehr von der institutionellen Organisation der neuen Technologien ab, als von den technischen Neuerungen an sich [...]. Politikgestalter müssen Entscheidungen treffen, um das technologische Potential an die Bedürfnisse der menschlichen Entwicklung anzupassen [...]. Die IKT selbst werden keine institutionelle Verfasstheiten verändern, dies bedarf politischer Entscheidungsprozesse" (Hamelink 1999: 42f.).

An diesem Punkt sind gleichermaßen Politik, Wirtschaft und Gesellschaft gefragt. Und Skepsis ist angebracht darüber, ob das Potential der NIKT für eine Verbesserung der Lebensbedingungen tatsächlich genutzt werden wird oder nicht.

Literaturverzeichnis

Annan, Kofi (2000): We the Peoples. The role of the United Nations in the 21st Century. New York: United Nations.

Arnold, Jens (1999): Unzureichende Regulierung als Wettbewerbshemmnis. Zur Liberalisierung des Telekommunikationsmarktes in Argentinien. Berlin: DIE.

Bauza Reilly, Marcelo (1999): „La protección jurídica de los „datos personales" y los servicios de información comercial y crediticia". In: Revista Electrónica de Derecho Informático (REDI) 7 (http://publicaciones.derecho.org/redi/No._07_-_Febrero_de_1999/bauza2).

Deutscher Bundestag (DB) (1997): Gesetz zur Regelung der Rahmenbedingungen für Informations- und Kommunikationsdienste (Informations- und Kommunikationsdienste-Gesetz – IuKDG) in der Fassung des Beschlusses des Deutschen Bundestages vom 13.6.1997, BT-Drs. 13/7934 vom 11.06.1997, (www.iid.de/rahmen/iukdg.html).

Europäische Union (1998): EU-Richtlinie zum Schutz persönlicher Daten (95/46/EC) (http://europa.eu.int/comm/internal_market/en/media/dataprot/news/925.htm).

Europarat (2000): Crime in Cyberspace. First Draft of International Convention Released for Public Discussion, (http://conventions.coe.int/treaty/en/projets/cybercrime.htm).

Freedomhouse (2000): Censor Dot Gov. The Internet and Press Freedom 2000, (www.freedomhouse.org/pfs2000/).

G-7 (1995): G7 Information Society Conference. „Theme Paper", 25-26 February 1995, Brussels.

G-77 (2000): Foreign Ministers in Havana call for Democratization of United Nations Enlargement of Security Council (www.g77.org/summit/presrelease_041200e.htm).

G-8 (2000): Okinawa Charter on Global Information Society (www.g8kyushu-okinawa.go.jp/e/documents/pdfs/it1.pdf).

Hager, Nicky (1996): Secret Power (www.fas.org/irp/eprint/sp/index.html).

--- (1998): Exposing the Global Surveillance System (http://caq.com/CAQ5/GlobalSnoop.html).

Hamelink, Cees (1999): „Human Development". In: UNESCO: World Communication and Information Report 1999-2000. Paris: UNESCO, S. 23-45 (www.unesco.org/webworld/wcir/en/report.html).

--- (1997): New Information and Communication Technologies, Social Development and Cultural Change. UNRISD DP 86, Genf: United Nations.

Herzog, Roman (2000): „Doppelgesichter der internationalen Internetregulierung. Zur Bedeutung transnationaler Akteure bei der Gestaltung der neuen Internet-Ordnung". In: Lateinamerika Analysen-Daten-Dokumentation (2000) 43, Hamburg, S. 58-90.

Inter-American Biodiversity Information Network (IABIN) (1999): Internet Topology and Connectivity in the Americas. Final report (http://IABIN.bdt.org.br/document/internet/report.html).

International Telecommunications Union (ITU) (1999): World Telecommunication Development Report: Mobile Cellular. Genf.

--- (2000): Americas Telecommunication Indicators 2000. Executive Summary (www.itu.int/ti/publications/americas/2000/sum_e/Sum_e.pdf).

Iriarte Ahon, Erick (2000): „Nombres de Dominio, una revisón de la situación actual". In: REDI 22
(http://publicaciones.derecho.org/redi/No._22_-_Mayo_del_2000/11).

--- (1999): „Violencia en Internet, ¿Quién defiende a los Internautas? Sobre el abuso del Correo Electrónico" In: REDI 6
(http://publicaciones.derecho.org/redi/No._06_-_Enero_de_1999/erick).

--- (1998): „Habeas Data". In: REDI, 3, Oktober
(http://publicaciones.derecho.org/redi/No._03_-_Octubre_de_1998/erick).

Jijena Leiva, Renato Javier (1999): „Informe legal: sobre la improcedencia de censurar legalmente los contenidos de Internet. Análisis del Boletín N°2395-19". In: REDI Nr. 15
(http://publicaciones.derecho.org/redi/No._15_-_Octubre_de_1999/1).

Krempl, Stefan (2000): „Good Bye Internet". In: Telepolis 13.02.2000
(www.heise.de/tp/deutsch/inhalt/co/5784/1.html).

Lessig, Lawrence (1999): Code and Other Laws of Cyberspace. New York: Basic Books.

Medosch, Armin (1999): „Australier müssen Web-Filterprogramme kaufen". In: Telepolis, 21.12.1999 (www.heise.de/tp/deutsch/inhalt/te/5616/1.html).

Moechel, Erich (1998): „US-Kongress verabschiedet Internet-Zensurgesetz. Die Global Internet Liberty Campaign erhebt Verfassungsklage". In: Telepolis 22.10.1998 (www.heise.de/tp/deutsch/inhalt/te/1604/1.html).

Negroponte, Nicholas (1995): Total Digital. Die Welt zwischen 0 und 1 oder Die Zukunft der Kommunikation. München: Goldmann.

Network Wizards (2000): Internet Domain Surveys (www.isc.org/ds/).

NUA Internet Surveys (2000): How Many Online, July 2000
(www.nua.ie/surveys/how_many_online/).

Núñez Ponce, Julio (1999): „Los delitos informáticos". In: REDI 15
(http://publicaciones.derecho.org/redi/No._15_-_Octubre_de_1999/6).

Organization for Economic Co-operation and Development (OECD) (1980): Recommendation of the Council Concerning Guidelines Governing the Protection of Privacy and Transborder Flows of Personal Data. Adopted by the Council 23 September 1980 (www.oecd.org/dsti/sti/it/secur/prod/PRIV-EN.HTM).

--- (1985): Declaration on Transborder Data Flow Adopted by the Governments of OECD Member Countries on 11th April 1985
(www.oecd.org//dsti/sti/it/secur/prod/e_dflow.htm).

Organization of American States/Business Software Alliance (OAS/BSA) (1999): Responding to the Legal Obstacles to Electronic Commerce in Latin America. Conference Materials, Washington, D.C.

Pohjola, Matti (1999): Information Technology and Economic Development, Helsinki: UNU/WIDER.

Rao, Madanmohan (2000): „Lateinamerika ist der am schnellsten wachsende regionale Internetmarkt". In: Telepolis 12.04.00
(www.heise.de/tp/deutsch/inhalt/co/5996/1.html).

RCP (2000): Cabinas Publicas (http://cabinas.rcp.net.pe).

Rötzer, Florian (2000a): „Transatlantischer Kompromiss in Sachen Datenschutz". In: Telepolis 16.03.2000 (www.heise.de/tp/deutsch/inhalt/te/5914/1.html).

--- (2000b): „Kritik am Datenschutzabkommen zwischen USA und EU". In: Telepolis 01.04.2000 (www.heise.de/tp/deutsch/inhalt/te/5961/1.html).

--- (1999a): „Lizenz zum Abhören". In: Telepolis 20.09.1999 (www.heise.de/tp/deutsch/inhalt/te/5302/1.html).

--- (1999b): „Die Schwierigkeiten mit der Zensur". In: Telepolis 28.10.1999 (www.heise.de/tp/deutsch/inhalt/te/5427/1.html).

--- (1999c): „Druck auf die WTO". In: Telepolis 15.11.1999 (www.heise.de/tp/deutsch/inhalt/te/5484/1.html).

Schiller, Dan (2000): „AOL-Time Warner. Die Spinne hockt im Web". In: Le Monde Diplomatique, 11.02.2000, S. 8f.

Schulzki-Haddouti, Christiane (1999): „G8-Staaten rüsten zum Kampf gegen die 'dunklen Seiten der Globalisierung'". In: Telepolis 26.10.1999 (www.heise.de/-tp/deutsch/inhalt/te/5419/1.html).

--- (1997a): „Das Informations- und Kommunikationsdienste-Gesetz – IuKDG. Rechtsunsicherheit als Programm!". In: Telepolis 03.02.1997 (www.heise.de/-tp/deutsch/inhalt/te/1171/1.html).

--- (1997b): „Lauschangriff auf Firmennetze. Begleitgesetz zum Telekommunikationsgesetz (TKG)". In: Telepolis 30.10.1997 (www.heise.de/tp/deutsch/inhalt/-te/1321/1.html).

Torres, Enrique (1999): La infraestructura técnica de comunicación y estado de desarrollo técnico en Perú, Hamburg: IIK (www.rrz.uni-hamburg.de/IIK/nikt/koops/-docu1.pdf).

United Nations Commission on Crime Prevention and Criminal Justice (UNCJIN) (2000): Vienna Declaration on Crime and Justice: Meeting the Challenges of the Twenty-first Century (www.uncjin.org/Documents/10thcongress/10thcongress.html).

United Nations Conference on Trade and Development UNCTAD (2000): World Investment Report 2000. Cross-border Mergers and Acquisitions and Development (www.unctad.org/en/docs/wir00ove.en.pdf).

United Nations Development Program (UNDP) (2000):Human Development Report 2000: Human Rights and Human Development, New York (www.undp.org/hdro/HDR2000.html).

--- (1999): Why Netaid.org? (www.netaid.org/netaid/index.htm).

UNESCO (1999): World Communication and Information Report 1999-2000, Paris, UNESCO (www.unesco.org/webworld/wcir/en/report.html).

UNITeS (2000): United Nations Information Technology Service (www.unites.org).

United Nations Organization (UNO) (1990): Guidelines concerning computerized Personal Data Files, angenommen von der Generalversammlung am 14. Dezember 1990, Genf (http://europa.eu.int/comm/internal_market/en/media/dataprot/in-ter/un.htm).

Viega Rodríguez, María José (1999): „Delitos informáticos". In: REDI Nr. 9 (http://publicaciones.derecho.org/redi/No._09_-_Abril_de_1999/viega).

Vizcaíno, Irene/Segnini, Giannina (2000): „Ministros de Justicia evaluan plan de EE.UU. Estados se preparan para combatir delitos cibernéticos". In: La Nacion, San José de Costa Rica, 02.03.2000.

Weltbank (2000a): World Bank Group and Softbank to Invest in Internet Enterprises for the Developing World. Washington, D.C.

(http://wbln0018.worldbank.org/news/pressrelease.nsf/-
673fa6c5a2d50a67852565e200692a79/f1a5725dc3ef3a2d85256885004cc815).
--- (2000b): World Development Report 2000/2001: Attacking Poverty, Washington,
   D.C.
--- (2000c): World Development Indicators 2000, Washington, D.C.
--- (1999): Weltentwicklungsbericht Wissen für Entwicklung
   (www.worldbank.org/wdr/wdr98/contents.htm).
--- (1997): African Virtual University: Feasibility Study and Preparation of Prototype
   Service Phase (www.worldbank.org/infodev/projects/finavu.htm).
--- (1996): Harnessing Information for Development, Genf: Weltbank Verlag.
Wright, Steve (1998): An Appraisal of Technologies for Political Control. Working
   Paper for the Scientific and Technological Options Assesment (STOA), Brüssel
   (www.heise.de/tp/deutsch/special/info/6280/s1.html).

Robert Lessmann

Drogenkontrolle als Herausforderung für Lateinamerika im Internationalen System

„Drogen" als internationale – mithin außenpolitische – Herausforderung für Lateinamerika: Wo liegen die Herausforderungen? Wie und mit welchem Erfolg ist man ihnen begegnet?

Das Thema umfasst grundsätzlich die Aspekte Konsum, Herstellung und Handel illegaler Drogen – besser: kontrollierter Substanzen.[1] Dennoch war Drogenkontrolle in Lateinamerika stets mehr eine geopolitische denn eine gesundheitspolitische Herausforderung. Indes, heute gilt auch hier: Die traditionelle Dichotomie, Produktion illegaler Drogen im Süden und Konsum im Norden, trifft so eindeutig nicht mehr zu. Eher schichtspezifische Konsummuster beginnen im Zeichen der Globalisierung die traditionellen, stärker geographisch geprägten, zu überlagern.

Das Thema „Drogen" ist ein globales: 3% bis 4% der Menschen konsumieren nach Schätzungen der Vereinten Nationen illegale Drogen. Fast ein Drittel dieser Drogen entfällt auf den größten Markt, die Vereinigten Staaten, wo nach Schätzung des Weißen Hauses 13 Millionen Menschen regelmäßig Drogen nehmen (UNDCP 1997: 31; The White House 1998: 75, Tab. 2). Das Volumen des zugehörigen illegalen Drogengeschäfts liegt bei jährlich zwischen US$ 300-500 Mrd., was 4,6 bzw. 7,6% des gesamten Welthandels entspricht. Nach Auskunft der Weltgesundheitsorganisation (WHO) gehen 40% der AIDS-Fälle auf Infektionen mit Nadeln zurück, die zur Injektion

---

[1] Formal wird die internationale Drogenkontrolle von drei UN-Konventionen geregelt: Die Drogen-Einheitskonvention von 1961 katalogisierte die fraglichen Stoffe und regelte den Verkehr mit ihnen, weshalb man besser von kontrollierten Substanzen spricht. Verschiedene „illegale Drogen" werden unter Aufsicht der UN durchaus legal produziert und gehandelt; denken wir nur an Opiate für Schmerzmittel. So gibt es derzeit eine teilweise erbitterte Debatte über eine mögliche Zulassung von Cannabis-Produkten zur Behandlung von Nebenwirkungen der Chemotherapie, multipler Sklerose, von grünem Star und von AIDS. Verschiedene, heute gefürchtete Suchtstoffe waren andererseits bis vor kurzem noch relativ frei erhältlich. Es handelt sich hier um einen fortlaufenden Prozess auf der Basis sich verändernder Wahrnehmungen, wachsender Erkenntnisse – und politischer Interessen. Die Einheitskonvention von 1961 wurde im Jahr 1971 um psychotrope Substanzen erweitert. Die Wiener Konvention von 1988 widmete sich schließlich vornehmlich Maßnahmen bei Verstößen gegen diese beiden, d.h. dem Kampf gegen den illegalen Drogenhandel (Naciones Unidas: 1977a; Naciones Unidas: 1977b; Naciones Unidas: 1994.).

illegaler Drogen benutzt wurden. Die Drogeninjektion mit infizierten Nadeln ist außerhalb der USA der häufigste Ansteckungsweg für AIDS; im heterosexuellen Bereich ist es der Verkehr mit Personen, die Drogen injizieren (UNDCP 1997: 87ff.). Damit sind die beiden wahrscheinlich wichtigsten Probleme im Zusammenhang mit illegalen Drogen umrissen: Ein gesundheitspolitisches – und eines für Demokratie und Rechtsstaat.

Daten über kontrollierte Substanzen sind äußerst schwierig zu erheben, verfügbare Quellen gelangen nicht selten zu widersprüchlichen Angaben. Trotzdem bestätigen die vorliegenden Erhebungen zum Drogenkonsum in Lateinamerika im Großen und Ganzen weltweite Phänomene und Trends: Der Konsum von Alkohol und Nikotin übertrifft auch hier denjenigen illegaler Substanzen um ein Vielfaches. Unter den illegalen Drogen steht – was den Konsum betrifft – Marihuana an erster Stelle und jeweils klar vor Kokain, selbst in den klassischen „Kokainländern" Bolivien, Kolumbien und Peru. Der Kokainkonsum selbst ist in den benachbarten Schwellenländern Argentinien und Chile höher als in den genannten „Produzentenländern". Wo es allerdings um das Rauchen der besonders toxischen *Pasta Básica de Cocaína* geht, die als Zwischenprodukt im Herstellungsprozess anfällt, liegt Peru vor Chile, Kolumbien und Bolivien (UNDCP 8/2000).

Der Konsum illegaler Drogen in Lateinamerika steigt; auch das entspricht dem globalen Trend. Besonderen Grund zur Sorge gibt auch hier der Anstieg bei synthetisch hergestellten Designerdrogen, allen voran Amphetamine und amphetaminartige Substanzen wie *Ecstasy*, besonders in verschiedenen großstädtischen Ballungsräumen (vgl. GTZ 2001: Kapitel 1.3.2. Drogenmissbrauch in Lateinamerika; UNDCP 1995). Was aber den Konsum illegaler Drogen insgesamt betrifft, so ist die Lage in Lateinamerika verglichen mit anderen Weltregionen keinesfalls besonders dramatisch zu nennen. So liegt die Zahl der Jugendlichen, die schon einmal im Leben Kokain probiert haben, in Bolivien bei 2,3% (befragte Altersgruppe 12-24 Jahre) und damit deutlich hinter den USA 6,0% (13-17 Jahre) oder Kenia 4,5% (12-18); desgleichen hinter dem lateinamerikanischen Spitzenreiter Chile 3,4% (12-25 Jahre) und Deutschland mit 3,0%. Unter den Ländern Lateinamerikas und der Karibik folgen Brasilien (2,0%), Panama (1,8%), Dominikanische Republik (1,4%), Costa Rica (1,0%), Kolumbien (0,8% - gefolgt von Griechenland mit 0,7%) und Peru (0,3% – gleichauf mit Italien) (ODCCP 1999: 132, Fig. 146).

Der Konsum kontrollierter Substanzen nimmt auch in Lateinamerika zu, die Hauptprobleme sind dort jedoch nach wie vor mit deren Herstellung und dem Handel verbunden. Unter den illegalen Drogen Lateinamerikas ist Kokain der „Klassiker" und unumstrittene Nummer eins hinsichtlich Anbaufläche, Beschäftigung und Wertschöpfung. Sein Grundstoff, die Blätter des Kokabusches, kommen zu nahezu 100% aus den Andenländern Bolivien, Kolumbien und Peru. Sie enthalten Kokain als eines von mehr als einem Dutzend Alkaloiden, das in einem mehrstufigen Verfahren unter Einsatz beträchtlicher Mengen an so genannten Vorläufer- oder *Precursor*-Chemikalien isoliert werden kann.[2] Im bolivianisch-peruanischen Andenhochland hat das Kokablatt eine jahrhundertelange Tradition und spielt noch heute eine wichtige Rolle als Genussmittel (Teetrinken, Blätterkauen), aber auch in der traditionellen Heilkunde und der magisch-religiösen Vorstellungswelt der indigenen Völker. Eine Studie der WHO bescheinigt diesem traditionellen Konsum weitgehende gesundheitliche Unbedenklichkeit (WHO/UNICRI 1995: 4f.). Jeder Versuch, mit der Drogenkontrolle beim Kokaanbau anzusetzen, hat hier auch soziokulturelle Konnotationen.

Mit dem Nachfragesog aus den Industrieländern expandierte der Kokaanbau in den 70er und 80er Jahren freilich mit teilweise exponentiellen Zuwachsraten über die traditionellen Mengen und Anbaugebiete hinaus. Wirtschaftskrise und Kokaboom wirkten als entgegengesetzte Gravitationspole: Unkontrollierte, konjunkturabhängig reversible Migrationen, Kolonisierung und Abholzung (sub-)tropischer Regenwälder, mitunter die Vertreibung indigener Gemeinschaften aus ihren angestammten Lebensräumen, soziale Auflösungserscheinungen, Erosion, Vergiftung von Böden und Gewässern mit *Precursor*-Chemikalien, regionale und sektorale Strukturverzerrungen in der Wirtschaft, Anheizen der Korruption und Beschleunigung des Legitimitätsverlusts der Institutionen waren vielleicht die ernstesten Begleiterscheinungen einer Drogenwirtschaft, die gleichzeitig als Puffer und als Katalysator für die Krise der betroffenen Länder wirkte.[3]

So haben die Devieseneinnahmen aus dem Kokaingeschäft dazu beigetragen, dass die 80er Jahre für Kolumbien – anders als für seine Nachbarn – nicht als „verlorenes Jahrzehnt" gewertet werden mussten. Doch sie haben gleichzeitig zu einer „Verschmutzung" der Wirtschaft und einem Verfall der

---

2   Es gibt 250 Spezies der Gattung *Erythroxylum-Koka*, darunter auch solche, die kein Kokain enthalten. Die alkaloidreichsten enthalten Kokain als eines von bis zu 14 Alkaloiden, das unter Einsatz großer Mengen von Chemikalien in der Praxis zumeist in zwei Schritten aus den Blättern gewonnen wird: 300-500 Kilogramm Kokablätter der alkaloidreichsten Sorten ergeben zunächst etwa 2,5 Kilogramm *Pasta Básica de Cocaína*. Wegen der großen Volumina an Blättern findet dieser Prozess zumeist in den Anbaugebieten statt. Die Entsorgung der Chemikalien – vor allem Kerosin als Lösungsmittel, aber auch Schwefelsäure - erfolgt über Erdreich und Gewässer: Eine Umweltvergiftung großen Ausmaßes. Der Reinigungs- und Kristallisationsprozess zu Kokain-Hydrochlorid ist sehr viel komplizierter und findet meist in Labors an anderen Orten statt. 2,5 Kilogramm *Pasta Básica* ergeben dabei rund ein Kilogramm Kokain-HCL.

3   Was hier als trockene Aneinanderreihung abstrakter Sachverhalte steht, stellt sich im Alltag der betroffenen Menschen häufig als Tragödie dar. Eine von UNICEF finanzierte Studie über die Lebensbedingungen von Frauen und Kindern in den Kokaanbau- und Konfliktzonen im Süden Kolumbiens schreibt dazu: „En estas zonas en las que la construcción del tejido social se hace bajo el fuego cruzado del conflicto armado y el estigma de la ilegalidad, nociones como la equidad de género y el respecto de los derechos de niñas y niños resultan tan alejadas de la vida cotidiana que se revisten de un carácter ciertamente utópico" (UNICEF/Corporación Nuevo Milenio/CIFISAM 2000: 5).

gesellschaftlichen Werte und Normen geführt. Eine im Auftrag des UNDCP erstellte Studie zu den Auswirkungen des Drogenhandels auf die kolumbianische Wirtschaft geht für den Zeitraum von 1982 bis 1998 von Drogeneinnahmen in Höhe von – sehr konservativ geschätzten – US$ 23 Mrd. aus, die nach Kolumbien zurückgeflossen sind; etwa ein Drittel der Gewinne sei demnach im Ausland verblieben. Diese rückgeführten Gewinne entsprachen einem Durchschnitt von US$ 1,35 Mrd. pro Jahr oder zirka 3% des jährlichen Bruttosozialprodukts. Drogenhändler haben dort unter anderem über 4,4 Mio. Hektar Boden erworben – deutlich mehr als in 25 Jahren Landreform verteilt worden war (Rocha 2000). Um sich gegen Zwangsabgaben an die Guerilla zu wehren, haben sie paramilitärische Verbände ausgerüstet und damit der *parainstitucionalidad*, d.h. der Untergrabung des staatlichen Gewaltmonopols durch alternative Gewaltapparate eine weitere, machtvolle Facette hinzugefügt. Illegale Drogenunternehmer nutzen institutionelle Schwächen von Staaten – und schwächen sie weiter. Schließlich haben sich in Peru und Kolumbien bewaffnete Aufständische die Drogenwirtschaft als Finanzierungsquelle für ihren Kampf gegen die Staatsmacht erschlossen.

Für die Länder Lateinamerikas stellt sich ihr „Drogenproblem" primär als vielschichtiges Entwicklungsproblem dar, auch und gerade im Hinblick auf *gobernabilidad y buen gobierno*.

Tabelle 1: Kokabauern und vom Anbau abhängige Menschen in den Anbaugebieten Südamerikas

	Kokabauern	Vom Kokaanbau abhängig
Bolivien	61.000	350.000
Kolumbien	160.000	800.000
Peru	200.000	1.000.000

Quelle: Schätzungen von AIDIA/IICA/GTZ.

Seriöse Schätzungen sprechen von um die 200.000 Hektar Kokaanbau in Südamerika und 13.000 Hektar Schlafmohn sowie 10.000 Hektar Marihuana vor allem in Zentralamerika und Mexiko. Dabei ist das Drogengeschäft von extrem ungleichen Gewinnspannen gekennzeichnet. Der wichtigste Kostenfaktor für das illegale Unternehmen liegt in der Ausschaltung der Geschäftsrisiken (durch Tarnung, Bestechung, Gewalt) – und die sind umso größer, je näher die Absatzmärkte sind. Entsprechend hohe „Risikoprämien" werden auf dem illegalen Markt bezahlt. So kostet nach Angaben der Vereinten Nationen das Kilogramm Kokain *en gros* in Kolumbien durchschnittlich US$ 4.800, in den USA US$ 22.740 und in Deutschland US$ 44.230. Der durchschnittliche Straßenverkaufspreis für das Gramm Kokain lag im Jahr 1997 in den USA bei US$ 66; in Europa lag er zur selben Zeit bei US$ 110, in Lima oder La Paz bei US$ 5-10. Die Einnahmen der Kokabauern liegen bei rund 1-2% der Geschäftskosten des illegalen Unternehmens. Etwa ein Drittel der Weltproduktion an Kokain soll in den USA verbraucht werden, von 1,7 Mio. regelmäßigen Konsumenten, die dafür im Jahr 1995 schätzungsweise US$ 38 Mrd. ausgegeben haben (The White House 1998: 8 bzw. 74, Tab. 1).

„There used to be tons of *Golden Green*, comin' up there, from Mexico", beklagte die Rockgruppe *Jefferson Airplane* die kurzzeitige Versiegelung der US-Südgrenze im Jahr 1969 durch Richard Nixons *Operation Intercept*. Doch abgesehen von kurzfristigen Engpässen: Der Nachschub an Marihuana ließ sich so nicht stoppen. Und nicht nur Blumenkinder und ihre musikalischen Frontleute protestierten, auch die Regierung Mexikos und die Geschäftswelt beiderseits der Grenze. Später wurden Mexiko und Kolumbien dazu gedrängt, Marihuanafelder mit Entlaubungsmittel zu besprühen. Stets hatte man in den USA den Drogenkonsum als etwas Unamerikanisches betrachtet, das von außen hereingetragen wurde: Von intellektuellen Subkulturen und ethnischen Minderheiten. Seit nun verstärkt auch Söhne und Töchter der bürgerlichen Mittelschicht zum *Joint* griffen, rückte die Tatsache in den Vordergrund, dass fragliche Substanzen zumeist im Ausland produziert wurden. Die erwähnten Sprühaktionen waren Vorboten der so genannten angebotsorientierten Drogenbekämpfung. Sie hatten unter anderem zur Folge, dass gesundheitsbewusste *Kiffer* fürchteten, *Dope* aus dem Süden könnte kontaminiert sein. Etliche von ihnen hatten in Vietnam erste Erfahrungen mit Drogen gemacht – und mit dem Einsatz von Entlaubungsmitteln. Nicht wenige gingen zur Eigenproduktion über, und die USA wurden in der Folge selbst einer der größten Marihuanaproduzenten.

Mit dem Erscheinen der besonders aggressiven, rauchbaren Kokainvariante *Crack* in der ersten Hälfte der 80er Jahre wuchs in den USA die Sorge um den Drogenmissbrauch und die innerstädtische Gewaltkriminalität. Drogen wurden zum Politikum ersten Ranges und immerwährenden Wahlkampfthema: Kein Politiker kann es sich leisten, als *soft on drugs* zu gelten. Die Einbeziehung des Militärs zur Grenzüberwachung (*border interdiction*) unter Ronald Reagan war Meilenstein einer Politik, die möglichst entschlossenes und konsequentes – wenn nötig martialisches – Handeln demonstrieren wollte: *The War on Drugs* wurde ausgerufen und immer wieder beschworen.

Bald schon wurde deutlich, dass eine verstärkte *border interdiction* zwar kostspielig war, aber die Versorgung der illegalen Drogenmärkte nicht zu verhindern vermochte. *Going to the Source* hieß nun die Devise. Das Angebot an illegalen Drogen sei am einfachsten und am kostengünstigsten dort zu stoppen, wo der pflanzliche Rohstoff angebaut wurde – zumal im Falle der Problemdroge Kokain: Kokablätter zur illegalen Weiterverarbeitung kamen damals noch fast ausschließlich aus zwei geographisch engen Räumen, dem Huallaga-Hochtal in Peru und dem Chapare in Bolivien.

Mit der Ratifizierung der *UN-Single Convention* von 1961 hatten beide

Länder sich verpflichtet, den Kokaanbau und das Kokakauen innerhalb einer Übergangsfrist von 25 Jahren zu verbieten (Art. 25 und 49). Dies ungeachtet der großen soziokulturellen Bedeutung der Koka für ihre indigene Bevölkerung – und ohne in der Folge etwas in dieser Richtung zu unternehmen. Das sollte sich nun ändern. Die USA drängten aggressiv auf eine Umsetzung der Verpflichtungen aus der *Single Convention*. Aggressiv, denn sie zweifelten am politischen Willen dazu, insbesondere aufgrund der Erfahrungen mit den bolivianischen Militärdiktaturen der 70er Jahre, die sich als Nährlösung für den Drogenhandel erwiesen hatten und darin gipfelten, dass unter General Garcia Meza der Kokainhandel zuletzt vom Präsidentenpalast aus protegiert, wenn nicht organisiert wurde. Um diesen politischen Willen zu fördern – und das bedeutete in der Praxis: um den Drogendiskurs der USA und seine polizeilich-militärischen Strategien durchzusetzen, schuf der Kongress in jenen Jahren ein gesetzliches Instrumentarium der „doppelten Konditionierung": Mit dem *Anti-Drug-Abuse Act* von 1986 wurden obligatorische Sanktionen für so genannte drogenproduzierende Länder eingeführt, die jeweils für ein Jahr ausgesetzt werden können, wenn der Präsident dem Kongress bestätigt, dass deren Behörden in der Drogenkontrolle kooperativ waren. *Conditio sine qua non* für diese *certification* ist seit dem *Anti-Drug-Abuse Act* von 1988 jeweils die Unterzeichnung eines bilateralen Kooperationsabkommens, im Rahmen dessen alljährlich US-Hilfen an detaillierte drogenpolitische Gegenleistungen gebunden werden.[4]

Drogenkontrolle als zunächst eher abstrakt-allgemeine internationale Verpflichtung aus der *UN-Single Convention* von 1961 konkretisierte sich für die Länder Lateinamerikas dergestalt als Herausforderung für die interamerikanischen Beziehungen, mit der Praxis sehr konkreten Aufgaben, denen man nachzukommen hatte. Ohne eigene Diagnosen und Konzepte entwickelt zu haben, sah man sich gezwungen, Diagnosen, Diskurse und Strategien der USA zu übernehmen. Lateinamerika war ins Schussfeld des *War on Drugs* geraten – und dort befindet es sich noch heute.

Über diesen Mechanismus der „doppelten Konditionierung" konnten die USA weitgehend ihren prohibitionistischen Diskurs und ihre Strategien zur Drogenkontrolle durchsetzen. Die Übertragung des polizeilich-juristischen Drogendiskurses der USA auf den sozioökonomischen und kulturellen Kontext der Andenländer führte dort fast automatisch zu einer fortschreitenden Amerikanisierung und Militarisierung, mit teilweise schwerwiegenden Eingriffen in die inneren Angelegenheiten der betroffenen Länder oder – aus der Sicht dieser Länder – mit der partiellen Abtretung von Souveränitätsrechten.

---

4 Die betroffenen Länder sind: Afghanistan, Aruba, Bahamas, Belize, Bolivien, Brasilien, China, Dominikanische Republik, Ekuador, Guatemala, Haiti, Hong Kong, Indien, Jamaica, Kambodscha, Kolumbien, Laos, Mexiko, Myanmar, Nigeria, Pakistan, Panamá, Paraguay, Peru, Taiwan, Thailand, Venezuela, Vietnam; davon 16 aus Lateinamerika und der Karibik (vgl. U.S. Department of State 1999: Introduction).

Bisheriger Höhepunkt dieser Politik war die Andenstrategie von Präsident George Bush und ihrem Architekten, dem damaligen Verteidigungsminister Dick Cheney, mit einer drastischen Ausweitung der Sicherheits- und Militärhilfe an die Andenländer. Deren Implementierung wurde von einem Paukenschlag begleitet: *Operation Just Cause*, 1989/90 in Panama, war die erste und bisher einzige Militärintervention, die mit der Festnahme eines Drogenstraftäters begründet wurde: des notorischen Generals Manuel Noriega. Im Rahmen einer so genannten Andeninitiative sollte die Drogenkontrolle in Bolivien, Kolumbien und Peru zunächst fünf Jahre lang mit insgesamt US$ 2,2 Mrd. unterstützt werden. Vor allem die Polizei- und Militärhilfe wurde drastisch ausgeweitet. Im Jahre 1990 übertraf die Militärhilfe an die drei Andenländer mit mehr als US$ 142 Mio. jene an Zentralamerika, was einer Steigerung um das zwanzigfache innerhalb von zwei Jahren entsprach. Mit US$ 93,2 Mio. erhielt Kolumbien die größte Zuwendung an Militärhilfe in der Region; die an Bolivien kletterte von US$ 5,8 Mio. (1989) auf US$ 33,7 Mio. (1990). Demgegenüber blieben die Wirtschaftshilfen deutlich hinter den Erwartungen und Erfordernissen zurück und bestanden zum großen Teil in Zahlungsbilanzhilfen aus dem so genannten *Economic Support Fund* (ESF), die nichts mit Projekten der Alternativen Entwicklung für die Kokabauern zu tun hatten, sondern überwiegend der Bezahlung von Schulden bei den USA dienten.

Gleichzeitig wurde das Budget für Anti-Drogen-Operationen des *U.S. Southern Command* (SOUTHCOM) in Panama von US$ 230 Mio. auf US$ 430 Mio. ausgeweitet, womit es höher lag, als die gesamte reguläre Anti-Drogen-Hilfe, die im Jahre 1990 im Rahmen der Andeninitiative bewilligt wurde. Elitetruppen der *U.S. Special Forces* wurden in den Drogenkrieg in den Andenländern einbezogen und die Region mit einem hochmodernen Radar-Überwachungssystem des SOUTHCOM überzogen. Mit Militär- und Geheimdienstpersonal besetzte so genannte *Tactical Analysis Teams* begannen, von der jeweiligen US-Botschaft aus die Drogeneinsätze im Gastland zu steuern.

Unter dem permanenten Damoklesschwert der „doppelten Konditionierung" durch *certification* und bilaterale Drogenabkommen war dies alles mit teilweise schwerwiegenden Eingriffen in die nationale Souveränität der betroffenen Länder verbunden: Aufbau, Ausrüstung und Ausbildung von paramilitärischen Spezialpolizeien; die Einrichtung von Sondergerichten; die Einbeziehung militärischer Kräfte in den zivilen Bereich der Fahndung; die Durchsetzung bestimmter Gesetzgebungsvorhaben; die geheime und gesetzeswidrige Durchführung von Tests mit Herbiziden gegen Kokapflanzen; die Entfernung missliebiger Funktionäre aus ihren Ämtern; der Einsatz ausländischen Polizei- und Militärpersonals; geheimdienstliche Tätigkeit ausländischen Personals; die Verschleppung mutmaßlicher Drogenstraftäter, um sie in den USA vor Gericht zu stellen; eine zeitlich befristete, von der Regierung

285

genehmigte Militärintervention in Bolivien, jeweils auf Geheiß oder direkt durch die USA. Diese Abtretung von Souveränitätsrechten – gerade im besonders sensiblen Bereich der inneren Sicherheit – führte wiederum zur Verschärfung innenpolitischer Konflikte und trug so zur Destabilisierung der politischen Situation bei (vgl. Lessmann 1996: 107ff. und 217ff.).

Hauptziel der Andenstrategie war eine Verminderung des Imports illegaler Drogen in die USA von 15% innerhalb von zwei und um 60% innerhalb von zehn Jahren. Doch auch die Ausdehnung der polizeilichen und militärischen Strategien zur Drogenbekämpfung auf die so genannten Produzentenländer erwies sich als Fehlschlag. Nicht nur ist es nicht gelungen, das illegale Drogengeschäft in seinen Kernregionen entscheidend zurückzudrängen: es gibt inzwischen kein lateinamerikanisches Land mehr, das nicht in der einen oder anderen Weise darin involviert wäre. So kletterte die Kokaproduktion der Andenländer nach Zahlen des *State Department* im Jahre 1995 auf eine neue Rekordmarke von 229.043 Hektar.[5]

Tabelle 2: Kokaproduktion der Andenländer in Hektar: 1988-1998.

	1988	1994	1995	1996	1997	1998	1999
Bolivien	50.400	49.200	54.093	55.612	52.800	49.620	21.800
Kolumbien	34.230	49.610	59.650	72.800	98.500	101.800	122.500
Peru	115.530	108.600	115.300	95.659	72.262	58.825	38.700
Total	200.160	207.410	229.043	224.071	223.562	210.245	183.000

Quelle: U.S. Department of State 1991, 2000 (Addition zum Gesamtergebnis: R.L.).

Seit dem Beginn der Präsidentschaft Bill Clintons war von der Andenstrategie im politischen Diskurs nicht mehr die Rede. Es kam nun zu gewissen – reversiblen – Akzentverschiebungen im Sinne einer Verlagerung des Ausgabenschwerpunkts zurück zur (militärischen) *border interdiction* bei Kürzung der Hilfszuwendungen an die Andenländer,[6] aber nicht zu einer grundlegend neuen Strategie. Die externe Drogenpolitik der Vereinigten Staaten zeichnet sich – unabhängig von der parteipolitischen Provenienz der jeweiligen Regie-

---

5   Seither kam es auf der Grundlage einer an Preisrückgängen ablesbaren, offensichtlichen Marktsättigung tatsächlich zu einem Rückgang der Anbauflächen, der im Folgenden noch genauer zu analysieren sein wird. Dieser Rückgang, so viel sei an dieser Stelle vorweggenommen, reflektiert eine starke Expansion des Kokaanbaus im Süden Kolumbiens, ebenso wie Reduzierungen in Bolivien und Peru. Indes: Angaben über die Kokaproduktion in den betroffenen Ländern liegen zum Teil deutlich über denen des *State Department*. So geht der kolumbianische Experte Ricardo Vargas schon für das Jahr 1996 von einer Kokaproduktion von 165.000 Hektar in Kolumbien aus (vgl. Vargas 1999: 66, cuadro 7).

6   Die USAID-Hilfe an die Andenländer ging von US$ 160,1 Mio. (1990) auf US$ 46,5 Mio. (1996) zurück.

rungen und den Mehrheitsverhältnissen im Kongress und ungeachtet ihrer langjährigen Erfolglosigkeit – durch große Kontinuität aus (vgl. Lessmann 2000).

Während Washingtons Hilfsbudgets empfindlich schrumpften, hielt der Druck, der mittels der „doppelten Konditionierung" auf die lateinamerikanischen Länder ausgeübt wurde, zumindest an: So ist eine diplomatische Initiative Boliviens und Perus zu einer Neubewertung des Kokablatts als natürlichem Rohstoff Mitte der 90er Jahre zusammengebrochen. Ziel dieser so genannten Kokadiplomatie (*Diplomacia de la Coca*) war es, das Kokablatt von der Liste der kontrollierten Substanzen der *UN-Single Convention* von 1961 zu streichen.[7] Damit wären die Kokabauern aus der Schusslinie der Repression und – insbesondere in Kolumbien – ein „rechtlicher Raum für die Alternative Entwicklung" geschaffen.[8] Des Weiteren wäre es möglich geworden, Produkte auf Kokabasis, wie etwa den Kokatee, auf den Weltmärkten anzubieten. Gegner dieser Initiative sahen in einer solchen Maßnahme hingegen einen drogenpolitischen Dammbruch. Sie fand – von wenigen Ausnahmen wie Spanien und Frankreich abgesehen – keine Unterstützung durch die internationale Staatenwelt; übrigens auch nicht durch Kolumbien.[9] Ein nationaler Dialog über Koka und Entwicklung in der Anfangsphase der nachfolgenden Regierung Sánchez de Lozada in Bolivien scheiterte ebenfalls am Widerstand der internationalen Gemeinschaft gegen eine Entkriminalisierung des Kokablattes.

Mitte der 90er Jahre drehte Washington an der „Zertifikationsschraube": Schon im März 1994 bekamen Bolivien und Kolumbien eine *certification* nur quasi ausnahmsweise aus Gründen der nationalen Sicherheit. Kurz nach seinem Amtsantritt wurde der kolumbianische Präsident Samper von der *Drug Enforcement Administration* (DEA) mit schwer wiegenden Korruptionsvorwürfen konfrontiert, und die US-Botschaft in La Paz machte der bolivianischen Regierung unmissverständlich klar, dass man ein Engagement für eine Entkriminalisierung des Kokablattes so, wie es in der ersten Phase eines nati-

---

7   Dort steht es zusammen mit Substanzen wie Kokain und Heroin auf der Liste Nummer I und unterliegt damit dem strengsten Kontrollregime.

8   Der Terminus bezieht sich darauf, dass der Kokaanbau in Kolumbien generell verboten ist und die Bauern somit grundsätzlich als Delinquenten gelten. Bauern die bis maximal drei Hektar Koka haben, kommen als Zielgruppe von Programmen Alternativer Entwicklung in Frage. Dazu müssen sie aber vorab ihre Koka vernichten; in vielen Fällen aus ihrer Sicht ein unrealistisches Angebot.

9   Für ihren Initiator, den damaligen bolivianischen Präsidenten Jaime Paz Zamora, der eine entsprechende Forderung der organisierten Kokabauern aufgenommen hatte, und seine Partei *Movimiento de la Izquierda Revolucionaria* (MIR), endete die Initiative – in Verbindung mit rechtsnotorischen Verbindungen hoher MIR-Funktionäre zu Drogenhändlern – in einem politischen und persönlichen Waterloo: Das MIR ist auf Jahre hinaus wegen der so genannten *narcovínculos* stigmatisiert, und die USA verweigern dem charismatischen Ex-Präsidenten das Einreisevisum.

onalen Dialogs vereinbart worden war, missbillige. Doch weder der Abbruch des nationalen Dialogs in Bolivien noch Sampers drogenpolitischer Loyalitätsbeweis durch Sprühaktionen mit Herbiziden aus der Luft konnten den Druck aus Washington vermindern. Zusammen mit Peru und Paraguay erhielten beide Länder im März 1995 wiederum nur eine bedingte *certification* – diesmal verknüpft mit einem ultimativen Forderungskatalog. So musste sich Bolivien verpflichten, ein Auslieferungsabkommen zu unterzeichnen und im laufenden Jahr 5.400 Hektar Koka zu vernichten, 1.750 Hektar davon bis zum Juni. Nicht zuletzt wegen der dabei zu erwartenden Konflikte war im April der Ausnahmezustand verhängt und praktisch die gesamte Gewerkschaftsführung einschließlich der Kokabauernführer deportiert worden.

Zwischen den Fiskaljahren 1996 und 1997 wurde die polizeilich-militärische US-Anti-Drogenhilfe an die Andenländer verdreifacht. Strategisch ging es nun vorrangig darum, als Drogentransporte verdächtige Flüge zur Landung zu zwingen und im Notfall abzuschießen. *Operation Air Bridge* lief 1995 in Peru an und wurde schließlich in neun Ländern fest etabliert; Schwerpunkte sind aber Kolumbien und insbesondere Peru. Die Streitkräfte der jeweiligen Länder führen die Operationen aus – auf der Basis von US-*real-time*-Informationen und zumeist mit von den Vereinigten Staaten zur Verfügung gestellten Flugzeugen, Hubschraubern, Waffen etc.[10] Die Ansichten über den Erfolg dieser Operationen gehen auseinander. Zweifellos hat *Operation Air Bridge* die Logistik des organisierten Drogenhandels beeinträchtigt. Die Zahl der verdächtigen Flüge hat in Peru dramatisch abgenommen. Vielfach weichen Drogenschmuggler heute über die Flüsse und den Landweg aus. *Operation Air Bridge* reklamiert für sich die Hauptverantwortung dafür, dass die Kokaproduktion in Peru zwischen 1995 und 1998 um rund 50% gesunken ist. Ursache für diesen Rückgang sind eindeutig Absatzschwierigkeiten gewesen: Kokafelder wurden im großen Stil aufgelassen. Die Kokabauern Perus mussten in dieser Situation erleben, wie sich die einseitige Abhängigkeit von einem fragilen und illegalen Exportmarkt auswirken kann: Die Preise brachen zusammen. Mancherorts gab es überhaupt keine Nachfrage nach Koka mehr. Für die betroffenen Bauern war dies mit großen Einkommenseinbußen verbunden. Verschiedentlich gingen sie dazu über, tropische Wälder abzuholzen, da der Verkauf des Holzes eine der wenigen Aktivitäten darstellt, die unmittelbar Einkommen versprechen. Aus Lima wird ein sehr ernster Anstieg des internen Drogenkonsums gemeldet, verursacht offenbar durch ein Überangebot. Der durchschnittliche Straßenverkaufspreis für ein Gramm Kokain ist dort von US$ 8 auf US$ 5 (1998) gefallen. Nach Informationen von CEDRO (*Centro de Información y Educación para la Prevención del Abuso de Drogas*) hat die Zahl der Menschen mit Kokainerfah-

---

10 Unter *real-time*-Information ist die unverzügliche Meldung verdächtiger Flugzeuge durch die US-Radarüberwachung zu verstehen.

rung zwischen 1995 und 1997 um rund 60% auf 200.000 zugenommen; hinzu kommen noch 340.000 Konsumenten der besonders toxischen *Pasta Básica de Cocaina*. Nicht nur dies: Seit Mitte 1998 sind die Kokapreise in Peru wieder stark angestiegen; in einigen Zonen um mehr als das Fünffache. In Abwesenheit tragfähiger wirtschaftlicher Alternativen wurden von den Bauern nun in der Krise aufgelassene Felder reaktiviert. Damit zeichnet sich ab, dass die Erfolge in Peru möglicherweise mehr konjunktureller als strategischer Natur waren.

Mehr noch: Fahndungserfolge in peruanischen Küstenstädten und auf See legen nahe, dass sich peruanische Kokainorganisationen in zunehmendem Maße von kolumbianischen Labors und Exporteuren emanzipiert haben und selbst das Endprodukt Kokain-HCL auf den Markt bringen. Schließlich erweist sich das Ende der Ära Fujimori zunehmend als diplomatisches Waterloo – nicht zuletzt auch für die internationale Drogenkontrolle: Hatte man nicht jahrelang über Probleme bei den Menschenrechten und demokratiepolitische Defizite mit dem Argument hinweggesehen, dass diese Regierung Garant für Stabilität, den Kampf gegen den Terrorismus und den Drogenhandel sei? Mit den Ermittlungen der Staatsanwaltschaften in Peru und der Schweiz verdichten sich nunmehr die Anzeichen dafür, dass Fujimoris „Schattenmann", Geheimdienstchef Montesinos, nicht nur Waffen an die kolumbianische Guerilla verschoben, sondern auch im Drogenhandel die Fäden gezogen hat.

In Bolivien ist es der Regierung im Rahmen ihres Planes *Por la Dignidad 1998-2002* gelungen, die über den traditionellen Bedarf hinausgehende Kokaproduktion in Rekordzeit nahezu zu eliminieren. Drei Faktoren waren dafür ausschlaggebend. Die öffentliche Meinung hatte die andauernden Auseinandersetzungen um den Kokaanbau satt und wandte sich gegen die organisierten Kokabauern. Durch persönliche Auseinandersetzungen ihrer ambitiösen Führer wurde deren einstmals mächtige Gewerkschaftsbewegung weiter geschwächt. Vor allem aber sorgte ein kompromissloses Vorgehen der Regierung dafür, dass der Widerstand gegen die Kokavernichtung an Perspektive verlor. Präsident Hugo Banzer schickte das Militär, und die bolivianischen Bauern erinnern sich noch gut daran, wie der Militärdiktator Hugo Banzer im Jahr 1974 Panzer gegen Bauernproteste hatte auffahren lassen. Jedenfalls sind die durchschlagenden Erfolge Boliviens bei der Kokareduzierung eher das Ergebnis einer kompromisslos autoritären Vorgehensweise, als einer ausgewogenen und kohärenten Strategie, wie sie der *Plan Dignidad* formuliert hatte. Während die Zwangseradikation im Zuge des Plans auf Hochtouren lief, brauchte die Regierung anderthalb Jahre, um (schließlich im Juli 1999 in Paris) auch nur einen runden Tisch potentieller Geber für die Alternative Entwicklung zu organisieren. Insider berichteten schon seit Jahren davon, dass viele Bauern zu sehr dispersen Anbauformen übergegangen seien, beziehungsweise von neuem Anbau tief im Hinterland und nunmehr unter klandestinen, nicht mehr kleinbäuerlichen Bedingungen. Ein hoher Vertreter des

UNDCP sprach von einer starken Ausweitung der Kokaproduktion in dem vom Gesetz als traditionelle Zone definierten Anbaugebiet der Yungas. Es kann es keinen Zweifel daran geben, dass es in Bolivien zu einer politisch induzierten – und besonders insofern historischen – Reduzierung der Koka-anbaufläche gekommen ist. Verbunden allerdings mit schweren sozialen Un-ruhen. Bolivien – und besonders das von der Kokavernichtung betroffene Department Cochabamba – leidet zudem unter einer schweren Rezession, die eine zentrale Ursache im ersatzlosen Ausbleiben der Einnahmen aus dem Koka-Kokain-Geschäft hat. Und während Bolivien eine neue Rolle als Tran-sitland für peruanisches Kokain auf dem Wege über Brasilien nach Europa zu finden scheint, häufen sich die Bittfahrten von Vizepräsident Quiroga nach Washington, wo er bislang noch die Aufstockung zusammengekürzter Hilfs-budgets für den drogenpolitischen Musterschüler erwirken konnte. Mit den Kokafeldern scheint auch das Interesse der USA am Land der Königskordille-re zu schwinden. Die Probe auf seine Nachhaltigkeit wird auch dieser Ansatz erst noch zu bestehen haben.

Während also die nackten Zahlen von Erfolgen in Peru und Bolivien zeu-gen (manche Experten sprechen von virtuellen Erfolgen), blickt die Welt mit Sorge auf Kolumbien, wo der Kokaanbau förmlich explodierte: Waren es 1990 noch 40.100 Hektar gewesen, so sprechen offizielle Quellen heute von 120.000 Hektar, andere von mehr als 160.000 Hektar. Zwar erzielte Kolum-bien in den letzten Jahren stets auch die größten Erfolge bei der Kokavernich-tung, ermöglicht durch ein aggressives Programm der Besprühung der Felder aus der Luft mit dem Pflanzengift Glifosat, vor allem in den Departments Guaviare und Caquetá. Doch in Abwesenheit wirtschaftlicher Alternativen für die Bauern und bei ungebrochener Nachfrage nach Kokain verlagerte sich der Anbau auch innerhalb des Landes in den Süden, nach Caquetá und vor allen Dingen Putumayo, dorthin, wo die Sprühflugzeuge der *Policía Nacional* mit Beschuss durch die FARC (*Fuerzas Armadas Revolucionarias de Colombia*) zu rechnen haben. Washington sieht die FARC daher als *Narco-Guerrilla* und Kolumbien inzwischen als größtes Sicherheitsproblem in der westlichen He-misphäre.

Am 30. Juni 2000 passierte ein Hilfspaket in Höhe von US$ 1,3 Mrd. den Kongress in Washington, das überwiegend aus der Ausbildung von drei In-fanteriebataillonen und der Lieferung von 60 Kampfhubschraubern besteht. Die sollen das Terrain für die Sprühflugzeuge säubern. Die US-Hilfe ist Teil des *Plan Colombia*. Der Plan hat ein Volumen von insgesamt US$ 7,5 Mrd., wovon Kolumbien US$ 4 Mrd. selbst aufbringen will. Er wird vielfach als einseitiger und militärlastiger Plan der USA kritisiert. In der Tat: Während die Europäer am 7. Juli 2000 in Madrid über ihren Beitrag zum *Plan Colom-bia* sprachen, diskutierte der Kongress noch darüber, welcher Typ von Hub-schrauber mit dem Geld gekauft werden soll: Es werden nun 42 *Bell UH-1N* und 18 hochmoderne *Blackhawks* sein, zum Stückpreis von US$ 1,7 Mio. bzw. US$ 12,8 Mio.

Man braucht keine Verschwörungstheorien bemühen: Es ist die Politik der alljährlichen drogenpolitischen Beurteilungen durch das Weiße Haus, verbunden mit dem Damoklesschwert von Sanktionsdrohungen, die seit 15 Jahren bewirkt, dass drogenpolitische Pläne wie der *Plan Colombia* den Interessen Washingtons entsprechen. Auch die vorgesehene Arbeitsteilung, die USA fürs Polizeilich-Militärische und die Europäer für den entwicklungspolitischen Part, ist so seit Jahr und Tag zu beobachten. Allerdings hat es sich in der Zwischenzeit auch erwiesen, dass entwicklungspolitische Maßnahmen einen längerfristigen Zeithorizont brauchen, ein Klima des Vertrauens und der Kooperation mit den Betroffenen – Sicherheit vor allem, als Grundvoraussetzung für einen Erfolg der Alternativen Entwicklung. Selten zuvor haben sich die Europäer so klar von den drogenpolitischen Alleingängen Washingtons distanziert. Wenn die amerikanische Komponente zum *Plan Colombia* zum Einsatz kommt, so fürchten Kritiker, dann werden die entwicklungspolitischen Maßnahmen des Planes zum sinnlosen Feigenblatt. Experten rechnen unmittelbar mit der Vertreibung von 50.000 Kokabauern und Erntehelfern aus dem Department Putumayo, wo der befürchtete Einzug der Paramilitärs bereits zu einer Eskalation des Krieges geführt hat. Die Zeit des fragilen Friedensdialogs zwischen Regierung und FARC könnte so bald vorbei sein.

Nachbarländer befürchten ein Überschwappen des bewaffneten Konflikts und des Drogenhandels, nicht zuletzt das unmittelbar an Putumayo angrenzende Ekuador. „Wenn sich Kolumbien in ein Vietnam verwandelt, dann wollen wir nicht Laos oder Kambodscha sein", sagte unlängst der ekuadorianische Parlamentspräsident Juan José Pons im Hinblick auf den US-Luftwaffenstützpunkt Manta an der ekuadorianischen Pazifikküste. Eine Welle von Protesten zwang die Regierung in Quito dazu, die Nutzungsverträge für Manta in der Presse offen zu legen. Auch in Ekuador und Peru bilden *U.S. Special Operation Forces* militärische Spezialkräfte für den Kampf gegen den Drogenhandel aus. Transporte von Drogen und Waffen, sporadische Grenzverletzungen durch Kämpfer sowie Ströme von Flüchtlingen plagen Kolumbiens Nachbarn bereits heute. Brasilien, Ekuador, Peru und Venezuela haben ihre Grenztruppen bereits verstärkt. Die Beziehungen zwischen Kolumbien und Venezuela sind nach mehreren Grenzzwischenfällen gespannt. Die Mehrheit der 105 Mio. Menschen der Andenländer lebt in Armut. Mit Ausnahme Chiles sind alle von schweren wirtschaftlichen und sozialen Krisen betroffen. Es besteht die Gefahr, dass aus dem Pulverfass Kolumbien ein Flächenbrand wird.

Die Ergebnisse von mehr als einem Jahrzehnt „Drogenkrieg" sind trotz immer neuer Eradikationsrekorde, Beschlagnahmungsrekorde, Verhaftungsrekorde ernüchternd: War Lateinamerika in der Vergangenheit Lieferant für Kokain (Bolivien, Kolumbien, Peru) und Marihuana (Kolumbien, Mexiko) für die illegalen Märkte Nordamerikas, so gibt es heute kein Land mehr, das nicht auf die eine oder andere Weise in das Drogengeschäft verstrickt wäre: Ob als Zulieferer von Chemikalien, Rohstoffproduzent, Umschlagplatz, bei der Geldwäsche – und beim Konsum. Kokainorganisationen aus Bolivien und Peru liefern in zunehmendem Maße nicht mehr *Pasta Básica* zur Weiterverarbeitung nach Kolumbien, sondern haben eigene Absatzkanäle – vor allem nach Europa – erschlossen. Während 90% der Welt-Heroinproduktion aus Afghanistan und Myanmar kommen, haben in den letzten Jahren Mexiko und Kolumbien an Bedeutung gewonnen: Mit 120-160 Tonnen Rohopium dürfte ihr Potential bei 12-16 Tonnen Heroin liegen, rund 3-4% des weltweiten Angebots. Auch aus dem Norden Perus wird neuerdings immer wieder über den Anbau von Schlafmohn berichtet. Erstmals hat Interpol nun auch Heroin aus Lateinamerika in Europa sichergestellt.

Es wäre freilich verkürzt, diese Entwicklungen einfach nur als drogenpolitische Fehlschläge zu betrachten, geschweige denn, sie mit Hilfe so genannter *non-events* in Erfolge umzumünzen, das heißt mit der Behauptung, ohne den Drogenkrieg wäre alles noch schlimmer gekommen. Mit jedem dieser Fehlschläge breiten sich die mit Herstellung und Handel kontrollierter Substanzen verbundenen Probleme weiter aus: Mit Eradikationserfolgen in einer Region A bleiben dort gerodete Wälder, erodierte Böden, kontaminiertes Erdreich und Gewässer zurück – in aller Regel nebst einer Bevölkerung ohne Lebensalternativen. Bei persistenter Nachfrage wird sich das illegale Geschäft in einer Region B neu mit Rohstoff versorgen – und womöglich wird die Bevölkerung aus der Region A dieser Konjunktur folgen. So oder so: Auch in der Region B werden nunmehr Wälder gerodet, Gewässer kontaminiert, etc. Nach inzwischen mehr als anderthalb Jahrzehnten Erfahrung mit Politiken der Eradikation und Substitution so genannter Drogenpflanzen und Programmen der Alternativen Entwicklung in Lateinamerika – und auf der Basis einer offensichtlichen Marktsättigung und tendenziell sinkender Kokapreise – kann für diese Ausbreitung ökologischer und sozialer Verwüstungen nicht mehr einfach ein konkurrenzlos attraktiver Kokaboom verantwortlich gemacht werden, wie noch in den 80er Jahren. Zunehmend muss auch eine Politik in Frage gestellt werden, die auf kurzfristige Eradikationserfolge abzielt und die Nachhaltigkeit dieser Maßnahmen nicht genügend berücksichtigt.

Wenn oben festgestellt wurde, dass sich für die Länder Lateinamerikas „ihr Drogenproblem" primär als vielschichtiges Entwicklungsproblem stellt und die Drogenkontrolle primär als Herausforderung für die interamerikanischen Beziehungen, so ist weiter festzustellen, dass die Länder Lateinamerikas dergestalt nicht in der Lage waren, primär an den eigenen Problemen und Interessen orientierte Politiken zu entwickeln. Mehr als Probleme zu lösen ist diese außengesteuerte Anti-Drogen-Politik selbst Teil des Problems geworden.

Gibt es Auswege aus diesem erfolglosen drogenpolitischen Unilateralismus? Es gab und gibt mehrere solche Ansätze. Doch die Handlungsspielräume der Staaten Lateinamerikas gegenüber ihrem mächtigen Nachbarn im Norden sind begrenzt. Initiativen zu einer autonomeren, zuerst an den eigenen Problemen und Interessen orientierten Drogenpolitik blieben zumeist defensiv, sporadisch, unkoordiniert, isoliert und letztlich weithin erfolglos. Die wichtigste Ausnahme liegt bereits länger zurück: Die internationale Anerkennung der Legitimität des traditionellen Kokakonsums und -anbaus – dort, wo er historisch belegt ist – durch die Wiener UN-Konvention von 1988. Bemerkenswert ist daneben das jeweils unilateral in der nationalen Gesetzgebung festgeschriebene Verbot des Einsatzes chemischer und biologischer Mittel bei der Eradikation in Bolivien (1988) und Peru (2000).

In der Präambel der Wiener Konvention ist erstmals eine gemeinsame Verantwortlichkeit (*responsabilidad colectiva*) aller Staaten für den Kampf gegen den illegalen Drogenhandel angesprochen. Ein Gedanke, der seither alle einschlägigen internationalen Erklärungen durchzieht. In der Praxis konnte jedoch weder von einer effektiven Anti-Drogen-Politik, noch von einer gerechten – an der Wertschöpfung, der Dimension der Probleme und den zu ihrer Lösung verfügbaren Ressourcen orientierten – Lastenverteilung zwischen Nord und Süd die Rede sein: Die bewilligten Hilfen blieben stets hinter den Erwartungen und Erfordernissen zurück. Auf der interamerikanischen Ebene wurde dieser Gedanke als *responsabilidad compartida* weitergedacht und in der *Declaración de Cartagena* der Präsidenten Boliviens, Kolumbiens, Perus und der USA vom Februar 1990 konkretisiert. Ihr erster Satz lautet:

„Die Unterzeichner sind der Auffassung, dass jede Strategie, die zur Durchführung oder zur Konsolidierung eines umfassenden Programms gegen illegale Drogen verpflichtet, die Reduzierung der Nachfrage, des Konsums und des Angebots berücksichtigen und Übereinkünfte zu wirtschaftlicher Zusammenarbeit, alternativer Entwicklung, zur Stimulierung von Handel und Investitionen sowie zum Kampf gegen den illegalen Drogenhandel, zu diplomatischen Initiativen und Initiativen im Bereich der öffentlichen Meinung enthalten muss" (Lessmann 1996: 163).

In der Form einer Kann-Bestimmung öffnete die Deklaration aber gleichzeitig auch die Tür zur Einbeziehung der nationalen Streitkräfte in die Drogenbekämpfung, ein vordringliches Anliegen der Andenstrategie und -initiative. Und es war diese Lesart der Deklaration, der die USA in der Folge im Rahmen ihrer Politik der „doppelten Konditionierung" in der Praxis Geltung verschafften (vgl. Lessmann 1996: 161ff. und 164ff.). Das trilaterale Auftreten der betroffenen Andenländer gegenüber den USA wurde dergestalt über die obligatorischen jährlichen Drogenabkommen in eine Art Multi-Bilateralismus gewendet. Es fand – unter Einbeziehung der Präsidenten von Ekuador, Mexiko und Venezuela – noch eine Fortsetzung auf der Nachfolgekonferenz von San Antonio/Texas im Februar 1992, wo es auch endete.

Gerade im Drogenbereich haben die Lateinamerikaner um stärkeres europäisches Engagement geworben; zunächst mit wenig Resonanz. Trotz hoher Zuwachsraten in den letzten Jahren: Schwerpunkt europäischer Drogenprobleme ist Heroin, nicht Kokain. Hauptaugenmerk gilt daher den Transitrouten auf dem Balkan und in den osteuropäischen Ländern. Einer Externalisierung der Drogenkontrolle steht man diesseits des Atlantiks eher zurückhaltend gegenüber; wenn, dann vorzugsweise im multilateralen Rahmen, zum Beispiel über die EU oder das UNDCP, und mit eher entwicklungspolitischer Ausrichtung. Offen distanziert hat man sich nie, doch mit dem *shotgun-approach* der Vereinigten Staaten wollte man in der Praxis lieber nicht in Verbindung gebracht werden.

Auch die Amerikaner sähen eine stärkere Kostenbeteiligung der Europäer in ihrem Hinterhof gern: aber unter ihrer Führung. Von multilateralen Initiativen halten sie letztlich sehr wenig.[11] So hat sich eine Art Arbeitsteilung eingebürgert. Die US-Amerikaner konzentrierten sich schwerpunktmäßig auf Interdiktion und Eradikation und die Europäer auf Alternative Entwicklung.

Schon frühzeitig hatte man erkannt, dass die Mehrzahl der Menschen, die so genannte Drogenpflanzen anbauen, dies nicht aus krimineller Energie tun, sondern auf der Suche nach einem Lebensunterhalt. Wenn man ihnen den entzöge, so müssten sie Alternativen erhalten: Die „Alternative Entwicklung" war geboren, die bald weitergedacht wurde, vom bloßen Substitutionsansatz (Koka gegen Kaffee, Banane etc.) hin zu einer integrierten ländlichen Entwicklung unter Berücksichtigung von Weiterverarbeitung und Vermarktung, dem Ausbau der sozialen und physischen Infrastruktur bis hin zum Oberziel einer nachhaltigen menschlichen Entwicklung. Indes: In der Praxis stand zumeist das Ziel der Reduzierung (Eradikation) im Vordergrund. Aus Sicht der Bauern folgte der Entwicklungshelfer den Eradikationstrupps oder Sprühflugzeugen – zumal mit zunächst oft wenig ausgegorenen Konzepten und unzureichenden Budgets: Denkbar schlechte Voraussetzungen für erfolgreiche Projektarbeit. Die Vorhaben der auch hier federführenden US-Entwicklungsorganisation USAID waren häufig an vorauseilende Eradikation konditioniert; fast alle Projekte leiden bis heute unter einem, aus entwicklungspolitischer Sicht meist zu engen Zeithorizont, das heißt, zu ambitiösen Fristen für die Eradikation.

---

11 Im Verhältnis zu einem Drogen-Bundesbudget von US$ 18,5 Mrd. entsprach die US-Finanzierung für das Drogenkontrollprogramm der Vereinten Nationen (UNDCP) im Jahr 1998 mit US$ 4 Mio. 0,02%; dieser Beitrag steigerte sich 1999 um mehr als das Sechsfache auf US$ 25,3 Mio., was nunmehr 0,136% des U.S. Anti-Drogen-Bundesbudgets entspricht. Nach Auskunft von Insidern hängt diese Zahlung mit der umstrittenen Bereitschaft des UNDCP zusammen, als Träger für ein ursprünglich von den USA initiiertes Programm für den Einsatz von Pilzen zur Kokavernichtung zu fungieren (vgl. Lessmann 5/2000). Nach einer Welle von Protesten und kritischen Presseberichten hat das UNDCP im Herbst 2000 seine Mitarbeit an fraglichen Programmen eingestellt.

Die richtige Mischung zwischen Entwicklungskooperation und außer-ökonomischem Zwang ist bis heute heiß diskutiert. Dabei scheint sich mehr und mehr die Auffassung durchzusetzen, dass die Alternative Entwicklung Voraussetzung für eine Reduzierung des unerlaubten Anbaus so genannter Drogenpflanzen sein muss – und nicht umgekehrt. So betont die Erklärung von New York der Sondergeneralversammlung der Vereinten Nationen zum Thema Drogen vom Juni 1998 die bessere Nachhaltigkeit der Alternativen Entwicklung gegenüber Zwangsmaßnahmen, nennt Kontexte, in denen polizeiliche Maßnahmen besonders angebracht erscheinen und stellt fest:

„In Gegenden, wo Programme Alternativer Entwicklung noch keine tragfähigen Einkommensalternativen geschaffen haben, könnte die Anwendung der Zwangseradikation den Erfolg der Alternativen Entwicklung gefährden."

In einem Konzeptpapier des deutschen Bundesministeriums für Wirtschaftliche Zusammenarbeit und Entwicklung (BMZ) heißt es:

„Rauschgiftbekämpfung im Bereich der Entwicklungszusammenarbeit soll in erster Linie der Bevölkerung zu alternativen Einkommensquellen verhelfen, damit sie nicht mehr auf den illegalen Anbau von Drogenpflanzen angewiesen ist".

Die stärker konsultativ-kooperative und entwicklungspolitische Haltung der Europäer kommt auch in einem gemeinsamen, drogenpolitischen Aktionsplan zum Ausdruck, der anlässlich der Rio-Konferenz (28./29.6.1999) verabschiedet wurde (European Union 1999). Nach Aussage zuständiger Diplomaten ist es bislang allerdings nur in geringem Umfang gelungen, das in intensiver Arbeit und unter Mitwirkung hochrangiger Entscheidungsträger formulierte Papier mit Leben zu erfüllen. Als wichtiger Grund dafür werden Koordinationsschwierigkeiten unter den Staaten beiderseits des Atlantiks genannt.[12]

Ein Grund für die europäische Zurückhaltung auf diesem Feld mag in den durch die überragende Rolle der USA gesetzten Rahmenbedingungen liegen, die einem Erfolg der von den Europäern bevorzugten Strategien nicht wirklich zuträglich sind. Jene scheinen andererseits nicht geneigt, in diesem Punkt eine Kontroverse mit Washington zu riskieren (vgl. FES 2000). Dies umso weniger, als Lateinamerika zu keiner Zeit eine eigenständige und kohärente Linie in der Drogenpolitik zu entwickeln imstande war und nicht selten widersprüchliche Signale aussandte, was eine mögliche europäische Solidarisierung auch nicht erleichterte (vgl. Lessmann 1999: 253ff.).

In den letzten zwei Jahrzehnten kam es daneben zu einer Vielzahl regionaler und interamerikanischer Initiativen und Aktivitäten auf drogenpoliti-

---

12 Symptomatisch für die relativ untergeordnete Rolle, die Lateinamerika – und das Thema Drogen insbesondere – in der europäischen Außenpolitik einnimmt, ist der Umstand, dass in der Berichterstattung über den Gipfel der hinter den Kulissen stattfindende Streit zwischen Deutschland und Österreich um die Besetzung des Postens des EU-Koordinators für das Kosovo im Vordergrund stand, und der drogenpolitische Aktionsplan praktisch nicht erwähnt wurde.

schem Gebiet: Kommissionen und *Task Forces*, Gipfel und Deklarationen, auf die zumeist das bezüglich politischer Integrationsversuche gebrauchte Bonmot zutrifft, wonach der Abschluss von Übereinkommen einfacher ist als deren Umsetzung. Als der politisch tragfähigste Mechanismus hat sich darunter die bereits 1986 im Rahmen der OAS in Rio gegründete CICAD (*Comisión Interamericana para el Control del Abuso de Drogas* – Kommission der Organisation Amerikanischer Staaten zur Kontrolle des Drogenmissbrauchs) erwiesen, der alle 34 Mitgliedsstaaten der OAS, also auch die USA und Kanada, angehören.

Nach wie vor erweist sich der Prozess der unilateralen Bewertung drogenpolitischen Wohlverhaltens als der stärkste Hebel Washingtons zur Gestaltung der Drogenpolitik in Lateinamerika nach eigenem Gutdünken. Mit der Verweigerung der *certification* Kolumbiens in den Jahren 1996 und 1997 wurde die Kritik an diesem unilateralen Bewertungsmechanismus und der Sanktionspolitik der USA lauter. Selbst Länder wie Chile, die nicht von der *certification* betroffen sind, schlossen sich der Kritik an. Schließlich war es die Regierung Mexikos, die die lateinamerikanische Forderung nach einem Drogengipfel mit dem Ziel einer Reform der internationalen Drogenpolitik am nachdrücklichsten betrieb.[13] Gegen den anfänglichen Widerstand Washingtons gelang es schließlich, eine Sondergeneralversammlung der Vereinten Nationen (vom 8.-10.6.1998) zum Thema Drogen durchzusetzen, deren zentraler Inhalt nun aber nicht mehr die lateinamerikanische Kritik am drogenpolitischen Status quo war, sondern eine Zehn-Jahres-Initiative für eine drogenfreie Welt des neuen Chefs des UNDCP, Pino Arlacchi. Während die Deklaration von New York sicherlich bisher den umfassendsten und ausgewogensten Ansatz der internationalen Staatengemeinschaft zur Drogenbekämpfung darstellt, ist es den Lateinamerikanern nur in begrenztem Maße gelungen, ihre Anliegen zur Geltung zu bringen: die Aufwertung der Alternativen Entwicklung und die Zurückweisung der unilateralen *certification*. Die zentralen Sätze zur Alternativen Entwicklung (vgl. etwa S. 24) kamen eher auf Initiative europäischer Länder in den Text.[14] Das Thema *certification* stand in New York gar nicht mehr zur Debatte: Die Delegation von Honduras hatte auf der 20. Ordentlichen Sitzung der CICAD im November 1997 in Lima die Bildung eines multilateralen Mechanismus zur Evaluierung der

---

13 Die *certification* Mexikos durch das Weiße Haus im März 1997 erfolgte nach Ansicht vieler Abgeordneter und Praktiker des *War on Drugs* zu Unrecht, nicht zuletzt vor dem Hintergrund der Tatsache, dass zur gleichen Zeit Kolumbien die *certification* verwehrt wurde. Der Kongress erhob Einspruch gegen die Entscheidung des Präsidenten. Zentrales Argument war die Korruption: Im Februar 1997 hatte sich herausgestellt, dass mit Jesús Gutierrez Rebollo jahrelang der oberste Drogenbekämpfer Mexikos auf der Gehaltsliste von Amado Carrillo Fuentes gestanden hatte, einem der wichtigsten Drogenhändler.

14 Neben der EU und den USA hatte auch Kolumbien einen Resolutionsentwurf vorgelegt. Insbesondere Deutschland war es, das bei den Vorbereitungskonferenzen Kolumbianer und US-Amerikaner an einen Tisch brachte.

Fortschritte bei der Drogenbekämpfung (MEM) vorgeschlagen. Auf dem interamerikanischen Gipfel von Santiago wurde im April 1998 die Schaffung eines solchen Bewertungsmechanismus im Rahmen der OAS beschlossen, der im Jahr 2000 erstmals probeweise wirksam werden und erste Ergebnisse auf dem *Third Summit of the Americas* im April 2001 in Québec vorlegen sollte. Sicherlich wäre eine multilaterale Evaluierung nach allseits anerkannten, einheitlichen Kriterien – es sind insgesamt 61 – gegenüber der Praxis der unilateralen *certification* durch Washington ein großer Fortschritt. Die Lateinamerikaner konnten sich zudem der Unterstützung Kanadas versichern, das bei der Ausarbeitung des MEM den Vorsitz führte. Es ist noch zu früh, um zu sagen, ob der Evaluierungsmechanismus der CICAD den Ausgangspunkt darstellen kann für einen – vielleicht mit Unterstützung der EU – zu schaffenden globalen Mechanismus im Rahmen der Vereinten Nationen. Andererseits, wie immer der Mechanismus der OAS letztlich aussehen wird: Durch diese „Amerikanisierung" sind die lateinamerikanischen Länder vorerst von potentiellen Bündnispartnern in anderen Teilen der Welt abgeschnitten, wo es ja auch Länder gibt, die von der *certification* betroffen sind. Und während *drug zar* Barry McCaffrey nach außen hin immer wieder laut darüber nachdenkt, dass eine intensivierte Kooperation die *certification* eines Tages überflüssig machen könne, haben in der innenpolitischen Debatte weder Kongressabgeordnete noch Vertreter der Exekutive einen Zweifel daran gelassen, dass man – so oder so – an der *certification* festhalten werde (Lessmann 2000: 351).

Die Handlungsspielräume für eine eigenständige, primär an den eigenen Problemen orientierte Drogenpolitik werden also bis auf weiteres begrenzt bleiben. Indes: Der Verzicht auf die Formulierung autonomer Politiken in diesem Bereich hat sich in der Vergangenheit als kostspielig erwiesen. Nicht einmal die fremden, und schon gar nicht die eigenen Probleme konnten so gelöst werden; vielmehr kamen neue hinzu.

Die Tendenz zur Globalisierung der Problemszenarien schafft heute neue Ansatzpunkte für Kooperation, ausgehend von den Bereichen Prävention und Therapie, aus denen neue drogenpolitische Bündnisse erwachsen könnten. Ein entscheidendes Hindernis für die Entwicklung solcher Bündnisse war in der Vergangenheit eine Glaubwürdigkeitslücke der Politik nach innen wie nach außen. Mit der Eradikation so genannter Drogenpflanzen wurde ein Schwerpunkt gerade dort gesetzt, wo es die Schaltzentralen des illegalen Drogengeschäfts am wenigsten schmerzte, aber die höchsten sozialen Kosten verursachte. Ein gesellschaftlicher Konsens ist auf dieser Grundlage schwerlich zu erzielen. Demgegenüber dauerte es in Bolivien, Kolumbien und Peru jeweils bis zur Mitte der 90er Jahre, bis staatlich sanktionierte Geldwaschanlagen vom Gesetzgeber geschlossen wurden.[15] Der Eindruck drogenpolitischer „Bauernopfer" wird durch einschlägige Korruptionsskandale in Vergangenheit und Gegenwart bis hinauf in höchste Ämter noch unterstrichen; Skandale, die andererseits auch Ansatzpunkte *par excellence* zur Rechtfertigung für auswärtigen Interventionismus darstellen. Die Stärkung demokratischer und rechtsstaatlicher Institutionen muss – über die Schließung dieser Glaubwürdigkeitslücken hinaus – ein entwicklungspolitischer Imperativ sein. Fortschritte dabei werden auch die Suche nach einem nationalen Konsens in der Drogenpolitik erleichtern, die nach Lage der Dinge unter Einbeziehung der zivilen Gesellschaft erfolgen muss. Dazu wird es ferner nötig sein, der eigenen Bevölkerung gegenüber hinsichtlich internationaler Rahmenbedingungen die Karten auf den Tisch zu legen und nicht Souveränität vorzutäuschen, wo diese de facto begrenzt ist.

Auf der Grundlage solcher Konsenspolitiken dürften dann auch regionale, transatlantische und selbstverständlich auch ausgewogenere interamerikanische Kooperationen besser möglich sein. Eines darf man schließlich nicht vergessen: Die Andenländer haben bisher den höchsten Preis für die Implementierung inadäquater, außengesteuerter Politiken bezahlt. Sie hätten von daher die moralische Autorität zu sagen: „Wir haben die Schlachten geschlagen und wissen, dass wir so den Krieg nicht gewinnen können. Wir müssen vielmehr andere Wege beschreiten." Bis dorthin ist es allerdings noch ein weiter Weg.

Literaturverzeichnis

BMZ/GTZ Bundesministerium für Wirtschaftliche Zusammenarbeit und Entwicklung/Deutsche Gesellschaft für Technische Zusammenarbeit (1998): Drogen und Entwicklung. Bonn/Eschborn.
Doria Medina, Samuel (1986): La economía informal en Bolivia. La Paz.

---

15 Die *ventanillas siniestras*, Devisenschalter bei Banken, an denen Einzahlungen möglich waren ohne dass nach deren Herkunft gefragt wurde, waren in Kolumbien bereits im Jahr 1974 unter Präsident López Michelsen geschaffen worden. In Bolivien erfüllte der Artikel 142 des berühmten *Decreto Ley 21.060* dieselbe Funktion, mit dem im Jahr 1985 nach den Richtlinien des IWF ein rigoroser Prozess der Inflationsbekämpfung und Budgetsanierung eingeleitet wurde. Verschiedene Beobachter sind der Meinung, dass die relativ rasche Geldwertstabilisierung ohne die Verfügbarkeit schwarzer Dollars aus dem Drogengeschäft kaum möglich gewesen wäre (vgl. Doria Medina 1986; Jungfer 1990). In Kolumbien sind heute alle Transaktionen über US$ 7.000 meldepflichtig. In Peru und Bolivien wurden 1996 Geldwäschegesetze verabschiedet und jeweils 1998 Maßnahmen zu deren Implementierung eingeleitet, wobei das *State Department* über den zögerlichen Fortschritt klagt (vgl. U.S. Dept. of State 1999, jeweilige Länderberichte).

Council of the European Union (1999): Comprehensive Action Plan on Drugs (Draft). Brussels, 15 April 1999.

FES Friedrich-Ebert-Stiftung (2000): Illegale Drogen: Gesellschaftliche Bedrohung und politische Herausforderungen für Europa und Lateinamerika, Dokumentation der gleichnamigen internationalen Fachkonferenz vom 13.12.1999 in Berlin. Bonn.

GTZ Gesellschaft für Technische Zusammenarbeit (2001): Drogen und Entwicklung in Lateinamerika. Eschborn.

IRELA Instituto de Relaciones Europeo-Latinoamericanas (1998): Un nuevo diálogo UE-América Latina sobre drogas? IRELA Dossier No. 66. Madrid.

Jungfer, Jochen (1990): Analyse der Wirkungen eines Ressourcenbooms auf eine Volkswirtschaft. In: Ruppert: Das Koka- und Kokaingeschäft in Bolivien. Nürnberg.

Lessmann, Robert (1996): Drogenökonomie und internationale Politik. Franfurt am Main.

Lessmann, Robert (1999): Drogenökonomie und Drogenpolitik: Hundert Jahre Lessmann, Robert (1997): El narcotráfico y las relaciones internacionales. In: Del Olmo (Hrsg.): Drogas – El conflicto de Fin de Siglo. Cuadernos de Nueva Sociedad. Caracas.

Einsamkeit – Jenseits von Macondo. In: Sevilla/Haldenwang/Pizarro (Hrsg.): Kolumbien: Land der Einsamkeit? Bad Honnef.

Lessmann, Robert (2000): Ein Giftpilz als Waffe im Drogenkrieg. In: Lateinamerika Anders Panorama, No. 3, Mai 2000. Wien.

Lessmann, Robert (2000): Amerikanisierung und Militarisierung: Die auswärtige Drogenpolitik der USA. In: Rudolph/Wilzewski (Hrsg.): Weltmacht ohne Gegner. Baden-Baden.

Lessmann, Robert (2003): Drogenbekämpfung und alternative Entwicklung: State of the Art und die Rolle internationaler Akteure. In: Entwicklungspolitische Diskussionstage. Dokumentation der Veranstaltung vom 7.-11. April 2003. Schriftenreihe des Seminars für Ländliche Entwicklung, Nr. 202. Berlin.

McCaffrey, Barry (1999): The Evolving Drug Threat in Colombia And Other South American Source Zone Nations. Statement by General Barry R. McCaffrey, Director, Office of National Drug Control Policy, before the House Committee on Government Reform, Subcommittee on Criminal Justice, Drug Policy, and Human Resources. Washington, 6. August 1999. http://usembassy.state.gov/colombia/wwwsbm07.shtml

Naciones Unidas (1977a): Convención Única de 1961 Sobre Estupefacientes. New York.

Naciones Unidas (1977b): Convenio Sobre Sustancias Sicotrópicas 1971. New York.

Naciones Unidas (1994): Convención de las Naciones Unidas Contra el Tráfico Ilícito de Estupefacientes y Sustancias Sicotrópicas 1988. Wien.

ODCCP United Nations Office for Drug Control and Crime Prevention (1999): Global Illicit Drug Trends 1999. New York.

Rocha, Ricardo (2000): The Colombian Economy After 25 Years of Drug Trafficking. Santafé de Bogotá: UNDCP.

UNICEF/Corporación Nuevo Milenio/CIFISAM (2000): El Espejismo de esas Hojas – Impacto de los Cultivos Ilícitos en Mujeres y Niños: Cartagena de Chairá y

Remolinos del Caguán, Caquetá, Puerto Caicedo y Valle del Guamués, Putumayo. Santafé de Bogotá.

UNDCP United Nations International Drug Control Program (1995): Amphetamine-type Stimulants – A Global Review (Discussion Paper). Wien.

UNDCP (1997): World Drug Report. New York, Oxford University Press 1997.

UNDCP (2000): Sistema Subregional de Información sobre el Uso Indebido de Drogas. Unveröffentlichte Erhebungen vom August 2000.

U.S. Department of State – Bureau for International Narcotics and Law Enforcement Affairs (1999): International Narcotics Control Strategy Report 1998. Washington, D.C.

The White House – Office for National Drug Control Policy (1998): The National Drug Control Strategy 1998 – A Ten Year Plan 1998-2007. Washington, D.C.

Vargas, Ricardo (1999): Drogas, Máscaras y Juegos – Narcotráfico y conflicto armado en Colombia. Bogotá.

WHO/UNICRI World Health Organization/United Nations Interregional Crime and Justice Research Institute (1995): Cocaine Project. Geneva.

Sabine Kurtenbach

Die Andenländer als neuer Krisenherd: Eine sicherheitspolitische Herausforderung für Lateinamerika

Zwar ist Lateinamerika weitgehend aus den internationalen Schlagzeilen verschwunden, in der zweiten Hälfte der 90er Jahre entwickelten sich aber die Andenländer zum neuen Krisenherd der Region. Während die Kriege in Zentralamerika am Verhandlungstisch beendet wurden und die Demokratisierung sich in den meisten Ländern nach mehreren verfassungsmäßigen Regierungswechseln zu konsolidieren schien, durchlebten die Andenländer allesamt schwere politische, wirtschaftliche und gesellschaftliche Krisen. Beispiele hierfür waren bzw. sind das autoritäre System Fujimori in Peru, der Aufstieg des ehemaligen Putschisten Hugo Chávez zum Regierungschef in Venezuela, die Mobilisierung der indigenen Bevölkerung und die zweimalige Absetzung von Präsidenten in Ekuador sowie die Eskalation des Krieges in Kolumbien. Darüber hinaus steht die Andenregion im Zentrum des internationalen Drogenhandels, den die USA nach dem Ende des Kalten Krieges zunächst zum sicherheitspolitischen Hauptproblem in den Amerikas erklärt hatten.

In den vergangenen Jahren hat sich vor diesem Hintergrund eine sehr komplexe regionale Krise entwickelt, die die inner- und interregionalen sowie die internationalen Beziehungen nicht nur der Andenregion sondern ganz Lateinamerikas in wachsendem Maß bestimmt. Verschiedene regionale und externe Akteure, darunter an erster Stelle die USA, haben begonnen, auf die Krise zu reagieren. In den kommenden Jahren wird sich auch an der weiteren Entwicklung in der Andenregion erweisen, wie die betroffenen Länder selbst aber auch wie Lateinamerika und externe Akteure diesen komplexen sicherheitspolitischen Herausforderungen begegnen, ob sie in alte Verhaltensmuster verfallen, oder ob neue kreative Mechanismen der Konfliktprävention und des Krisenmanagements entwickelt werden.

Im Folgenden soll zunächst der Wandel der sicherheitspolitischen Agenda in den Amerikas kurz skizziert werden, bevor auf die Strukturen und Dimensionen der aktuellen Krise in den Andenländern eingegangen wird. Vor diesem Hintergrund steht dann im dritten Abschnitt die Analyse der bisherigen Reaktionen verschiedener Akteure auf die Krise im Vordergrund, um abschließend Überlegungen für ein kreatives Krisenmanagement zu entwickeln.

Der Wandel der sicherheitspolitischen Agenda in den Amerikas

Auch wenn Lateinamerika nur selten – beispielsweise während der Kuba-Krise – im Zentrum des Kalten Krieges stand, hat dieser doch die Sicherheitspolitik in der Region über Jahrzehnte maßgeblich bestimmt. Vor allem die zahlreichen internen Kriege in den 70er und 80er Jahren wurden durch die Brille des Ost-West-Konfliktes wahrgenommen. Die Blockkonfrontation hat diese Konflikte zwar nicht verursacht, aber ihre Dynamik und vor allem ihren Ausgang maßgeblich beeinflusst (vgl. Kurtenbach 1995). Andererseits hat dies seitens der lateinamerikanischen Staaten auch zu Bestrebungen geführt, die Region durch eine verstärkte Kooperation sowohl untereinander, als auch mit anderen Staaten des Südens (z.b. im Rahmen der Bewegung der Blockfreien) oder mit Westeuropa aus der Konfrontation der Supermächte herauszuhalten. Sicherheitspolitisch waren hier die Bemühungen der sog. *Contadora*-Gruppe (Mexiko, Panama, Kolumbien, Venezuela) zur Befriedung Zentralamerikas zwischen 1983 und 1986 beispielhaft. Seither ist diese regionale Kooperation in der Außen- und Sicherheitspolitik vor allem im Rahmen der Rio-Gruppe institutionalisiert und verstetigt worden. Durch das Fortbestehen des Konfliktes zwischen den USA und Kuba dauert der Kalte Krieg in der Karibik zwar trotz der Beendigung der Blockkonfrontation 1989 noch an, insgesamt hat Lateinamerika aber in der sicherheitspolitischen Agenda internationaler Akteure deutlich an Bedeutung verloren.[1]

In den Amerikas fand dagegen im Rahmen der Organisation Amerikanischer Staaten (OAS) bereits in den 90er Jahren eine breite Debatte über die künftige sicherheitspolitische Agenda statt, in deren Verlauf ein Sicherheitsbegriff entwickelt wurde, der über die klassische, sehr auf die zwischenstaatliche Ebene und das Militär bezogene Konzeption hinausgeht. Neben den Themen zwischenstaatlicher Kooperation (Rüstungskontrolle, vertrauensbildende Maßnahmen, militärische Zusammenarbeit) rückte insbesondere die Frage der Stabilität demokratischer Regierungssysteme in der Region in den Vordergrund. Bereits 1991 verabschiedete die OAS auf ihrer Vollversammlung in Santiago de Chile eine Verpflichtung zur Demokratie der Mitgliedstaaten. Erstmals sind darin für den Fall der Bedrohung der Stabilität demokratischer Regierungen konkrete Maßnahmen vorgesehen (beginnend mit der Einberufung des Permanenten Rates). Ein Jahr später, auf einer außerordentlichen Versammlung im Dezember 1992 in Washington, verabschiedete die OAS eine Satzungsänderung, die die Möglichkeit des Ausschlusses von nicht verfassungsmäßig an die Macht gelangten Regierungen vorsieht, allerdings

---

1   Vgl. dazu Kurtenbach/Bodemer/Nolte 2000 sowie die dort angegebene Literatur.

keinen Automatismus enthält. In den folgenden Jahren gab es verschiedene Anlässe, bei denen diese Neuorientierung der Sicherheitspolitik in den Amerikas auf dem Prüfstand stand. Im April 2001 beauftragten die amerikanischen Staatschefs auf ihrem Gipfeltreffen im kanadischen Quebec die OAS mit der Vorbereitung einer Interamerikanischen Demokratie-Charta, durch die die bestehenden Instrumente der OAS zur aktiven Verteidigung der Demokratie gestärkt werden sollten. Gleichzeitig verabschiedeten sie eine Demokratie-Klausel gemäß der die nicht verfassungskonforme Veränderung oder der Bruch der demokratischen Ordnung ein Ausschlusskriterium für die Mitarbeit einer Regierung bei der amerikanischen Gipfeldiplomatie darstellt. Am 11. September 2001 verabschieden die OAS-Staaten in Lima dann die Amerikanische Demokratie-Charta, in deren 28 Artikel sich die Mitgliedstaaten umfassend zur Einhaltung von Demokratie und Menschenrechten verpflichten (s. www.oas.org).

Ein zweites Thema der regionalen Sicherheitspolitik wurde insbesondere für die USA die angebotsorientierte Bekämpfung des Drogenhandels (vgl. dazu den Beitrag von Robert Lessmann). Der „Krieg gegen die Drogen" ersetzte bis zum 11. September 2001 den Kalten Krieg und wurde zum neuen Begründungszusammenhang US-amerikanischer Militärhilfe für Lateinamerika. Versuche, das lateinamerikanische Militär auf regionaler Ebene in die Drogenbekämpfung einzubinden, scheiterten aber; nach wie vor dominieren bilaterale Abkommen und Maßnahmen zur Drogenbekämpfung.

Bereits vor dem 11. September 2001 wurde in den Amerikas über Terrorismus und dessen Bekämpfung gesprochen. Die Frage, wer oder welche Gruppen als Terroristen bekämpft werden sollen, war allerdings lange Zeit umstritten. Während des Kalten Krieges galt hier wie anderswo auch das Motto „des einen Freiheitskämpfer, des anderen Terrorist". Auf dem ersten Gipfel der Amerikas 1994 in Miami beschlossen die amerikanischen Staatschefs die Einberufung einer speziellen Konferenz über die Gefahr des nationalen und internationalen Terrorismus.[2] Diese fand dann schließlich im April 1996 in Lima statt; der dort verabschiedete Aktionsplan sieht vor allem eine verstärkte regionale Kooperation vor. Auf der Folgekonferenz 1998 im argentinischen Mar del Plata wurde das interamerikanische Komitee gegen den Terrorismus ins Leben gerufen, das auf der OAS-Generalversammlung in Guatemala im Juni 2001 formell gegründet wurde. Hauptaufgabe des Komitees ist es, die entsprechenden Aktivitäten der amerikanischen Staaten zur Terrorismusbekämpfung vorzubereiten und zu koordinieren. Die Ereignisse des 11. September 2001 haben die Bedeutung der Terrorismusbekämpfung in den Amerikas stark vergrößert, auch wenn der „Krieg gegen den internationa-

---

2 Hintergrund waren die Bombenanschläge gegen die israelische Botschaft in Buenos Aires 1992 und der Anschlag auf das Gemeindezentrum der jüdischen Gemeinde ebenfalls in Buenos Aires 1994.

len Terrorismus" in Lateinamerika nicht zu spektakulären Aktionen wie in Afghanistan führt. Er wirkt sich allerdings auf die andauernden bewaffneten Konflikte – vor allem auf die Lage in Kolumbien – aus, weil fünf Organisationen, die in den USA auf der Liste der *Foreign Terrorist Organisations* stehen, aus Kolumbien und Peru kommen.[3]

In den Andenländern verbinden sich mithin alle drei Problemlagen, wodurch die Region zum sicherheitspolitischen Brennpunkt in den Amerikas geworden ist.[4] Alle drei Themen sind insofern eng miteinander verknüpft, als die immensen Ressourcen der Drogenökonomie Politik, Wirtschaft und Gesellschaft der Andenländer durchdrungen und korrumpiert haben. Im Rahmen von Drogen- und Terrorbekämpfung erhalten die Regierungen wieder steigende Mittel der US-amerikanischen Militärhilfe. Mit der Eskalation und Regionalisierung des Krieges in Kolumbien Ende der 90er Jahre wurde die Brisanz der Entwicklung in der Andenregion von einer breiteren Öffentlichkeit wahrgenommen. Aufgrund der humanitären Folgen dieser Entwicklung (Zehntausende Tote und etwa zwei Millionen Vertriebene) kursierten in der lateinamerikanischen Presse bereits die Schlagzeilen von Kolumbien als dem „Kosovo" Lateinamerikas.

Die USA haben darauf Mitte 2000 mit der Verabschiedung eines Hilfspaketes in Höhe von US$ 1,3 Mrd. reagiert, das zu 75% aus Militärhilfe besteht. Auch die lateinamerikanischen Nachbarstaaten militarisierten ihre Grenzregionen, um eine Ausweitung der kolumbianischen Auseinandersetzung auf das eigene Territorium zu verhindern. Diese Entwicklung läuft den allgemeinen sicherheitspolitischen Trends in Lateinamerika, wo Demilitarisierung und Kooperation dominieren, entgegen und ist nicht nur für eine Regulierung des kolumbianischen Krieges kontraproduktiv. Gegen die Reduzierung der Krise auf das Drogenproblem, die zunehmende Perzeption des Krieges in Kolumbien als Problem des „Terrorismus" und die militärische Bekämpfung hat sich in Lateinamerika in den vergangenen Jahren allerdings immer wieder Widerstand geregt.

Weder die lateinamerikanischen Länder, noch andere externe Akteure – beispielsweise die EU – haben aber (bisher) eine eigene Alternativstrategie entwickelt, die zur friedlichen Regulierung der Krise dienen könnte. Sicherheitspolitische Problemlagen sind in den internationalen Beziehungen dazu geeignet, die realen Machtverhältnisse widerzuspiegeln. Wenn Lateinamerika als eigenständiger internationaler Akteur gelten will, der nicht nur auf Vorga-

---

3   Es handelt sich um die FARC-EP (*Fuerzas Armadas Revolucionarias de Colombia – Ejército Popular*), das ELN (*Ejército de Liberación Nacional*) und die AUC (*Autodefensas Unidas de Colombia*) aus Kolumbien sowie die MRTA (*Movimiento Revolucionario Tupac Amaru*) und *Sendero Luminoso* aus Peru (www.state.gov/s/ct/rls/pgtrpt/2000/2437.htm).

4   Ein zweiter Krisenherd, der aber weit geringere Bedeutung für die Region hat, ist Haiti.

ben der Supermacht USA reagiert, muss es bei der Deeskalation und Bewältigung der Krise in den Andenländern politische Handlungskompetenz beweisen. Die Erfahrungen aus Zentralamerika, wo die *Contadora*-Gruppe und deren Unterstützer diese kreative Handlungskompetenz bewiesen haben, können hierbei durchaus von Nutzen sein, auch wenn das Modell nicht einfach übertragbar ist (vgl. Drekonja-Kornat 2001).

Strukturen und Dimensionen der aktuellen Krise der Andenländer

Die Krise der Demokratie in den Andenländern

Auch wenn die formaldemokratischen Verfahren nur in Ausnahmefällen wie während des *autogolpe* in Peru 1992 oder während des Sturzes von Präsident Mahuad im Jahr 2000 gebrochen oder ausgesetzt wurden, ist die Krise der Demokratie in der Andenregion tiefgreifend. Die Defizite lassen sich als Paradebeispiel für die Entwicklungen bezeichnen, die Merkel (1999: 363) zur Erfassung von defekten Demokratien aufführt:

„Defekte, die sich als Illiberalismus, Missachtung des Rechtsstaates, Umgehung der Gewaltenkontrolle oder Tolerierung autoritärer Domänen verfestigen und wichtige Funktionsweisen der rechtsstaatlich eingehegten Demokratie beschädigen […], ohne deren Kern, nämlich freie, gleiche und allgemeine Wahlen, aufzulösen."

Bereits 1994 hatte Catherine Conaghan (1994: 3) die gefährlichen Tendenzen der politischen Entwicklung in der gesamten Andenregion benannt: übermäßige Macht der Exekutive, Abwertung der Legislative und die Langlebigkeit nicht-konsultativer Politikformen durch technokratische Eliten. Gleichzeitig lasse sich eine sinkende Bereitschaft der Zivilgesellschaft beobachten, diesen Entwicklungen auf institutionellem Weg zu begegnen, und die politische Gewalt nehme zu. Demokratie beschränke sich auf die Durchführung von Wahlen, die wenn überhaupt nur geringen Einfluss auf den politischen Entscheidungsprozess haben.

Die Krise der politischen Systeme[5] steht in allen Ländern der Region in engem Zusammenhang mit alten wirtschaftlichen und sozialen Problemen Schon die venezolanischen Putschisten rechtfertigten ihr Handeln 1992 mit der sozialen Verelendung der Bevölkerung und der Korruption der politi-

---

5   Vgl. dazu u.a. im Überblick: Lateinamerika. Analysen-Daten-Dokumentation Nr. 37 (1998) sowie die Publikationen der Comisión Andina de Juristas (1998), von García-Sayán (1998) und von Arnson (2001).

schen Führung des Landes. Die direkten sozialen Folgen der ökonomischen Strukturanpassung erklären die politische Krise in den Andenländern aber nur teilweise. Entscheidend dürfte sein, dass die Zwänge der wirtschaftlichen Modernisierung (u.a. Reduzierung der Staatsausgaben, Privatisierung von Staatsbetrieben, etc.) den Fortbestand klientelistischer und paternalistischer Praktiken in der Politik untergraben. Gleichzeitig fordern immer mehr politische und soziale Akteure die Einhaltung von Grundprinzipien demokratischer Systeme wie Rechtsstaatlichkeit, Transparenz und Rechenschaftspflicht. Während die Regierungen der gesamten Region, unabhängig von politischer Herkunft und Wahlversprechen, ökonomische Programme der Strukturanpassung betreiben und immer größere Teile der Bevölkerung ihr Dasein unterhalb des Existenzminimums fristen, fließen die Gewinne der Privatisierung vielfach in alter Manier in die Taschen und auf die Auslandskonten der Reichen. Neue Akteure oder auch alte wie das Militär, die wirklich oder vermeintlich korrupte Regierungen stürzen wollen, erfreuen sich vor diesem Hintergrund großer Popularität. Allerdings vor allem, weil sie die herrschenden Praktiken anklagen und nicht, weil sie echte alternative Konzepte vorweisen können.

Das Beispiel Venezuela und die anhaltende Krise nach dem 4. Februar 1992, dem Tag des ersten Putschversuches, macht dies deutlich: Bereits im November 1992 gab es einen zweiten Putschversuch, in den auch zahlreiche hohe Offiziere verwickelt waren. Die loyalen Truppen konnten den Umsturz erst nach mehrstündigen bewaffneten Auseinandersetzungen beenden. Die folgende Suspendierung und Amtsenthebung von Präsident Pérez wurde von der Bevölkerung zwar begrüßt, beendete die Krise aber nicht. Auch Interimspräsident Ramón J. Velásquez verlor schnell an Vertrauen. Das Parlament übertrug ihm Sondervollmachten zur Gesetzgebung, er regierte vornehmlich per Dekret, ohne die Lage zu stabilisieren. Gerüchte über erneute Putschversuche gab es immer wieder, und obwohl der im Dezember 1993 gewählte Präsident Caldera seine Amtszeit verfassungskonform beenden konnte, blieben die Grundprobleme des Landes ungelöst. Ob die „bolivarianische Demokratie" des Hugo Chávez daran grundlegend etwas ändern wird, darf bisher bezweifelt werden. Die von Chávez durchgeführten Veränderungen des politischen Systems sowie die aktuellen Entwicklungen (vor allem die wachsende Einschränkung der Presse- und Meinungsfreiheit) erinnern durch ihre Stärkung der Exekutive und autoritäre Tendenzen eher an den peruanischen *Fujimorismo* oder klassisch populistisch-caudillistische Systeme; die Proteste und der Umsturzversuch vom April 2002 zeigen wie instabil die Lage ist.[6]

In Peru erreichte Präsident Fujimori bis zum Jahr 2000 zwar eine vermeintliche Stabilisierung der politischen Situation (Wiederwahl 1995, Inhaf-

---

6 Zur Entwicklung in Venezuela vgl. u.a. Lateinamerika. Analysen-Daten-Dokumentation Nr. 21 (1992) sowie zur aktuellen Lage Welsch/Werz (2001) und Röder/Rösch (2001).

tierung von Abimael Guzmán, dem Anführer der Guerillaorganisation *Sendero Luminoso*), dies geschah allerdings ebenfalls um den Preis der Aushöhlung des Rechtsstaates und demokratischer Verfahren. Deutlich wird dies unter anderem am Umgang mit der kritischen Presse, deren Arbeit systematisch behindert wurde. Selbst im Ausland, das sich lange Zeit mit offener Kritik an Fujimori zurückhielt, wurden diese Entwicklungen im Zusammenhang mit den umstrittenen Wahlen vom Juli 2000 heftig kritisiert. Fujimori konnte die Wahl nur nach massiven Manipulationen für sich entscheiden. Im Zuge des Skandals um die Machenschaften seines engsten Vertrauten, Vladimiro Montesinos, verließ Fujimori das Land; das seiner Herrschaft zugrunde liegende System aus Korruption, Einschüchterung und Machtmissbrauch gelangte nach und nach ans Tageslicht und zerbrach.[7]

In Ekuador wurde in den vergangenen vier Jahren zweimal ein Präsident gestürzt, Anfang 2000 durch eine Koalition aus Militärs und der organisierten indigenen Bevölkerung. Beide Male war der Vorgang begleitet von massiven Protesten gegen die neoliberale Wirtschaftspolitik und die Marginalisierung breiter Bevölkerungsgruppen. Das Auswechseln der Regierung hat aber weder an der Wirtschaftspolitik noch an den gegen sie gerichteten, teilweise gewaltsamen Protesten etwas geändert. Die Einführung des US-Dollars als nationale Währung dürfte die sozialen Spannungen eher noch weiter schüren. Im Februar 2001 gab es abermals schwere Proteste der organisierten indigenen Bevölkerung (vgl. Minkner-Bünjer 2000a).

Die Ausbreitung von Drogenproduktion und -handel hat sich in allen Andenländern auf Politik, Wirtschaft und Gesellschaft ausgewirkt. Der Kokaboom der vergangenen zwanzig Jahre hat durch die immensen Geldsummen, die damit erwirtschaftet werden können, die Korruption angeheizt und demokratische Grundwerte wie Transparenz, Kontrolle und Rechtsstaatlichkeit untergraben. Am Beispiel Kolumbiens wird dies am deutlichsten: Während der Präsidentschaft von Ernesto Samper (1994-98) erlebte das Land eine der schwersten politischen Krisen der vergangenen Jahrzehnte. Der Skandal um die Finanzierung von Sampers Wahlkampf durch Gelder des Drogenkartells von Cali, die damit einhergehende Polarisierung der Gesellschaft sowie die weitere Delegitimierung des Staates trugen maßgeblich zur Eskalation der Gewalt bei (vgl. Kurtenbach 1998).

Auch in Bolivien hat die Drogenbekämpfung der Regierung das politische System in den vergangenen Jahren vor schwere Zerreißproben gestellt, auch wenn es keinen Bruch der demokratischen Institutionalität im engeren Sinn (Amtsenthebung, Putschversuche) gab. Seit Jahren sehen sich die verschiedenen Regierungen mit den Protesten der Kokabauern konfrontiert, die gegen die staatlichen Programme zur Bekämpfung des Drogenanbaus Sturm

---

7 Zu Peru siehe u.a. Lateinamerika. Analysen-Daten-Dokumentation Nr. 29 (1995) sowie Steinhauf (2000a) und (2000b).

laufen. Auch Korruptionsvorwürfe sind an der Tagesordnung (vgl. Minkner-Bünjer 2000b).

Die Ausbreitung von Drogenproduktion und -handel hat in der gesamten Region auch zu einem Anstieg der organisierten und unorganisierten Kriminalität und Gewalt geführt, der die Regierungen entweder hilflos gegenüberstehen oder allein repressiv mit zunehmendem Einsatz des Militärs begegnen. Dies unterhöhlt den rechtsstaatlichen und demokratischen Anspruch der politischen Systeme zusätzlich.

Der massive Vertrauensverlust der Bevölkerung in die Demokratie als Regierungssystem spiegelt sich auch in den neueren Meinungsumfragen wider. Der ohnehin nicht überwältigend große Anteil der Befragtem, die sich mit der Demokratie zufrieden zeigten, sank beispielsweise in Kolumbien zwischen 1998 und 1999/2000 dramatisch von 40% auf 16% der Befragten, in Bolivien von 34% auf 25% und in Venezuela zwischen 1996 und 1999/2000 von 55% auf 30%. In Ekuador und Peru haben sich die entsprechenden Daten zum Teil zwar verbessert, liegen mit 34% bzw. 28% aber ebenfalls unter dem südamerikanischen Durchschnitt von 37% (vgl. Latinobarómetro 1999/2000).

Vor dem hier nur sehr kursorisch dargestellten politischen Hintergrund hat sich in den vergangenen Jahren der älteste interne Krieg in Lateinamerika nicht nur dramatisch verschärft, sondern auch zunehmend regionalisiert.

Regionalisierung und Eskalation des Krieges in Kolumbien

Zurzeit agieren in Kolumbien drei Gruppen von Gewaltakteuren: die Guerillagruppen FARC-EP und ELN, die Regierung und die staatlichen Sicherheitskräfte, sowie die paramilitärischen Gruppen, von denen sich ein Großteil in den AUC zusammengeschlossen hat. Die strukturellen Konfliktursachen des Krieges in Kolumbien liegen zum einen in der extrem ungleichen Verteilung von Reichtum und Ressourcennutzung, die dazu führen, dass in dem potenziell sehr reichen Land über 50% der Bevölkerung unterhalb der Armutsgrenze leben. Dies obwohl die kolumbianische Wirtschaft als einzige in Lateinamerika selbst in den 80er Jahren jährliche Wachstumsraten von um die 5% erzielen konnte. Zum anderen sind große Bevölkerungsgruppen in der Vergangenheit von der politischen Partizipation ausgeschlossen geblieben. Die beiden traditionellen Parteien, Liberale und Konservative, dominierten das formal demokratische System. Über lange Zeit diente die Bedrohung durch die bewaffneten Gruppen als Rechtfertigung für die Verhängung des Ausnahmezustands und damit auch zur Verfolgung der unbewaffneten Opposition.

Diese strukturellen Ursachen allein erklären aber nicht, warum der Krieg in Kolumbien schon so lange dauert und so verbittert ausgetragen wird. Zwei Faktoren sind zum Verständnis der Konfliktdynamik entscheidend: Erstens die politische Kultur der Gewalt und zweitens die im Laufe der Jahre entstandene Kriegsökonomie. Gewalt ist in Kolumbien seit der Unabhängigkeit ein „normales" Mittel der politischen Auseinandersetzung gewesen. Erst mit dem Entstehen und Erstarken neuer sozialer Kräfte Mitte des 20. Jahrhunderts überwanden die Parteien ihre Konflikte und schlossen sich dann im Rahmen der „Nationalen Front" (1958-1974) zusammen. Seither richtete sich die Gewalt gegen die bewaffnete und unbewaffnete Opposition, die das oligarchische System in Frage stellt.

Der zweite dynamisierende Faktor ist die – aufgrund der langen Dauer des Krieges – entstandene Kriegsökonomie, die durch den Zwang zur Finanzierung der Kriegshandlungen entsteht.[8] Der Boom der Kokaindustrie in den vergangenen zwanzig Jahren hat allen Akteuren des kolumbianischen Krieges neue finanzielle Ressourcen erschlossen. Schätzungen des kolumbianischen Verteidigungsministeriums spiegeln zwar sicher nicht die Realität wider, geben aber zumindest einen Anhaltspunkt über die Einkünfte der Guerilla: Demnach verfügen die verschiedenen Guerillagruppen über jährliche Einnahmen zwischen US$ 350 und US$ 1.000 Mio. Davon seien 50% durch den Schutz von Kokafeldern, 30% durch Entführungen und 20% durch Erpressung (sog. Revolutionssteuern) „erwirtschaftet". Nach aktuellen Angaben des Drogenbekämpfungsprogramms der Vereinten Nationen finanzieren sich die Paramilitärs in noch weit höherem Maß durch direkte Beteiligung am Drogenhandel (vgl. El Tiempo 15.5.2001). Und auch die staatlichen Sicherheitskräfte profitieren insofern zumindest indirekt vom Drogenhandel, als die US-Militärhilfe unter dem Titel Drogenbekämpfung vergeben wurde.

In den vergangenen Jahren hat sich der Krieg innerhalb des Landes ausgeweitet und an Intensität zugenommen. Außerdem lässt sich vor allem in den letzten zwei Jahren seine wachsende Regionalisierung beobachten. Kolumbien grenzt an fünf andere lateinamerikanische Staaten, wobei die Grenzregionen zum Großteil nur sehr dünn besiedelt sind und es nur eine sehr rudimentäre Präsenz der jeweiligen nationalstaatlichen Organisationen gibt. Der Krieg in Kolumbien wirkt sich in wachsendem Maß auf die Beziehungen zu den Nachbarstaaten aus. Gleichzeitig versuchte die Regierung Pastrana, mit den Guerillagruppen ins Gespräch zu kommen. Das Scheitern des Friedensprozesses war spätestens nach der Hälfte der Amtszeit Pastranas absehbar und hatte verschiedene Gründe, von denen die Ambivalenz und die fehlende Bereitschaft aller Beteiligter über wirklich grundlegende Veränderungen zu sprechen, die wichtigsten sein dürften (vgl. Kurtenbach 2002).

Die internationale Konjunktur nach dem 11. September erschwerte die ohnehin diffizile Friedenssuche zusätzlich. Vertreter des kolumbianischen

---

8   Vgl. Rufin (1999) und Labrousse (1999a) und (1999b). Eine interessante Studie zum Zusammenhang von Aufstandsbewegung und ökonomischen Chancen am Beispiel Peru ist Kay (1999).

Militärs forderten internationale Unterstützung im Kampf gegen den „Terrorismus" in Kolumbien. Der Koordinator des Büros für Terrorismusbekämpfung im *U.S. State Department* Francis Taylor bezeichnete die FARC als die „gefährlichste internationale Terrorgruppe" mit Basis in der westlichen Hemisphäre. Die FARC-EP selbst hatten mit ihrer Politik der Entführungen (darunter im Februar 2002 die der unabhängigen Präsidentschaftskandidatin Ingrid Betancourt) und den Anschlägen auf die Infrastruktur des Landes wenig dazu beigetragen, die Befürworter der Gespräche zu stärken. Im Februar 2002 brach die Regierung den Dialog mit den FARC-EP endgültig ab. Seither tituliert sie sie als Terroristen und Drogenhändler – Bezeichnungen, die sie während des Friedensprozesses stets abgelehnt hatte. Auch die Gespräche mit dem ELN wurden beendet.

Der im Mai 2002 gewählte Präsident Álvaro Uribe hatte als einziger Präsidentschaftskandidat die Friedenspolitik der Regierung Pastrana von Anfang an scharf kritisiert. In seinem 100-Punkte-Programm forderte er die Erhöhung der staatlichen Militärausgaben, die Schaffung einer Miliz von einer Million Kolumbianern, die den Streitkräften und der Polizei zuarbeiten sollen, und eine verstärkte internationale Hilfe vor allem der USA beim Kampf gegen die Guerilla. Eine Wiederaufnahme des Dialogs lehnt er nicht ab, will diesen allerdings nur aus einer Position der militärischen Stärke führen, weil er meint, die Guerilla nur so zu Zugeständnissen bewegen zu können.

Reaktionen und Antworten auf die Krise der Andenländer

Die hier skizzierte krisenhafte Entwicklung in den Andenländern hat in den vergangen Jahren Reaktionen und Antworten von verschiedenen Akteuren hervorgerufen. Gegenüber den Problemen im politischen System und der Aufrechterhaltung der Demokratie ist vor allem die OAS aktiv geworden. Auf die Eskalation und Regionalisierung des Krieges in Kolumbien haben verschiedene Akteure reagiert.

Die Verpflichtung zur Demokratie in den Amerikas

Im Zuge der Demokratisierung in den Amerikas und mit dem Ende des Ost-West-Konflikts gab es im Rahmen der OAS eine verstärkte Debatte über Demokratisierung und Menschenrechte als zentrale Bestandteile der regionalen Sicherheit. Bereits in der 1985 beschlossenen Reform ihrer Charta, die 1988 in Kraft trat (vgl. Stoetzer 1993: 215ff.), ordnete die OAS die Verpflichtung zur Aufrechterhaltung der repräsentativen Demokratie als Regierungsform dem Interventionsverbot explizit unter (Art. 2b).[9] Mit der *Unit for the Promotion of Democracy* (UPD) wurde 1990 eine institutionelle Einheit zur Demokratieförderung durch die OAS geschaffen, die insbesondere bei der Wahlbeobachtung[10] und Wahlrechtsreform tätig war. 1991 ging die OAS auf ihrer Vollversammlung in Santiago de Chile einen Schritt weiter und verabschiedete eine Verpflichtung zur Demokratie ihrer Mitgliedstaaten. Theoretischer Anspruch und politische Praxis klafften aber auch nach diesen Erklärungen, die in den folgenden Jahren mehrfach präzisiert und bekräftigt wurden, weiter auseinander.

Während die OAS gegenüber dem Sturz des haitianischen Präsidenten 1991 scharf reagierte,[11] fielen die Reaktion im Falle Perus nach dem *autogolpe* 1992 wesentlich „weicher" aus. Am 13. April 1992 wurde eine außerordentliche Außenministerkonferenz in Washington einberufen. Eine Delegation der OAS unter Leitung des uruguayischen Außenministers Héctor Gross Espiell reiste daraufhin mehrfach nach Peru, um mit allen politischen Kräften Gespräche zu führen. Auf der Generalversammlung der OAS im Mai 1992 in Nassau erhielt der peruanische Präsident Fujimori die Möglichkeit, den Putsch in einer Rede zu rechtfertigen. Er kündigte Wahlen zu einer verfassunggebenden Versammlung innerhalb von fünf Monaten an und bat die OAS um organisatorische Unterstützung. Die Resolution der OAS drängte zwar auf eine baldige Rückkehr zur Demokratie und setzte eine Mission zur weiteren

---

9   Der Konflikt zwischen Demokratie einerseits und Interventionsverbot andererseits ist so alt wie die OAS. Lange Zeit wurde diese Auseinandersetzung durch die Funktionalisierung der Organisation durch die USA überlagert. Erst mit der Demokratisierung und dem Ende des Ost-West-Konflikts wurde ein regionaler Konsens möglich.

10   In zahlreichen Ländern vor allem Zentralamerikas (Nikaragua, El Salvador, Honduras, Panama, Guatemala) aber auch in Venezuela, Haiti und Peru organisierte die UPD die Beobachtung von Wahlen. Die Bedeutung dieser Mission ist vor allem psychologischer Art, weil der Betrug am Wahltag selbst erschwert wird. In stark polarisierten und politisch aufgeheizten Situationen wirkt allein die Anwesenheit internationaler Beobachter schon konfliktdampfend. Da das Mandat der Missionen aber auf die Überwachung der Einhaltung der jeweiligen nationalen Wahlgesetze beschränkt ist, können andere Formen des Wahlbetrugs – beispielsweise über manipulierte oder veraltete Register – nicht verhindert werden. Die Missionen verfügen auch jenseits der Schaffung von Öffentlichkeit über keine Sanktionsmöglichkeiten.

11   Bereits im Oktober 1991 verhängte sie ein Handelsembargo gegen die Insel. Darüber hinaus gab es eine rege Diplomatie, bei der der ehemalige argentinische Außenminister, Dante Caputo, als Sonderbeauftragter von UNO und OAS zwischen der haitianischen Militärregierung und dem im US-amerikanischen Exil lebenden Präsident Aristide zu vermitteln suchte. Die OAS machte im Falle Haitis immerhin deutlich, dass sie nicht gewillt war, den Sturz einer gewählten Regierung zu akzeptieren. Gleichzeitig wurde deutlich, dass sie keine Mittel besitzt, um den Widerstand der Putschisten zu brechen. Die militärische Intervention der USA, in deren Folge Präsident Aristide Ende September 1994 nach Haiti zurückkehren konnte, wurde dann auch nicht von der OAS, sondern vom UN-Sicherheitsrat beschlossen.

Beobachtung der Lage ein, Sanktionen blieben aber aus. Fujimori gelang damit eine geschickte Einbindung der OAS; Peru entging der regionalen Isolation.

Vor dem Hintergrund der eigenen Putscherfahrungen wurde Venezuela in den folgenden Jahren zu einem der Hauptverfechter der Aufhebung des Interventionsverbotes. Argentinien brachte 1992 einen Resolutionsentwurf ein, der den Ausschluss nicht-demokratischer Regierungen aus der OAS und die Gründung einer multinationalen Kampftruppe zur Verteidigung der Demokratie vorsah. Die meisten der lateinamerikanischen Befürworter dieser Maßnahmen (Panama, Nikaragua, Costa Rica, Honduras, El Salvador, die Karibikstaaten und Venezuela) versprachen sich davon Abschreckung und Schutz vor drohenden Umsturzversuchen. Angenommen wurde die Resolution aber nicht.

Schon bei der Umsetzung der Verpflichtung zur Demokratie ergaben sich zahlreiche Probleme, die zum einen mit dem anhaltenden Konflikt zwischen Befürwortern und Gegnern einer Intervention zugunsten der Demokratie zusammenhängen, zum anderen aber auch strukturellen Schwächen des Interamerikanischen Systems geschuldet sind. Cooper und Legler (2001) fassen diese Defizite wie folgt zusammen:

1. Es existiert innerhalb der OAS keine klare Definition von Demokratie. Der Minimalkonsens besteht darin, dass die repräsentative Demokratie die einzig legitime Form politischer Herrschaft in den Amerikas darstellt. Welche Mindestanforderung sie allerdings erfüllen muss, ist unklar. Dies wurde beispielsweise im Juli 2000 deutlich, als die OAS-Mitgliedsländer ihre Haltung gegenüber dem Wahlprozess in Peru klären mussten. Während einige auf Ultimaten und deutliche Kritik drängten, wollten sich andere nicht einmischen. Der Konsens war eine hochrangige *fact-finding mission*, die letztlich auf die politischen Entwicklungen kaum Einfluss hatte.[12] Die Durchführung von einigermaßen freien, gleichen und allgemeinen Wahlen scheint als Minimalforderung auszureichen, wodurch die eingangs genannten Defekte der Demokratie offensichtlich in Kauf genommen werden.

2. Die OAS bevorzugt *Ad-hoc*-Maßnahmen und hat bisher ihre Arbeit nicht mit anderen Organisationen oder Institutionen (beispielsweise dem Andenpakt oder der Rio-Gruppe) abgegrenzt oder abgesprochen.

3. Die UDP verfügt kaum über eigene finanziellen Ressourcen, was eine kontinuierliche Arbeit unmöglich macht. Bei der Entsendung von Wahlbeobachtermissionen ist sie beispielsweise auf Spenden internationaler Geber wie der EU angewiesen.

---

12 Entscheidender dürfte wohl neben dem massiven internen Protest und der Aufdeckung des Bestechungsskandals Montesinos die stille Diplomatie einzelner Länder wie Brasilien gewesen sein (vgl. dazu Hofmeister 2001).

4. Auf der regionalen oder internationalen Ebene werden konzertierte Aktionen durch die immer wiederkehrenden internen Probleme einzelner lateinamerikanischer Länder erschwert.

Für die hier im Mittelpunkt stehende Problematik ist neben der OAS auch das Verhalten der Andengemeinschaft von großem Interesse. Zuletzt im Juni 2000 haben die Mitgliedsländer im Zusatzprotokoll zum Abkommen von Cartagena unter dem Titel „Verpflichtung der Andengemeinschaft zur Demokratie" ihre demokratischen Prinzipien bekräftigt.[13] Für den Fall des Bruchs mit dem demokratischen System in einem Mitgliedsland sind Konsultationen der anderen Andenländer vorgesehen, die in einem Außenministertreffen gipfeln. Artikel 4 sieht dann – je nach Schwere des Verstoßes – ein breites Spektrum an Sanktionen vor (vom Ausschluss aus dem Integrationsprojekt bis hin zur Suspendierung einzelner Rechte). In der Praxis sieht sich die Andengemeinschaft dann aber mit ähnlichen Problemen konfrontiert wie die OAS. Da alle Mitgliedsstaaten die gleichen Probleme mit politischer Instabilität und fragilen demokratischen Strukturen haben, sind sie nicht gerade prädestiniert dafür, dies bei jeweils anderen anzuprangern.

Das Verhalten der verschiedenen regionalen und internationalen Akteure während des Putschversuches in Venezuela im April 2002 ist unter diesen Gesichtspunkten ebenfalls aufschlussreich. Während die US-Regierung den Sturz von Chávez nicht nur begrüßte, sondern anscheinend im Vorfeld zumindest förderte, zogen sich die lateinamerikanischen Länder der Rio-Gruppe auf die Position zurück, die Absetzung von Chávez verstoße gegen die Demokratie-Charta. Letztlich galt aber in Venezuela wie anderswo auch, dass die internen Kräfteverhältnisse den Ausgang der Krise bestimmten. So konnte Chávez nach nur drei Tagen ins Amt zurückkehren.

Militarisierung statt Krisenmanagement – Kolumbien als sicherheitspolitischer Brennpunkt

Die kolumbianische Regierung von Andrés Pastrana (1998-2002) legte mit dem so genannten *Plan Colombia*[14] im Oktober 1998 eine Initiative zur Beendigung des Krieges vor. Als eine Art „Marshall-Plan" vor allem für den Süden des Landes sollte der Plan sowohl die Gewalt eindämmen als auch den

---

13 Das Protokoll muss aber noch von den Parlamenten der Mitgliedstaaten ratifiziert werden. Siehe den Wortlaut unter www.comunidadandina.org/normativa/tratprot/democracia.htm.
14 Vgl. den Wortlaut unter www.presidencia.gov.co/webpresi/plancolo /plancolo.html vom 29.6.2000.

Drogenanbau und -handel bekämpfen. Zehn Strategien wurden benannt, durch deren Implementierung die zentralen Probleme des Landes bekämpft werden sollten. Diese wurden in der Einleitung zum *Plan Colombia* teilweise durchaus selbstkritisch benannt, beispielsweise das mangelnde Vertrauen in Institutionen und Regierung. Der Finanzbedarf für die vorgesehenen Projekte betrug US$ 7,5 Mrd., von denen die kolumbianische Regierung US$ 4 Mrd. aufbringen wollte. Für den Rest warb die kolumbianische Regierung – mit nur begrenztem Erfolg – um Unterstützung durch die internationale Gemeinschaft. Lediglich die USA beteiligten sich mit einer größeren Summe am *Plan Colombia*. Nach langen Debatten und mit zahlreichen Bedingungen verabschiedete der US-Kongress Mitte 2000 ein Hilfspaket von US$ 1,3 Mrd., das in der politischen Debatte vielfach mit dem *Plan Colombia* gleichgesetzt wurde. Die kolumbianische Regierung betonte, dass die Militärhilfe der USA im Rahmen des Gesamtplanes „lediglich" knapp 20% darstelle. Allerdings stellt gerade diese Militärhilfe das eigentliche Novum an der internationalen Kooperation mit Kolumbien dar. Die massive Aufstockung der US-Militärhilfe – Kolumbien ist seit 1998/99 nach Israel und Ägypten der drittwichtigste Empfänger von US-Militärhilfe – ist außerdem ein gravierender Eingriff in das bestehende Kräfteverhältnis der kolumbianischen Konfliktakteure und veränderte die militärische und politische Dynamik des Konfliktes maßgeblich.

Diese Militarisierung der US-Kolumbienpolitik führte auch zu einer wachsenden Präsenz der USA in Kolumbien. Dies geschieht zwar offiziell zur Bekämpfung des Drogenhandels, wirkt sich aber über eine Erhöhung der Militärhilfe und die Ausbildung kolumbianischer Sicherheitskräfte auch auf den internen Krieg aus. Die USA haben außerdem ihre Präsenz in Peru, wo sie in Iquitos eine Militärbasis unterhalten, ebenso ausgebaut wie in den Stützpunkt Manta in Ekuador. Die so entstandene wachsende Einmischung der USA in Kolumbien wird in den Vereinigten Staaten auf breiter Ebene und kontrovers diskutiert. Ende 1999 gab es in den USA eine heftige Debatte über die wachsende Involvierung US-amerikanischer Sicherheitsberater in Kolumbien, Kritiker sprachen von einer „Salvadorianisierung" der US-amerikanischen Kolumbienpolitik.[15] Diskutiert wurde auch über ein mögliches direktes Eingreifen der USA angesichts der von Kritikern der kolumbianischen Regierung diagnostizierten Gefahr des Zerfalls Kolumbiens in verschiedene „Narcorepubliken".

Mit dem Amtsantritt von Präsident George W. Bush im Januar 2001 gab es innerhalb der USA zahlreiche Aufrufe, die Kolumbienpolitik zu überden-

---

15 Die USA haben in den 80er Jahren zwar nicht direkt, d.h. mit eigenen Truppen, in El Salvador interveniert, ihre Unterstützung für die salvadorianischen Sicherheitskräfte hat diese aber vor einer militärischen Niederlage gegen die Guerilla bewahrt. Zur Diskussion innerhalb der USA vgl. die Dokumente auf der Website des *Center for International Policy* (www.ciponline.org/colombia/aid), wo die verschiedenen Positionen dokumentiert sind.

ken. Während die einen eine Demilitarisierung der Kolumbienpolitik forderten, diskutieren andere die offene Unterstützung des Anti-Guerillakampfes der Regierung.[16] Am 16. Mai 2001 gab die Regierung Bush offiziell ihre neue Strategie bekannt. Unter dem Namen *Andean Regional Initiative* (ARI)[17] soll die Andenregion mit US$ 1,1 Mrd. unterstützt werden. 46% der Gelder erhält Kolumbien, um nach Auslaufen des *Plan Colombia* im Jahr 2002 die Reform von Justiz und Regierung, Armutsbekämpfung und Kokasubstitutionsprogramme durchzuführen. Der restliche Teil fließt in die Nachbarländer, unter anderem auch in Programme, die zur Militarisierung der Grenzregionen beitragen, wie Beobachter kritisieren. Während sich auch die Bush-Administration zunächst an den in Washington vorherrschenden Konsens hielt, dass die US-Hilfe auf die Drogenbekämpfung zu beschränken und eine Verstrickung in den Guerillakrieg zu vermeiden sei, stimmten einige Berufungen auf für die Formulierung und Durchführung der US-Lateinamerikapolitik zentrale Positionen in der Regierung bedenklich. Präsident Bush ernannte ausgerechnet Otto Juan Reich zum Staatssekretär für die westliche Hemisphäre. Reich war in den 80er Jahren für die „psychologische Kriegsführung" gegen das sandinistische Nikaragua verantwortlich. Dies lässt angesichts der wachsenden direkten Involvierung der USA in Kolumbien nichts Gutes ahnen. Im Juni 2001 rief dann eine von der US-Luftwaffe finanzierte Studie der einflussreichen *RAND-Corporation* offen zu einer größeren Einmischung der USA in Kolumbien auf. Auch hier wurde explizit – allerdings als positives Beispiel – auf die US-amerikanische Unterstützung für die salvadorianische Regierung in den 80er Jahren verwiesen. El Salvador erhielt damals täglich US$ 2 Mio. US-Wirtschafts- und Militärhilfe. Kritiker weisen zu Recht darauf hin, dass diese Gelder den Krieg in El Salvador um Jahre verlängert haben. Schon wegen der komplexeren Konfliktstruktur und der Größe des Landes ist ein vergleichbares Engagement in Kolumbien nicht nur aussichtslos, sondern auch unmöglich.

Nach dem 11. September 2001 setzte sich im Rahmen der Neubewertung der US-Sicherheitspolitik der Umschwung in der Kolumbienpolitik vollends durch. Es gewannen diejenigen Kräfte Oberhand, die eine Aufhebung der

---

16 In den verschiedenen außenpolitischen Strategiepapieren, die von den großen *think tanks* im Vorfeld des Regierungswechsels verfasst wurden, wird die Kolumbienpolitik ausnahmslos als eine der regionalen Herausforderungen für die neue Administration benannt. Der Minimalkonsens besteht aber lediglich in der Ablehnung einer direkten militärischen Intervention (vgl. Interamerican Dialogue 2000, Rand-Corporation 2000, Council on Foreign Relations 2000).

17 Vgl. zu ARI die Dokumente und die Texte zum Pressebriefing des *U.S. State Department* unter http://usinfo.state.gov.admin/011 sowie zur Kritik CIP „Ten Questions for Colombia Policy, Latin American Working Group, May 18, 2001" auf der Homepage www.ciponline.org/colombia/aid.

Trennung[18] zwischen Hilfe bei der Drogenbekämpfung und Hilfe bei der Guerillabekämpfung befürworten. Präsident Bush hat im April 2002 einen diesbezüglichen Antrag beim US-Kongress gestellt. Im Haushaltsansatz für das Jahr 2003 sind erstmals seit Ende des Kalten Krieges beachtliche Summen an Militärhilfe für Kolumbien vorgesehen, die nicht an den Kampf gegen die Drogen gekoppelt sind. Darunter sind US$ 98 Mio. zur Ausbildung einer Brigade der kolumbianischen Armee, die die Haupterdölpipeline des Landes bewachen soll, die von ELN und FARC-EP regelmäßig gesprengt wird. Hier wird – gerade angesichts der sich zuspitzenden Lage im Nahen Osten – ein weiteres Interesse der US-Politik deutlich: die Sicherung des Zugangs zu Erdöl.[19]

Auch die lateinamerikanischen Nachbarn betrachteten diese Entwicklungen mit großer Sorge. Spätestens seit 1999 wuchsen insbesondere in der Andenregion selbst die Befürchtungen bezüglich einer Internationalisierung des kolumbianischen Kriegs. Bereits in den vergangenen Jahrzehnten hatte der Guerillakrieg mehrfach zu bilateralen Konflikten mit den Nachbarstaaten, vor allem mit Venezuela, geführt: Sei es, weil die Guerilla über die Grenzen hinweg agierte und beispielsweise venezolanische Viehzüchter entführte, sei es, weil das kolumbianische Militär die Guerilla über internationale Grenzen hinweg verfolgte. Solche Zwischenfälle führten in der Vergangenheit aber nur zu Protesten der anderen Seite und einigen aufgeregten Zeitungsartikeln. Auch wenn das Thema Kolumbien bisher offiziell nicht auf der Tagesordnung der politischen Gremien Lateinamerikas steht, weil die Krise als internes Problem Kolumbiens behandelt wird, ist die kolumbianische Krise doch allerorten Gesprächsthema.

Auf dem südamerikanischen Gipfeltreffen vom 31. August bis 1. September 2000 in Brasília unterstützten die südamerikanischen Präsidenten die Friedensbemühungen von Präsident Pastrana und sprachen sich explizit gegen ein militärisches Eingreifen aus. Die amerikanischen Verteidigungsminister erklärten auf ihrem 4. Gipfeltreffen in Manaus (Brasilien) Mitte Oktober 2000 zwar, dass der Drogenhandel eine potentielle Gefährdung von Sicherheit und Frieden in der Region darstelle, lehnten den *Plan Colombia* und die US-amerikanische Einmischung in Kolumbien aber ebenfalls ab. Der Beginn der US-amerikanischen Drogenbekämpfung und die durch die Besprühung bereits einsetzende Verdrängung des Drogenanbaus hin zu Regionen jenseits der kolumbianischen Grenze führen dazu, dass die Nachbarstaaten eine Strategie entwickeln müssen. Beim Präsidentengipfel der Andengemeinschaft

---

18 Der US-Kongress hatte das US$ 1,3 Mrd. Hilfspaket an die Auflage gebunden, dass diese Gelder – und die damit erworbenen Helikopter, Waffen etc., – nur und ausschließlich für die Drogenbekämpfung, nicht aber zur Guerillabekämpfung verwendet werden.

19 Kolumbien ist der siebtgrößte Erdöllieferant der USA und verfügt in den Amerikas über die größten noch nicht ausgebeuteten Erdölreserven.

Ende Juni 2001 verabschiedeten die Andenländer einen Plan für die Zusammenarbeit bei der Drogenbekämpfung, der aber im Wesentlichen auf breite internationale Zusammenarbeit setzt (s. www.comunidadandina.org/exterior/-drogas.htm).

Insbesondere in Ekuador wurde der *Plan Colombia* mit großer Besorgnis verfolgt, weil das Grenzgebiet zu Kolumbien zum Schauplatz der Kämpfe zwischen Guerilla, Paramilitärs und kolumbianischen Streitkräften zu werden drohte. Ekuadorianische Politiker haben mehrfach davor gewarnt, dass das Land Gefahr laufe ein neues Laos zu werden, sollte Kolumbien ein neues Vietnam werden. Allein in der Grenzstadt Lago Agrio sind im Dezember 2000 fünfzehn Menschen bei Kämpfen zwischen den verschiedenen kolumbianischen Gewaltgruppen getötet worden. Angesichts der geplanten großflächigen Besprühung von Kokafeldern im Süden Kolumbiens gibt es bereits erste Anzeichen dafür, dass Kokahändler im Norden Ekuadors in großem Stil Land erwerben.[20] Anfang Februar 2001 gab es abermals deutliche Anzeichen eines „Überschwappens" des kolumbianischen Konfliktes nach Ekuador. Die kanadische Zeitung „La Gazette" (9.2.2001) berichtete vom Auftauchen einer neuen Guerillagruppe in Ekuador mit dem Namen *Fuerzas Armadas Revolucionarias de Ecuador* (FARE), die 400 Mann unter Waffen haben und aufs engste mit den kolumbianischen FARC kooperieren soll. Die FARE werden für mehrere Angriffe auf ekuadorianische Erdölpipelines im Dezember 2000 und Januar 2001 verantwortlich gemacht. Präsident Naboa hat kurz vor Weihnachten damit gedroht, er könne den Ausnahmezustand verhängen und die Bürgermeister und Gouverneure der Grenzregion, die teilweise mit den FARC bzw. deren Zielen sympathisieren, durch Militärs ersetzen.

Venezuela hatte seit der Amtsübernahme von Hugo Chávez mehrfach versucht, eine aktive Rolle im kolumbianischen Konflikt zu spielen. Die beiden größten Guerillagruppen ELN und FARC-EP wurden zu Gesprächen empfangen, Chávez bot seine Rolle als Vermittler an, was die kolumbianische Regierung ablehnte. Im Grenzgebiet zwischen Kolumbien und Venezuela gab es immer wieder Grenzüberschreitungen durch die Guerilla, Paramilitärs und Streitkräfte. Durch seine anti-US-amerikanische Rhetorik wird in den USA teilweise schon von einer politischen Achse Havanna – Caracas – San Vicente del Caguán (in der FARC-Entspannungszone) gesprochen.

Panama war 1999/2000 Schauplatz von schweren Gefechten zwischen Guerilla und Paramilitärs. Vom *Plan Colombia* ist das Land nur am Rande betroffen, weil dessen Hauptaktionsbereich im Süden Kolumbiens liegt, während der von den Paramilitärs kontrollierte Norden weitgehend unbeachtet bleibt, obwohl auch dort in großem Maß Kokahandel betrieben wird.

---

20 Dass diese Sorge begründet ist, zeigt nicht zuletzt der dramatische Anstieg der Kokaproduktion in Kolumbien, die Experten vor allem auf den Erfolg der Drogenbekämpfung in Bolivien und Peru zurückführen (vgl. Cambio 13.5.2001).

Peru hat während der Amtszeit von Alberto Fujimori gegenüber Kolumbien die Position vertreten, die kolumbianische Regierung solle die Guerilla militärisch besiegen, so wie sie selbst es mit der peruanischen Guerilla gemacht habe. Darüber hinaus wurden die Initiativen der USA unterstützt, die in Iquitos eine Militärbasis unterhalten Dies hielt Fujimoris Sicherheitsberater Montesinos aber nicht davon ab, gleichzeitig Waffen an die FARC zu liefern. Weder die Übergangsregierung noch die Regierung Toledo haben von regionalen Gremien abweichende Positionen zu Kolumbien vertreten.

Jenseits der Andenländer kommt der Haltung Brasiliens eine besondere Bedeutung zu. Brasilien hat nicht nur eine lange gemeinsame Grenze mit Kolumbien, sondern verfügt unter den Anrainerstaaten auch über das größte politische Gewicht. Die instabile innenpolitische Lage in Venezuela, Ekuador und Peru macht es diesen Staaten schwer, eine aktive Außenpolitik zu verfolgen. Brasilien hat bisher aber nicht nur vehement gegen ein militärisches Eingreifen in Kolumbien argumentiert, sondern auch eine eigenständige politische Initiative abgelehnt. Im Rahmen des *Plan Cobra* hat Brasilien seine militärische Überwachung der Grenze zu Kolumbien durch die Eröffnung von sieben neuen Stützpunkten ausgedehnt, weigert sich aber der US-Armee Stützpunkte zur Verfügung zu stellen, wie Ekuador und Peru dies tun. Im September 2000 hat die brasilianische Regierung den *Plan Gran Amistad* vorgelegt, der Informationsaustausch und verbesserte Koordination zwischen Brasilien, Kolumbien, Venezuela, Ekuador, Peru und Bolivien zur Drogenbekämpfung anstrebt. Im gegenwärtigen Wahlkampf und angesichts der Krise im Mercosur dominieren allerdings andere Themen die brasilianische Politik.

Auch Mexiko hat unter der Regierung Fox begonnen, sich intensiver mit der Situation in Kolumbien und deren regionalen Auswirkungen zu beschäftigen. Mitte Januar 2001 traf sich der mexikanische Diplomat Andrés Rosenthal mit FARC-Chef Manuel Marulanda, um über eine Verifikation des geplanten humanitären Abkommens zu sprechen.

Zusammenfassend lässt sich feststellen, dass weder die Andenländer selbst noch die lateinamerikanischen Länder insgesamt bisher eine kreative Strategie für ein Krisenmanagement entwickelt haben. Dies gilt sowohl in Bezug auf die Frage der Krise der Demokratie, als auch gegenüber der Eskalation und Regionalisierung des Krieges in Kolumbien. Die US-Regierung scheint dagegen zumindest gegenüber Kolumbien auf eine Militarisierung der Politik zu setzen; eine Position die der neue kolumbianische Präsident Álvaro Uribe unterstützt.[21]

---

21 Zu den Hintergründen der Wahl von Álvaro Uribe vgl. Kurtenbach (2002).

Ansatzpunkte für ein kreatives Krisenmanagement

Sicherheitspolitische Problemlagen sind in den internationalen Beziehungen dazu geeignet, die realen Machtverhältnisse widerzuspiegeln. Diese Erfahrungen machte beispielsweise Europa während der Balkankrise, als die EU versuchte, eine eigenständige Strategie zu entwickeln und letztlich aber doch auf die Zusammenarbeit mit der einzig verbliebenen Supermacht USA angewiesen war. Auch wenn das Machtgefälle zwischen Lateinamerika und den USA noch ungleich größer ist, muss Lateinamerika gegenüber einer so tief greifenden Krise in der eigenen Region insbesondere dann politische Handlungskompetenz beweisen, wenn es als eigenständiger internationaler Akteur gelten will. Im aktuellen Fall der Andenregion und der Eskalation des kolumbianischen Kriegs ist hier vor allem Brasilien gefordert. Erstens wird es ohne Brasilien keine von den USA unabhängige und eigenständige lateinamerikanische Sicherheitspolitik geben können. Zweitens ist Brasilien gegenüber der Krise in Kolumbien der einzige direkte Anrainerstaat, der nicht selbst in einer vergleichbar schweren internen Krise steckt. Drittens könnte und müsste Brasilien seinen Führungsanspruch in Südamerika durch eine kreative Politik gegenüber diesen zentralen sicherheitspolitischen Problemen untermauern.

In den 80er Jahren haben die lateinamerikanischen Staaten im Rahmen der sog. *Contadora*-Initiative (Mexiko, Panama, Kolumbien, Venezuela) und deren Unterstützer-Gruppe (Argentinien, Brasilien, Uruguay, Peru) ein hohes Maß an Kreativität entwickelt, um eine regionale Ausbreitung der verschiedenen Kriege in Zentralamerika zu verhindern. Auch gegenüber der Andenregion ist eine solche Kreativität gefordert. Das verstärkte Engagement beispielsweise der mexikanischen Regierung könnte dazu angetan sein, einer eigenständigeren Politik der lateinamerikanischen Staaten zum Durchbruch zu verhelfen, wie sie bisher vor allem von Intellektuellen und Akademikern gefordert wird.

Auch für die Andengemeinschaft selbst könnte eine lateinamerikanische Strategie attraktiv sein. Sie könnte nicht nur die weitere Eskalation der Krise verhindern, sondern auch einen Ausweg aus der in den vergangenen Jahren zu beobachtenden Marginalisierung der Region im Zuge der subregionalen Blockbildung zwischen NAFTA im Norden und Mercosur im Süden weisen. Eine Zuspitzung der Krise in der an Ressourcen und Biodiversität reichen Andenregion würde für regionale und externe Akteure vor allem als „Chaospotenzial" Bedeutung haben, das die Stabilität der gesamten Region gefährdet. Gerade vor dem Hintergrund der Krise auch in anderen Teilen Lateinamerikas müssen die Andenländer vor allem auf ihre eigenen Fähigkeiten und Kapazitäten zur Konfliktregulierung setzen und dürfen nicht auf Hilfe von außen warten.

Eine eigenständige Strategie der lateinamerikanischen Länder findet allerdings nicht im luftleeren Raum statt, sondern muss mindestens zwei externe Akteure und ihre Haltung zur Andenregion berücksichtigen: die USA und die Europäische Union. Die Bedeutung der US-Politik ist offensichtlich; ihre Haltung zur Drogen- und Terrorbekämpfung und gegenüber Kolumbien hat die Dynamik der vergangenen Monate maßgeblich bestimmt. Die Rolle der EU ist vor dem Hintergrund der Erfahrungen aus Zentralamerika interessant, weil sie dort einer der zentralen externen Unterstützer der lateinamerikanischen Initiativen zur Befriedung und Deeskalation war. Gerade vor dem Hintergrund der zunehmenden Militarisierung der US-Politik ist die EU hier abermals gefordert, engagiert für zivile und demokratische Formen der Konfliktregulierung einzutreten.

Die EU hat lange Zeit lediglich durch ihre ablehnende Haltung gegenüber dem *Plan Colombia* Stellung bezogen und Initiativen zur Beilegung des Konfliktes in Kolumbien begrüßt. So haben die Außenminister der Europäischen Union am 9. Oktober 2000 ihre aktive Unterstützung des Verhandlungsprozesses erklärt. Einzelnen Elementen des *Plan Colombia* steht die EU aber skeptisch gegenüber. Insbesondere bei der Drogenbekämpfung haben Europäische Union wie auch die deutsche Außenpolitik in den vergangenen Jahren eine von der US-Politik abweichende Strategie verfochten. Während die USA auf Vernichtung der Anbauflächen setzen, die meist lediglich zur Verlagerung derselben führt, setzt die EU auf Programme zur Substituierung des Drogenanbaus mit alternativen Produkten. Schon aus diesem Grund ist die europäische Ablehnung des *Plan Colombia* konsequent. Anlässlich der internationalen Geberkonferenz am 7. Juli 2000 in Madrid sagte allerdings Spanien eine Unterstützung des *Plan Colombia* in Höhe von US$ 100 Mio. zu. Auch der Hohe Repräsentant der EU für eine Gemeinsame Außen- und Sicherheitspolitik, Javier Solana, erklärte in Bogotá seine Unterstützung für den *Plan Colombia*. Hier zeigen sich deutliche Differenzen sowohl innerhalb der EU als auch zwischen einzelnen EU-Staaten.

Die Zusage von € 105 Mio., die die EU Kolumbien zusätzlich zur bereits bestehenden humanitären Hilfe im Oktober machte, wurde dagegen explizit nicht in den Zusammenhang mit dem *Plan Colombia* gestellt. Mit den Geldern sollen Projekte zur Bekämpfung der zentralen Konfliktursachen finanziert werden, wie Förderung und Schutz der Menschenrechte, die Verringerung der sozialen und wirtschaftlichen Ungleichheit sowie zur Stärkung der Institutionen. Auch die deutsche Bundesregierung hat erklärt, dass nicht der Eindruck entstehen dürfe, die deutsche Entwicklungszusammenarbeit ergänze die repressive Komponente des *Plan Colombia* durch zivile Maßnahmen. Das Europäische Parlament lehnte Mitte Februar eine Unterstützung des *Plan Colombia* mit überwältigender Mehrheit (474 zu 1 zu 33) ab. In der Resolution heißt es, dass: „die Intervention der Europäischen Union eine eigene, nicht militaristische Strategie verfolgen muss, die Neutralität, Transparenz, Beteiligung der Zivilgesellschaft und Verpflichtung der am Verhandlungstisch beteiligten Akteure vereinigt" (Absatz 9). Darüber hinaus fordert das Parlament eine Stärkung der interregionalen Zusammenarbeit sowie die Etablierung von Mechanismen zur Regulierung der mit dem Konflikt in Zusammenhang stehenden Probleme in den Grenzregionen z.B. zwischen Kolumbien und Venezuela. Gegenüber der Andenregion als Ganzes steht die Formulierung einer kohärenten Politik innerhalb der EU noch aus.[22]

Anlässlich des Treffens der Unterstützergruppe für den Friedensprozess in Kolumbien Ende April 2001 hat der für die auswärtigen Beziehungen zuständige EU-Kommissar Chris Patten den Beitrag der EU zur Befriedung Kolumbiens auf die diplomatische Unterstützung u.a. im Rahmen der so genannten Gruppe der Freunde des Friedensprozesses beschränkt. Außerdem sagte die EU ein Hilfspaket in Höhe von € 330 Mio. zur Unterstützung des Friedensprozesses zu, in dessen Rahmen vier Projektlinien unterstützt werden sollen: die so genannten Friedenslaboratorien, Pilotprojekte zur Justiz- und Agrarreform, Bekämpfung von Menschenrechtsverletzungen und Bewältigung sozialer Kriegsfolgen. Im Januar 2002 war die EU maßgeblich am letzten Rettungsversuch des Friedensprozesses zwischen Regierung und FARC-EP beteiligt. Mit dem Abbruch der Gespräche im Februar hat sich die EU dann allerdings der neuen Sprachregelung der kolumbianischen Regierung angeschlossen, die die FARC als „Terroristen" bezeichnet. Auch die EU hat den FARC-Vertretern in der Folge die Visa entzogen und die FARC auf Betreiben der kolumbianischen Regierung mit massiver Unterstützung der spanischen Regierung auf die EU-Liste terroristischer Organisationen gesetzt.

Die Europäische Union und ihre Mitgliedsländer gehören in der Andenregion zu den Hauptgebern der internationalen Entwicklungszusammenarbeit (vgl. Freres 2000). Schon deshalb könnten sie durch eine gezielte Konzertierung und krisenpräventive Ausrichtung der EZ durchaus einen wichtigen Beitrag zur Deeskalation der Krise leisten. Eine solche Politik des Krisenmanagements gegenüber der Andenregion müsste im Wesentlichen vier Entwicklungen oder Problemfeldern Rechnung tragen:

Erstens: Demokratie kann sich nur dann dauerhaft etablieren und abgesichert werden, wenn sie eine starke partizipative und soziale Dimension aufweist. Die Reduzierung auf formale Mechanismen der Regierungsbestimmung mag für eine Übergangszeit akzeptabel und im Vergleich zu den autoritären Systemen der 80er Jahre ein Fortschritt sein, als Ziel reicht sie aber nicht aus. Das bedeutet, dass die traditionellen Herrschaftsmechanismen von Klientelismus, Korruption und Vetternwirtschaft, die unter der formaldemokratischen

---

22 Anlässlich des intraregionalen Treffens zwischen EU und Andengemeinschaft wurden zwar diverse Entwicklungen in der Region begrüßt, eine konkrete Perspektive gibt es aber nicht. Vgl. die gemeinsame Presseerklärung unter www.comunidadandina.org/salaprensa/notas/-np28-3-01.htm.

Oberfläche nicht nur weiterexistieren, sondern in den vergangenen Jahren dank des Drogenreichtums der gesamten Region neue Blüten getrieben haben, aufgebrochen werden müssen. Demokratie wird sich nur dann als Zukunftsmodell erweisen, wenn sie der Bevölkerungsmehrheit zumindest eine reale Perspektive für die Verbesserung ihres Alltags bietet.

Zweitens: Drogenhandel und -produktion können weder nur in einzelnen Ländern bekämpft werden, weil dies nur zur Verlagerung der Anbaustätten und der Handelswege führt, noch kann das Problem allein auf der Angebotsseite gelöst werden. Nur wenn die Länder, die immer noch den überwiegenden Teil der Konsumenten stellen, d.h. die USA und Europa, ihre innenpolitischen Hausaufgaben bei der Eindämmung der Nachfrage erledigen, haben Strategien der Substitution mit alternativen Produkten zumindest eine Chance auf Erfolg. Solange der Drogenhandel – in weit höherem Maß als der Drogenanbau – immense Gewinnspannen verspricht, wird es insbesondere vor dem Hintergrund der sozialen Situation in den Anbauländern Produzenten geben.

Drittens: Gerade in den Andenländern besteht in der Folge der Entwicklungen vom 11. September 2001 die Gefahr, dass unter dem Titel der „Terrorbekämpfung" ein verstärkter Trend zurück zu autoritären Strukturen stattfindet, die den gesellschaftlichen Status quo zementieren, um sich selbst zu bereichern. Dieser Trend kann nur durch eine massive Stärkung der demokratischen Kräfte gestoppt und umgekehrt werden.

Viertens: Das aktuelle Krisenmanagement gegenüber den Andenländern muss verschiedene Zeitperspektiven und Prioritäten berücksichtigen und integrieren. So muss es kurzfristig darum gehen, eine Regionalisierung des kolumbianischen Krieges zu verhindern. Für eine Beendigung dieses Krieges sind dagegen sicher eine mittel- bis langfristige Perspektive und ein entsprechend langer politischer Atem notwendig. Selbst wenn es eines Tages am Verhandlungstisch zu einer formalen Beendigung des längsten Krieges Lateinamerikas kommen sollte, sind damit aber die grundlegenden Probleme noch nicht gelöst. Im günstigsten Fall kann die Beendigung des Krieges einen Freiraum zur friedlichen Bearbeitung der zugrundeliegenden Probleme schaffen.

Die entscheidende Frage für die nächsten Jahre wird sein, ob es innerhalb und außerhalb der Region Akteure mit der nötigen Weitsicht gibt, die sich der bisherigen Politik des Abwartens und Reagierens bzw. der zunehmenden Militärisierung entziehen, eine kreative sicherheitspolitische Strategie entwickeln und für deren Umsetzung Mehrheiten mobilisieren können. Vorhandene regionale Initiativen und Mechanismen sollten dabei in erster Linie unterstützt und weiterentwickelt werden.

Literaturverzeichnis

Arnson, Cynthia (Hrsg.) (2001): The Crisis of Democratic Governance in the Andes. Woodrow Wilson Center Reports on the Americas N° 2. Washington, D.C.

Comisión Andina de Juristas (1998): Deletreando Democracia. Lima.

Conaghan, Catherine (1994): Democracy that Matters: the Search for Authenticy, Legitimacy, and Civic Competence in the Andes. Kellogg Institute. Project Latin America 200 Series. Working Paper N° 1. University of Notre Dame.

Cooper, Andrew F./ Legler, Thomas (2001): The OAS Democratic Solidarity Paradigm: Questions of Collective and National Leadership. In: Latin American Politics and Society. Vol. 43, Nr. 1, Spring.

Council on Foreign Relations (2000): Independent Task Force Report: Toward Greater Peace and Security in Colombia: Forging a Constructive U.S. Policy. Washington, D.C.

Drekonja-Kornat, Gerhard (2001): Contadora für Kolumbien? In: Kurtenbach, Sabine (2001): Kolumbien zwischen Gewalteskalation und Friedenssuche. Möglichkeiten und Grenzen der Einflussnahme externer Akteure. Schriftenreihe des Institut für Iberoamerika-Kunde Band 54. Frankfurt/M.; S. 243-251.

Freres, Christian (2000): The European Union as a Global „Civilian Power": Development Cooperation in EU-Latin American Relations. In: Journal of Interamerican Studies and World Affairs Vol. 42 Nr. 2; S. 63-85.

García-Sayán, Diego (1998): Vidas Paralelas. Región Andina: desafíos y respuestas. Comisión Andina de Juristas. Lima.

Interamerican Dialogue (2000): A Time for Decisions: U.S. Policy in the Western Hemisphere. Washington, D.C.

Jean, Francois/ Rufin, Jean-Christophe (Hrsg.) (1999): Ökonomie der Bürgerkriege. Hamburg: Hamburger Editionen.

Kay, Bruce H. (1999): Violent Opportunities: The Rise and Fall of „King Coca" and Shining Path. In: Journal of Interamerican Studies and World Affairs, Vol. 41, Nr. 3 (1999); S. 97-127.

Kurtenbach, Sabine (1995): ‚Kolumbianisierung' Lateinamerikas? Transformationsprozesse vom Krieg zum Frieden in komparativer Perspektive. In: Matthies, Volker (Hg): Vom Krieg zum Frieden. Bremen: Ed. Temmen; S. 164-183.

Kurtenbach, Sabine (1998): Kolumbiens Demokratie – oder über den Zusammenhang zwischen Politik und Gewalt. In: Lateinamerika. Analysen–Daten–Dokumentation, Nr. 37: Andenländer. Demokratie am Scheideweg? Hamburg; S. 44-54.

Kurtenbach, Sabine/ Bodemer, Klaus/ Nolte, Detlef (Hrsg.) (2000): Sicherheitspolitik in Lateinamerika. Vom Konflikt zur Kooperation? Opladen.

Kurtenbach, Sabine (Hrsg.) (2001): Kolumbien zwischen Gewalteskalation und Friedenssuche. Möglichkeiten und Grenzen der Einflussnahme externer Akteure. Schriftenreihe des Instituts für Iberoamerika-Kunde, Band 54. Frankfurt/M.

Kurtenbach, Sabine (2002): Durch mehr Krieg zum Frieden? Kolumbien vor dem Amtsantritt der Regierung Uribe. In: Brennpunkt Lateinamerika Nr. 12.

Labrousse, Alain (1999a): Kolumbien und Peru: politische Gewalt und Kriminalität. In: Jean, François/ Rufin, Jean-Christophe (Hrsg.) (1999): Ökonomie der Bürgerkriege. Hamburg: Hamburger Editionen; S. 313-343.

Labrousse, Alain (1999b): Territorien und Netzwerke: das Drogengeschäft. In: Jean, François/ Rufin, Jean-Christophe (Hrsg.) 1999: Ökonomie der Bürgerkriege. Hamburg: Hamburger Editionen; S. 379-400.

Lateinamerika. Analysen–Daten–Dokumentation, Nr. 1 (1992): Strukturanpassung und Demokratie – die Quadratur des Kreises? Das Beispiel Venezuela.

Lateinamerika. Analysen–Daten–Dokumentation, Nr. 29 (1995): Fujimoris Peru – Eine „Demokratie neuen Typs".

Lateinamerika. Analysen–Daten–Dokumentation, Nr. 37 (1998): Andenländer. Demokratie am Scheideweg?

Latinobarómetro (1999/2000).

Minkner-Bünjer, Mechthild (2000a): Ekuador auf dem Pulverfass oder der weite Weg zur Demokratie. In: Brennpunkt Lateinamerika Kurzinfo I (2000).

Minkner-Bünjer, Mechthild (2000b): Halbzeit der Banzer-Regierung: Braucht Bolivien eine Neuauflage der Konzertation zur Bewältigung der Wirtschaftskrise? In: Brennpunkt Lateinamerika Nr. 15 (2000).

Merkel, Wolfgang (1999): Defekte Demokratien. In: ders./ Busch, Andreas (Hg): Demokratie in Ost und West. Frankfurt/M.: Suhrkamp; S. 361-381.

Rand-Corporation (2000): Taking Charge: A Bipartisan Report to the President Elect on Foreign Policy and National Security – Discussion Papers, Edited by Frank Carlucci, Robert Hunter, Zalmay Khalilzad, co-chairs. MR-1306/1-RC. Santa Monica.

Röder, Jörg/ Rösch, Michael (2001): Neopopulismus in Venezuela – Aufbruch in die Dekade der Illusionen? In: Brennpunkt Lateinamerika, Nr. 01 (2001).

Rufin, Jean-Christophe (1999): Kriegswirtschaft in internen Konflikten. In: Jean, François/ Rufin, Jean-Christophe (Hrsg.) (1999): Ökonomie der Bürgerkriege. Hamburg: Hamburger Editionen; S. 15-46.

Steinhauf, Andreas (2000a): Peru vor den Wahlen 2000: Fujimori und kein Ende? In: Brennpunkt Lateinamerika, Nr. 04 (2000).

Steinhauf, Andreas (2000b): Die politische Krise in Peru: Festsetzung des Fujimorismo und Polarisierung des Landes. In: Brennpunkt Lateinamerika, Nr. 12 (2000).

Stoetzer, O. Carlos (1993): The Organization of American States. 2. Auflage. Westport.

Welsch, Friedrich/ Werz, Nikolas (2000): Die venezolanische *Megawahl* vom Juli 2000 und ihre Folgen: Legitimation der Bolivarianischen Republik. In: Brennpunkt Lateinamerika Nr. 20 (2000).

Klaus Bodemer / Susanne Gratius

Epilog
Lateinamerika als internationaler Akteur:
Die vielen Gesichter einer Region

Die Entwicklung Lateinamerikas ist zyklisch, das Ergebnis Stagnation.
Ähnlich wie beim argentinischen Tango geht es stets einen Schritt vorwärts
und einen zurück: Nach dem „verlorenen Jahrzehnt" der 80er Jahre hatten
die 90er Jahre erfolgversprechend begonnen. Zum ersten Mal in der lateinamerikanischen Geschichte kam es zu einer Gleichzeitigkeit von wirtschaftlicher Erholung und demokratischer Konsolidierung. Dies änderte sich in
der zweiten Dekadenhälfte. Mit der Abkühlung der Weltkonjunktur und
den Finanzkrisen in Mexiko (1994/95), Asien (1997), Russland (1998) und
Brasilien (1999) schlitterten die lateinamerikanischen Volkswirtschaften
mehrheitlich in eine Rezession, von der sie sich bis heute nicht erholt haben. Katerstimmung macht sich breit. Einmal mehr droht die Region in
einen Zustand der Instabilität, politischen Apathie und entwicklungspolitischer Orientierungslosigkeit zurückzufallen. Statt von der „verlorenen Dekade" ist nunmehr von der „frustrierten Dekade" die Rede (Sangmeister
2003). Aufgeschreckt durch die politischen Turbulenzen in Venezuela, den
Putsch in Ekuador, die sozialen Revolten in Peru und Bolivien und das
Finanzdebakel im „Schwellenland" Argentinien, das sich in Windeseile zur
politischen Systemkrise auswuchs, gewann Lateinamerika seinen vormals
schlechten Ruf als Krisenregion wieder zurück. Von wissenschaftlicher
Seite wird wiederum an die bereits vor Jahren diagnostizierte „lateinamerikanische Krankheit" sowie die überkommenen Entwicklungsblockaden
erinnert und an jene, von Rangel vor eineinhalb Jahrzehnten formulierte
These, dass die Geschichte Lateinamerikas bis auf unsere Tage eine „Geschichte des Scheiterns" sei (Rangel 1987: 5f.). Wie zu Zeiten der Schuldenkrise häufen sich wiederum die negativen Schlagzeilen. Der Bürgerkrieg in Kolumbien scheint unlösbar, Zentralamerika ist auch nach den
Friedensabkommen nicht zur Ruhe gekommen. An die Stelle der politisch
motivierten Gewalt ist hier die apolitische (organisierte und nicht organisierte) Gewaltkriminalität getreten. Venezuela, eines der potentiell reichs-
ten Ölförderländer, ist nach vier Jahren Chávez wirtschaftlich ruiniert und
politisch polarisiert. Kolumbien, das in den vergangenen Jahrzehnten das
einzige lateinamerikanische Land war, das bis Ende der 90er Jahre konstan-

te makroökonomische Wachstumzahlen vorweisen konnte, versinkt in einer Spirale der Gewalt. Das Scheitern des Friedensprozesses der Regierung Pastrana verhalf dem unabhängigen Kandidaten Uribe zu einem eindeutigen Wahlsieg. Dass er mit seinem harten Kurs gegen die Guerilla Erfolg hat, ist eher zweifelhaft. 28.230 Menschen starben 2002 eines gewaltsamen Todes, das sind 390 mehr als im Vorjahr; zwischen 200 000 und 400 000 Menschen verließen ihren Wohnort aufgrund der eskalierenden Gewalt, ein Anstieg um 20% gegenüber dem Vorjahr. Auch die wirtschaftliche Lage verbesserte sich seit dem Amtsantritt Uribes nicht. Die traditionellen Agrarexporte wie Kaffee gingen aufgrund des Verfalls der internationalen Preise weiter zurück, die offene Arbeitslosigkeit in den 13 großen Städten betrug 17,6%, die Unterbeschäftigung stieg 2002 von 30% auf 33%. Dennoch ist die Zustimmung zum neuen Präsidenten in der kolumbianischen Bevölkerung mit 73% erstaunlich hoch. Die Auseinandersetzung zwischen Regierung und FARC ist seit dem Abbruch der Gespräche im Februar 2002 deutlich eskaliert, der politische Spielraum der Paramilitärs zunehmend eingeschränkt. Die Involvierung der USA in den kolumbianischen Krieg ist in jüngster Zeit nicht nur durch das Auslieferungsbegehren gegen führende Paramilitärs und Guerilleros größer geworden. Der US-Kongress hob die Bestimmung auf, dass die US-Militärhilfe nur im Rahmen der Drogenbekämpfung benutzt werden darf. Die US-Hilfe kann nun auch gegen die „designierten ausländischen, internationalen Terrororganisationen" sowie in „Notfällen zum Schutz menschlicher Gesundheit und Wohlfahrt" Verwendung finden.

Auch Peru, Bolivien und Ekuador haben mit handfesten politischen und wirtschaftlichen Verwerfungen zu kämpfen und runden somit den Eindruck von einer äußerst instabilen Andenregion ab. In Peru konnte Präsident Toledo bislang keineswegs die gewünschte politische Stabilisierung erreichen. Auch der angestrebte überparteiliche und nationale Konsens blieb aus. Die Popularität des Präsidenten ist auf einem Tiefpunkt. Nach zwei Jahren Amtszeit ist von den Wahlversprechen Alejandro Toledos wenig geblieben. Die Unzufriedenheit im Lande wächst. Im Zuge der Privatisierungsbestrebungen der staatlichen Elektrizitätswerke im südlichen Arequipa kam es 2002 zu einem landesweiten Generalstreik und Massenprotesten. Das Beispiel könnte Schule machen. Auf wirtschaftlichem Gebiet kann Toledo einige Pluspunkte verbuchen. Der rigorose Sparkurs der Interimsregierung Paniagua wurde beibehalten, der Rückzahlung der Auslandsverbindlichkeiten und der raschen Privatisierung staatlicher Unternehmen Priorität eingeräumt, um die mit dem IWF abgeschlossenen Vereinbarungen erfüllen zu können. Bei den Kommunalwahlen im November 2002 musste die Regierung eine empfindliche Schlappe hinnehmen. Für die Zukunft zeichnet sich damit anstelle des überparteilichen Konsenses ein Konfrontationsszenarium ab, wodurch die Handlungsfähigkeit der Regierung zusätzlich infrage gestellt wird.

In Bolivien haben die Wahlen vom 30. Juli 2002, die González Sánchez de Lozada mit absoluter Mehrheit abermals (er amtierte schon von 1993 bis 1997) in das Präsidentenamt brachten, die politischen Kräfteverhältnisse drastisch verändert. Einen sensationellen zweiten Platz erzielte der umstrittene Chef der Cocabauerngewerkschaft Evo Morales, der mit dem *Movimiento al Socialismo* (MAS) als Oppositionsführer ins Parlament einzog. Die neue politische Landschaft ist durch einen Protest gegen den Status Quo geprägt sowie durch die größte Präsenz indigener Abgeordneter in der politischen Geschichte Boliviens. Die politischen Parteien befinden sich seither in der Defensive. Durch die ungelösten sozialen und wirtschaftlichen Probleme drohen die Konflikte weiter zu eskalieren und das Land an den Rand der Unregierbarkeit zu bringen.

Auch in Ekuador wurde das politische Geschehen im Jahr 2002 weitgehend von den Präsidentschafts- und Parlamentswahlen geprägt. Bei den notwendig gewordenen Stichwahlen am 24. November 2002 siegte der Ex-Militär Lucio Gutiérrez gegen den Unternehmer Álvaro Noboa und wurde mit 54% der Stimmen zum neuen Staatspräsidenten Ekuadors gewählt. Lucio Gutiérrez war Anführer des Putsches im Januar 2000 gegen den damaligen Staatspräsidenten Jamil Mahuad. Aus dem ersten Urnengang waren die populistischen *Outsider* Gutiérrez und Noboa mit 20,4% bzw. 17,4% der Stimmen als Sieger hervorgegangen. Aus den Umfragen vor den Wahlen ging hervor, dass die ekuadorianische Bevölkerung sich von ihrem neuen Präsidenten vor allem Integrität, Entscheidungsstärke und Durchsetzungskraft wünschen, um die jahrelangen politischen und wirtschaftlichen Krisen des Landes zu beenden. Immerhin hatte Ekuador in den letzten sechs Jahren vier Staatspräsidenten, nicht gerade ein Zeichen für politische Stabilität. Die Bedeutung der ethnischen Komponente in der politischen Landschaft Ekuadors nimmt weiterhin zu und wurde mit der Wahl von Gutiérrez bestätigt, der nach dem Putsch vom Januar 2000 für Stunden zusammen mit dem damaligen Präsidenten der *Confederación de Nacionalidades Indígenas de Ecuador* (CONAIE), Antonio Vargas, die Regierungsjunta gebildet hatte. Seine nach jenem Putsch benannte Gruppierung *Partido Sociedad Patriótica 21 de Enero* (PSP) wurde daher sowohl von der indigenen Bewegung als auch von den organisierten sozialen Bewegungen, *Coordinadora de Movimientos Sociales* (CMS), massiv unterstützt, was letztlich auch den Ausschlag für den Wahlsieg gegeben haben dürfte. Der neue Präsident sieht sich freilich einer schwierigen wirtschaftlichen und sozialen Situation gegenüber, die vor allem von langfristigen Strukturproblemen gekennzeichnet ist und in dem extrem hohen Prozentsatz armer Bevölkerung mit keinerlei Zugang zu Bildung, Gesundheit und sonstigen Ressourcen ihren Ausdruck findet. Die schwierige wirtschaftliche Lage Ekuadors bekommen somit insbesondere die unteren sozialen Schichten zu spüren, was auch im Jahr 2002 wieder zu enormen Migrationsströmen über die Landesgrenzen in die USA, nach Europa und in andere Länder Lateinamerikas geführt hat. Des Weiteren haben die Auswirkungen des *Plan Colombia*, die bereits in den vergangenen beiden Jahren in Ekuador zu spüren waren, die Situation in der Grenzregion zu Kolumbien zusehends verschärft. Immer mehr Flüchtlinge aus Südkolumbien, eine ansteigende Gewaltbereitschaft seitens paramilitärischer Einheiten, aber auch krimineller Banden sowie die Militarisierung der Region von ekuadorianischer Seite dominieren dabei auch weiterhin die Szenerie.

Trotz aller Bemühungen und hoher Investitionen in den Bau einer Ölpipeline konnte die Erholung der ekuadorianischen Wirtschaft im Verlauf des Jahres 2001 (6% Wachstum) im Jahr 2002 nicht gefestigt werden; die Regierung musste sich mit einem Wachstum von 3,4% zufrieden geben. Gleichzeitig weitete sich auch die negative Zahlungsbilanz aus. Auf der anderen Seite ging allerdings sowohl die Inflations- als auch die Arbeitslosenrate zurück. Dem neuen Präsidenten und seiner „Mannschaft" muss es zunächst gelingen, mit Unterstützung des Kongresses und der organisierten Zivilgesellschaft die dringlichsten Probleme zu lösen, also zunächst einen konsolidierten Staatshaushalt zu verabschieden sowie die Umschuldung und das neue Abkommen mit dem IWF erfolgreich zu verhandeln und anschließend mit Auslandskrediten die Wirtschaft zu reaktivieren.

Wird Lateinamerika – so ließe sich angesichts des hier beispielhaft skizzierten Länderpanoramas der Andenregion fragen – wie Afrika bald zum hoffnungslosen Fall, zum *Outsider* der internationalen Staatengemeinschaft? Verhängnisvolle historische Legate, strukturelle Verwerfungen sowie die Entwicklung der makroökonomischen Daten Lateinamerikas im internationalen Vergleich scheinen dieser These Recht zugeben. Die weltwirtschaftliche Marginalisierung des Subkontinents ist unübersehbar: Lag Lateinamerika 1950 im internationalen Vergleich noch an 3. Stelle, nimmt es 1998 nur mehr Rang 4 ein (CEPAL 2002: 79). Mit Ausnahme Chiles rangiert die interne Sparrate mit 20% (1997) nach wie vor weit unter dem der asiatischen Schwellenländer. Die Abhängigkeit von Kapitalimporten und deren jegliche konsistente volkswirtschaftliche Planung verhindernden Schwankungen bleibt damit auch für die Zukunft festgeschrieben. Noch immer bestehen 60-70% der Exporte aus der Region aus agrarischen und mineralischen Rohstoffen und deren weiterverbreiteten Produkten. Mit der Konkurrenzfähigkeit der lateinamerikanischen Produkte ist somit – mit wenigen Ausnahmen – nicht viel Staat zu machen. Nach dem *World Competitiveness Report*, in dem die internationale Konkurrenzfähigkeit eines Landes auf der Basis des sozioökonomischen Umfelds, der Qualität der staatlichen Institutionen und der technologischen Fähigkeiten beurteilt werden, liegen nur Chile und Costa Rica oberhalb des Mittelwerts, während 7 der 11 niedrigsten Positionen weltweit von lateinamerikanischen Staaten eingenommen werden (Inter-American Development Bank 2001: 18). Die Produktion von Gütern und Dienstleistungen wuchs in Lateinamerika von 1900 bis 2000 nur um 3,3% im Jahr, ein

Wert, der lediglich von Afrika südliche der Sahara unterboten wurde. Um die bestehenden Arbeitsplätze zu erhalten, wären mindestens 4% nötig gewesen. Das bescheidene Wachstum der Produktion führte zu einem noch bescheideneren Wachstum des Pro-Kopf-Einkommens. Mit lediglich 1,5% pro Jahr lag Lateinamerika in den 90er Jahren weit hinter Südostasien (3,5%) und auch hinter den Industrieländern (2%). Der Rückstand zu den anderen Weltregionen wächst weiter. Bei der Wachstumsgeschwindigkeit, wie sie sich zu Beginn des 21. Jahrhunderts darstellt, würde es annähernd ein Jahrhundert dauern, bis Lateinamerika das gegenwärtige Pro-Kopf-Einkommen der Industrieländer erreicht. Auch die Schuldenlasten der Region werden (wiederum) zusehends zum Problem. Ende 2001 stand Lateinamerika mit mehr als US$ 820 Mrd. in der Kreide, ein knappes Drittel aller Schulden der Entwicklungsländer. Der Schuldendienst frisst mehr als die Hälfte der Exporterlöse, Tendenz steigend. Bei hohem Leistungsbilanzdefizit und sinkenden Deviseneinnahmen ist dies eine Zeitbombe. Sollten mehrere hochverschuldete Länder sich gleichzeitig für zahlungsunfähig erklären, könnte dies analog zu den 80er Jahren zu einer äußerst gefährlichen Situation führen. Nach dem argentinischen *default* Ende 2001 und dem nachfolgenden Beinahe-Kollaps Brasiliens und Uruguays schrillten bei den internationalen Kreditgebern die Alarmglocken. Während der IWF und die USA Argentinien die kalte Schulter zeigten und einen erneuten Kredit verweigerten, wurde Brasilien und Uruguay mit neuen Krediten aus der Patsche geholfen. Eine langfristige Lösung ist dies jedoch nicht. Neue Kredite der internationalen Kapitalgeber können die Zahlungsunfähigkeit zwar hinauszögern, aber nicht dauerhaft verhindern. Sie verlängern lediglich die Zündschnur. Was – aus der Perspektive von Schuldnern und Gläubigern – Not tut, ist stattdessen ein radikaler Schnitt, eine deutlich Entschuldung dieser Länder, wie sie seit einiger Zeit unter dem Stichwort „internationales Solvenzrecht" diskutiert wird (Fritz 2002). Nach jüngsten Äußerungen des IWF dürfte dieser Vorschlag jedoch auf absehbare Zeit keine Chance haben.

Gravierender in ihren Auswirkungen für die politische und soziale Stabilität der Region ist deren soziale Stagnation, die sich in den letzten Jahren im Gefolge der neoliberalen Anpassungsstrategien und der rezessiven Weltkonjunktur dramatisch verschlechtert hat und dazu geführt hat, dass es den Menschen in Lateinamerika heute schlechter geht als am Ende der „verlorenen Dekade". Die „soziale Rendite" der letzten beiden Jahrzehnte ist gleich Null. In absoluten Zahlen gab es in der Region noch nie so viel Arme wie heute. Informalisierung und Prekarisierung der Arbeitsverhältnisse erfassen immer größere Teile der Bevölkerung. In den meisten Ländern liegen die Mindestlöhne unter denen der 80er Jahre. Die Einkommenskonzentration hat seit der „verlorenen Dekade" dramatisch zugenommen. Am Ende des Jahrhunderts musste jeder Dritte Lateinamerikaner, insgesamt 170 Millionen Menschen, mit weniger als zwei Dollar pro Tag auskommen. Zwar sind die Realeinkommen in den 90er Jahren zeitweise gestiegen, aber nicht stark genug, um den Einbruch der 80er Jahre auszugleichen. Einkommenszuwächse kamen überwiegend den 20% bis 40% der Haushalte an der Spitze der Einkommenspyramide zugute. In keiner anderen Weltregion ist die personelle Einkommensverteilung so ungleich und die Vermögenskonzentration in den Händen weniger so ausgeprägt wie in Lateinamerika. Der Mittelstand, über Jahrzehnte in Ländern wie Argentinien als Entwicklungsträger gepriesen, ist empfindlich geschrumpft.

Durch mangelnde Leistungsfähigkeit, Korruption und Klientelismus hat die liberale Demokratie in Lateinamerika an Rückhalt verloren, Populisten unterschiedlicher Couleur wie Hugo Chávez in Venezuela, vormals Alberto Fujimori in Peru oder politische *Outsider* wie Evo Morales in Bolivien polarisieren die Gesellschaften. Alle Rezepte zur Überwindung der Dauerkrise (ob Importsubstitution oder „Washington Konsens") haben an Glaubwürdigkeit verloren. Die Vergangenheit holt Lateinamerika mit aller Macht wieder ein: Mit Ausnahme der damaligen Militärdiktaturen, deren traumatischer Effekt die Region vor autoritären Experimenten immunisiert zu haben scheint, erinnert das gegenwärtige Szenario in Lateinamerika in vielem an die Dekade der 80er Jahre. Der erneute Ausbruch der Schuldenkrise, das Gespenst Rezession plus Inflation und die Polarisierung der politischen Kräfte in zahlreichen Ländern der Region illustrieren, dass Lateinamerika kaum in eine neue, bessere Zukunft aufbricht. So waren die erfolgreichen Jahre 1990-1995, in denen Lateinamerika dank Redemokratisierung und wirtschaftlichem Aufschwung als hoffnungsvoller *emerging market* gepriesen wurde, letztendlich eine Seifenblase, die zerplatzte, als die notwendigen politischen, sozialen und wirtschaftlichen Strukturreformen ausblieben und sich internationale Investoren und Spekulanten nach sukzessiven Finanzkrisen wieder aus der Region zurückzogen.

Diese Rückentwicklungen haben die Position Lateinamerikas im internationalen System erneut verändert. Galt die Region noch in den „hoffnungsvollen 90er Jahren" als aufsteigender Akteur in der Weltpolitik, dominiert zehn Jahre später erneut ein negatives Bild, gekennzeichnet von Regierungskrisen, Rezession, politischer Apathie und sozialer Misere. Darüber darf man aber nicht vergessen, dass es auch durchaus hoffnungsvolle Entwicklungen gibt: Brasilien hat mit Lula einen Präsidenten gewählt, der als ehemaliger Gewerkschaftsführer und Vertreter der Unterprivilegierten glaubhaft für die Reduzierung der Armut steht; Argentinien hat nach den missglückten Präsidentschaftswahlen vom Frühjahr 2003 unter der Regierung Kirchner notwendige politische Reformschritte eingeleitet (deren Akzeptanz durch die peronistischen Kaziken im Kongress und Landesinnern allerdings noch aussteht); Chile und Costa Rica sind beispielhaft dafür, dass eine dauerhafte politische und wirtschaftliche Stabilität in Lateinamerika möglich ist.

Anhand dieser unterschiedlichen Entwicklungen wird deutlich, dass Lateinamerika nicht eines, sondern viele Gesichter hat. Es ist ein Subkontinent der Gegensätze: Extremer Reichtum steht neben absoluter Armut, Spitzentechnologie neben arbeitsintensiver Landwirtschaft, und Politik wird in den meisten Ländern von einer kleinen Elite gestaltet, während der Großteil der Bevölkerung sowie die indigene Bevölkerung weitgehend von der Macht ausgeschlossen sind. Generelle Werturteile über eine Region, der so unterschiedliche Staaten wie Brasilien und Haiti angehören, sind ebenso problematisch wie die Definition ihrer politischen und kulturellen Identität. Zweifellos bildet Lateinamerika keine Einheit. Radikaler hat es einmal Alain Touraine formuliert, indem er behauptete, Lateinamerika existiere nicht einmal. Auch der mexikanische Schriftsteller Carlos Fuentes[1] spricht von mehreren Lateinamerikas, aber auch von Gemeinsamkeiten wie Sprache, Mestizaje und ein kulturelles Erbe, das über Nationalitäten hinausgeht. Neben der großen Politik, die vor allem umstrittene Figuren wie Fidel Castro, Juan Domingo Perón oder Getulio Vargas hervorgebracht hat, ist es vor allem das Verdienst von literarischen Größen wie Carlos Fuentes, Octavio Paz, Gabriel García Márquez, Isabel Allende, Angeles Mastretta, Pablo Neruda, Julio Cortázar, Manuel Puig, Jorge Amado, Jorge Luis Borges und Alejo Carpentier, Lateinamerika über den eigenen Kontinent hinaus als internationalen Akteur zu profilieren.

Die Idee eines geeinten Lateinamerika im internationalen System – vor allem ein Wunschdenken der Europäer (sowie einiger Intellektueller und Spitzenfunktionäre im Umkreis der SELA in den 70er Jahren) – hat sich selbst in der erfolgreichen Dekade der 90er Jahre niemals wirklich durchsetzen können. Zu schwach ist der lateinamerikanische Konsens, zu unterschiedlich die Interessen und zu groß das Misstrauen gegenüber den jeweils anderen. Ein Beispiel hierfür ist die Rio-Gruppe, als politisches Sprachrohr der Gesamtregion aus der Zentralamerika-Krise hervorgegangen und heute zu wenig mehr als politischer Rhetorik verkümmert. Warum hat eine, vor allem seitens der EU immer wieder geforderte außenpolitische Koordination der Lateinamerikaner nicht funktioniert? Das Festhalten am traditionellen Konzept der nationalen Souveränität scheint angesichts des Enthusiasmus vieler Länder für die ALCA eher ein vorgeschobenes Argument.

Sicherlich ist der schwierige und keineswegs abgeschlossene Emanzipationsprozess vom großen Nachbarn USA auch ein zentraler Grund für das Scheitern einer gemeinsamen lateinamerikanischen Position im internationalen System. Entscheidend hierfür ist aber sicherlich die unterschiedliche außenpolitische Interessenlage: Durch die Anbindung an Nordamerika im Rahmen der NAFTA zählt Mexiko inzwischen immer weniger als lateinamerikanisches denn nordamerikanisches Land, das angrenzende Zentralamerika und die Karibikstaaten gehören schon lange zur Einflusssphäre der USA und sind auch wirtschaftlich eng mit Nordamerika verbunden. Unter dem Stichwort „Drogenbekämpfung" haben die Andenländer nach dem Ende des Kalten Krieges Zentralamerika und die Karibik als neuen Hinterhof der USA abgelöst. All diese Länder sind wirtschaftlich und politisch enger mit den USA verbunden als je zuvor.

---

[1]   Carlos Fuentes, in: El País, Madrid, 15.5.2002.

Die Ausnahme bleibt Südamerika. Chile und die MERCOSUR-Mitglieder sind historisch gesehen die am stärksten europäisch geprägten Staaten mit der geringsten Abhängigkeit von den USA. Dies trifft für Chile inzwischen nur noch bedingt zu, hat doch der Andenstaat vor kurzem als erstes lateinamerikanisches Land ein bilaterales Freihandelsabkommen mit den USA unterzeichnet; weitere Partner sollen folgen. Der MERCOSUR befindet sich noch immer in einer Wirtschaftskrise, der Handel innerhalb des Blocks ist auf die Zeit vor 1991 zurückgefallen und auch die kürzlich beschlossenen institutionellen Reformen können nicht darüber hinwegtäuschen, dass der MERCOSUR für den größten Partner Brasilien, der nur etwa 8% seiner Waren innerhalb des Blocks tauscht, zumindest ökonomisch keine glaubwürdige Zukunftsperspektive mehr bietet. Umso bedeutender ist der MERCOSUR nach dem Amtsantritt von Lula als politisch-kulturelles Projekt und strategisches Gegengewicht zu den USA im Kontext der letzten Phase der ALCA-Freihandelsverhandlungen. Der erklärte Wille der südamerikanischen Präsidenten, dem Integrationsbündnis MERCOSUR auch als politischem Projekt neue Impulse zu geben, ist diesbezüglich ein hoffnungsvolles Zeichen.

Als Führungsmacht in Südamerika und größtes Land der Region setzt Brasilien positive Zeichen: Die lang angekündigte und von den USA heraufbeschworene Krise ist trotz kritischer wirtschaftlicher Rahmendaten bislang ausgeblieben, ein neuer Regierungsstil spricht für politische Erneuerung und das Programm gegen Hunger findet landesweite und internationale Unterstützung. Der „Faktor Lula" ist zweifellos ein Lichtblick in einer erneut kriselnden Region. Der Aufstieg des demokratisch gewählten und gesinnten Präsidenten Lula mit unzweifelhafter sozialer Mission im größten Land Lateinamerikas könnte für Südamerika zu einem Stabilitätsfaktor und Wendepunkt werden. In gewisser Weise hängt an Lula die Zukunft der gesamten Region. Wenn das Experiment der sozialen und politischen Erneuerung in Brasilien scheitert, wird die Entwicklung Lateinamerikas um Jahre zurückgeworfen. Gelingt Lula aber das Vabanquespiel zwischen sozialer Umverteilung, wirtschaftlicher Sanierung und internem Interessenausgleich – metaphorisch gesprochen: zwischen Davos und Porto Alegre –, wäre dies ein Beweis dafür, dass Demokratie und Entwicklung auch in Lateinamerika nicht zwingend einen unlösbaren Widerspruch darstellen. Auch das internationale Image Lateinamerikas hat sich durch Lulas positive Außenwirkung wieder verbessert. IWF-Chef Horst Köhler zeigte sich vom brasilianischen Präsidenten „beeindruckt", der amerikanische Finanzminister Snow sprach von einer „wunderbaren Entwicklung" im größten Staat Lateinamerikas und trotz aller politischen Gegensätze fand selbst Präsident George Bush Gefallen an seinem südamerikanischen Gegenspieler in der westlichen Hemisphäre.

Auch die Zukunft der interamerikanischen Beziehungen wird entscheidend von der Rolle Brasiliens bestimmt. Ein wichtiges Barometer für die Beziehungen zwischen Lateinamerika und den USA sind die ALCA-Verhandlungen.

Dabei geht es nicht nur um Handel, sondern vor allem um die Neuordnung der Beziehungen zwischen Lateinamerika und den USA. Die Versuche, sich aus der Abhängigkeit von den USA zu befreien, dürften spätestens dann als gescheitert betrachtet werden, wenn sich die panamerikanische Freihandelszone ALCA tatsächlich realisieren sollte. Bis dahin ist es allerdings noch ein weiter Weg und gerade der von der Bush-Regierung eingeschlagene Weg des militanten Unilateralismus fördert anti-imperialistische Positionen und lateinamerikanische Emanzipationsbestrebungen. Ob das ALCA-Projekt verwirklicht wird und in welcher Form ist entscheidend von Brasilien als Führungsmacht im MERCOSUR abhängig. Zweifellos aber würde die ALCA als Ausdruck der wachsenden wirtschaftlichen Verflechtung zwischen den USA und Lateinamerika die Position der Region im internationalen System entscheidend verändern.

Unter dem Stichwort Regionalismus und Globalisierung wird in diesem Band die Rolle Lateinamerikas im internationalen System aus unterschiedlichen Perspektiven analysiert. Im ersten Kapitel stellen vier Autoren die Entwicklung der bedeutendsten Integrationsprojekte in den Amerikas – NAFTA, ACS, MERCOSUR und Andengemeinschaft – vor und bewerten ihre Erfolgschancen. Anschließend wird Lateinamerika aus dem Blickwinkel seiner bedeutendsten außenpolitischen Partner USA, Europa und Asien und ihrer Politik gegenüber der Region betrachtet. Einzelne Aspekte der Globalisierung und ihre Rückwirkung auf Lateinamerika sind Gegenstand des dritten und letzten Kapitels, in dem vier Autoren die Rolle der Region im Globalisierungsprozess, den Umgang mit den neuen Kommunikationstechnologien und mit den sicherheitspolitischen Herausforderungen Drogen- und Terrorismusbekämpfung sowie interne Sicherheit untersuchen. Daraus ergibt sich ein höchst unterschiedliches Bild der Region, das ein abschließendes Fazit, wie sich Lateinamerika künftig im internationalen System profilieren wird, nicht zulässt, sondern verdeutlicht, dass in der Vielfalt der Region schon lange keine Einheit mehr liegt.

Literaturverzeichnis

CEPAL (2002): Globalización y desarrollo. Santiago de Chile.

Fritz, Barbara (2002): Veraltete Rezepte. In: Financial Times Deutschland. 3. Juli, S. 26.

Inter-American Development Bank (2001): 2001 Report. Economic and Social Progress in Latin America. Washington, D.C.

Rangel, Carlos (1987): The Latin Americans. Their Love-Hate Relationship with the United States. New Brunswick.

Sangmeister, Hartmut (2003): „Seid realistisch, versucht das Unmögliche!" Lateinamerikanische Wirtschaftspolitik zwischen den Imperativen von Effizienz und sozialer Gerechtigkeit. In: Jahrbuch Lateinamerika 2003. Frankfurt/M.: Vervuert, S. 9-29.

Autorenhinweise

Peter Birle, Dr., Ibero-Amerikanisches Institut Preußischer Kulturbesitz Berlin.
E-Mail: birle@iai.spk-berlin.de

Klaus Bodemer, Prof. Dr., Leiter des Institut für Iberoamerika-Kunde (IIK), Hamburg.
E-Mail: bodemer@public.uni-hamburg.de

Gerhard Drekonja-Kornat, Studium von Geschichte, Kunstgeschichte und Politikwissenschaft an der Universität Wien und an der Cornell-University. Ausbildung in empirischen Sozialwissenschaften am Institut für Höhere Studien in Wien. U.a. Professor an der Universidad de los Andes in Bogota/Kolumbien. Heute Ordinarius für außereuropäische Geschichte an der Universität Wien.
E-Mail: gerhard.drekonja@univie.ac.at

Henning Effner (M.A.), Studium der Politikwissenschaft, Volkswirtschaftslehre und Jura in Freiburg, Córdoba (Argentinien) und Hamburg, promoviert über die panamerikanische Freihandelszone (ALCA) und ist zurzeit Teilnehmer des 39. Ausbildungsganges des Deutschen Instituts für Entwicklungspolitik (DIE).
E-Mail: henning.effner@gmx.de

Jörg Faust, Dr., Wissenschaftlicher Assistent am Institut für Politikwissenschaft der Universität Mainz.
E-Mail: faust@politik.uni-mainz.de

Susanne Gratius, Dipl. Pol., ist Lateinamerikareferentin der Stiftung Wissenschaft und Politik (SWP) in Berlin. Bis Mitte Februar 2003 war sie wissenschaftliche Mitarbeiterin am Institut für Iberoamerika-Kunde (IIK), Hamburg.
E-Mail: susanne.gratius@swp-berlin.org

Roman Herzog, Dr. Phil (Politikwissenschaftler). Bis 2001 Wissenschaftlicher Mitarbeiter am Institut für Iberoamerika-Kunde (IIK) im Rahmen des von der Volkswagen-Stiftung geförderten Forschungsprojekts „Regulierung und Nutzung der Neuen Informations- und Kommunikationstechnologien (NIKT) im Kontext der politischen und wirtschaftlichen Transformationsprozesse in Lateinamerika".
E-Mail: roman.herzog@virgilio.it

Sabine Kurtenbach, Dr. phil., Wissenschaftliche Mitarbeiterin des Instituts für Iberoamerika-Kunde (IIK), Hamburg.
E-Mail: kurtenbach@public.uni-hamburg.de

Gernot Lennert, Dr., Lehrbeauftragter am Institut für Politikwissenschaft der Universität Mainz.
E-Mail: lennert@mail.uni-mainz.de

Robert Lessmann, Dr., Politologe und Soziologe. Freier Publizist.
E-Mail: 112764.3543@compuserve.com

Dirk Messner, PD Dr., Wissenschaftlicher Geschäftsführer des Instituts für Entwicklung und Frieden (INEF)/ Gerhard Mercator Universität Duisburg. Privatdozent an der Freien Universität Berlin.
E-Mail: messner@uni-duisburg.de

Stefan A. Schirm, Professor für Politische Wissenschaft an der Universität Stuttgart. Zuvor Wissenschaftler an der Stiftung Wissenschaft und Politik (SWP), Lehrbeauftragter und Privatdozent am Geschwister-Scholl-Institut der Universität München und J. F. Kennedy-Fellow am Center for European Studies der Harvard University.
E-Mail: stefan.schirm@po.pol.uni-stuttgart.de

Kirsten Westphal, Dr., Studium der Politikwissenschaft, Kommunikationswissenschaft und Geschichte in Augsburg und Hamburg, Magister Artium 1996, Promotion 1999, Lehrtätigkeit an der Uni Giessen seit 1996. Arbeitsgebiete: Regionalschwerpunkte: Russland, Lateinamerika, EU-Außenbeziehungen, Internationale Energiefragen
E-Mail: Kirsten.Westphal@sowi.uni-giessen.de